資本主義はどう終わるのか

W・シュトレーク
村澤真保呂／信友建志 訳

河出書房新社

資本主義はどう終わるのか　目次

資本主義はどう終わるのか

凡例

一、原文でのイタリック箇所には傍点を付した。

一、原注は傍注として付した。日本語で訳書があるものの書誌は［　］で記した。

一、訳注はその旨を記して文中に（　）で記した。

注記

本論文集に収められた論文は、序文を除けばすべて発表済みである。十一編の論文のうち五つは『ニュー・レフト・レビュー』に掲載のもの、ひとつは私が二十年前から所長を務めている研究機関での発表用原稿であり、残りはいくつかの書籍や雑誌に収録されたものである。初出は二〇一一年（第二章、これはフィレンツェの欧州大学院でのマックス・ウェーバーにかんする講義をもとにしている）から二〇一五年（第四、六、七、八章）にかけてである。また二つの章はドイツ語で書いたものを英語に翻訳し、残りは英語で執筆した。有能な編集者の助けがあったにもかかわらず、いたるところでこうした裏事情が透けて見えてしまうことは、残念ながら認めざるをえない。

本書に収められた論文はどれも共通して、社会科学と社会学理論にとって、とくにマクロ政治社会学と政治経済学と関連のある社会科学と社会学理論にとって、二〇〇八年の金融危機が何を意味しているのかを理解しようとする継続的な試みから生まれている。各章でいくつかのテーマが重複しているのは、そのためである。だからといって、その重複した箇所を削除してしまえば、全体のまとまりが失われてしまうので、あらためてひとつの体系的な書籍に仕立て直さなければならなくなる。しかし、そうなればひとつのテーマをさまざまな観点から論じた論文を一冊で読めるようにする、という本書の目的そのものが変わってしまうことになる。しかも、そうした変更は、現在の私の理論的能力と時間的余裕を大きく超えている。

この論文集は、現代のグローバル資本主義体制の根底に潜んでいる資本主義および資本主義社会の長期的な危機を中心的主題としている。そして、このシステムがそう遠くない未来、それを継承するシステムも不明のまま、その内的矛盾が拡大してどのように終わりを迎えるのかについて、より具体的に考えるよう読者を促すことを目的としている。本書の序文は第一章の補足と展開として読むことができるだろう。第二章は序文と一章の背景を示し、第三章は成立しつつある新自由主義の「ライトな社会（社会性なき社会）」が安定しているように見える理由を扱う。第四章から第八章は、資本主義と民主主義の変わりゆく関係をさまざまな視点から論じている。具体的には高度資本主義とヨーロッパの国民国家を媒介する立場にあるＥＵ諸機構の展開を扱う。最後に第九、十、十一章では、今日の社会学が現代社会のダイナミクスとその危機的変容を説明する力を取り戻すために果たすべき使命について私の主張を述べている。

ヴォルフガング・シュトレーク

二〇一六年四月六日、ケルンにて

序文　資本主義――その死と来世

資本主義はいつの時代も、存続するのが不思議に思われる社会編成でありつづけてきた。というのも、資本主義は対立と矛盾にみち、つねに不安定で流動的であり、歴史の偶然に強く依存し、さまざまな事件や制度をその場しのぎで利用したり、あるいは逆にそれらに制約を受けたりして存続してきたからだ。資本主義社会は手短に言えばアダム・スミスや啓蒙主義者がいうような意味で「進歩的」社会と形容することができるかもしれない。つまり資本主義社会は、国家と市場の「見えざる手」[1]をつうじて私的な悪徳（物欲）を公的な利益へと変換するものであり、したがって無際限かつ永続的におこなわれる生産と資本蓄積は社会の「進歩」と一心同体なのだ、というわけだ。[2] 資本主義は、みずからを近代科学やテクノロジーと合体させることで、最初の産業社会を作り上げた。そして、争いが絶えないという意味で危険な自由市場を、覇権国が内外に市場開放政策をつうじて際限なく拡大することにより、商品化された物質的富の無限の増殖を有限な世界に約束する。[3] 産業社会の一類型としての資本主義社会には他に抜きんでている特徴がある。それは、蓄積された集合的生産資本が私的所有権という法的特権を享受するごく一部の人々の手に委ねられ、彼らはその資本を（寝かせるにせよ国外移転するにせよ）思いのままに使うことができる、という特徴である。この特徴はいいかえれば、資本主義社会における圧倒的多数の人々は、自分たちの生産手段の私的所有者が定め

1　Adam Smith, *An Inquiry into the Nature and Causes of the Wealth of Nations*, Oxford and New York: Oxford University Press 1993 [1776]. [スミス『国富論（1―4）』水田洋監訳、岩波文庫、二〇〇〇―二〇〇一]

2　Bernard de Mandeville, *The Fable of The Bees: or, Private Vices, Publick Benefits*, Indianapolis, IN: Liberty Fund 1988 [1714].

た身勝手な条件を守って働かなければならない、ということを意味する。資本をもたない人々に他人の利益のために勤勉に働こうとするモチベーションを与えるには、人為的な手段が必要となる。さまざまなアメとムチがそれにあたるが、それでうまくいくかどうかは神のみぞ知る。しかし資本主義の進歩が彼らをたえず消耗させる以上、その種の手段はつねに再発明されねばならないのだ。

　資本主義の政治経済体制の内部には緊張と矛盾があり、構造的破綻と社会崩壊の危険がつねに目の前にちらついている。近代資本主義の経済と社会の安定性は、競争と成長がもたらすシステム全体のたえざる変動[4]と、つねに不確定な結果のあいだで困難なバランスを保とうとする作業にもとづいている。たとえその作業が成功したとしても、それは偶然の産物であり、新たな技術的パラダイムや、経済成長の継続を求める身勝手な要求を満たすような新たな社会的欲求や社会的価値が登場したおかげである。たとえば資本主義社会の圧倒的多数の人々にとって、経済的・技術的な再編は、自分が職場から追われ、生産過程から排除される怖れをもたらすものである。ゆえに資本主義は人々にたいして、資本主義社会の生み出した富と権力が甚しく不平等に分配されることを受け入れさせ、かつ社会秩序としての資本主義の正当性を信じ込ませるように努める必要がある。そのため、きわめて複雑な（そして当然ながらその場しのぎの）さまざまな制度やイデオロギーをでっちあげなければならない。不安定労働者（不安定＝非正規であるがために従順にさせられた労働者）を、労働市場と雇用の根本的不安定性を前にしてなお嬉々として消費社会の義務を果たす、忠実な消費者へと転換する際にもおなじことが当てはまる。[5]

　資本主義経済を基盤に形成され、ダイナミックに変容した近代社会に固有の不安定さを鑑みれば、十八世紀初期にドイツ[6]、そして十九世紀中期にイギリス[7]でこの概念が最初に用いられたころから一貫して、資本主義の理論が危機の理論であったことは不思議ではない。それはマルクスやエンゲルスに限らず、リカード、ミル、ゾンバルト、ケインズ、ヒルファーディング、ポランニーやシュムペーターにも当てはまる。彼らはみな、それぞれのやり方で、自分が生きているうちに資本主義の終わりを目撃することをと予期していたの

3　資本主義の定義は数多くあるが、どれも苦心は窺えるものの折衷的である傾向が高い。つまり、資本主義の特徴をいくつか選んでその組み合わせを変えることで済ませる傾向にある。ここでその詳細には立ち入らない。それぞれの定義が、定義者の関心やイデオロギーに沿って、資本主義を構成するそれぞれの要素を強調している。それらの定義は、それぞれの仕方で動物の進化の段階を参照しており、それによって歴史の変動を描きだそうとしている。いくつか例をあげよう。ゾンバルト「資本主義は『資本』の優越性がはっきりとした特徴となっている経済システムを指す［…］経済システムとは、物質的欲求をもたらす統一的様式である。これは明確な精神によって動かされ、明確なプランに沿って調整、組織され、明確な技術的知識が適用されたものである」(Werner Sombart, 'Capitalism'. In: Johnson, A. and E. Seligman, eds., *Encyclopedia of the Social Sciences*, Vol. 3. New York: Macmillan 1930, p. 196)。ウェーバー「資本主義は、人間集団の要求（それがどのような要求であるかは問わない）を満たすための産業が企業という手段をつうじて実現されているところであれば、どこにでも存在する。より明確に言えば、合理的な資本主義の制度は、資本会計を備えるものである。つまり、それは近代的簿記と収支バランスの計算をつうじて、生産力を上げるために必要となる収入を決定する制度である」(Max Weber, *General Economic History*. New Brunswick and London: Transaction Publishers 2003 [1927], p. 275［ウェーバー『一般経済史要論（上・下）』黒正巌・青山秀夫訳、岩波書店、一九五四―一九五五］)。シュムペーター「資本主義は借入金によりイノヴェーションが行われる私的所有経済の形態である。ここにはとくに論理的必然性はないものの、一般に信用創造が含まれる」(Joseph A. Schumpeter, *Business Cycles*. Volume I. Philadelphia: Porcupine Press 1982 [1939], p. 223［シュムペーター『景気循環論：資本主義過程の理論的・歴史的・統計的分析（1）』金融経済研究所訳、有斐閣、二〇〇一］)。ケインズ「資本主義の本質的特徴［と私には思われるの］は、経済という機会の主導力としての、貨幣を求め貨幣を愛する個人の本能に大々的に訴えかけることに依存している点にある」(John Maynard Keynes, *The End of Laissez-Faire. The Collected Writings of John Maynard Keynes*. Volume IX: Essays in Persuasion. London: The Macmillan Press Ltd 1972 [1931], p. 293［ケインズ「自由放任の終焉」宮崎義一訳、「世界の名著」69、中央公論社、一九八〇、一五六頁］)。マルクスについては、彼が簿記という発想を一度も利用したことがないとシャピロがその透徹した論文で主張している (Eve Chiapello, 'Accounting and the birth of the notion of capitalism', *Critical Perspectives on Accounting*, vol. 18, no. 3, pp. 263-96; see also I. T. Berend, 'Capitalism'. In: Smelser, Neil and Paul Baltes, eds., *International Encyclopedia of the Social and Behavioral Sciences*, Volume 3. Amsterdam, Paris and New York: Elsevier 2001, pp. 1454-1459; Jürgen Kocka, *Geschichte des Kapitalismus*. München: Verlag C.H.Beck 2013)。しかし「［彼が］描いた資本主義システムは、少なくともかれらがその決定的な定義を行った時点ではゾンバルトやウェーバーのそれとおおむね同じである。歴史の皮肉は、ゾンバルトやウェーバーとちがいマルクスは［…］一度も、あるいはほとんどまったく簿記について触れなかったことであろう。しかし、マルクスは後輩のふたりのドイツ人社会学者よりも当時の簿記の実際についてより詳しかったことはまちがいない」(Chiapello 2007, 293)。他方でゾンバルトはマルクスについてこう主張している。「彼が現象を発見したのは事実だが、しかし彼は必要に応じて資本主義の限られた側面を定義したに過ぎなかった」(Sombart 1930, 195)。

4　William H. Sewell Jr., 'The Temporalities of Capitalism', *Socio-Economic Review*, vol. 6, 2008.

5　Colin Crouch, Beyond the Flexibility/Security Trade-Off : Reconciling Confident Consumers with Insecure Workers', *British Journal of Industrial Relations*, vol. 50, no. 1, 2012, pp. 1-22.

6　Ingomar Bog, 'Kapitalismus'. In: Albers, Willi et al., ed., *Handwörterbuch der Wirtschaftswissenschaft (HdWW)*, Vierter Band. Stuttgart etc.: Gustav Fischer etc. 1988, pp. 418-32.

7　R.M. Hartwell and Stanley L. Engerman, 'Capitalism'. In: Mokyr, Joel, ed., *The Oxford Encyclopedia of Economic History*, Vol. 1. New York etc.: Oxford University Press 2003, pp. 319-325.

である。[8] どのような危機によって資本主義が終わるのかについては、彼らの時代や理論的優先順位によって異なっている。資本主義は過剰生産ないし過少消費、あるいは利潤率の低下傾向により死を迎えるという構造的理論（マルクス）、需要と市場の飽和と危機が共存するという考え（ケインズ）、生活や社会の行き過ぎた商品化にたいする抵抗の増大により資本主義は終わるという考え（ポランニー）、比喩的な意味でも字義どおりの意味でも植民化されるべき新世界や新たな労働者が消滅することが危機をもたらす（ルクセンブルク）、技術停滞（コンドラチェフ）、自由市場を停止させる独占企業の金融政治組織（ヒルファーディング）、世界全体で「知識人の裏切り」が起こり起業家精神が官僚主義により抑圧されることで資本主義の危機が生じる（ウェーバー、シュムペーター、ハイエク）等々。[9] これらの理論はどれひとつとして予想された結末を迎えなかったが、その多くはまったくのまちがいというわけでもなかった。事実、近代資本主義の歴史は危機の連続として描かれる。資本主義が生き延びることができたのは、みずからの経済的・社会的諸組織を根本から変化させるという代償を支払ったからである。資本主義は、そのように予期せざる仕方で、しかもしばしば意図せざる仕方で、みずからを破綻から救いだしたのだ。こうしてみると、資本主義的秩序がいまなお健在なことより、それがたびたび崩壊寸前になりながらも、たいていは偶然的な、内部からは呼び出しようのない外的要因に支えられて変化しつづけてきたことに大きく驚かされる。資本主義は「まもなく死を迎える」という予言をこれまで覆しながら生き延びてきた。しかし、だからといってこれからも生き延びるとは限らない。帰納法による証明はここにはない。資本主義が助けを求めて呼び出す救助隊も、つぎは登場しないかもしれないのだ。

このことを説明するために近代資本主義の歴史をかんたんに要約してみよう。[10] 十九世紀のリベラル資本主義は革命的な労働運動に直面した。これは抑圧と取り込みとを複雑に組み合わせて、政治的に飼い慣らす必要があるものだった。民主的な権力の分配と社会改革もそれに含まれる。二十世紀前半、資本主義は国家間戦争において国家の利益に資するよう徴用された。そのために、新たな戦争経済の計画的体制のもと、資本主義は公益に転換させられたのであった。というのも、私有財産と市場の「見えざる手」では、国家間の敵対関係に勝利を収めるために必要な集団的能力を獲得するには不十分と見なされたためである。第一次世界大戦後リベラル資本主義経済が復興しても健全な社会秩序をもたらすことはできず、そのため共産主義やファシズムに産業界の大部分を譲り渡さざるを得なくなった。他方で、のちに「西側」と呼ばれることになる中核的な諸国では、大恐慌後にケインズ主義の国家管理的資本主義によって、しだいにリベラル資本主義が成功を収めるようになる。この成功から生じたのが、戦後三十年間の民主的福祉国家による資本主義である。今になってみれば、それは民主主義をつうじて達成された経済成長と社会的・政治的安定が、資本主義のもとで共存していた唯一の時期といえる。すくなくとも、資本主義に「先進」なる枕詞を冠したＯＥＣＤ諸国

8　多くの場合その理論家自身が提示した、資本主義の歴史の時代区分にこのことが反映している。ゾンバルトは資本主義を「初期」（商業）、「高度」（産業）そして「後期」に区別した。最後のそれは一九二〇年代から一九三〇年代にあてられる。ヒルファーディングは、彼が実際に経験したリベラル資本主義から組織化された資本主義、産業資本主義から金融資本主義への移行は、資本主義から離脱しほかのなにかへ移行するものとみなされている。マルクスとエンゲルスは、のちのローザ・ルクセンブルクと同様に、まだ生きているうちに社会主義革命が起こることを期待していた。ポランニーは第二次世界大戦の終わりと軌を一にする資本主義の終わりに立ち会っていると信じていた。「フランクフルト学派」は「後期資本主義」（*Spätkapitalismus*）を一九七〇年代に位置づけた。これは一九四五年以降のリベラル資本主義ないし自由市場資本主義に取って代わるものとされている。シュムペーターは一九一八年にはすでに、次のような時代がくるものと確信していた。「資本主義はすでにその役割を終え、資本の飽和した、そして徹底的に起業家精神によって合理化された経済が残る。そのあとになってはじめて、心静かに、経済発展の避けがたい鈍化を予期することができるだろう。これは社会主義につきものである。というのも社会主義とは経済から人生を解放することであり、また経済から疎外されることだからである。まだその時は訪れていない［…］しかしそれでもその時はやってくるだろう。経済発展と、その結果としての社会的共感の領域の拡大を通じて、しだいに民間企業はその社会的意義を失っていくだろう。その兆しはすでに私たちのそばにある［…］」（Joseph A. Schumpeter, 'The Crisis of the Tax State'. In: Swedberg, Richard, ed., *The Economics and Sociology of Capitalism*. Princeton: Princeton University Press 1991［1918］, p. 131［シュムペーター『租税国家の危機』木村元一・小谷義次訳、岩波文庫、一九八三、八一頁］）。

9　「資本主義の終わり」についての先述の予言についての、いくぶん偏ってはいるが大部の要約については、以下を参照。Harwell and Engerman, 'Capitalism'.

10　ここで資本主義がいつ登場したかについての終わりのない議論に足を踏み入れるつもりはない。一六〇〇年代というのが定説なのだろうが、それでも近代資本主義、つまり社会システムあるいは社会としての資本主義については、十八世紀終わりに科学とテクノロジーが結合した産業社会初期の時代に生まれたものにすぎない。とりわけ以下を参照。Kocka, *Geschichte des Kapitalismus*.

に限ってはそうであった。しかし一九七〇年代に入ると、社会民主制資本主義の「戦後体制」は解体しはじめる。最初、それは気づかれぬほどゆっくりと進行した。しかし資本主義経済と、その容れものである社会・政治制度が次々と危機を迎え、その危機がますます激しくなるにしたがい、その解体は目に見えるようになってきた。それは危機が激しさを増していった時代であり、ウェルナー・ゾンバルトが一九二〇年代に鮮やかに描き出した[11]「後期資本主義」が新自由主義に道を譲った決定的な変化の時代でもあった。

危機理論の再来

二〇〇八年の危機という分水嶺を経た現在、資本主義および資本主義社会の展望にたいする批判的・批判理論的な考察がふたたびブームになっている。『資本主義に未来はあるか？』とは二〇一三年、イマニュエル・ウォーラーステイン、ランドル・コリンズ、マイケル・マン、ジョルジ・デルルギアン、そしてクレイグ・キャルホーンという五人の優れた社会科学者によって出版された書物のタイトルである。全員の連名となっている序章と結論をのぞけば、それぞれの著者が各章で自説を展開するかたちになっているのは、彼らの見解が大幅に異なっていることを思えば不思議ではない。それでもひとつの確信を五人の著者全員が共有している。それは序章にあるように、「巨大な影が水平線に姿をあらわしている。それは、最近の大不況《グレート・リセッション》（訳注：日本では欧米ほど影響を受けなかったため「リーマン・ショック」と呼ばれる）よりもはるかに巨大な構造的危機である。将来この不況はさらに深刻な困難と変容の時代のプロローグにすぎなかったと思われるだろう[12]」。この危機を引き起こした原因、そしてそれがどう終結するかについては、見解がはっきり分かれる。著者たちの並々ならぬ力量を思えば、そのことはむしろ資本主義政治経済の現在の情勢に内在するさまざまな不確定要因と可能性の徴候と捉えるべきかもしれない。

今日の資本主義が行き着く未来を想像するにあたっては代表的な理論家たちでさえおおきく異なった道を

歩むことになる。そのことを読者に感じ取ってもらうために、ここでしばらく同書で提示される展望と予想を紹介しておこう。ウォーラーステインの主張（pp. 9-35）は、おそらく比較的スタンダードな恐慌理論である。彼は現在の資本主義をコンドラチェフの波（コンドラチェフB）の底に位置づける。しかし彼は、ここで新たな上昇（コンドラチェフA）は期待はできないとみている。これは一九七〇年代に始まった「構造的危機」による。したがって、「資本家はもはや見返りのある資本主義を見つけることはないだろう」。そのように彼が述べる理由は二つある。ひとつは「終わりなき資本蓄積の終わり」という一連の長期傾向であり、もうひとつは「一九六八年の世界革命」以降の「中道リベラル文化の世界的な終焉」（p. 21）である。これら二つの構造的傾向は、未開拓領域の消滅と、そこから必然的に帰結する環境修復作業、資源不足の悪化、公共的インフラの需要増大を含んでいる。それらの作業はどれも多大なコストを要するものである。これに加えて不満を抱えた労働者や失業者が増加するため、彼らを宥めるにも資金が必要である。グローバル・ヘゲモニーについては、ウォーラーステインは軍事、政治のみならずイデオロギーにまで及ぶアメリカ中心の世界

11　静かに進行したためか長いこと気づかれないままであった、この一八〇度の方向転換の衝撃について知るためには、ゾンバルトの「後期資本主義」における「経済生活の形式」モデルを参照。「資本主義が一般化した時代に特徴的な外的拘束からの自由が失われ、全システムが自由ではなくむしろ規制の増加によって身動きとれなくなっていくことで失われていくのが後期資本主義の時代である。こうした規制のいくつかは自己規制である。つまり内部マネジメントの官僚化であり、業界団体、委員会、カルテルその他の類似組織は集団的決定に服従していく。また国家による規制もある――工場立法、社会保険、価格規制などがそれにあたる。しかし、労働者が定める規制もある――労使協議会、労働協約がそれである。雇用者と被雇用者の関係は公的なものとなる。賃金労働者の身分規定はより公務員のそれに近づいていく。その活動は準公的な性格の規則によって規制されるが、勤務態度も公僕のそれに近づいていき（残業ゼロなど）、賃金は非経済的な非商業的要因によって決定される。当初は賃金のスライド制だったものが、そのアンチテーゼ、つまり生活賃金に置き換えられる。これは公僕の給与体系の基礎にあるものと同じ原則を意味している。失業時にも支払いは継続され、病気ないし高齢により年金を支給される点も公務員と同様である［…］全般的に、柔軟性は硬直性に置き換えられる［…］」（1930, 207）。ゾンバルトを読めば、「新自由主義」という言葉は資本主義の展開の現在の局面において実に示唆的であることが理解される。

12　Immanual Wallerstein, Randall Collins, Michael Mann, Georgi Drerluguian and Craig Calhoun, *Does Capitalism Have a Future?*, Oxford: Oxford University Press 2013, 1-2.

秩序が終わりを迎えると論じている。グローバルな混乱にあわせて行動することでコストは跳ね上がり、安定した資本主義的世界システムを修復することが不可能になる。さらに彼はこう予見する。「システムの行き詰まりはますます手の施しようがなくなる。それはさらに極端な混乱をもたらし、経済的・政治的な短観でさえ当てにならないものにする。ここから……市民のあいだの不安や疎外感が高まっていき、悪循環が加速する」(p. 32)。ウォーラーステインは近い将来、資本主義秩序の擁護者と敵対者のあいだのグローバルな政治対立が起こることを予感している。彼の言葉を借りれば、ダヴォス(訳注：世界経済フォーラムの主催地)とポルト・アレグレ(訳注：世界社会フォーラムの主催地)の二勢力のあいだの対立だ。「後継システムをめぐる」(p. 35)両者の最終決戦の時期は近づいている。彼によれば、そこから生じるものを予見することは困難だが、しかし「続く十年で勝負の決着はつき、適度に安定したあたらしい世界システム(あるいは世界システム群)が確立されるだろう」。

このような資本主義の終焉を予想する見解にくらべれば、まだ悲観的でも楽観的でもない見解をとるのが、クレイグ・キャルホーンである。彼は深刻な、あるいは最終的な危機をつうじて資本主義が刷新あるいは革新されることに期待している(pp. 131-161)。キャルホーンはこれまでと同様、現在も資本主義を救い出すために政治介入する時間はまだ残されている、と考えている。おそらくその助けとなるのは「十分に啓蒙された資本主義分派」(p. 2)である。しかし、彼は「中央集権化された社会主義経済」も、さらには「中国式の国家資本主義」への移行もありえると信じている。「将来、とくに資本主義的な所有形態、つまり金融形態が終焉を迎えたとしても、市場は存続しうる」(p. 3)。将来の予見についてキャルホーンは、ウォーラーステイン以上に口が重い(pp. 158-161 での彼の見解の要約を参照)。彼が担当した章では、資本主義の安定性を脅かす内的矛盾、そして起こりうる外的破綻のリストが提示され、広い範囲にわたるさまざまな帰結が指摘されている。ウォーラーステイン同様、キャルホーンも国際的システムを特別に重要視しており、ここから広い意味で資本主義的な政治経済体制の多様化が生じることを期待している。彼は「資本主義市場が広範囲かつ同時に崩壊し…経済的大混乱が起こるだけでなく政治・社会制度が大打撃を受ける」(p. 161)可能性を排除してはいないが、資本主義を大きく改新させ、実効的コントロールを再生しようと試みる国家や企業そして社会運動の可能性を信じている。引用しよう。

資本主義秩序はきわめて広範囲にわたる、高度に複雑なシステムである。この四十年間のさまざまな出来事によって、戦後の資本主義の比較的良好な組織化を支えてきた諸制度は深刻な混乱に陥ってきた。これらを修復したり置き換えたりする努力は、このシステムに変化をもたらすことになる。それは新たなテクノロジーやビジネス・金融サービスが登場した場合と同じである。更新に成功したとしても、資本主義は変化を被るだろう……。問題は資本主義が危機を克服し、外的脅威を避けるにあたり、その変化が適切であるかどうかである。もしそうでなければ、新秩序の登場以前に大規模な荒廃が生じるのではないか？(p. 161)

資本主義の未来について、より不可知論的な立場を取っているのがマイケル・マンである(「終わりは近い、しかし誰にとって？」pp. 71-97)。マンは彼のいう「人間社会の一般モデル」において「社会はシステムではなく、多様で重なり合った相互作用のネットワークである。なかでももっとも重要なのは、イデオロギー、経済、軍事、政治という四種類の権力ネットワークである。地政学的関係をここに付け加えてよいかもしれない……」と論じたあと、こう続けている。

これらの四つないし五つの権力の根源には、どれも内的な論理や発展の傾向があるだろう。そうであれば、資本主義内部のそれらの傾向を、たとえば均衡、循環、矛盾に向かう傾向として特定することも可能ではなかろうか。すくなくとも社会的権力の他の諸々の根源のなかに同様の傾向を特定することができる程度には（p. 72）。

ネットワーク間の相互作用は頻繁に起こるが、しかしそれはシステマティックに起こるわけではない、とマンは指摘する。「そうした相互作用の重要性を認めれば、私たちはより複雑で不確定な世界へと足を踏み入れることになる。その場合、たとえば資本主義の発展はイデオロギー、戦争、そして国家からも影響を受けることがわかる」（p. 73）。さらにマンは、地政学的空間の発展が不均等である可能性や非合理的行動が合理的な利益（生存にかかわる利益も含む）の計算に与える影響をつけくわえる。そして彼は、一九三〇年代の大恐慌と二〇〇八年のグレート・リセッションについて論じることで、偶発的事件やウォーラーステイン＝コンドラチェフの歴史モデルで想定される循環とは別の、偶発的事件の循環の重要性を示す。そこから論を進めて、彼はこのアプローチをつうじて未来がどのように語られるのかを示す。はじめにアメリカの覇権の未来について、ついで「資本主義市場」の未来について。

そのうち前者にかんしては、マンはアメリカの国内外にわたる弱点の一般的なリストを提示している（pp. 83-84）。そのリストは経済的衰退にはじまって、政治的無秩序、さらに非効率化の一途をたどる軍隊にまで及ぶ。それらは「アメリカの地位を低下させかねない」が、「確実なかたちで捉えることができない」弱点である。アメリカの覇権が終わることになるとしても、「それが資本主義システムの危機につながるとはかぎらない」。その代わりに起こりうるのは「老いた西側諸国からアジアのほとんどを含む、経済成長に成功した諸国」へと経済権力がシフトすることである。これは、アメリカ、EUそしてBRICs諸国（のいくつか）のあいだで経済権力が分割される結果に落ちつくことになり、その結果、「中期的には資本主義はより国家主導的になると思われる」（p. 86）。「資本主義市場」については（pp. 86-87）、ウォーラーステインには失礼ながらまだ征服すべき新世界は十分にあるし、新たな需要が発見・発明される可能性も十分にあり、それらが量的・質的な成長を可能にする、とマンは信じている。また、いかなる問題にたいしても技術的な解決策が現れるだろうから、「終わりが近い」のは資本主義というより、むしろ労働者階級と革命的社会主義のほうだろう。人々が予言するように成長率が低下するとしても、その結果生じるのは低成長の安定した資本主義であり、それは環境問題を減らすのに都合がよい。この筋書きどおりに進めば、「左派に未来があるとしても、せいぜい改良主義的な社会民主主義あるいはリベラリズムにかぎられるだろう。雇用者も労働者も、資本主義的雇用のありふれた不公正をめぐって争いつづけるだろう［…］その争いは妥協と修正に落ちつくだろう…」。

とはいえ、マンの結論はそれほど楽観的ではない。彼はこれから資本主義が経験するかもしれない二つの巨大な危機を挙げ、そのうちのひとつは蓋然性が高いと見なしている。しかし、それは資本主義の危機ではない、というより資本主義だけの危機ではない。なぜなら資本主義が崩壊するのは人類の文明全体が破壊されるときでもあるからだ。そのようなシナリオのひとつは、人間集団がもつ非合理性が核戦争を引き起こすというものである。もうひとつは「エスカレートする気候変動」によって環境危機が生じるというものである。後者の場合（pp. 93ff.）、資本主義は国民国家と（無際限に消費する資格としての）市民権とともに、自然環境を持続不可能なものにした「近代の三大勝利」のひとつとみなされることだろう。この三大勝利のいずれもが、いささか抽象的な――つまり空想的でおそらく実現不可能な――未来を目指したという理由で非難されるべきものとなるだろう（p. 95）。環境破壊は資本主義と関連しているとはいえ、「資本主義を超えた大きな因果関係の連鎖」（p. 97）から引き起こされるものである。それでも「政策決定で実現可能なことはあり」、「そもそも人類はよいシナリオも悪いシナリオも自由に選ぶことができ、したがって未来は予想不可能なのである」（p. 97）。

この著作でもっとも明確に資本主義の危機理論を提示したのはランドル・コリンズである（pp. 37-69）。彼が正確に形容しているように、その理論は「マルクスとエンゲルスがすでに一八四〇年代に定式化していた根本的洞察を明確化したもの」（p. 38）である。その洞察はコリンズによれば、資本主義は「長期的に構造的弱点となる問題」、具体的に言えば「労働者を技術的な仕方で機械に置き換える」という問題を抱えている、というものである。このようにコリンズは、自分が徹底的に構造主義的アプローチ（ウォーラーステインよりはるかに構造主義的である）を採用し、単一要因的な技術決定論の立場をとる。彼は革命的暴力の有無を問わず、今世紀の半ばまでに資本主義は「労働者の機械への置き換え」を完了し、終焉を迎えると確信している。この終焉は、同じく破壊的で決定的な環境危機がもたらすよりも早く、また比較的予見の難しい金融バブルよりも確実に訪れることになる。コリンズの後期マルクス的構造主義はたしかに「明確」である。というのも彼は、利潤率の長期低落傾向を付帯定理としていたマルクスとはちがい、自分の予言が外れたときの言い訳になるような要因に一切触れようとしないからである[13]。コリンズは過去に資本主義の消滅を引き延ばしてきたどのような救済の恩寵も、いまや存在しないと信じている。彼は歴史の流れのなかに、マンやキャルホーンの挙げる非マルクス主義的な、あるいはむしろ「ウェーバー主義的」な要因があったことを認める。しかし、それらは二次的要因にすぎず、資本主義がその根本的構造によって歴史的に消滅していく流れに修正を加える程度にしか作用しなかった、と彼は考える。グローバルな不均等発展、資本主義とは無関係の紛争の広がり、あるいは戦争やエコロジー的な圧力が資本主義的労働市場や雇用システムの危機を加速させたということが事実であってもなくても、資本主義が終焉に向かうことを止めることはできないのだ。

この危機はどのような原因から生じたのだろうか？　過去二百年にわたって、労働者はしだいに機械へと置き換えられていった。情報テクノロジーの登場もそれに寄与したし、あとわずかで人工知能もそこに加わるだろう。にもかかわらず、このプロセスは少なくとも二つの理由でピークに達してしまった。第一にこのプロセスが広範囲にわたって加速したからであり、第二にこのプロセスは二十世紀後半に手工業労働者階級を破壊したのち、いまや中産階級を攻撃し崩壊寸前に陥らせていることとである。中産階級、すなわち新しいプチブルジョワジーこそは、新資本主義・新自由主義的なライフスタイルである「よく働きよく遊べ」、つまり消費主義と立身出世主義の担い手であった。これから論じていくように、この中産階級を現代資本主義社会にとって必要不可欠な文化的基盤と考えられるだろう。コリンズは、人工知能が（人工知能を設計し製造できるほどの）プログラミング、経営、事務、管理部門、教育といった仕事を担うようになる時代を予測している。中産階級にとっての電子《エレクトロニクス》化は、労働者階級にとっての機械化にひとしく、しかもその進展はずっと速い。その結果、失業率は今世紀の半ばまでに五〇から七〇パーセントに達するだろう。これにより打撃を受けるのは、「ヒト余り」という労働者階級を襲う脅威を（賃金の停滞ないし低下を受け入れつつ）高等教育と熟練労働によって逃れようとしていた者たちである。他方で、「ロボットを所有する少数の資本家」は大きな利益を上げ、呆れるほど豊かになるだろう。しかし彼らはその報いを受けることになる。製品は「それを購入するだけの収入を持つ者がほとんどいないために売れなくなる。この過程を想定することで、マルクスとエンゲルスは資本主義が崩壊し社会主義に取って代わられることを予想したのだった」（p. 39）とコリンズは書き、彼自身も同じことを予想している。

コリンズの理論的独創性の頂点は、これまでは資本主義を終わらせることに成功したためしのない「テクノロジーによる置き換え」が、なぜ今になってそれを終わらせようとしているのかを説明した箇所にみられる。コリンズはマルクスの足どりを追って、これまで資本主義を自己破壊から救ってきた五つの「回避策」をリストアップし、それらがなぜこれからは救いにならないのかを示そうとする。彼はこれから機能しなくなる回避策として、以下のものを挙げる。第一に技術革新による雇用喪失を補う新しい職や部門の成長（人工知能にかんする雇用は極小であろう、とくにロボット自身が別のロボットを設計、製造するようになればば）。第二に市場拡大（まず中産階級の職種向けの労働市場が拡大する。しかし、それは情報テクノロジーによってグローバルに統合され、高等教育を受けた求職者は国際的な競争に巻き込まれる）。第三に金融市

13　マルクスが『資本論』第三巻で「利潤率低減傾向法則」について述べる際に（Chs. 13 . in the German original, Karl Marx, *Das Kapital*. Kritik der Politischen Ökonomie. Dritter Band. Berlin: Dietz Verlag 1966［1894］「反対に作用する諸原因」*entgegenwirkende Ursachen* と呼んだものを指す。実際には、コリンズもここで相殺要因を扱っており、それを彼は「回避」と呼んでいるが、彼はそれがもはや有効ではないと論じている。

場の成長。これは財源（「投資」）と金融産業の両方の成長が含まれる（この成長が新しいテクノロジーがもたらす雇用喪失や失業率上昇による財源の喪失を補うことは恐らくできないし、コンピュータ化は金融産業の多くの部門の労働者を余剰人員にしてしまう）。第四に民間部門の雇用の政府部門への置き換え（これは国家の財政危機を考えればありえないだろう。その実現のためには究極的には「所有制度の革命的な転換」（p. 51）が必要になる）。第五に、雇用されない人々を溜めておくための教育制度の利用。これは「隠れケインズ主義」的な方策で、「資格インフレ」と「学歴インフレ」を引き起こすだろう（コリンズによればこれが一番選ばれる可能性が高い選択肢だが、当の教育機関の内部に拡がる希望喪失と資金不足により、最終的には他の手段と同じく役に立たない）。

こうして五つの回避策が潰されてしまうと、いっそうペースを上げる労働者の機械への置き換えと、それにともなう経済的・社会的不平等の広がりを防ぐ手段はなくなる。コリンズは、そのときある種の社会主義が最終的に資本主義に取って代わると主張する。それがどのようなものになるのか、そしてその社会主義とともに、あるいはその後に訪れる状況はどのようなものか、これにかんしてコリンズは確答を避けている。どのように移行するのかについても、彼は不可知論的な立場を取る。その変化は革命的なものであろうが、しかしそれが資本主義を終わらせる社会主義暴力革命になるのか、政治リーダーシップのもとでの平和的な制度革命になるのかは、事前に知ることはできない。超富裕層にたいする重課税か、ベーシックインカムの保証か、あるいはケインズ風の独裁的方法による厳格なワークシェアを用いるのか？[14] コリンズの「明確なマルクス主義」は、資本主義の後にどのような社会が登場するのかを予言してはくれないだけに、私たちが自由に思弁を繰り広げる余地を残している。ただ、確実に言えることがひとつある。資本主義は終わるだろう、しかもこれまで考えられてきたよりもずっと早く。

ジョルジ・デルルギアンの論考はこの著作の流れのなかで少しばかり浮いているものの、共産主義とくにソヴィエト共産主義の衰退と消滅について、内側から魅力的に説明している（pp. 99-129）。彼の章は、資本主義の終焉について、それが共産主義の消滅とどの点で異なり、どの点で似るかを考察しているところに価値がある。両者の違いについては、彼は事実に立脚してこう述べる。ソヴィエト共産主義は当初から「資本主義的世界システム」(p. 111) の「地政学における敵として」(p. 110) 位置づけられていた。つまり、資本主義のシステムの運命とソヴィエト連邦の運命は分かちがたく結びつけられていたのである。スターリン独裁が終わり、長期的にみてソヴィエト連邦がいずれは、崩壊することは明らかに思われた。その後、ソヴィエト共産主義に特有の階級構造は、国内の社会的妥協（アメリカ資本主義とは異なり、そこには政治的無能と経済的停滞が含まれる）へと帰着することになった。その結果、一九六〇年代の革命的時代に登場した文化、行政、科学分野の新しいエリート世代に不満が拡がった。また、ソヴィエト共産主義の国家主導政治経済は、過剰な中央集権化を進めたために、地域・民族的分離主義にたいして脆弱になっていった。他方、ソヴィエトを包囲するグローバル資本主義は、ソヴィエト共産主義を憎む人々と日和見主義の共産党政治局員の両方にたいして、望ましい秩序を提供していた。そのおかげで、後者は最後にはこの秩序のなかで、資本主義国の支配層に成り上がることができたのである。

もちろん現代の資本主義は、アメリカ合衆国の役割を過小評価すべきではないとはいえ、単一帝国の地政学的幸運にかつてほど依存しているわけではない。それより重要なことは、現代の資本主義は別の政治経済モデルからのプレッシャーに曝されていないということである。ただしそれはイスラム諸国の経済ドクトリンが近未来においては（資本主義グローバル経済にどっぷり統合されている）当のイスラムのエリートたちにとってさえ魅力的ではなくなる、と仮定した場合の話であるが。それでも、ソヴィエト共産主義と資本主義はいずれも、制度的・経済的な衰退によって生み出された政治混乱に直面した点でよく似ている。ソヴィ

14 John Maynard Keynes, 'Economic Possibilities for our Grandchildren'. In: J. M. Keynes, *Essays in Persuasion*. New York: W. W. Norton & Co 1963 [1930].［ケインズ『ケインズ説得論集』山岡洋一訳、日本経済新聞出版社、二〇一〇］

エト連邦はその「国家統合」を喪失したことにより、「すべての近代的制度が力を失い、家族や縁故のネットワーク以外に、事実上いかなる集団的行動も不可能になってしまった。その状況はそのまま継続することになった」（p. 122）とデルルギアンは述べる。その帰結のひとつは、「一九六八年のプラハの春や一九八九年にピークに達したソヴィエトのペレストロイカのような大規模な市民動員」に直面した支配層の官僚が「むき出しの暴力というよりむしろパニックで」反応したことである。しかし、同時に「蜂起の運動は、支配階級の深刻な組織崩壊を利用することに失敗した」（p. 129）。理由や状況は異なるにせよ、制度が崩壊し、旧秩序の支配者と挑戦者のあいだに同じような不安が広がり、どちらも集団として同じように弱体化していく過程こそは、将来の資本主義からポスト資本主義への移行で生じる事態を示しているのだろう。一方には分断された社会運動、他方には方向を喪失した政治経済的エリートがあり、両者が互いにいがみ合うというかたちで。

　私個人の見解は、この五人の論考のそれぞれを参考にしつつ、そのどれとも異なっている。彼ら全員が同意しているのは、資本主義および資本主義社会が重大な危機を迎えており、それは現代の資本主義が深刻な不確定性の時代に入ったことの予兆だ、という点である。これについては私もそれぞれの論者の多様な見解を承認する。現代は予期せぬ出来事がいつ起きてもおかしくない時代であり、博識な観察者のあいだでさえ、なにが起こりうるのかについての見解は分かれて当然である。というのもその事態は、長期にわたり有効と思われていた因果関係が歴史の中で有効性を失ったことにより生じたものだからだ。言い換えれば、私たちのあいだで（資本主義の危機の本質についての意見は異なるにせよ）危機の感覚が共有されていること自体が、これまでの経済学や社会学の理論がもはや予見能力をほとんど失ってしまったことの証拠である、と私は解釈する。この先で詳細に論じるように、私はそのような予見能力の喪失を資本主義の展開のなかで集合的な行動体が破壊されたことの結果であり、同時に原因でもあると考えている。それはまた、ウォーラーステインのいうダヴォスとポルト・アレグレの対立にも影響している。というのも両者の対立は、明確な意図をもった社会的行動の結果が予測不可能であるだけでなく、その行動が与える影響もますます予測不可能になるような社会状況をつくる原因になっているからである。[15]

さらに私の見るところ、さまざまな危機のシナリオをとりあげ、そのひとつを特別扱いするよりも、そのすべてないしほとんどが寄せ集まって多様な病状を示していると私は考える。そこではさまざまな無秩序が共存し、ときとして互いを悪化させあっている。最初に述べたように、資本主義は存続しているのが不思議に思われるほど脆弱な体制であり、生き延びるためにはつねに修復作業が欠かせない。しかし現在では、多くの病理が同時多発的に悪化し、他方で修繕策のほとんどが尽き果ててしまった。資本主義の終焉は無数の傷、あるいは多種多様な病気による死と考えてよいだろう。その傷や病気のどれもが治療不可能であり、かついっせいに治療を要求している。後で詳しく述べるが、マンやキャルホーンのいう潜在的な安定化能力、たとえば複数的体制や地域多様性、不均等発展、政治改革、自律的恐慌サイクルなどはそのどれをとっても、現代資本主義の蓄積された病理から生まれる症状を治癒させるほど強力だと私は思わない。有効な代案が残されておらず、歴史に育まれた実現可能な後継モデルが用意されていない以上、資本主義の病理の蓄積とは、コリンズの見るように[16]資本の蓄積と同じく、完全に内因的で自己破壊的な力学の結果であると考えられるべきだろう。この病理の蓄積は、初期の自由主義から国家管理型、ついで新自由主義的資本主義、そして二〇〇八年とそれ以降の金融危機にいたる歴史の流れのなかで明白になり、偶発的事件によって止まることなく、

15　より「楽観的な」不確定性についての見方は Wallerstein et al.（2013, 4）を参照。「私たちの未来は政治によっては完全には決定されない、と言える程度には希望がある。主体的危機は、過去のジレンマの遺産である構造的制約を緩和し破壊する［…］資本主義の深刻な危機は人類の地球レベルの問題を、社会的公正と自然環境の回復を目指す方向で再整理する機会となるかもしれない」。しかし、私は構造的制約が緩和される可能性については同意するが、この状況を利することのできる集団的行為者が誰になるのかわからない。私から見れば、不確定性は新自由主義革命の過程で集団的行為者を細分化したことから生じ、またそれを悪化させるものである。

16　コリンズは単一の原因によって説明しているが、私は資本主義が破壊されるとすればそれはある程度の関連性をもつ原因の集合体、ないし症候群に原因が求められる。

現在も継続されている。

資本主義が終焉に向かうためには、資本主義にたいする革命的な対抗策は必要なく、よりよい社会のマスタープランもおそらく必要ない。現代の資本主義が崩壊しつつあるのはそれ自体によって、つまりその内的な矛盾によって崩壊しつつあるのであって、敵によって征服されたからではない。これまで述べたように、資本主義の敵は、しばしば資本主義に新しい形態を引き受けるよう迫り、結果的に資本主義を資本主義自体から救い出してきた。現在進行中の最終的危機を経て資本主義に代わるのは、社会主義やその他の明確な社会秩序ではなく、長い空白期間であろう。そこにはウォーラースティン流の新しい世界システムの均衡は存在せず、社会的混乱と無秩序が支配する時代となる（まさに不安と不確定性の時代である）。社会が長い時間をかけてどのように社会以下のもの、つまりポストソーシャルな社会あるいはライトな社会になっていくのか、また、そのような状態からふたたび本来の意味での社会に戻ることができるのかという問題は、社会学理論にとっては興味深い主題である。[17] ここで問題を図式的に理解するためにデイヴィッド・ロックウッドが彼の有名な論文でシステム統合と社会統合、つまり社会のマクロレベルとミクロレベルの統合を区別したことを参照しよう。[18] その考え方にしたがえば、空白期間はマクロレベルにおけるシステム統合の破綻を示している。そのマクロレベルの破綻は、ミクロレベルにいる個人を支える制度的基盤や集団的支援の破壊をもたらし、社会生活から秩序を奪い去る。安全と安定は最小限になり、諸個人はそれぞれ勝手に社会を構成するようになる。空白期間の社会とは、言い換えれば脱制度化した社会あるいは制度構築中の社会である。そのような社会は、先の見通しが安定するとしても局地的かつ一時的であるにすぎず、したがって本質的に統治不可能である。

現代の資本主義はこのようにシステム統合が危機的かつ手の施しようのないほどに弱体化した社会であり、それゆえ資本蓄積の継続は（期間未定の移行期には）、集団としては無力化されている孤立した個人の場当たり的行動によるものでしかない。というのも、彼らはアクシデントの襲来や社会・経済状況のもたらす構造的圧力から自分を守るのに必死だからである。ポスト資本主義の空白期間の社会領域では、新自由主義的資本主義によって統治や管理の水準が低下しており、国家、政府、国境、労働組合やその他の緩衝勢力が一掃されてしまうため、いつ惨事に見舞われても不思議ではない。たとえばバブル崩壊や、瓦解しつつある郊外から中心部へ広がる暴力もそれに当たる。集団的防衛手段を奪われた個人にとって、かろうじて残された社会秩序があるとしたら、それはその場しのぎで他の個人と協力しようとする意欲だけである。しかもその意欲を支えるのは、恐怖と貪欲、そして生き残りのための原始的な関心にすぎない。社会が成員を保護する能力を失い、社会的行動や社会的存在を支える枠組みを失ったとしたら、個人は自分自身しか頼ることができなくなる。そのような社会に秩序があるとしたら、それは目的合理性、つまり社会統合のもっとも弱い形式にもとづくしかないだろう。

ここで私は、展開中のさまざまな危機を包括的に理解するために、いくつかの主題に絞って論じることにしたい。本書の第一章ならびにこの序文の残りで部分的に論じるつもりであるが、それらの主題は以下のとおりである。成長鈍化による分配をめぐる対立の激化、それによる格差増大、債務の恒常的拡大が示すマクロ経済の管理能力の喪失、跳ね上がる通貨供給量、そしていつ起こってもおかしくない新たな経済破綻。[19] 社会と民主主義を前進させるエンジンは、冷戦後の資本主義では停止し、それにともなって寡頭的支配（オリ

17 デュルケム派であれば、ここでアノミー概念を用いるところだろう。これは社会統合に問題が生じたために正常を逸脱する状態が生じたことを示す（Emile Durkheim, *The Division of Labor in Society*. New York: The Free Press 1964［1893］．［E・デュルケム『社会分業論』井伊玄太郎訳、講談社、一九八九］。こうした「病理学的」状態は理論武装した政府の介入により修正される、というデュルケムの固い信念に賛同する必要はない。しかし現行のアノミーは歴史が退行しうるということを示している。つまり、進歩だけでなく退歩もありえるのだ。文明状態から長期の野蛮状態への移行、それは、たとえば西ローマ帝国末期にも起こった。もちろん、こうした事例は「楽観的」であることを強いる近代の思考の傾向に根本から反している。

18 David Lockwood, 'Social Integration and System Integration'. In: Zollschan, George K. and Walter Hirsch, eds., *Explorations in Social Change*. London: Houghton Mifflin 1964, pp. 244-257.

ガーキー）が登場している。政府の能力は縮小し、労働力・自然・通貨の商品化を制限統治能力は全体的に失われている。莫大な富の機会を与える「勝者ひとり占め」の市場はいっそう競争の度合いを高め、それに応じてありとあらゆる汚職がはびこっている。また、商品化と民営化にともなって、公共インフラや公的給付の劣化が進んでいる。一九八九年以降、資本主義の盟主たるアメリカ合衆国は安定した世界秩序を構築・維持することができないままである、等々。こうした事態が進展した結果、経済生活は広くシニシズムに覆われるようになった。資本主義の規範的正当性は、個人の発展に平等な機会を与える公正な社会の実現――それこそは資本主義が危機を迎えた時期に取り戻さなければならなかったものであるが――にあったはずだが、長いあいだ（永遠に、とは言わない）その目的は見失われている。そして資本主義社会の秩序（あるいは無秩序）[20]を支える最後の柱であった集団的諦念にもとづく社会統合さえも、もはや失われている。

不均衡の移動

私は最近の仕事（その多くは本書に収録されている）で、OECD諸国の資本主義が一九七〇年代から危機への道を辿ってきたと論じてきた。七〇年代が歴史的転換点になったのは、その当時に資本家がグローバルに利益を搾取するために戦後処理を放棄したためである。正確に言えば、この年代から三つの危機が連続して発生した。まず一九七〇年代のグローバルなインフレ、ついで一九八〇年代の公的債務の爆発的増加、そしてその後に民間債務の急速な増加が続き、これらが二〇〇八年の金融市場の崩壊に帰結する（詳細は第二章を参照）。この一連の流れはほとんどの主要資本主義国でおおむね一致する。こうした国々の経済は一九六〇年代末に戦後経済成長が終わってから、一度も安定したことがないのである。どの危機も同じ政治経済的論理に則って、同じ順序で進んでいった。すなわちインフレ、公的債務、そして民間債務の規制緩和である。それらは資本家と労働者の分配をめぐる対立（さらに言えば一九七〇年代にはその両者と原材料の生産者のあいだにも対立があったが、そのコストは無視できるものとみなされて対立が終わった）にたいする適切な政治的解決策として開始されたが、最終的にはそれらの政策自体が問題となるにいたった。インフレはその代償として失業を招き、そのことから生じた混乱により、金融資産の所有者は投資を控えるようになった。増加する公的債務は債権者を神経質にし、それが一九九〇年代に債務整理への圧力を生み出した。公共投資の削減によって生まれた総需要のギャップを埋めてきた莫大な民間債務は、低利融資と過剰与信によって生まれたバブルが破綻したときに崩壊した。解決策が問題を生み、それがまた新しい解決策を要求する。しかしそれがまた次の時代に新たな問題となり、さらなる別の解決策を求める。そしてそれもすぐに効力を失い、前の解決策と同様に自己破壊的であることが明らかになる。政府の方針はふたつの均衡点のあいだで揺れ動く。一方は政治的、他方は経済的なそれであるが、両者を同時に得ることは不可能になった。民主政治の正当性と社会平和を求める声に応え、堅調な経済発展と社会的安定を求める市民の期待に従おうとすれ

19　これは高級紙がつねに扱うテーマである。たとえば以下を参照。Binyamin Appelbaum, 'Policy Makers Skeptical on Preventing Financial Crisis', *The New York Times*, 4 October 2015, http://www.nytimes.com/2015/10/05/business/economy/policy-makers-skeptical-on-preventing- nancial-crisis.html?_r=0, last accessed 21 January 2016; and Paul Mason, 'Apocalypse now: has the next giant financial crash already begun?', *The Guardian*, 1 November 2015, http://www.theguardian. com/commentisfree/2015/nov/01/ nancial-armageddon-crash-warning-signs, last accessed 21 January 2016. Consider also the report on 'global risks' presented to the Davos meeting in January 2016.

20　この序文の最後で論じるように、全体的崩壊と社会的混乱は個人の自由から自由社会への歴史的進化として示すこともできる。新自由主義的なリバタリアニズム社会に期待するのはその成員が市場において自分の利益を最大化することが社会に認められることだけである。という以上のものではない。それゆえ、政治的民主主義や集合財は不安とされる（emblematic Ayn Rand, 'What is Capitalism?' In, Capitalism: The Unknown Ideal. New York: The New American Library 1967［1965］, pp. 11-34; Ayn Rand, *Atlas Shrugged*. New York: Penguin 1992［1957］［アイン・ランド『肩をすくめるアトラス』脇坂あゆみ訳、ビジネス社、二〇〇四］）。経済学者のベルナール・マリスによれば（*Houellebecq, Économiste*. Paris: Flammarion 2014）、経済学理論の処方箋にしたがった新自由主義社会の―ポスト・ソーシャルのというべきか―生活の現実がもっとも巧みに描かれているのは作家のミシェル・ウエルベックの作品であるという。ウエルベックが探求しているのは、社会化をともなわない個人主義が広まることで解体していく個人と集団のさまざまなあり方である。そのあり方には、その状況を生きる個人が退行的で画一的な集団に引き込まれていくことも含まれる。たとえば以下を参照。Michel Houellebecq, *Soumission*. Paris: Flammarion 2015.［ミシェル・ウエルベック『服従』大塚桃訳、河出書房新社、二〇一五］

ば、経済にダメージを与えるリスクがある。逆に、経済的均衡を取り戻す努力は市民の政治的不満を高め、現政権さらには資本主義市場全体への支持を失わせてしまう。

現実の事態はそれよりもさらに危機的である。しかしその展開がきわめて緩やかだったため、長らく危機として認識されていなかった。その危機が認識されるには政治的に二世代分の時間がかかったといえる。民主制資本主義国家における財政危機は一九七〇年代の一連の危機と結びついている。この点もまた、「後期」資本主義から新自由主義的資本主義への移行を経験するすべての国々に共通している。一九七〇年代では、政府には制限付きながらまだ選択肢があった。すなわち資本家と労働者の双方の要求に応えるには不足する資金を捻出するために、インフレを選ぶか、それとも公的債務の増加を選ぶか、という選択肢である。一九八〇年代はじめにインフレが終わると、近代資本主義の「租税国家」は「債務国家」へと変貌する。その移行を与えたのは、急速に脱工業化を進めた世界資本主義の覇権国家であるアメリカ合衆国の主導のもと、グローバル化を進めるダイナミックな金融産業である。新しい顧客（つまりは主権国家である）にはその公的債務を一方的に帳消しにする権限がある。この点を憂慮した新興の金融セクターはすぐさま、政府の利息支払いおよび返済の能力の政治的・経済的な保証を取り付けるべく動き出した。その結果、民主国家はあらたな変容を遂げる。今度は「財政再建国家」である。この変化は一九九〇年代半ばに始まった。支出削減による国家財政の健全化は、需要減少と市民の不満をもたらしたが、金融業界は信用市場が十分に規制緩和されていたため、家計向け融資を拡大することに専念した。これは遅くとも一九九〇年代に始まり、最後には二〇〇八年の金融危機をもたらすことになる。

これらの一連の危機と租税国家から財政再建国家への移行の過程で明確になったのは、三つの長期傾向である。そのどれもがおおむね戦後期の終わりに始まり、富裕な民主制資本主義諸国において並行して進行した。その三つの傾向とは成長鈍化、格差拡大、そして債務増大である。これは国家にも民間にもあてはまる。この三者は歴史的に互いを強化しあっていったようにも思われる。低成長は分配をめぐる対立を激化させ、格差を拡大させる。格差拡大は有効需要を抑え、成長を鈍化させる。債務増大は信用市場を停滞させ、金融危機の可能性を高める。金融セクターの過剰成長は経済格差から生まれ、さらにその格差を増大させる、等々。二〇〇八年以前に夢想された成長サイクルは実現されずに終わり、[21] 二〇〇八年以降の回復も貧弱としかいえない状態である。ケインズ主義的刺激策は、例を見ない額に積み上がった債務を前にしては、金融面でも財政面でも機能しなかったのである。ここでは一時的な不幸な偶然についてではなく、長期傾向について述べているのだということには留意されたい。つまり資本主義的システム全体に影響するグローバルなトレンドについて述べているのである。この根深く絡み合った三つの傾向を打破する可能性を窺わせるものは、なにひとつ見あたらない。

第四期

二〇〇八年以降、私たちは一九七〇年以降の一連の危機の第四期にあり、解決策が問題に転じるというおなじみの弁証法がまたしても予想される。[22] 黙示録の騎士よろしく登場する現代の資本主義の三つの問題、すなわち不況、債務、不平等が、あいかわらず政治経済を荒廃させている。グレート・リセッションからの回

21 アメリカ資本蓄積機械の主任技術者、ローレンス・〝ラリー〟・サマーズは二〇一三年一一月のIMFの経済フォーラムでこう述べている。「時間を遡って危機よりも前の時代に経済を学んだとすると、少々奇妙なところがあることに気づいただろう。多くの人びとが通貨政策はあまりに緩和的だと思っている。誰もが無警戒な融資が膨大な額に上っていることに同意している。かつて家計で起こったのと同じように、富が現実を追い越していることはほぼ全員が認めている。通貨の緩和は行き過ぎ、借入は莫大、富も厖大。では好況が訪れたのか？　設備稼働率はたいして圧迫されておらず、失業率がとくに低いということもない。インフレは完全に落ち着いている。つまり巨大なバブルでさえ総需要の過剰を生み出すには力不足だったである」。これは以下で閲覧できる。https://m.facebook.com/notes/randy-fellmy/transcript-of-larry-summers-speech-at-the-imf- economic-forum-nov-8-2013/585630634864563, last accessed 12 August 2015.

22 第四期についてはまだ結論を出していない。本書の最初の二章が書かれた頃は、まだ不十分な認識しか得られていなかった。

復は、成長率の低下が続くなか、ほとんど進んでいない。レバレッジの解消はけっして訪れない未来に延期され、債務総額はかつてないほど膨脹している。[23]そのため公的債務はふたたび増加しはじめ（七六頁の図1．4を参照）、財政再建の最初の段階で得た黒字を完全に失わせただけでなく、成長を再スタートさせるための財政的努力を事実上無駄にしてしまった。こうして、ＯＥＣＤ諸国全体をつうじて失業率は上昇したままであり、スウェーデンのような国でさえ八％の水準に達している。ＯＥＣＤ諸国全体をつうじて失業率は上昇したままであり、雇用が回復しつつある国でも、賃金や雇用条件は悪化する傾向にある。労働条件を悪化させる要因になっているのは、テクノロジーの進展であり、労働者の賃金水準を低下させる方向で進んでいる社会保障制度の「改革」であり、組合組織率の低下とそれにともなう雇用者の権力拡大である。実際、「回復」なるものは多くの場合、失業を不完全失業に置き換えた結果に過ぎない。金利は記録的に低いが、それに見合うだけの投資も成長も得られておらず、そのため政策決定者はさらなる金利の低下、ひいてはマイナス金利を検討するにいたっている。一九七〇年代、インフレは国民の敵だったが、現在のＯＥＣＤ諸国はインフレ率をなんとか二％まであげようと絶望的な努力を続けており、さしあたり何の成果も得られていない。かつて経済学者を途方に暮れさせていたのはインフレと失業の同時発生だったが、現在はデフレ圧力と超低金利の共存が経済学者を悩ませている。これが「債務デフレ」にくわえ、二〇〇八年当時を遥かに上回る規模の累積債務の崩壊という悪霊を召喚している。

資本主義の管理人を自認する専門家たちは、長い危機を経て資本主義が迎えた現在の局面をどう考えればよいのか、途方に暮れている。[24]そのことを明白に示すのが、資本主義社会を代表する多くの中央銀行がさまざまな名のもとに採用した「量的緩和政策」の実施である。二〇〇八年以降、各国の中央銀行は多種多様な金融資産を買い上げ、それと引き替えに融資をおこなってきた。これが民間金融機関に少しばかりの余裕を与えたのである。その代わりに、中央銀行は債務者から将来の収益源の権利を受け取る。それは私的債務を公共資産に変えることであり、上品な言い方をすれば、中央銀行は国家経済の通貨供給を一方的に決定する権限を行使することによって、そうしたのである。現在主要諸国の中央銀行のバランスシートはこの七年で八兆から十二兆ドル以上にまでふくれあがっている（一七八頁の図4．3を参照）。しかもそこには二〇一四年から欧州中央銀行が開始した巨額の資産購入プログラムは含まれていない。この過程で中央銀行は、公的権威であり同時に民間金融機関の後見人でもあるという二重の役割を果たすことで、経済政策における最重要のというより実質的に唯一のプレイヤーになった。というのも、政府は厳しい緊縮政策を課されているため、通貨政策を決める権限を失っているからである。日本のような国の経済においては、（数年にわたって頼みの綱とされてきた壮大な規模の）量的緩和政策はデフレ圧力にまったく太刀打ちできなかったが、それでも代替案がないという理由で頑固に続行されている。しかし債務購入によるキャッシュ創出が終わった後でなにが起こるのかは誰も予想できないままである。他方でヨーロッパ諸国においては、民間銀行はもはや不安視される有価証券（国債も含む）を欧州中央銀行に売りつけ、それで得たキャッシュを（たとえマイ

23　McKinsey Global Institute, *Debt and (Not Much) Deleveraging*. London, San Francisco, Shanghai: McKinsey & Company 2015.

24　興味深い事例のひとつが、中道左派の「ケインズ主義者」のお気に入りのイデオローグであるポール・クルーグマンである。サマーズの「長期不況」宣言 *pronunciamiento*（原注21を参照）に応えるかたちで、ニューヨーク・タイムズ紙（二〇一三年十一月十六日）で、彼はまずケインズの言葉をパラフレーズしてこう述べている。「支出はけっこうなことだ、生産支出であれば最善だが、非生産支出もないよりましだ」。ここから彼はこういう主張を導き出している。「完全に、あるいは一部は無意味な民間支出」も「けっこうなもの」になりうる。その説明としてクルーグマンは次のように続けている。「アメリカの企業は現在巨額の現金を貯め込んでいるが、彼らが従業員全員にグーグル・グラスとスマートウォッチをつけさせ、サイボーグのように仕立てるというのは悪くないアイデアだと、どういうわけか納得したとしよう。そして三年後、その出費はまったく元が取れなかったと気づいたとしよう。しかしながら、それが引き起こした投資ブームは数年間の高い雇用率をもたらし、実質的に無駄にはならない、というのも、そうでなければその投資資金は遊んでいたはずだからだ」。バブルに関しては、「二〇〇三年から二〇〇七年にかけての経済拡大の原動力はバブルだということが現在はわかっている。九〇年代後半の拡大についてもおなじことが言えるはずだ。さらにはレーガン時代後期の拡大についても同じことが言えるはずだ。それはこの時点では、暴走する貯蓄金融機関や商業不動産がつくりだした大規模なバブルを原動力としていた［…］」。これは、クルーグマンによれば「いくつかのラディカルな提言」がある。サマーズに倣えば、新しい状況下では「将来の危機にたいする盾に守られて行われることのほとんどは、逆効果となる」。もうひとつの含意は、「改善された金融規制でさえ必ずしもいいものとは限らない」のは、それが「経済にとってはどんな支出であれけっこうだ、という時期に、無責任な貸付や借入を抑制しかねない」からである。さらにいえば、「私たちの通貨システム全体を再構築する――つまり紙幣を廃止して貯蓄にはマイナス金利を課す」ことをアドバイスすべきだ、等々。http://krugman.blogs.nytimes.com/2013/11/16/secular- stagnation-coalmines-bubbles-and-larry-summers/?_r=0, last accessed 4 August 2015.

ナス金利を支払わなければならなくても）貯め込んでいる。あるいは現金が不足している各国（中央銀行が政府に融資を直接的におこなうことができない諸国）の政府に貸し付け、民間信用市場では考えられないほどの高い利率を定めて利益を貪っている。ようするに量的緩和政策は、こうした民間金融部門を救済する以外にまったく役に立っていないのだ。[25]

分断される民主主義

一連の危機の進展にともなって、戦後の資本主義と民主主義の「できちゃった結婚」生活は破局を迎えた。[26] その破局もまた、ゆっくりと段階的に進んでいった。一揆が起きたりはしなかった。[27] 選挙はあいかわらず実施されたし、野党のリーダーが投獄されたりもしなかった。新旧問わずメディア上では依然として自由に意見が表明されていた。しかし危機が連続して起こり、それにともなって国家の財政危機が明らかになると、分配をめぐる対立の舞台は、それまでの市民たちの集団行動がおこなわれていた場所からはるか遠く離れた別の場所に移された。つまり利害関係が専門家たちの抽象的な隠語で「諸問題」と呼ばれるような場所である。一九七〇年代のインフレの時代には、労使関係が主な対立の場であり、OECD諸国全体で頻繁にストライキが起こったため、一般人にも敵の姿が目に見え、また、直接的行動をつうじて他者と関わる機会があった。つまり当時は一般人も直接的かつ個人的に対立と連帯を経験できたのであり、そこで人々の人生が変わることもあった。一九八〇年代にインフレが終息すると、ストライキもまた終息し、争点も移動した。つまり、それまでのように資本主義の論理に抗して労働者への再配分を求めるための戦いではなく、今度は福祉国家とその将来の規模や役割をめぐる戦いとなり、舞台が選挙へと移ったのである。さらに財政再建の局面に入ると、人々の手持ちの資金はクレジット（すなわち金融業界に利益をもたらし、金融規制の緩和により拡大した信用貸付）に依存するようになった。これにたいする集団的行動の余地はほぼない。実際、金融市場に身を置くほとんどの人間にとってさえ、自分の利益を誰が搾取しているのかを見極めることができないほどなのだ。現在の第四期においては通貨供給拡大と財政面での緊縮政策もあいまって、ほとんどの人にとって、自分の運命を左右するのは、日常生活の空間からはほど遠い、外部の人間にはまったくうかがい知れない密室でおこなわれる中央銀行の執行部や国際組織、閣僚会議の決定になった。そうした場で扱われている議題はあまりに複雑で、内部の人間でさえしばしば何をしているのか、何が実際におこなわれているか確信が持てないこともあるほどなのだ。

　このように舞台が次々と移っていく過程は、世界的に新自由主義が広がっていく過程と重なっており、それはまた戦後の民主主義の標準モデルが腐敗していく過程とも重なっている。この腐敗を引き起こしまた促進したのは、OECD諸国の資本主義に新たに登場した「ハイエク風」成長モデルである。ここで「民主主義の標準モデル」とは、一九四五年以降のOECDの資本主義諸国で標準的とみなされるようになった、次の事柄の組み合わせを指している。すなわち、合理的な自由選挙制と、多数派政党によって樹立される政権（一方は右派、他方は左派であることが望まれた）、団体交渉が制度的に保証され、ストライキだけでなく、ときにはロックアウトが合法的権利として認められた労働組合と雇用者のあいだの緊密な関係である。この

25　かりに「量的緩和」が経済の全体にたいしてはなんの効果ももたらさないままである、あるいは中央銀行が新規増刷によって購入した資産を過剰に帳消しにせざるを得なくなると、通貨政策、あるいは政策全般の最後の一手は市民に「ヘリコプター・マネー」のばらまきを行うことになろう。おそらくそれは、納税者に三千ドル程度の小切手を送り、それによって有効需要が浮上できるような希望的観測を銀行システムにまとわせることというものになろう。しかし、人びとが自由な資金を資産市場に投資し、これがさらなるバブルを引き起こす、という可能性も同じ程度にある。あるいはその金をマットレスの下に突っ込んでしまうことだってありうる。ここらあたりが資本主義の叡智の限界ではと疑うものもいるだろう。

26　このテーマについては以下でより詳細に扱っている。Wolfgang Streeck, *Buying Time: The Delayed Crisis of Democratic Capitalism*. London and New York: Verso Books 2014.［ヴォルフガング・シュトレーク『時間かせぎの資本主義：いつまで危機を先送りできるか』鈴木直訳、みすず書房、二〇一六］

27　もちろん、二〇一一年の欧州理事会で手を組んだ各国首脳たちによって、イタリアとギリシャの首相が国際的な金融機関に関与する役人にすげ替えられたことは例外である。

モデルは一九七〇年代にピークを迎え、その後解体していった。[28] 新自由主義の進展は、すべての国（まれな例外は除く）で投票率が一貫して下がりつづけたことと軌を一にしている。皮肉なことに、彼らは平等主義的な民主主義をもっとも必要としている人々である。国によっては劇的に政党加入率も減った。政党は断片化した。投票は流動的になり、ときに迷走した。ますます多くの国で、投票率の低下にともなって「ポピュリスト」政党が相対的に票を集めるようになった。その多くは右派だが、のちには左派も登場する。彼らは「体制」とその「エリート」に抗議するべく、周縁に追いやられた人々に動員をかける。同じく、労働組合の加入率も低下の一途をたどっている――その傾向は、かつて選挙とともに、若者が民主政治に参加するための入口とみなされたストライキが現在ではほぼ完全に消失していることにも表れている。

戦後の標準的民主主義が終わりを迎えたことはきわめて重要である。民主主義は国家管理型の資本主義とセットになることで、経済的・社会的進歩のエンジンとして機能していた。産業関係と社会政策という二つの経路で資本主義市場経済の収益を再分配することにより、民主主義は一般人の生活水準を向上させそれにより資本主義市場経済は正統性を得たのであった。さらに民主主義は、国民の要求を十分に満たすことで経済成長を刺激した。当時のケインズ主義政策の本質にあったのは、利益の再配分により市民生活を向上させると同時に経済成長を刺激するという、二重の役割であった。それは組織化された労働者を政治・経済的な駆動力へと変換し、民主主義に積極的な経済的機能を与える政策であった。問題だったのは、このモデルが労働者に依拠しており、しかも当時の労働者は政治・経済的な力をぞんぶんに発揮できたという点である。ただし労働者がその力を発揮できたのは、戦後の経済が相対的に国内で閉じていたからである。その国内経済では、資本家は低い利潤率に甘んじ、厳しく制限された経済領域に閉じ込められていた。それは資本家が、経済の安定および社会の平和と引き替えに受け入れた条件だった。しかしそれは、当時は国家という狩場の外に獲物はいないと見なされていたからである。こうしてその狩場の内部では、一九四五年以降も資本家の狩猟ライセンスは条件付きで更新されてきたのだった。しかし戦後の成長が終わるとともに再分配の余地も縮小し、社会民主主義のインフラに奉仕することを余儀なくされていた資本家階級は、別の道を求めはじめた。そうして彼らが見つけたのが脱国家、つまり現在の言葉で「グローバル化」と呼ばれる道であった。資本家と資本主義市場は、国際貿易協定の追い風を受けて国境を越えて成長を始める。その助けとなったのは、新しい運送技術と情報技術だった。ローカルな場所につなぎとめられた労働者の力は弱まり、資本家は新しい成長モデルへ移行するよう国家に圧力をかけることができるようになった。それは下から上への再分配によって機能するモデルである。新自由主義への進軍が始まったのは、ハイエクモデルを崇めるようになった資本家たちが従来のケインズモデルに反旗を翻したときである。[29] こうして失業は政治的正統性から経済的規律の問題へと置き換えられていくことになった。この新興勢力は低成長率を許容したものの、それには高い利潤率としだいに不平等になる分配で埋め合わせられるという条件がついていた。[30] 民主主義は経済成長にとっての実用性を失い、むしろ新しい成長モデルの効率を脅かすものになった。こうして、民主主義は政治経済の相棒としての立場を失った。そのとき「ポスト民主主義」(Crouch 2004) が誕生したのである。[31]

「グローバリゼーション」は、遅くとも一九九〇年代までに、新自由主義的資本主義を正当化する政治・経済的なスローガンになっていた。この言葉は、ドイツ語の *Sachzwang* (事実上の制約) ――事物の性質にそなわる強制力によって人々から選択の余地を奪うもの――として理解される。左派陣営さえすぐにこのグローバリゼーションという概念を、政治的手段によっては止めることのできない自然な発展過程として取り込んだ。他方でグローバル化する資本家の側から見れば、これは栄光の三十年のあいだ自分たちを閉じ込めて

28 Armin Schäfer and Wolfgang Streeck, 'Introduction'. In: Schäfer, Armin and Wolfgang Streeck, eds., *Politics in the Age of Austerity*. Cambridge: Polity 2013.

29 ケインズ主義とその政治経済的帰結にたいするビジネス界からの政治的反発をもっとも見事に説明しているものとして以下を参照。Michal Kalecki 'Political Aspects of Full Employment', *Political Quarterly*, vol. 14, no. 4, 1943, pp. 322-331.

30 事実、成長率の低下にともなって利潤は回復し、同時に労働分配率は低下した。二〇〇八年以降は、アメリカ経済の(わずかな)成長のすべてが人口の〇・〇一%の人間の手中に収まった年もあった。

31 Colin Crouch, *Post-Democracy*. Cambridge: Polity Press 2004.

いた社会民主主義という名の牢獄、ないし救貧院から脱走するための、長らく望まれていた手段を与えてくれるものだった。いまや、国家の中に市場があるのではなく、市場の中に国家がある。政府（左派政権も含む）は社会政策の定義を変え、それを民間の「競争力」を高めるための公的支援とみなすようになった。その結果、能力主義が復活して労働が再商品化され、公民教育はキャリア教育へと置き換えられていった。そして資本家たちは、新たに手に入れた力を駆使して、法人税率を下げさせ、規制を撤廃させていった。つまりゾンバルトの言葉でいえば、硬直性を柔軟性に置き換えさせたのである。この二十年以上にわたって、言説としてのグローバリゼーションは政治経済学の論理に新たな単絡思考、つまりＴＩＮＡ（「この道しかない」There Is No Alternative）をもたらした。これによれば、国際市場の「要求」に適応することは誰にとっても良いことであり、かつ唯一可能な政策だとされている。国際市場の要求を基準にすれば、標準モデルの民主主義は時代遅れにしか見えない。市場のシグナルや競争力に即座に対応する敏捷な個人にくらべればあまりに緩慢で鈍く、集団主義かつ保守主義であり、イノヴェーションが足りないのである。それゆえ緊急に必要なのはより柔軟な体制である。新しい魅力的な名前もすぐに見つかった。「グローバル・ガバナンス」である。これは階級ではなくセクターによって組織され、強圧的な国家ではなくボランティア的な「市民社会」によって運営される。その基盤となるのは国際組織と「有識者たち」である。これが、専門家たちが階級闘争を共同的に解決していくという近代のモデルに置き換えられる。[32]

最初に「グローバル化」されたセクターは金融である。他のどこよりも、明らかに金融のグローバル化のプロセスはアメリカ経済の世界的な拡大のプロセスと軌を一にして進んでいった。別の言い方をすれば、アメリカの要求、利益、政策に沿って動くことで、次第に支配力を増していったセクターと言ってもよい。[33]十年ほどのあいだに、アメリカ合衆国の金融セクターはグローバル資本主義の金融セクターに変貌し、他国のライバルを吸収・抹殺してきた。アメリカの金融業界の積極的な規制緩和は全世界の資本家を惹きつけた。アメリカの金融業界が他国の資本市場の門戸を開くために用いた多国間組織と二国間協定も、これに寄与している。グローバルなレベルで再構築されたことで、金融業界は（おそらくアメリカ以外では当時どこでもそうであったような）民主主義による管理を免れた。しかしそのアメリカでは、この業界こそが経済成長、税収そして選挙献金を牽引する最大の原動力になったのである。「グローバル・ガバナンス」が最終的にはアメリカに支配されて実質的な力をもたないものになると、金融セクターは自分で好きなように動くことができるようになった。そして財政難の債務国家が、資本流動性の高まりによって富裕層や企業に課税することができなくなり、民間金融セクターに借金と専門家のアドバイスを乞うようになると、ついには自分自身が事実上の「政府」になるにいたった。民主主義国家が借金まみれになると、第二の有権者が、すなわち金融業界が目の前に現れる。この有権者は、社会における国家の役割についてとくに政府の支出と課税がどれくらいまで許容されるか、どのように歳入を増やし、どのように歳出を割り当てるのかという問題については、きわめて特殊な考えをもっているのだ。

金融グローバル化を経た現在、民主主義は二種類の有権者、すなわち国民国家の住民と国際市場の住民のあいだの闘争と解釈できるかもしれない（一六六頁の図4．1を参照）。国民国家の住民の権利が国内の政治状況や市民精神に支えられているのにたいして、国際金融市場の住民は、商業契約を介することで公共政策を意のままに操ろうとする。グローバル市場の貸し手である彼らはそのための手段をいくらでも用意しており、したがって現状では彼らの意見が優先される傾向にある。金融業界はその顧客に流動性を供給することで彼らにたいするコントロールを確立する。それこそがまさに信用というものの本質なのだ。金融グロー

32 この立場の解説者としてドイツでもっとも著名なのは、後期のウルリヒ・ベック、ある一面ではユルゲン・ハーバーマス、加えてヘルムート・ヴィルケである。(Helmut Willke, *Demokratie in Zeiten der Konfusion*. Berlin: Suhrkamp 2014).

33 世界をアメリカ経済の競技場の拡大版に変え、その過程でアメリカ国内の政治経済秩序の拡大版に変えること、それが第二次世界大戦後の合衆国の外交政策の目的でありつづけたことは、以下で明晰に指摘されている。Perry Anderson 'Imperium', *New Left Review*, no. 83, September/October 2013, pp. 5-111.

バル化により金融セクターは国際的な私的政府へと変貌し、国民国家の政治コミュニティやその公的な政府に規律を課すが、民主主義にたいする責任をまったく負わない。国家から独立した中央銀行の通貨政策は、民間金融セクターの協力に依存している。その中央銀行のふりかざすカネの力が、有権者のもつ力に取って代わり、民主主義を政治経済から切り離す方向に強く作用している。それはハイエク主義的な利益成長モデル（経済成長モデルではない）の核心となる条件なのである。

野放しの商品化

民主主義と政治経済がコンビを解消し、これによって民主主義が無力化したことで、資本主義は新たな市場牽引型の非平等主義的成長モデルへと移行する自由を手に入れた。それと軌を一にして、グローバリゼーションはかつてカール・ポランニーが「三つの偽りの商品（訳注：fictitious commodities 翻訳書では擬制商品という訳語があてられているが、ここではわかりやすく「偽りの商品」と訳した）」と呼んだもの、すなわち労働・土地・貨幣の商品化をかつてはある程度まで制限してきた社会の枠組に、深刻な腐敗を引き起こした。[34] ポランニーによれば、資本主義の発展の論理、そしてその「自己調整的市場」という「ユートピア」は、前進を止めないために究極的にはすべてを商品化する方向に向かう。労働・土地・貨幣の使用価値を維持するためには、それらの商品化に制限を加える必要がある。完全な商品化はそれらを破壊し、結果的に資本蓄積を促進するどころかむしろ妨げてしまうことだろう。つまり資本主義が生き延びるためには、資本主義の論理によって「偽りの商品」が完全に商品化されて破壊されてしまわないように社会が予防策を取ることを、否応なしに受け入れなければならない。労働・土地・貨幣を完全な商品化から守るためには、政府の権威が必要である。しかしその権威はグローバリゼーションによってすっかり失われてしまった。「政府による統治」は政では資本主義の行き過ぎやその崩壊をもはや十分に防ぐことができなくなった。グローバリゼーションは政治的領域の力を奪い去りつつある。しかしこの政治的領域の力こそは、マルクスが労働日の政策にかんする優れた分析において、市場競争がもたらす集団的行為の厄介な問題を解決するために不可欠とみなしたものである。

「苦悶するキリストの前にあらわれた蛇」から身を守るには、労働者は力を合わせ、ひとつの階級として、当の労働者が資本家との自発的な契約によってみずからと家族を隷従と死へ売り渡すような事態を規制する法、つまりきわめて強力な社会的防衛手段を強く求めねばならない。[35]

マルクスの分析が現代の状況、とくに資本主義がどう終わるのかという問いとどのように関連するかを説明するために、ここでは労働にテーマを絞ろう。[36] マルクスとエンゲルス、そして十九世紀の工場査察官がマンチェスターで直面した搾取工場は、いまやグローバリゼーションによって資本主義の周辺諸国へと移転させられ、現代の資本主義的生産システムの中核地域に住む現在の労働貴族の目には入らない。搾取工場の労

---

34 Karl Polanyi, *The Great Transformation: The Political and Economic Origins of Our Time*. Boston: Beacon Press 1957 [1944].［カール・ポラニー『大転換：市場社会の形成と崩壊』野口建彦・栖原学訳、東洋経済新報社、二〇〇九］。この序文では第一章の一部を抜粋して議論を展開する。紙幅の都合上、かんたんなスケッチにとどめる。

35 イギリスの労働者は、工場という「悪魔の挽き臼」が労働を破壊しつつあることに気づいていた。そのことは彼らが工場法を成立させることができた理由のひとつであるとマルクスは認識していた。しかし、競争に晒され、かつ組織力も低ければ、合理的な利益があると分かっているものを基準に行動することはできなかったろう。(Karl Marx, *Capital. A Critique of Political Economy*. Volume I. New York: International Publishers 1967 [1867], p. 285).［『資本論』第一部第一三章第九節］

36 もちろん、体制の腐敗は土地や自然についてもはっきりしている。グローバル資本主義のやる気のない政策は加速度を増していく自然環境の消費と破壊を抑制することはできないということを証明している。ついでながら、ここで述べることはすべて教皇回勅『主に賛美 *Laudatio si*』で述べられている。不確実性や、全体の安定にとってのさらなる脅威は政府、中央銀行や金融機関による競争的通貨創造であり、また債務を取引商品へ転換させることである。これらは二〇〇八年の崩壊以降も「グローバル・ガバナンス」による大規模な規制を免れたままとなっている。

働者と、「先進」資本主義国の中産階級労働者は空間的にひどく離れているため、出会うこともなければ交流することもなく、集団行動によって芽生える共同体や連帯を経験することもない。資本主義の進展によって消えたと「西側」の労働者が思い込んでいる苛烈な搾取に現在もさらされている周辺諸国の人々は、せいぜい慈善活動の対象になる程度にすぎない。そして、大部分の労働者階級を含む西側の中産階級の消費主義的ライフスタイルは、「発展途上」国の低賃金と野蛮な労働環境に依存している。安いTシャツやスマートフォンを買うことで、富裕な資本主義国の労働者＝消費者は、生産者としての自分自身を追いつめている。そうすることで、結果的に生産拠点の海外移転を加速させ、みずからの賃金、労働環境と雇用の悪化を招いているのだ。

さらに、グローバリゼーションは仕事だけではなく労働者もまた再配置している。新自由主義のイデオロギーは、個人の自由と人権の名のもとに、移民と国境開放を支持している。受入国の雇用者に無限の労働力を供給することで、結果的に労働者保護政策を骨抜きにしようとしている。民族の多様性も大歓迎である。中産階級だけではなく雇用者もそう思っている。雇用者が望んでいるのは、自分たちの存在が許されていることに感謝し、職を失って送還されたり兵役に回されたりしないよう汲々とする従順な労働者だからである。こうして移民が増えると労働者の集団を組織することが難しくなる。とくに低収入の職に就く労働者の場合がそうである。また移民拡大は、国内労働者の連帯精神を新自由主義的政策に組み込むためのプロパガンダとして利用されることもある。このプロパガンダは、労働組合は「自分たち」の利益のために「よそ者」を差別する人種差別主義者だと非難することで、最低賃金法や労働者保護を廃止することを意図しているのだ。国内の労働市場における利害対立が激化し、国内労働者が右派ポピュリスト政党と結びつくと、労働者は人種差別主義者として弾劾されることになり、その結果として労働者保護政策はさらなる規制緩和をこうむり、労働者階級はいっそう分断されていくことになるだろう。

市場の圧力から労働者とその家族を守るための激しい政治闘争のすえに確立された戦後の労働体制は、国際競争によって転覆させられつつある。先進資本主義国の労働市場では非正規雇用が拡大している。（訳注：イギリスの）ゼロ時間労働やフリーランス、待機労働は、小さなローカル企業だけでなく、巨大なグローバル企業でもしばしば目にされる。もっとも顕著な事例はＵＢＥＲ（訳注：二〇〇九年にアメリカで開始した、スマートフォンを利用したタクシー配車サービス）だろう。この企業はいわゆる「シェアリングエコノミー」の大手のひとつで、あらたなコミュニケーション技術のおかげで自前の労働力をほとんど抱えずに経営している。アメリカ合衆国だけでも十六万人がＵＢＥＲで生計を立てているが、正規雇用は四千人にすぎない。[37] 残りの人間にとって、雇用のリスクは個人の自己責任とされ、仕事と生活は分離不可能なほどに一体化している。他方で労働貴族たる中産階級の家庭は、これまで以上に仕事と消費に囚われるようになり、そのため不当に安い賃金で働く国内奴隷の労働力に依存している。その典型はベビーシッターで、ほとんどは移民、しかもその大半は女性である。グローバルな競争圧力にさらされた雇用者と、職を失うことを怖れる労働者という組み合わせにより、新興の企業や産業では労働組合は力を失っていく（あるいは最初から存在していない）。その状況では、技術革新が雇用にもたらす衝撃を政治的な力で和らげることは、もはや不可能である。このような労働再編はすさまじい速度で進んでおり、その影響を受けているのが、すでにランドル・コリンズが予測していたように、超高学歴の中産階級である。[38]

では、なぜこれまで労働の全面的な商品化への防波堤として立ちふさがっていた規制が撤廃されたことを、労働者のみならず資本主義にとっても危機の徴候として捉えられる必要があるのだろうか？　その理由のひとつは、リチャード・セネット（訳注：一九四三年生。アメリカの社会学者。都市研究や労働者研究で知られる）が強調したように、強まる「柔軟化」への要求が、安定した専門職アイデンティティをともなう生産労働能

37　流行しつつある雇用パターンの一例としてのUberについては以下を参照。'Rising Economic Insecurity Tied to Decades-Long Trend in Employment Practices', *The New York Times*, 12 July 2015, http://www.nytimes.com/2015/07/13/business/rising-economic-insecurity-tied-to-decades-long-trend-in-employment-practices.html?smid=li-share&_r=0, last accessed 29 November 2015.

力の向上を妨げることである[39]。さらに重要なのは、マクロレベルにおける労働階級の断片化および過剰な商品化による労働の質的低下により、かつての社会主義のような、資本主義に対抗する一貫性のあるプロジェクトが不可能になっていることである。かつての社会主義は、資本主義のなかの復古的な部分を取り除いて進歩的なものを抜き出し、それを保存しようとした。その集団的で政治的なプロジェクトが目指していたのは、資本主義を止揚して、さらに進歩した社会秩序——市場独裁を克服した近代生活のユートピア——を実現することであった。それは既存社会への挑戦であると同時に、人類の進歩の歴史という神話によってみずからを正当化する試みであった。しかし現在では、労働者階級はグローバルレベルで消滅し、言語と民族ごとに分断された。都市の中心部においては消費も生産も再生産も、周辺諸国から移住した労働者と周辺諸国へ移転した雇用に依存している。階級の連帯は慈善活動と化した。こうしたことすべてが、階級意識と集団行動を解体し、混乱させている。したがって現在の資本主義はたんに代案がないだけでなく、進歩への見通しもないのである。

全身障害：オリガーキーと腐敗

本書の第一章の素材になった講義の終わりに、私は現代の資本主義にあてはまり、またその未来ないし未来が訪れないことの条件を「全身障害」と名付けた。それは不況、オリガーキー的再分配（訳注：「オリガーキー」は寡頭制、すなわち少数者による独裁を指す）、公共領域の横領、腐敗、そしてグローバルな無政府状態から生じた状況を指す。当時の原稿をいま読み直しても、変更の必要は感じない。当時からわずか二年しか経過していないが、五つの状況のどれもがより顕著になっている。ここでは、オリガーキーと腐敗について少々議論を進めるだけにとどめたい。もちろんこの二つは密接に関係している。これらは長期不況、公共的インフラの私的専有、グローバルな無政府状態と同様に、新自由主義的資本主義社会の全体的統合と安定性を危険なまでに弱体化させる、という点で共通点をもっている。[40]

オリガーキー的格差社会（「新封建社会」と言ってもよい）から始めよう。資本主義の未来、あるいはその未来の欠如にかんしてここで問題となるのは、現代の資本主義社会ではごく少数の人々が想像しがたいほ

38　少なくともこの二十年間、とくに二〇〇八年の危機以降に進行している、労働領域の根本的な転換についての概説書が書かれるべきであろう。「富裕」資本主義国ではどこでも、低賃金と劣悪な雇用環境が拡がり、その低賃金はさらに低下する傾向にある。以下を参照。'Low-Income Workers See Biggest Drop in Paychecks', *The New York Times*, 2 September 2015, http://www.nytimes.com/2015/09/03/business/low-income-workers-see-biggest-drop-in-paychecks.html, last accessed 29 November 2015. 同様に、危機のあとに雇用が「回復」したところでも、良好な職は劣悪な職にとってかわられ、労働者はただそれを受け入れるしかない。世界的に、柔軟性を高めていく労働スケジュールにより家族生活が侵食され、世代間のリソースおよび時間の移転により広範な扶養助成を行う必要が生じる。以下を参照。'The Perils of Ever-Changing Work Schedules Extend to Children's Well-Being', *The New York Times*, 12 August 2015, http://www.nytimes.com/2015/08/13/business/economy/the-perils-of-ever-changing- work-schedules-extend-to-childrens-well-being.html, last accessed 29 November 2015. また、アマゾンやグーグルのような流行をリードする企業は、新しい人材のマネジメント戦略によって労働を強化し、労働者から最大限の成果を絞り取ろうとしている。ここには、高額に上る不払い残業も含まれる。以下を参照。'Inside Amazon: Wrestling Big Ideas in a Bruising Workplace', *The New York Times*, 15 August 2015, http://www.nytimes.com/2015/08/16/technology/inside-amazon-wrestling-big-ideas- in-a-bruising-workplace.html, last accessed 29 November 2015. おなじことは、新興中産階級の好む職場である、投資銀行やローファームといったハイエンドのサービス部門についてもあてはまる。以下を参照。'Work Policies may be Kinder, but Brutal Competition Isn't', *The New York Times*, 19 August 2015, http://www.nytimes.com/2015/08/18/business/work-policies-may-be-kinder-but- brutal-competition-isnt.html, last accessed 29 November 2015.

39　Richard Sennett, *The Corrosion of Character: The Personal Consequences of Work in the New Capitalism*. New York and London: W. W. Norton & Company 1998.［セネット『それでも新資本主義についていくか：アメリカ型経営と個人の衝突』斎藤秀正訳、ダイヤモンド社、一九九九］Richard Sennett, *The Culture of the New Capitalism*. New Haven & London: Yale University Press 2006; Richard Sennett, *The Craftsman*. London: Allen Lane 2008.［セネット『不安な経済／漂流する個人：新しい資本主義の労働・消費文化』森田典正訳、大月書店、二〇〇八］See also Zygmunt Bauman's *Liquid Modernity*. Cambridge: Polity 2000.［バウマン『リキッド・モダニティ：液状化する社会』森田典正訳、大月書店、二〇〇一］

40　オリジナルの原稿では触れなかった、公共領域の収奪の重要な一側面は、現代の戦争において民間企業がますます大きな役割を果たすにいたったことである。アフガニスタンやイラクですでに見られるように、アメリカの陸上部隊の主力はブラックウォーター社など、これまで公的セクターの仕事であったところに安全かつ利回りの良いあたらしい投資先があることに惹かれた企業に雇われた傭兵である（ブラックウォーターについては以下を参照。Sean McFate, *The Modern Mercenary: Private Armies and What They Mean for World Order*. Oxford and New York: Oxford University Press 2015）。民間企業との戦争下請け契約は、かつての「軍産複合体」理論によって描かれたものに似た、介入主義的な対外政策を求める国内企業のロビー活動をさらに活性化させている。もちろん、軍事力を民間に提供してもらうことで、アメリカやイギリスが資本主義の周縁地域にたいする軍事介入で直面する問題を回避できるという利点もある。つまり、商業化された暴力のほうが公衆の目から隠匿しやすいという利点である。

ど富裕になっている、ということではない。この点については、近年大量の文献が公刊されているが、その政治的効果はほとんど、あるいはまったくなかった。全身障害という観点からは、格差それ自体より重要に思われることがある。つまり、格差はとうの昔に進みすぎて、富裕層はもはや当然のように、自分と家族の運命が自分たちの富の源泉である社会の運命とは無関係であると考えている、という点だ。ようするに、彼らはもはや社会に無関心なのだ。その無関心が問題になるのは、つまり一種のモラルハザードとみなされるようになるのは、格差があまりに拡大し、富裕層がその経済力と政治力を合体させたときである。オリガーキーが生じるのは、そのときである。アメリカでは格差拡大がオリガーキー的な権力構造を生み出すにいたったが、その程度を測るために、ジェフリー・ウィンターズは彼が物質的権力一覧と名付けたものが現代のアメリカでどうなっているかを計算している。[41]彼は納税者の上位四〇〇人と下位の九〇%のそれぞれの平均収入について考察している。二〇〇七年のデータによると、その比率は一万三二七対一という衝撃的なものになる（p. 215）。また彼は、住宅を除いた家計資産についての二〇〇四年のデータをもとに、上位一〇〇家族と下位九〇パーセントを比較している。すると比率はさらに一〇倍以上に跳ね上がり、一〇万八七六五対一になる（p. 217）。ウィンターズによると、これはおおむね古代ローマ帝国の元老院議員と奴隷の物質的権力格差に相当するという。[42]

アメリカのオリガーキーは、そのライバルであるウクライナやロシアのような「野党」タイプではなく、官僚制度や法治国家、選挙で選ばれた職業政治家が運営する政権と共存することで満足している。しかしそれは、彼らがアメリカの国内政治に関与しなくても、富の蓄積と保全に適した環境が保証されているからではない。そうではなく、現在の彼らの「物質的権力」は、すでに深刻な経済格差をさらに拡大させることを民主的手続きにもとづいて認めさせるほどに、すさまじい規模に達しているからだ。いいかえれば超富裕層である彼らは、政治的多数派と社会的正当性を、その莫大な富によって買うことができるのだ。彼らはさまざまな選挙キャンペーンを支援することで[43]政治的多数派を飼い慣らし、慈善パーティを開いて社会的正当性を手に入れる（というのも、それは彼らの慈善パーティが乏しい政府支出を埋め合わせるからであるが、[44]しかし、政府支出が乏しくなったのは、そもそもグローバル化が進行する過程で富裕層の財産に課税されなくなったからであり、そうなるよう彼らが仲間たちと仕組んだからである）。ウィンターズが示すように、オリガーキーのエリートたちは、他のことで対立することがあっても富を守ることにかんしては鉄の団結を誇る。この目的のために、彼らは弁護士、広告の専門家、ロビイスト、（現役・引退を問わず）政治家、シン

---

41 Jeffrey A. Winters, *Oligarchy*, New York: Cambridge University Press 2011.

42 Jeffrey A. Winters, ‘Oligarchy and Democracy’, *The American Interest*, vol. 7, no. 2, 2011.

43 ニューヨーク・タイムズ紙によると、事情は以下のようである。「四〇〇以下の家族が［…］二〇一六年の大統領選挙キャンペーンで集められた金額のほぼ半分を拠出している。政治献金者は近代において類を見ないほど一極化が進んでいる」。選挙前年の二〇一五年六月には、寄付額はすでに三億八八〇〇万ドルにのぼっていた。‘Small Pool of Rich Donors Dominates Election Giving’, *The New York Times*, 1 August 2015, http://www.nytimes. com/2015/08/02/us/small-pool-of-rich-donors-dominates-election-giving.html?_r=0, last accessed 12 August 2015. より広範な解説については以下を参照。David Cole, ‘The Supreme Court’s Billion-Dollar Mistake’, *New York Review of Books*, 19 January 2015.「［最高裁のシチズンズ・ユナイテッド・ルール成立から］五年以上が経過したが、スーパーPACは一〇億ドル以上をすでに連邦選挙キャンペーンに費やしている［…］その一〇億ドルの六〇％以上は一九五人から拠出されている［…］皮肉にもEnding Spending［支出に終わりを］という名の保守派のPAC［政治行動委員会］では、二〇〇ドル以上を献金した者の平均献金額は五〇万二一八八ドルに上る［…］」。二〇一六年の選挙キャンペーンでは、コッホ兄弟という、世界屈指の富を誇るふたりの大富豪が八億八九〇〇万ドルの選挙献金をしたが、これは二大政党のそれぞれの予算額に等しい。‘Koch Brothers’ Budget of $889 Million for 2016 Is on Par with both Parties’ Spending’, *The New York Times*, 26 January 2015, http://www.nytimes. com/2015/01/27/us/politics/kochs-plan-to-spend-900-million-on-2016-campaign.html, last accessed 30 November 2015.

44 ニューヨークのどの公園や競技場が改修されるのかを事実上決定している大富豪たちについては以下を参照。「セントラルパークはいまや、七億ドルの民間投資によって輝く宝石である。そして二年前には、セントラルパークに面する豪邸に住むヘッジファンドのマネージャーが、さらに一億ドルを寄付してこの宝石をいっそう輝かせた［…］他方で、多くの公園が資金不足により荒廃に陥っている。この秋、デブラシオ市長は一億三〇〇〇万ドルを費やして貧困地域の三五の公園の修繕することを公約したが、それはフォン・ファステンバーグ夫妻が新しい二・七エーカーの公園にたいして約束した額に等しい」。http://www.nytimes. com/2014/12/01/opinion/the-billionaires-park.html?_r=0, last accessed 30 November 2015.「巨大ヘッジファンド、SACキャピタル・アドバイザーズの創業者」であり、いくつかのインサイダー取引の捜査対象となったスティーブン・A・コーエンが、「ロビンフッド財団」を後援すると報じられた。これは二〇一三年に「マンハッタンでの年次イベントでボノ、スティング、エルトン・ジョンの公演をおこなった［…］貧困との闘いのために七二〇〇万ドルを寄付した」。‘SAC Starts to Balk over Insider Trading Inquiry’, *The New York Times*, 17 May 2013, http://dealbook.nytimes.com/2013/05/17/sac-says-it-is-no-longer-cooperating-with-insider- trading-investigation/, last accessed 30 November 2015.

クタンクや経済界を含むありとあらゆるイデオローグたちからなる、巨大で高度に洗練された「資産防衛産業」を使いこなすのである。[45]

合衆国以外の国からやってきた典型的なオリガーキーは、自国から金を持ち出してニューヨークやロンドンに拠点を構える。それにたいしてアメリカのオリガーキーは、よりコスモポリタンでより愛国的である。彼らはグローバルに富を吸い取り、マンハッタンのグローバル金融企業のもとでそれをローカルに貯め込むのだ。アメリカ以外のオリガーキーが自国の社会を崩壊するに任せて脱出し、アメリカに移住するのにたいし、アメリカのオリガーキーは自分と仲間たちにとって安全な避難所でありつづけるよう自国で発言権を行使する。これがうまくいっているあいだは、アメリカのオリガーキーは、たとえば西ヨーロッパのように新たな封建体制をつくりつづける必要はない。現代の資本主義的世界システムの構造をみれば、グローバルなオリガーキーの資産防衛にとって重要なのは、政治的にもイデオロギー的にもアメリカ政治をコントロールし、たとえば、トマ・ピケティらが提案するようなグローバルな資産課税に、議会が賛成しないよう手綱を握ることである。[46]それがうまくいっているうちは、フランスやドイツで誰がどのような野望を抱いて政権を握ろうがたいした問題ではないのだ。

資本主義の第二の症状は腐敗である。私はこの言葉を、刑法などで定義されているよりも広い意味で用いる。つまり競争で勝利を収めることや個人的・組織的に富を増やすことを目的とした、法律にたいする大がかりな違反行為や、信用や道徳的期待にたいする組織的な裏切り行為を、ひとまとめに「腐敗」と呼ぶ。そのような腐敗は、現在の政治経済の内部ないし周辺で、巨大な物質的利益を獲得するチャンスが急速に拡大していることに由来する。先に指摘したように腐敗とは、たとえばインサイダー取引、抵当貸付、マネーロンダリング、利率決定等にたいする法的ルールを回避する（あるいは完全に違反する）ことで最大の利益が得られる金融業界の風土病である。事実、金融業界でペテンは日常茶飯事であり、もちろん内部関係者が道徳的な怒りを抱くこともない。[47]アメリカ合衆国だけを見ても、二〇一四年六月、アメリカの代表的銀行は二〇〇八年の金融危機のみに関係する法律違反にたいして、和解金約一〇〇〇億ドルの支払いに合意せねばならなかった。[48]その一年後の、『フランクフルト総合新聞』紙において、アメリカとヨーロッパの銀行が二〇〇八年以降おおよそ二六〇〇億ドルほどの和解金を支払ったというモルガン・スタンレー銀行の報告を報道した。[49]それらの事件がどれも法廷に持ち込まれなかったことは、注目すべきである。それは規制機関の側も、法を犯した金融機関をとりまく利益獲得競争の激しさに同情を覚えたからであろう。というのも裁判になれば、有罪判決の後に罰金が科されるだけでなく、銀行の訴訟費用と和解金がそれにつけくわわるからである。もちろん、銀行はそれらの費用のほとんどは課税回避のために経費として申告するだろうが。

しかし金融腐敗はこれにとどまらない。金融界で財をなすために必要なのは、予想される「市場」の展開について早い段階で信用ある情報を得ることだけではない。あらかじめ政策の内部情報をできるかぎり入手し、その立案と履行の双方に影響を与える力を持つことも必要である。したがって、軍需産業を例外として

45　その魅力的な一例は、コッホ兄弟がジョージ・メイソン大学でジェームス・ブキャナン率いる公的選択研究センターを数十年にわたって援助していたことだろう。以下を参照。Nancy MacLean, *Forget Chicago, It's Coming from Virginia: The 1970s Genesis of Today's Attack on Democracy*. Unpublished Manuscript 2015.

46　Thomas Piketty, *Capital in the Twenty-First Century*. Cambridge, Mass.: Harvard University Press 2014.〔ピケティ『21世紀の資本』山形浩生他訳、みすず書房、二〇一四〕

47　ひとつの例外が以下である。著者はこのテーマについてとくに精通していると見なされている。David A. Stockman, 'State-Wrecked: The Corruption of Capitalism in America', *New York Times*, 31 March 2013.

48　'Vernun durch Strafen in Milliardenhöhe', *Frankfurter Allgemeine Zeitung*, 29 June 2015. http://www.faz.net/aktuell/wirtscha /strafen-gegen-banken-abschreckende-geldstrafen-12970868. html, last accessed 2 December 2015. この概算は低すぎるようにも思われる。別の情報によればバンク・オブ・アメリカ一行のみでも同額の数字が出ている。以下を参照。'Vernun durch Strafen in Milliardenhöhe', *Frankfurter Allgemeine Zeitung*, 29 June 2015. http://www.faz.net/aktuell/wirtscha/strafen-gegen-banken-abschreckende-geldstrafen-12970868. html, last accessed 2 December 2015.

49　'Banken zahlen 260 Milliarden Dollar Strafe', 24 August 2015. http://www.faz.net/aktuell/wirtschaft/unternehmen/banken-zahlen-260-milliarden-dollar-strafe-rechnet-morgan- stanley-13766249.html; last accessed 2 December 2015. 金価格の不正操作およびＬＩＢＯＲ（ライボー）金利不正操作問題など、主な訴訟はまだ係争中である。アメリカのみならずフランス（パリバ）、ドイツ（ドイツ銀行）、スイス（ＵＢＳ）そしてイギリス（ＨＣＢＳ）など、すべての主要銀行が複数の訴訟に関与している。

他のどの産業も、合衆国政府と「回転ドア（訳注：同じ人物が政務関連部門と民間企業の要職をいったりきたりすること）」の関係を築くことにかけては、ウォール街に遠く及ばないのも当然である。ロバート・ルービンは一九九五年から一九九九年にかけてクリントン政権の財務長官だった。ヘンリー・ポールソンは二〇〇六年から二〇〇九年、ブッシュ（息子）政権で財務長官であった。双方ともに前職はゴールドマン・サックスのCEOである。一方は金融規制緩和の主導者であり、他方は二〇〇八年にそれが引き起こした結果に対処した。しかし、両者は氷山の一角に過ぎない。政府のほとんどの要職には、前職あるいは退職後にゴールドマン・サックスに勤務している人間であふれかえっている。[50] ローレンス（「ラリー」）・サマーズ（訳注：アメリカの経済学者、政治家。一九五四年生。クリントン政権時に財務長官〈一九九九－二〇〇一〉、オバマ政権時には国家経済会議議長〈二〇〇九－二〇一〇〉を務めた）を例に挙げよう。彼はアメリカ財務省においてルービンの下で副長官を務め、その後も学術界から政界、そして金融界を倦むことなく往復し、多額の報酬を得た。[51] 忘れてはならないのはオバマ政権で二〇〇八年から二〇一四年にかけて司法長官を務めたエリック・ホルダーである。ウォール街の金融企業と次々に和解交渉を進めた彼は、そもそもウォール街の金融企業を得意先とする法律事務所から出向中の扱いになっていたのである。ホルダーの指揮下で法廷に立たされたり、投獄された銀行家は一人もいない。大統領顧問委員会に参加する以前に彼が受け取っていた年収は約二五〇万ドルで、二〇一五年の辞職後にはもとの事務所にもどって共同経営を再開している。[52] 彼を指名したオバマ大統領も、当然のことながら金融業界から選挙資金の三分の一以上を引き出している。[53]

グローバル経済においては大金をつかむ機会はいくらでもある。そのためにモラル崩壊が生じたのは金融業界だけではない。いまや常識になっているが、アメリカをはじめ世界中の企業でも経営者の給与は、一九八〇年代以降爆発的に跳ね上がっている。利益率が下がってゼロになった時期も、経済危機の影響で労働者の賃金が下がり失業率が増加したときも、経営者の給与は上がりつづけた。これにたいする説明はいくつもあるが、大企業のオリガーキーのあいだの密接な相互性を取り上げた説明がもっとも信用できる。つまり、彼らは仲間の給与を上げることで自分の給与をも上げることをもくろむ強固なネットワークを築いているのだ。さらなる腐敗の例は政治家のあいだにも見られる。彼らは辞任後にインサイダー情報と公的な人間関係、それから公益に奉仕していた期間に築いたコネクションを、民間のコンサルタント業やロビイスト、金融企業に売り飛ばす。[54] 腐敗は近年すっかりグローバル産業となり、スポーツ用品やファッション用品のマーケティング戦略から資金を得ているプロスポーツ選手にもひろがっている。自転車競技をはじめ、水泳、トラッ

50 ゴールドマン・サックスについての文献は無数にある。入門用として以下を参照。https://en.wikipedia.org/wiki/Goldman_Sachs; Taibbi, Matt 2009: The Great American Bubble Machine', *Rolling Stone*, no. 9, July 2009. ゴールドマン・サックス出身、ないしゴールドマン・サックスへ天下りした議員、政治家、閣僚、中央銀行関係者の名前を挙げればきりがない。おおよそのところは Taibbi の前掲書に窺える。「ブッシュの緊急救済の際の首席補佐官だったジョシュア・ボルトンがそうであり、現在［二〇〇九年］の財務省首席補佐官マーク・パターソンもそうである。彼は一年前まではゴールドマン・サックスのロビイストであった。もとゴールドマン・サックスの役員であるエド・リッディは、ポールソンによって救済保険の巨大企業ＡＩＧに送り込まれ、その後ＡＩＧはゴールドマン・サックスに一三〇億ドルを支払っている。カナダとイタリアの国営銀行の幹部はゴールドマン・サックス出身者であり、世界銀行、ニューヨーク証券取引所の会長、それから直近二代のニューヨーク連邦準備銀行の頭取もそうであり、偶然にも現在ゴールドマン・サックスを監視する役を担っている」等々。

51 サマーズは政府任命職から離れている間にどれだけ倦むことなくリアルマネーを漁っていたかは要約のしようもないほどである。紹介としては多少古くなったが以下を参照。http://www.alternet. org/story/136008/obama%27s_top_economic_adviser_is_greedy_and_highly_compromised; last accessed 2 December 2012. 二〇〇六年、サマーズは五年間勤めたハーヴァード大学の学長職を辞するはめになったが、その原因の一端はロシア株のインサイダー取引疑惑である。直後に彼はあるヘッジファンドの「パートタイムの業務執行役員」へと収まった。二〇〇八年、オバマ政権下で国家経済会議に議長として参加することが確実視されていたこの年のおわり、かのファンドはサマーズのパートタイム仕事のために五二〇万ドルというたいそうな額を払っていた。まさに同じ年、サマーズは二七〇万ドル以上の「講演料」をいくつかのウォール街の企業から巻き上げている。うちひとつはゴールドマン・サックスからのもので、午後の一度の講演がしめて一三万ドルであった。オバマが連邦準備銀行でベン・バーナンキの後任として彼を任命しようと考えていた際に、サマーズは指名承認公聴会で収入源を報告せねばならないことを懸念してみずから候補者を外れた。

52 'Eric Holder, Wall Street Double Agent, Comes in from the Cold', *Rolling Stone*, 8 July 2015. http://www.rollingstone.com/politics/news/eric-holder-wall-street-double-agent-comes-in-from- the-cold-20150708, last accessed 12 August 2015.

53 二〇〇八年、ゴールドマン・サックスはオバマにとって単体としては第二の支援者であった。http://www. opensecrets.org/PRES08/contrib.php?cid=N00009638; last accessed 7 December 2015. 同社ＣＥＯは二〇〇九年から二〇一〇年にかけて一〇回、ほぼ隔月でホワイトハウスを訪問している。オバマ陣営が作り出した世間の印象とは異なり、少額寄付者はオバマの二〇〇八年のキャンペーン費用の三〇%以下にとどまっている。

ク競技、フィールド競技を含むメジャーな競技のトップアスリートは、違法な仕方で身体能力を強化するノウハウに長けた専門家を高額で雇っていると見受けられる。勝者独り占めの市場のなかで、跳ね上がる一方の賞金と、豪勢になるばかりの広告契約を賭けて争うアスリートのあいだにドーピングが広まった背景には、国際競技連盟の腐敗が横たわっている。そのなかには、アスリートやマネジメント会社、さらにはイベント企業や政府から、ドーピングテストの陽性結果をもみ消すよう高額の支払いを受け取った役員がいることも、報道で明らかにされている。こうした役員の中には、所属先の組織が運営するイベントの放映権を販売する企業の経営者もいる。[55] 最後にグローバル企業のフォルクスワーゲン社を取りあげよう（ついでながら、同社も二〇一〇年前後にマルティン・ヴィンターコルンCEOの給与を、ドイツの基準では想像しがたい年一五〇〇万ユーロにまで増額している）。二〇一五年、同社の顧客と公的権威にたいする大規模な詐欺が明らかになった（訳注：二〇一五年九月に同社がディーゼル車の排ガス規制をごまかし、規制値を大幅に上回っていたことが明らかになった事件）。その不正は、市場飽和と過剰生産により競争の激化したグローバル自動車市場において、環境基準をみたすための研究開発資金を抑え、売り上げに直結する技術に資金を回すためにおこなわれたのである。

マンデヴィルの寓話のように、強欲という私的悪徳が魔法のように公的美徳に転化するようなことは、この金融資本主義の時代にはもはや起こりえない。これまで資本主義は、それがもたらした帰結によって道徳的に正当化されてきたが、いまやその最後に残された正当性さえも失ったのである。資本家や企業家の慈善活動を宣伝して、彼らに社会的正当性を与えようとどれほど画策してみたところで、もはや誰もその宣伝を信用しない。シニシズムは広まり、そして人々の常識に深く根付いてしまった。それは当然のことながら、資本主義とはコネで深く結びついた超富裕層がより豊かになるための仕組みを組織化したものにすぎない、という見方につながる。人々がこうした腐敗を人生の真実と捉えるようになると、それは確実に格差を拡大させ、自己にのみ奉仕するオリガーキーとその資産防衛の専門家が政治的影響力を独占する傾向に拍車をかける。公的な信用を私的な利益に換えることは当然とみなされるようになった。そのことが意味するのは、近い将来に人々が社会秩序を道徳的見地から守るために抗議活動を広げようとしても、それが不可能になったということである。たとえエリートたちが信頼を呼びかけ、共有された価値観に訴えようとしても、物質主義的・功利主義的な社会に育ち、「すべてが売りものであるのは当然だ」と信じる民衆にその声が響くことは期待できない。そもそも社会秩序を道徳的に正当化することを不可能にしたのは政治経済のエリートたち自身である。その彼らが、事態が進行して自分たちが代表を務める社会秩序の正当性を守らなくてはなら

54　トニー・ブレア首相、そして彼が辞任後に関与した取引やかれの抱えるコンサルティング会社のコングロマリットについては以下を参照。'Tony Blair Has Used His Connections to Change the World, and to Get Rich,' *The New York Times*, 5 August 2014, http://www.nytimes.com/2014/08/06/business/international/ tony-blair-has-used-his-connections-to-change-the-world-and-to-get-rich.html?_r=0, last accessed 7 December 2015. このレポートによれば、ブレアはその他もろもろの収入に加えて「五〇〇万ドルから七〇〇万ドルをＪＰモルガン、コースラ・ベンチャーズ、チューリヒ保険グループの三社から受け取っている」。彼自身の会社であるウィンドラッシュ・ベンチャーズは二〇一三年「三四〇〇万ドルの利益を上げていると報告されている」。ブレア内閣の閣僚については以下を参照。Tariq Ali, *The Extreme Centre: A Warning*. London: Verso 2015, pp. 45-53. こうしたリストをみると、政治家という職業は民間企業に入って莫大な富を得るための修業期間である、という印象を抱かざるを得ない。ドイツの事例としてはシュレーダーやフィッシャーがあげられる。彼らはそのノウハウと知名度を競争率の高いパイプラインプロジェクトに売りつけた。フィッシャーはコンサルティング会社フィッシャー&カンパニーを通じて活動し、同社はナブッコ・パイプライン関連のエネルギー利権に加わりながら、「エコロジー問題」についてシーメンスやＢＭＷのような企業に助言を与えている。フィッシャーはまた、ドイツ最大の食品チェーン、ＲＥＷＥに「鮮度管理エキスパート」として勤務している。

55　元陸上中距離選手セバスチャン・コーのケースを見よう。彼は最近、その腐敗で悪名高い国際陸上競技連盟（ＩＡＦＦ）の会長職に昇格した。コーはいくつかのスポーツマーケティング企業を所有しており、またナイキ社の国際大使を務めている。もちろん、金融の腐敗に比べれば、彼らはほんの小物に過ぎない。アメリカ合衆国政府が近年、スイスに拠点を置く国際サッカー連盟（ＦＩＦＡ）（偶然にもコーは二〇〇六年からこの「倫理委員会」のメンバーである）を強く糾弾しているのは興味深い。このことで、アメリカの司法システムが世界的な司法権を有すると実質的に証明してみせたのである。エリック・ホルダーの後任であるロレッタ・リンチは大々的なふれこみのもと、ＦＩＦＡの役員の弱みを握るために数度にわたりスイスに渡る。この役員はすべてがラテンアメリカ出身であり、その一部は逮捕されアメリカに送検された。腐敗の規模を示すために述べておくと、二〇〇七年から二〇一四年の八年間のＦＩＦＡの平均収入は一二億ドルに上る。二〇一五年一二月時点で、その収入と支出のどれくらいの割合が不正なものであるかは不明である。ＦＩＦＡは一九八〇年代以降、巨額の資金が雪崩となって降りかかったスポーツ界を代表する腐敗の見本であるように思われている。しかし先手を打って本腰を入れた行動に出たアメリカ政府にたいし、二〇〇八年以降銀行が支払った和解金総額は、同期間のＦＩＦＡの総収入のおよそ二十七倍であることも忘れるべきではないだろう。

なくなったとき、どれほど独創的なことを言いだすのかは見物である。さらに、民主制資本主義システムがさらに不安定化していく徴候のひとつは、いわゆる（右派左派を問わず）ポピュリスト政党の台頭である。彼らは既存の社会的エリートたちにたいする深い感情的反発によって養われる存在であると同時に、その反発を強固なものにする存在でもある。[56]

空白期間

資本主義は終わりを迎えているのか？　問題は、私たちがその解体を眼前にしながら、その後継者の到来を目にしていないことである。すでに示したように、私は「解体」という言葉を、安定した社会に責任を負う経済体制としての資本主義の能力が深刻に衰えている、という意味で用いている。資本主義社会は解体をはじめているが、それはよりよい社会像を掲げて資本主義に反対する組織的勢力に脅かされているからではまったくない。その解体はむしろ内部から、つまり資本主義が成功し、敵を乗り越え、自身に適している限度を超えて資本主義的になりすぎてしまったことから起こっているのである。低成長、信じられないほどの格差、そして山のような債務。戦後の資本主義発展の原動力であった民主主義は無力化され、オリガーキー的な新封建主義がそれに取って代わった。労働・土地・貨幣の商品化にたいする社会的障壁は「グローバリゼーション」によって一掃された。巨額の報酬をめぐる競争のなかで拡がる腐敗という全身障害、それにともなう道徳的退廃の風潮と、急速に拡大する世界規模の無政府状態。これらのすべてが戦後資本主義の社会生活を根底から不安定化させており、安定性を回復するための手がかりはどこにも見あたらない。

資本主義が歴史から退場するのであれば、なぜポスト資本主義が待機していないのか？　エリートたちが社会秩序をもはや維持できなくなれば、社会秩序は崩壊する。古い社会秩序が一掃されるには、新秩序を設計し根付かせようと願う新しいエリートの存在が必要である。実際、先進および中進資本主義国の現在の運営者は、明らかに何の見通しももっていない。実体経済の成長を刺激するためには無意味な通貨供給拡大策を、マイナス金利によってインフレを起こそうという絶望的な試みを、そして周辺諸国で近代国家システムがはっきりと分解していくさまをみればよい。[57]しかし同時に、現状では実行可能で進歩的な未来予想図もなければ、現在の資本主義社会と置き換わるような新しい産業社会やポスト産業社会の見取り図も存在しない。資本家とその従者たちだけでなく、資本主義の反対者たちも集団的に行動する力を欠いている。資本主義の権力者たちは資本主義社会を衰退から守るための方法を知らず、またその手段も持っていないように思われるが、同様にその敵対者たちも経済危機にかんして新自由主義的資本主義を乗り越えるアイデアを持っていない。たとえば、ギリシャのシリザ政権とその哀れな末路をみればよい。二〇一五年、「ユーログループ」

56　おおまかな定義としては、左右のポピュリストはともに生粋の社会エリートにたいする深い憎悪を抱いている。右派のポピュリストはそれに加えて少なくとももうひとつ、「外国人」グループを憎悪している。

57　ウォーラーステインをはじめとする者が指摘するように、グローバルな資本主義拡大の政治的ホストとしてのアメリカ合衆国の立場の弱体化が、ここでの全体的混乱の原因である。歴史的に見れば、資本主義はつねに、軍事や自由貿易、おおくはその両者を通じて新たな成長への見通しを開きそれを用意する、強力な覇権国家のあとに続いて発展してきた。資本主義の発展を政治的に準備することは、たんに前資本主義、反資本主義的な社会秩序を打破することだけではない。私的資本蓄積を通じた経済発展を支える新しい「近代」社会を作ることも含まれる。一九四五年以降、これは「発展」へのアジェンダを備え、主権を持つが国際的な自由貿易体制に組み込まれた世俗国家によるグローバルシステムの構築を意味するようになった。このアジェンダにはまた、オルタナティブの対立システムを「抑制」し、必要かつ可能な場合は抑圧することも含まれており、このプログラムは一見したところ、一九八九年に大団円を迎えたように思われる。しかし実際には、アメリカ合衆国は敵対的体制を破壊する力は依然有しているものの、それを親米、親資本主義体制に置き換える能力は失ってしまった。破壊の力は残していても、建設の力は失った覇権国なのである。その原因をここで探究することはできない。しかし、ここのところ相次いだ敗戦の示威的影響や、また合衆国市民の多数が海外での「冒険主義」と見なすようになったものに国内からの支持が得られなくなったことがそのひとつであると推定される。「国家建設」は世界各地で失敗に終わっており、本来の構想では発展指向の自由貿易主権国家からなるグローバルシステムには空隙間隙が拡がり、失敗国家が予見不能、制御不能な政治的・経済的混乱を絶えず生み出している。その多くでは、原理主義的宗教運動が覇権を握り、近代主義、国際法を拒絶し、消費主義的資本主義のオルタナティブを求めている。自国でそれを模倣することはもはや期待できないからである。他方では、自国で平和な資本主義の発展が望めないものたちが、周縁から中心へと移民することで先進資本主義に加わろうと試みている。そこでかれらが出会うのは、こうした社会で資本主義的・消費主義的主流派になることを諦めた移民二世の世代である。その結果、違ったかたちの移民が生じる。今度はそれは、周辺の無国家社会を破壊し大都市へ「素朴な反逆者」という新しい階級による「テロリズム」というかたちで流れ込む暴力的なそれである。

が強攻策を取りはじめると、シリザがことごとく手段を失って追いつめられたのは記憶に新しい。

そうであれば、ごく近い将来に、資本主義が資本主義自体の過剰投与で死体になって三途の川に晒されてもよさそうなものだが、あいにくまだ資本主義はぴんぴんしている。だれもその腐った死体を払いのける力がないからである。私見では、ウォーラースティンには失礼ながら、ダヴォスとポルト・アレグレのあいだのマニ教的最終決戦は起こりそうもない。むしろ可能性が高いのは長期にわたる全身的解体である。社会構造はますます不安定化して機能しなくなり、人々が社会を当てにできなくなっていくプロセスが進行していくだろう。人々をそのような孤立状態に追いやる社会とは、すでに述べたように社会以下のしろものである。つまり資本主義の社会秩序は、別の秩序ではなく無秩序と混乱に取って代わられるのではないか。アントニオ・グラムシの言葉を借りれば、「古きものは死んだが、新たなるものはいまだ生まれ落ちていない」、「ありとあらゆる病理的な現象が生じる空白期間[58]」であり、その歴史的時代がいつまで続くかは誰にもわからない。つまり社会成員の生活を正常化し、事故や無軌道から守るための合理的な一貫性をもつ安定した組織がどこにも存在しない、そのような社会へ転じるのだ。その社会では、生活はつねにその場しのぎで、個人は生活構造ではなく生活戦略をもつように強いられる。オリガーキーと軍閥には豊かな機会が提供され、その他の者には不安と不確実性が押しつけられる。ある意味では、それは五世紀にはじまり後世に暗黒時代と呼ばれる、中世の長い空白期間に似ている。

こうまとめてみると、資本主義によって傷つけられた資本主義社会の終わりに訪れる歴史的時代は、集団的政治能力を欠いたものとなり、長く不確定な移行期間をもたらすことになろう。それは危機が標準状態となった新たな時代であり、その危機は移行期間でも適応期間でもなく、資本主義に均衡をもたらすこともなければ、よりよいものが置き換わることもないだろう。深刻な変化が急速かつ継続的に起こるだろうが、しかしそれを予見することはできず、また制御することもできない。西欧型の資本主義は腐敗したが、しかし非西欧型の資本主義がそれに取って代わるということもないだろう。非西欧型の資本主義といえば中国があげられるが、この国は多くの理由で、資本主義の指導者としての地位を引き継ぐことも、資本主義をさらに進歩させるためのグローバル秩序をもたらすこともできないだろう。中国とアメリカ合衆国が友好的な共同管理をおこない、資本主義にとって安全な世界をつくるべく役割を分担する、ということもありそうにない。非資本主義については、十九世紀そして二十世紀前半の諸国で資本主義と互角に争った社会主義に匹敵するような、グローバルな社会主義運動は現状のところ見あたらない。これまでの数十年間、資本主義は集団的な秩序形成を破壊し、非市場的制度の構築を妨げてきたが、この流れがつづくかぎり、それは資本主義政府とその敵対者の双方を無力化していくことになる。その結果、資本主義は生まれ変わることも別の秩序に置き換えられることも不可能になるだろう。

秩序崩壊《エントロピー》の時代

全身的解体やその結果としての構造的不安定化が進むと、社会のミクロレベルでは、それは制度に支えられない生活様式という姿を取ることになる。つまり、不安定性の影におおわれ、つねに予期せぬ出来事や予見不可能な混乱によりひっくり返されてしまうリスクと隣り合わせで、頼ることができるのは個人の機転とひらめき、そして幸運だけ、という生活だ。このように統治水準の低下した社会の生活は、イデオロギー的には自由な生活として称揚されることになる。つまり厳格な制度に縛られることのない、自分の嗜好を思うぞんぶんに追求する個人のあいだの、自発的な合意にもとづく自治的な社会が到来した、というわけだ。この種の新自由主義の物語に潜む問題はもちろん、脱社会化した資本主義ではリスク、機会、所得そして損失

58 獄中手記によれば「古きものは死んだが、新しきものは生まれることができない、その事実から危機は生じる［…］こうした間隙では、さまざまな病的現象が確認される」。

の分配がきわめて不平等であることを無視している点にある。また、優位性の蓄積としての「マタイ効果」[59]もそこでは見落されている。ここでひとつの疑問が浮かぶ。そのような新自由主義的生活は、ポスト資本主義の空白期間と表裏一体であるはずなのに、なぜ強い抵抗運動が起こらず、むしろ反対に、喜んで支持されているのだろうか？「グローバリゼーション」の状況下で反資本主義的な反対勢力が構造的・地域的に分断されたことだけでは、この問いの十分な答えにはならない。

ここで「文化」が登場する。制度が社会的行為を規定することができなくなると、社会秩序を維持する役割は文化に求められる。制度が社会秩序を支えられない以上、日常生活の秩序を維持する役割は、マクロからミクロへ移される。つまり、最低限の安定性と確実性を確保する役割、最小限の社会秩序を創造する役割は個人へと移動する。[60]そしてポスト資本主義の空白期間におけるポスト・ソーシャル社会で人々の行動プログラムを支配するのは、次のような新自由主義のエートスである。すなわち、競争に勝つための自己啓発、市場に役立つ人材の育成、仕事への情熱的な献身、政府が機能しない世界がもたらすリスクを呆れるほど楽観的に受け入れる態度である。この行動プログラムが忠実に履行されていることは重要だ。というのも、（訳注：低カロリーならぬ）低社会のポスト資本主義社会を支えるのは、個人の適応行為だけであり、それによって社会の全体構造に広がる空隙が埋められなければならないからである。構造主義者は虚偽制度を批判したものだが、こうしてみるとその後を継ぐのは、文化主義者によるあらたな虚偽意識批判かもしれない。おそらくこれに関連してくると思われるのは、社会構造と社会的性格の関係という古い問題である。それはたとえばハンス・ガースやチャールズ・ライト・ミルズらが取りあげたもので、[61]ある社会構造がその成員にどのような性格をもとめ、そしてその社会が存続するあいだどのような性格を生み出しているかを問うものである。そのような社会的性格の研究の流れに沿って、以下で私は、次のような現象について手短に論じてみたい。それは、現在の空白期間における制度的支援の欠如に対応して、社会的統合や社会的正当性の代替物を提供することで空白期間を引き延ばそうとする現象である。まず政治経済学の言説で最近の流行となっているふたつの言葉に注目しよう。断絶と弾力性である。それから、統治なきポスト資本主義の最終的破綻を遅らせるために要求されている四つの行動パターンの主要な特徴について、手短に描いてみようと思う。

断絶《ディスラプション》と弾力性《レジリエンス》に共通するのは、社会的秩序が崩壊する時代の生活の基本的特徴を示すスローガンとして人気が高まっているという点と、不吉な意味と希望的な意味とを同時に含意しているという点である。従来、断絶は伝統的には予期せぬ破壊的、あるいは暴力的な非連続性と関連づけられてきた。つまり、その影響下にある者たちにとっては災厄とみなされていた。しかしいまや、断絶は急激な経済的社会的イノヴェーションを指す言葉に変わっている。実際、これまでと異なるイノヴェーションをもたらす唯一の方法が断絶、すなわち「みんなの満足」[62]を謳う（訳注：アマゾンやアリババのような）企業や市場でおこなわれているような攻撃と破壊なのである。断絶を含まないイノヴェーションは、もはや十分なイノヴェーションとはみなされない。それをイノヴェーションと呼びつづけるのは、あまりに古めかしく、多くの犠牲を出さないよう政

59 Robert K. Merton, 'The Matthew Effect in Science', *Science*, vol. 159, no. 3810, 1968, pp. 56-63.（第一章原注3を参照）

60 そして社会理論は断定的、ないし生物学的行動論的なものを目指して、制度論から合理的選択論へと移動する、ないし漂流する。

61 Hans Gerth and C. Wright Mills, *Character and social structure: the psychology of social institutions*. New York: Harcourt, Brace 1953.［ガース、ミルズ『性格と社会構造：社会制度の心理学』古城利明・杉森創吉訳、青木書店、二〇〇五］

62 この「みんなの満足」という言葉はクレイトン・クリスチャンセンによるもので（Clayton Christensen, *The Innovator's Dilemma: When New Technologies Cause Great Firms to Fail*. Boston etc.: Harvard Business Review Press 1997）ビジネススクールのカリキュラムや経営者のあいだでたいへんな人気になった。批判的な評価については以下を参照。Jill Lepore, 'The Disruption Machine: What the gospel of innovation gets wrong', *The New Yorker*, 23 June 2014.（http://www.newyorker.com/magazine/2014/06/23/the-disruption-machine）. 経営学の言説では、この概念はとくにUberやアリババ、Airbnbやアマゾンのような、労働者を定期雇用することをやめたという点で共通するプラットフォーム企業と関連づけられている。『フランクフルト総合新聞』紙日曜版によれば、断絶という語はドイツではいつものように遅れて二〇一五年に経営学での流行語になった。「このテーマにかんする書籍、スピーチ、研究は枚挙にいとまが無い。「時代の断絶」は当たり前のように強調されるようになった。マーケティング業界は憑かれたように「デジタル断絶」について語っているようであるし、コンサルタント会社は当然のように『断絶コンサルタント業』と付記している。［…］でなければインターンさえ呼び込めない。「断絶の準備はできたかね？ では私たちのところへ」首都のある経営者はそう売り込んでいる」。http://www.faz.net/aktuell/wirtschaft/wirtschaftswissen/das-wirtschaftswort-des-jahres-disruption-baby-disruption-13985491.html?printPagedArticle=true#pageIndex_2, lastaccessed 1 January 2016.

治的に縛られた、甘い考え方にもとづいている。現代の厳しい市場競争で敗北しないためには、うまくやるだけでは十分でなく、より高い利益が確保されなければならない。断絶は、新自由主義版の「創造的破壊」と考えられる。それは無慈悲かつ強引であり、「社会と共存する」ために遅れをとったり利益を減らしたりすることを認めない。断絶的イノヴェーションの被害者にとって、その結果は破滅的なものになるだろう。しかし残念なことに、グローバル資本主義の過酷な生存競争がおこなわれる戦場では、戦闘に巻き込まれて一般人に被害者が出るのは仕方がない、というわけだ。

弾力性（レジリエンス）は近年、細菌学、工学そして心理学の分野から社会科学と社会政策分野に輸入された人気急上昇中の用語である[63]。この言葉は、政治・経済的領域の研究ではまぎらわしいことに、異なる二つの意味でもちいられている。この言葉は、一方では新自由主義の攻撃に抵抗する個人的能力と集団的能力を意味する用語[64]として使われており、他方では新自由主義が社会秩序（あるいは無秩序）として存続する能力——二〇〇八年の経済危機をあらかじめ防ぐことも、その後に修復することもできなかった理論的貧困を棚に上げて——を意味する用語[65]として使われている。双方の意味は反対のように見えるかもしれないが、実際にはそうでもない。というのも、個人が新自由主義下で生き延びることを可能にする実践は、新自由主義そのものが生き延びるためにも役立つからである。弾力性は抵抗とは違い、ようするに自発的で適応的な調整を意味する。弾力性に富んだ個人がミクロレベルで日常生活をなんとかやりくりできるようになればなるほど、市場の力が引き起こすマクロレベルの不確定性を抑制するための集団行動を求める声（新自由主義はそれに応えることができないしその気もない）は小さくなる[66]。

秩序崩壊時代の社会生活は必然的に個人主義的である[67]。集団的制度が市場の力に侵食され、アクシデントがいつ起こってもおかしくないにもかかわらず、それを防ぐための集団的組織は失われている。誰もが自分を守ることに汲々とするようになり、社会生活の基本原則は「自助努力」になる。リスクが個人に帰せられることは、その防衛も個人に帰せられることを意味する。そのための競争的努力（ハードワーク）と民間保険、それから興味深いことに家族という前近代的な社会的紐帯が求められる。[68] 集団的制度が機能しなくなると、必然的に個人の分断は「下から上へ《ボトムアップ》」と進行、社会構造は「市場」の圧力に適応した「上から下へ《トップダウン》」型になる。そして社会生活は、自分の私的な人間関係にもとづいて（その手段をもっていれば）ネットワーク

63 この術語をとりまく高揚した空気と、そしてその流行を支える現実世界の状況の雰囲気の一例として、ウィキペディアの「レジリエンス」（組織の）の記事から抜粋しよう。「近年レジリエンスの概念について新たに、組織のライフスパンの減少にたいし現実的な対応を取る、という意味が付け加わった。これは役員会、政府、規制当局、株主、スタッフ、サプライヤーそして顧客を含む主要なステイクホルダーから、安定性、準備態勢、リスク、生存力といった問題への対処が要求されていることを背景としている。

1. レジリエンスがあるとは、起こりうる予想可能および予想不可能な事態を乗り越えて、企業（国家、地域、組織ないし会社）の繁栄を維持するための先行的かつ決然たる態度を指す。
2. レジリエンスとは防衛的な安定や保護的な姿勢を超えて働くものであり、危機に対抗しいかなる攻撃をもかわすために、おのれに内在する力を用いるものである。
3. レジリエンスとは、現在の状況、リスク、脆弱性とそれらに対応する現時点での能力を意識し、視野の広い戦術的・戦略的決定を下すようサポートするものである。
4. レジリエンスとは客観的に測定可能な競争的差異化の要因である（たとえば株主とステイクホルダーの価値を増大させる要因）。

「[…]米国議会の主要なメンバーはレジリエンスに固執している。下院国土安全保障委員会議長ベニー・トンプソン（ミシシッピ州選出議員）は委員会を代表して二〇〇八年五月を「レジリエンス月間」と宣言し、小委員会ではこの問題を検証する一連の公聴会が開かれた。オバマ大統領と国土安全保障省もまた、レジリエンスを国土防衛政策の統合的要素としている。二〇一〇年二月に国土安全保障省の発行した国土安全保障四カ年調査書では、レジリエンスは合衆国国土安全計画の主要テーマかつ中核ミッションとされている」。

64 Peter Hall and Michèle Lamont, eds., *Social Resilience in the Neoliberal Era*. Cambridge etc.: Cambridge University Press 2013.

65 Vivien A. Schmidt and Mark Thatcher, eds., *Resilient Liberalism in Europe's Political Economy*. Cambridge etc.: Cambridge University Press 2013; Aldo Madariaga, *The Political Economy of Neoliberal Resilience: Developmental Regimes in Latin America and Eastern Europe*. Doctoral Dissertation. Wirtschafts- und Sozialwissenschaftliche Fakultät. Universität zu Köln 2015.

66 感染症の場合と同様である。マラリアにたいする回復力（レジリエンス）が増強されれば、病原菌を保有する蚊を追い払う必要はなくなる。

67 その基本原則はマーガレット・サッチャーの発言に見事に要約されている。彼女はこれを経験的な主張として述べたが、新自由主義のプロジェクトとして理解する方がより的確だろう。「社会は存在しない。男と女と家族がいるだけだ」。これは以下に掲載されたインタビューである。*Woman's Own*, 23 September 1987, http://www.margaretthatcher.org/document/106689, last accessed 21 January 2016.

68 母親がフルタイムで雇用されていることが社会的にも経済的にも必須の社会では、幼児を養育する際にあたって祖母が無給で貢献することが不可欠であることを考えてみよう。この点に関しては、まともな失業保険が存在しない地中海諸国において、両親の年金を当てにして家族と同居している失業中の若者を例に挙げてもよいだろう。

をつくる個人から成り立つようになる。そのような知人関係にもとづくネットワークは、横にひろがる社会構造を生みだす。これは自発的契約に似た関係であり、柔軟だが消滅しやすい。現在の変化する状況でそのネットワークを維持するには、「ネットワーク形成」をしつづけなければならない。そのための理想的なツールが「新しいソーシャルメディア」である。これによって、社会関係にそなわる義務的な形態が自発的形態に、市民共同体がユーザのネットワークに置き換えられ、個人のための社会構造がもたらされることになる。[69]

　もはや危機を防ぎ、格差を抑え、通貨と信用に対する信頼を守り、労働者・土地・貨幣を保護し、民主主義によって貪欲を制御し、オリガーキーが経済力を政治力に転化することを防ぎ、そしてこれらを通じて自由市場と私有財産の正当性を守ることはできない。そのために必要な集団的規制能力が失われたからである。それでは、無秩序かつ行き詰まりに陥ったポスト資本主義の空白期間の社会は、どのようにして維持されているのだろう？　世界システムの統合が失われた以上、新たな秩序が確立されるまでのあいだ、社会構造を維持する役割は、すべて社会統合にかかっている。脱社会化された資本主義という空白期間は、構造的に自助努力を強いられ、社会的に脱組織化を被った、政治的に弱体化された個人たちの即興的パフォーマンスによって支えられている。崩壊する社会生活を不安定ながらも再生産し、自分自身と新自由主義的資本主義の双方に弾力性《レジリエンス》を与える（そうしなければ資本主義は維持されないだろう）ポスト資本主義のソーシャルネットワークの「ユーザ」に求められているのは、以下の四つの行動である。すなわち、対処する《コーピング》こと、希望《ホーピング》すること、薬を摂取《ドーピング》すること、買い物をする《ショッピング》ことである。[70]手短に説明すると、対処というのは、統治なき社会環境とそこで次々と降りかかる予想不能で制御不能な突発事にたいして、個人が即興的に切り抜けようとする行動を指している。いまや緊急事態は日常の一部であり、人々はそれを当然のこととして受け入れなければならないのである。[71]個人がときおりすさまじい力を発揮することも「対処」とみなされるが、社会的是正を目的とした組織が力を発揮しても「対処」とはみなされない。というのも、それは意味がない行動とみなされており、しかも近年そのような行動をするのは「負け組」だけだとみなされるようになっているからである。[72] この社会のなかで生きることは、各人のスタミナと独創性、忍耐、楽観主義を試しつづけることである。それは、いつも元気よく逆境に立ち向かうことが社会的義務とされる世界で、自分の能力を養いつづけることである——対処というのは、そのような社会に適合した行動なのである。

うまく対処するには、たしかな希望をもっていることが助けとなる。ここで希望とは、どれだけ不吉な前兆があろうとも、近い未来にはよりよい生活が待っていると想像し、そう信じこもうとする、個人の精神的

69 都合のいいことに、個人化された社会生活の電力インフラは圧倒的にアメリカ大企業によって私的に所有されている。電力は万人が自由に手にできる公共善のように装ってはいるが、実はきわめて利潤率の高い社会コントロールの道具で、それが消費財および消費者サービスのベンダーへ貸し出されているにすぎない。

70 ここから先、新自由主義下の社会生活のいくつかの特徴を短く要約する。とくに、その無秩序を生きる個人が直面するであろう困難を中心にしている。この問題についてはすでに多くの文献があり、ここですべてを論じることはできない（その中からいくつかを挙げておく。Wendy Brown, 'Neo-liberalism and the End of Liberal Democracy', *Theory and Event*, vol. 7, no. 1, 2003; Michel Foucault, *The Birth of Biopolitics: Lectures at the College de France, 1978-1979*. London: Palgrave Macmillan 2008; Johanna Bockman, *Markets in the Name of Socialism: The Left-Wing Origins of Neoliberalism*. Stanford, California: Stanford University Press 2011; Colin Crouch, *The Strange Non-Death of Neoliberalism*. Cambridge: Polity Press 2011; Pierre Dardot and Christian Laval, *The New Way of the World: On Neo-Liberal Society*. London, New York: Verso 2013; Steffen Mau, *Inequality, Marketization and the Majority Class: Why Did the European Middle Classes Accept Neo-Liberalism?* Houndsmills, Basingstoke: Palgrave Macmillan 2015）。ここでの私の目的は、資本主義末期の空白期間における制度的欠陥をミクロレベルで埋め合わせる行動パターンの重要な意義に注意を喚起する以上のものではない。

71 ここには競争力のある自己を向上させ、楽観的にもみずからを起業家と同一視する精神を養うポジティブなインセンティブとして賞賛される、非正規雇用も含まれる。

72 なかでもとくにデヴィッド・ブルックスの言う「ミレニアル」を参照。David Brooks 'The Self-Reliant Generation', *The New York Times*, 8 January 2016, www.nytimes.com/. . ./the-self- reliant-generation.html, last accessed 21 January 2016. この本でブルックスは十八歳から二十九歳のアメリカ人にたいする調査をまとめている。引用しよう。「創造的に変化することを抽象的に賞賛してはいるが、具体的にみれば秩序や治安、安定に飢えている［…］ミレニアル文化の目立つ特徴のもうひとつは、自力救済を強いられていること、ゆるやかにネットワーク化された個人主義を世界の通常の秩序と受け取るよう強いられていることである。ミレニアルは社会にたいする信頼がきわめて低い［…］かれらは全体的変化を望んでいるが、しかし集団的行動に駆り立てる強制力のある方法をもっていない［…］しかし、いくつかの巨大な文化的爆発がこの先に待っているかもしれない。現在のミレニアルほど安定した支援構造と無縁で幸福な中年生活が送れるわけもない。何かが変わりつつある」。

努力を意味する。アメリカの政治的・文化的言説で用いられている「夢をもつ《ドリーミング》」という言葉を使ってもよい。合衆国では、自分自身の夢をもつことがコミュニティのメンバーとして生きていくための道徳的義務である。それはリベラルな個人主義のもとで最後に残された義務でもある。現在の自分がどのような環境に生きているかは無関係である。夢は非現実的であることも許され、場合によってはそうあるよう促されさえする。たとえナイーブな夢だとしても、他人の夢を思いとどまらせるなどということは無礼かつ残酷で、社会的に受け入れられない。合衆国では、夢をもつことはこのうえなく神聖な行為とみなされており、けっして批判されてはならない。そのことが、おそらくこの国が政治的に根本的な問題を解決することができず、集団的行動が起こりにくいことの最大の理由であろう[73]。希望や夢には楽観的な装いが必要であり、そして解体が進む社会のもとでの生活では、楽観的でいることは公共的美徳であり市民の責任であると賞賛される。資本主義は最盛期を迎えているという言葉とは裏腹に、実際には構造解体と統治不全の進行によってポスト資本主義へと移行している。そして、その移行は人々の「絶望したくない」という自然な欲求に支えられており、そこで悲観主義は個人の資質欠如であるばかりか社会的悪徳とさえみなされる。

第三にあげた薬物摂取はそのような状況で登場する。薬物は対処と希望を支えるからだ。なんらかの物質の摂取あるいは濫用を意味するドーピングを、ここでは二種類に区別する。ひとつはパフォーマンス増強型、もうひとつはパフォーマンス置換型である。パフォーマンス増強型の薬物は成功報酬が巨額なところではいつでも服用される。現在のスポーツを含むショービジネス業界の市場ではもちろんのこと、彼らにくらべて収入は大幅に低いはずの中産階級の職業生活においても、それは服用されている。この数十年、中産階級の職場では競争圧力が増大する一方であり、それはテストの結果が将来のキャリアや収入予想を左右しかねない教育機関においても同様である。当然のことだが、薬物は腐敗と結びつく。なんらかのかたちでパフォーマンスを増強するために利用される物質は、製薬産業にとって大きな利益をもたらす合法的な製品である。他方、パフォーマンス置換型のドラッグは負け組が利用するもので、多くの場合は違法であり、世界規模の取引ネットワークをもつ犯罪集団が提供している。[74] 下層階級の服用者はしばしば捕まり、そしてその多くが過剰摂取によって死亡する。[75] 中産階級の服用者、なかでもとくに稼ぎが多い者は、よりよい医療援助を受けられるばかりでなく、法執行機関からも寛大な扱いを期待できる。というのも、個人の生産性を増加させるための（違法・合法を問わず）薬物使用——下層階級の落伍者たちにカネと結びつかない幸福感を与えるドラッグとは異なり——は、資本蓄積が個人の能力が発揮されることに依存している以上、おおめに見られる傾向があるとしても不思議ではないからだ。実際、路地裏のヘロイン吸引者と同じ割合でポップミュージシャンや俳優が薬物濫用で捕まえられていたら、映画やレコードの多くは監獄でプロデュースされることになるだろう。同じことは金融資産取引にもあてはまる。ついでながら、パフォーマンス増強型と置換型の両方に当てはまるのは、驚くほど多くのドラッグ使用者が、ノリのよいポップスで得られるまがいものの幸福を日常必需品としていることだ。これも先進テクノロジーによって各人の好みに合わせて消費されている。

73 「二〇〇〇年の選挙でもっとも多くを物語る世論調査の結果が『タイム』誌の報告のなかに見られる。同誌の「自分が上位一％の所得を得ていると思うか」という質問にたいして、一九％のアメリカ人がそれを肯定、さらに二〇％は将来的にそうなるだろうと回答した。ということは、三九％のアメリカ人は、ゴア氏が一％のアメリカ人を優遇するプランをこき下ろした際に自分たちがじかに攻撃されたと考えたことになる。David Brooks in *The New York Times*, 12 January 2003. http://www. nytimes.com/2003/01/12/opinion/12BROO.html, last accessed 31 December 2015.

74 下層階級の薬物使用者は、その習慣のせいで望ましいほどに無気力であり、政治的には無力化されているが、仲買人ともども過酷な法的手段の標的にされている。パフォーマンス置換型のドラッグは実質的には下層階級が潜在的な政治勢力となることを妨害していると同時に、資本主義が依存している「競争して成功しろ」という倫理を乱しかねないものである。事実合衆国政府は、まったく無益なことだが自国の都市にハードドラッグが流れ込むのを止めるためにはラテンアメリカの全国家の破壊もやむなしという姿勢を取りつづけてきたが、まったく効果はなかった。アフガニスタンのような国ではもちろん、ヘロインの生産はアメリカ占領軍の眼前で増大していった。薬物を仕切る地域の軍閥との協力関係を確保する必要があったからである。

75 アメリカ合衆国では二〇一三年、三万七九四七人が薬物乱用で死んでいる。しかしそのうち非合法薬物を使用していたのは四〇％以下である。二〇〇一年に一万二六七八人を記録して以来、薬物関連死は安定して上昇している。二〇一一年、その数値はついに銃による死者数三万三六三六人を超えた。交通事故死者数は二〇〇一年の四万二一九六人から二〇一三年には三万二七一九人へ減少している。これらのデータはアメリカ疾病予防管理センター、国家道路交通安全局、ＣＮＮおよびアメリカ国務省による。

最後は買い物である。今日、富裕な資本主義国における消費財市場が広く飽和状態であることは繰り返すまでもなかろう。そのような状況で資本家の利益を上げるために必要なのは、次々と（満足すればするほど）、新たな欲望が生じることを求めるような消費者を獲得することである。[76] プロダクトデザインと広告はそのための道具であるが、[77] 現在はそこに低価格も含めることができる。最終消費者の視野に入らず、集団的連帯の手の届かない、現代の奴隷工場に作らせることで低価格が実現できるようになったからである。標準的な消費の基準がたえずつり上げられることに、消費者たちが盲従し、商品の購入を競うようになると、彼らは勤労意欲をますます高め、たとえ給料が変わらず、むしろ下がることになっても、現在の労働市場と労働環境の厳しい要求に従うようになる。[78] その圧力は、彼らが最新式のテレビや自動車をクレジット払いで買うとしたら、さらに強くなるだろう。この点で銀行は、雇用者と並んで、資本主義の労働規律を強化する役割を果たしている。さらに、買い物が友人や家族とのつきあい方を選択する行為となり、個人の社会的地位が消費者の経済的地位へと置き換えられると、そのとき社会関係は消費関係として再定義される。そのような状況で、製品の差別化――これは新たな生産技術と広告手法（とくに近年ではソーシャルメディアの利用）によって可能になった――により、新種の社会統合が生まれている。つまり人々は消費者コミュニティをつうじて、自分の独自性と集団的アイデンティティが結びついた感覚を抱くようになり、つねに個別化されアップグレードされる商品の消費に飲み込まれていくのである。

まとめると、ポスト資本主義の空白期間における社会生活と資本蓄積は、逆境や不確実性と戦う必要性から解放してくれる競争的快楽主義の文化を信奉する、消費者としての個人によって支えられている。低成長・格差拡大・債務増加に直面するポスト資本主義において、なお資本蓄積を継続するためには、そのような文化をつうじて希望や夢をもつことを人々の義務とさせ、その夢と希望を生産の維持と消費の促進のための燃料としなければならない。もちろん、人々を「なぜかわからないけれどハッピー」な状態に保つための技術も必要になるが、同時にそれは、賃金停滞ないし賃金下降、残業や非正規雇用をものともせず、つねに勤労意欲を強化していくように動機づけ、満足感をもたらすものでなくてはならない。[79] システムとしての統合性が失われた資本主義にとって、労働市場と労働環境は、快楽主義的消費を社会的義務とする「新たなプロテスタント的な労働倫理」にもとづくものでなければならない。すなわち、献身的勤労こそが個人の価値を定める試練であり証明であると文化的に定められ、認められる必要があるのだ。そのような倫理こそ、経済格差を個人の努力や能力で説明しようとする能力主義的世界観の根底にあるものだ。この快楽主義が生産規律を損なわないようにするためには、すでにダニエル・ベルが正しく想定したように、消費行動が社会的地位の下降にたいする恐怖、および貨幣経済の外部で得られる（非消費社会的な）喜びにたいする軽蔑と不信によって支えられなければならない。[80] これらすべての前提となるのは、労働市場を通じた社会統合を求める中産階級が広く存在していることである。すなわち、雇用者の期待をすべて当然のこととして受け入れ、どのような仕事を与えられようとも素直に喜んで取り組み、献身的労働と生産にわたるキャリア設計が社会的生活の必要条件だと思い込んでいる中産階級の人々の存在が、その前提になっているのだ。[81]

76 フロイトによれば、満たされることによって減少するどころかむしろ強化される原初的な欲望とは性である。これは一九七〇年代の「セックス革命」以降、フェミニストの抗議にもかかわらず、企業広告に用いられる性的イメージが臆面もなく増加する一方である理由を説明してくれるかもしれない。事実、およそあらゆる商品にもついてまわる裸体の画像や誘惑的な傾向は、男性に劣らず女性からも好まれているように思われる。

77 現在の広告技術の発展についての古典的マルクス主義的な考察は、残念ながら英語ではないが以下がある。Wolfgang Fritz Haug, *Kritik der Warenästhetik. Gefolgt von Warenästhetik im High-Tech-Kapitalismus*. Frankfurt am Main: Suhrkamp 2009. また本書の第三章も参照のこと。現在の消費主義がどのようにして、市民を資本蓄積的な民間企業の顧客かつ消費者に変化させているのかがさらに論じられている。

78 アメリカでの誇示的消費（ヴェブレン）――「おとなりに負けない」――は、アジア的な、より集団的な消費に追い抜かれた。アジアでは、目に見える最新の「西洋的」な富や美の基準に満たない人間と思われたくはないようにするために、流行中の高価な電子機器を持つ、あるいは必要であれば整形手術を受けることは必要になっている。

79 Sabine Donauer, *Faktor Freude: Wie die Wirtschaft Arbeitsgefühle erzeugt*. Hamburg: edition Körber-Stiftung 2015.

80 Daniel Bell, *The Cultural Contradictions of Capitalism*. New York: Basic Books 1976.［ダニエル・ベル『資本主義の文化的矛盾（上・下）』林雄二郎訳、講談社、一九七六―一九七七］

資本主義的システム統合が終わったあと、資本蓄積のすべては、消費と生産からなる資本主義文化へと個人を社会的に統合する能力にかかっている。個人にたいする制度的支援が失われ、ポスト資本主義的な資本蓄積は構造より不安定な文化（あるいはとっくに解体した構造に代わる文化）に依拠しており、さらにいえばオルタナティブな文化の発育不全（これは細分化した競争と、生産・消費の手段の不安定化の両方が結びついた結果である）に依拠している。イデオロギー、とくに不確実な人生を「自由な人生」として礼賛するイデオロギーが、ここでは中心的な重要性をもつ。この新自由主義イデオロギーの物語ではおめでたいことに、構造的秩序の崩壊は個人の自律にもとづく自由な社会の到来に、制度の解体は必然性の支配から自由の支配への歴史的進歩として読み替えられる。この空白期間を引き延ばすためには、そこに生きる人々にたいして、かつて資本主義社会と呼ばれた現在の廃墟を冒険の場として、自分の実力を発揮するよう促し、運がよければ金持ちになれると吹き込まなければならない。集団的制度が機能不全に陥った現在の無秩序な状態を、集団的ルールや義務とは無縁な個人の自発的選択と権利にもとづく自生的秩序として、人々に信じこませねばならない。新たな秩序が発生するとしたら、それはおそらく、コリンズの予言にあるように、中産階級の雇用に大きな危機が訪れ、新自由主義的な「自分のためだけに生きろ」というイデオロギーへの熱狂が鎮まったとき、あるいはより広範囲にわたって無秩序が広がり、個人の意図や野心がまったくかなえられなくなったときであろう。

81　まさにこのカテゴリーの人びと――高学歴になる一方の高位の学位保有者――が、ランダル・コリンズの予言する（pp. 37-69 in Wallerstein et al. 2013）ＡＩの登場によって一気に雇用期待が奪われる層である。彼らはポスト資本主義の空白期間における中核的な有権者であり、この層の破滅が今日の混乱した資本主義の中心と思われる。

第一章　資本主義はどう終わるのか？

現在、資本主義が危機的状況にあるという感覚は、第二次大戦後のいかなる時期にもまして、広くいき渡っている。[1] ふりかえってみても、二〇〇八年の経済危機は、第二次大戦後の好況が終了した一九七〇年代半ばに始まり、今にいたるまで長らく続いている政治的・経済的混乱の最新の事例にすぎない。経済のグローバル化・国際化が進行するなか、次々と起こる経済危機は、これまでになく急速、かつ広範囲で深刻な危機であることが明るみになった。一九七〇年代の世界的なインフレの後、一九八〇年代には世界的な国債発行の増加が起こった。さらに一九九〇年代になると各国は財政再建にいそしんだが、その代わりに民間セクターの負債が急速に増加した。[2] 現在にいたるまでの四十年間、工業化した「先進」諸国において、国内外の不安定な状況が常態になった。実際、大戦後にOECD諸国の資本主義が時とともに広まっていくと、それはたんに経済政策にとどまらず、資本主義社会の古い観念を再発見することにもつながっていった。すなわち、資本主義は社会秩序であるとともに生活様式であり、無際限に進行する民間の資本蓄積にもとづいている、という観念である。

資本主義の危機を示す兆候は多くある。しかし、それらの兆候のなかでもっとも重要なのは、高度に産業化した（というより、脱工業化した）金持ちの資本主義諸国にみられる、次の三つの長期的傾向である。第

1　本章の内容は以下で配布されたものである。Anglo-German Foundation Lecture at the British Academy on 23 January 2014. Published in: *New Left Review*, vol. 87, May/June 2014, pp. 35-64.

2　この点について私は『時間かせぎの資本主義』で詳細に検討した。

図 1.1　40 年間の OECD 諸国の年平均経済成長率（1972-2010）

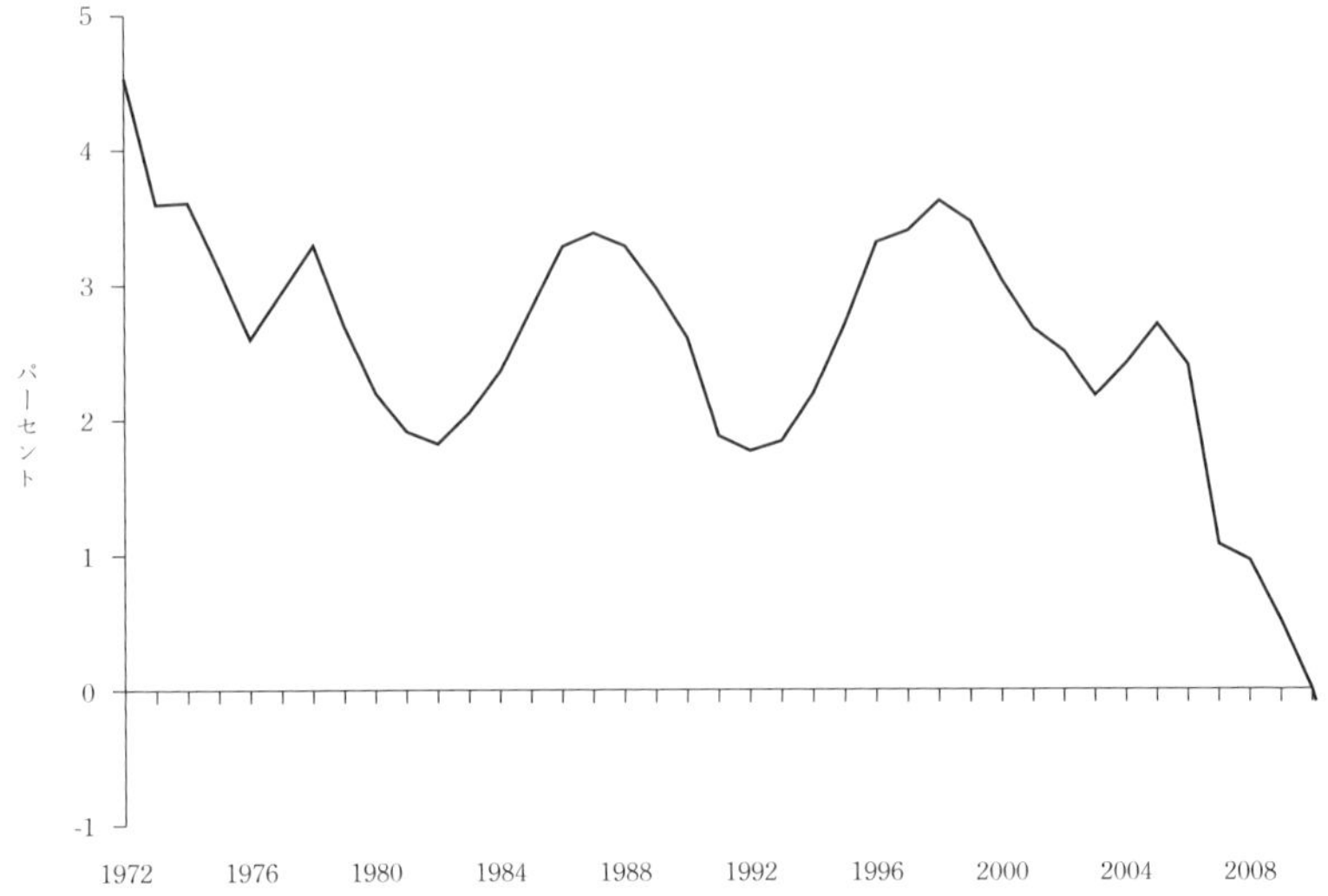

出典：OECD Economic Outlook

一の傾向は、経済成長率がたえず低下していることである。これは二〇〇八年の経済危機から現在まで顕著な傾向である（図1．1）。第二の傾向は、第一の傾向と結びついているのだが、たえず債務額が増加していることである。先進的な資本主義諸国において、過去四十年のあいだ、政府、一般世帯、非金融企業、さらに金融企業においてさえ、金融債務の額は増える一方である（合衆国について図1．2を参照）。第三の傾向は、先に述べた経済成長率の低下と債務増加のかたわらで、数十年間にわたって所得と資産の両面で経済格差が拡大していることである（図1．3）。

かつて資本主義は、非資本主義とくらべて着実な経済成長、健全な財政、公平な社会という恩恵があると広く宣伝されていた。こうした事柄は、資本主義の政治経済体制がその正当性を主張するために、欠かせない条件であると長らく考えられていた。この観点からみても、私が先ほど指摘した三つの危機的傾向がたえず強まっていることは、きわめて憂慮すべき事態と言わなければならない。多くの証拠が、不平等の拡大が経済成長率の低下

図1.2　合衆国の負債割合（各セクターごと、1970-2011）

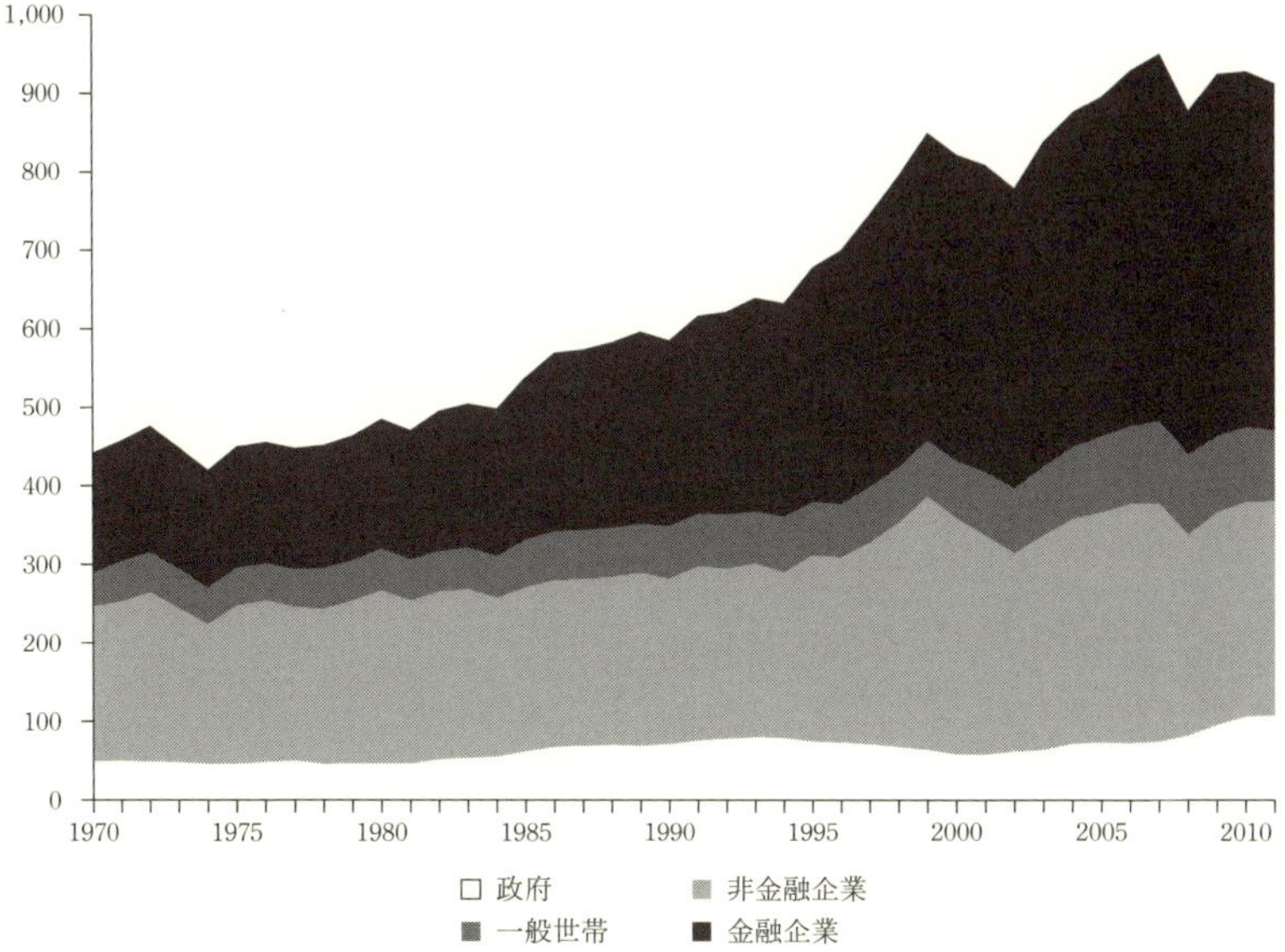

出典：OECE National Accounts

の原因のひとつであること、そして経済成長率の低下が不平等の拡大とともに生産性の向上を妨げ需要を減少させている原因のひとつであることを示している。逆に経済成長率の低下により、配分の不均衡が激しくなると、富裕層にとって貧困層を保護するためのコストがかかるようになり、富裕層はこれまで以上に自由市場を支配する「マタイ原則」の遵守を厳しく求めるようになっている（「誰であれ、富める者はさらに与えられてますます富み、貧しき者はさらに奪われてますます貧しくなる」)[3]。さらに、経済成長率の低下傾向を止められずに負債が増加している事態は、経済の金融化――これは賃金労働者と消費者にたいして、賃金上昇率の停滞と公共サービスの削減によって生じた所得間格差の拡大を埋め合わせる狙いもあった――にともなう構造的変化をつうじて、不平等の拡大につながっている。

　このように出現した悪化傾向の忌まわしいサイクルは、はたしてこれからもずっと続く

図 1.3　ジニ係数の増加（OECD 平均）

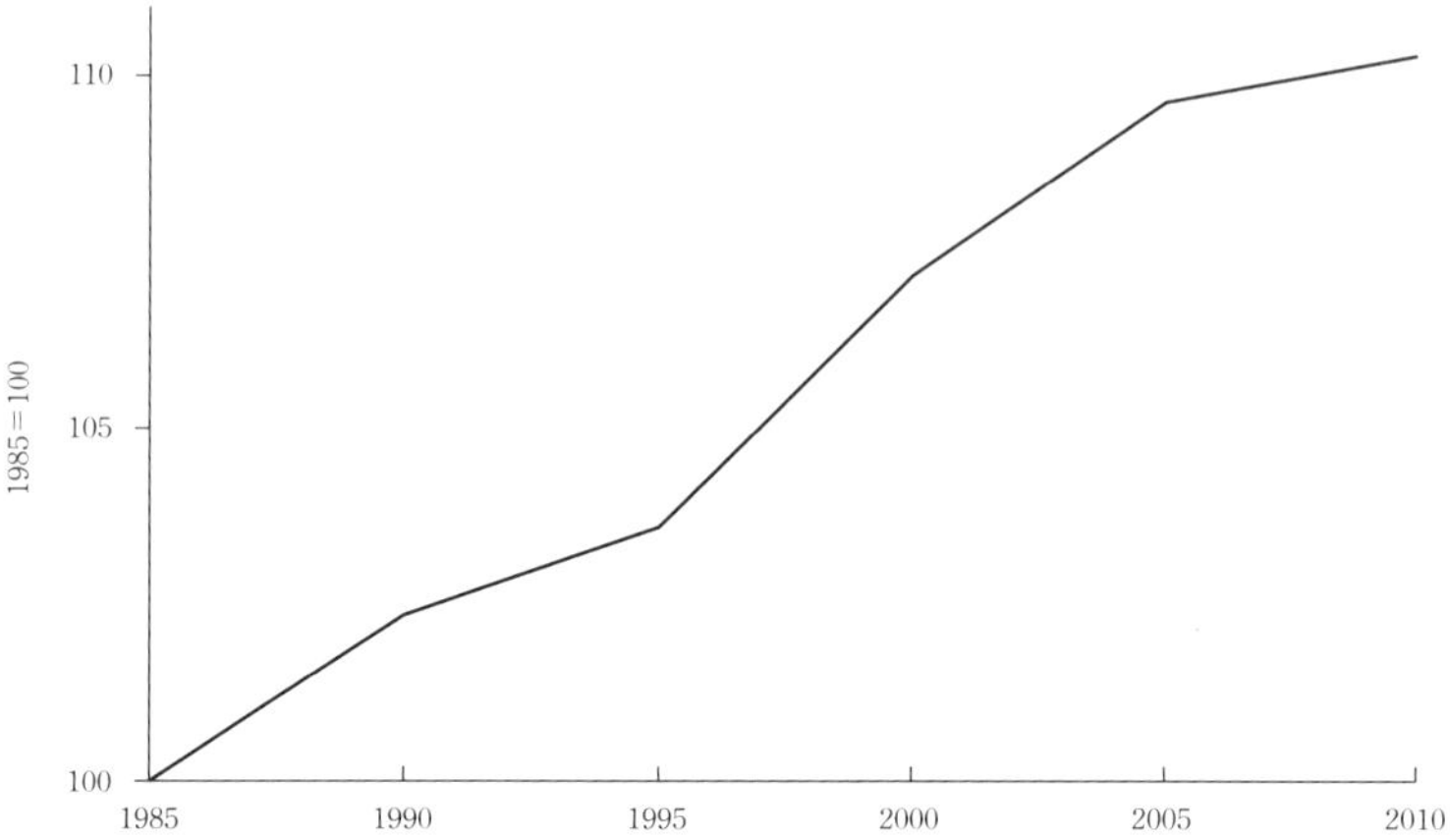

出典：OECD Income Distribution Database

のだろうか？　このサイクルを打破する動きはあるのだろうか？　この四十年間と同様に、今後もそれを打破できないとしたら、いったいどうなってしまうのか？　歴史家たちは、そのような危機は資本主義体制下ではなんら目新しいものではなく、長期的にみれば資本主義が健全化するための条件なのかもしれない、と述べている。それでも彼らが語っているのは、資本主義経済が景気の周期的循環と不規則な経済的ショックを経て一時的に新たな均衡を得る、ということにすぎない。しかし私たちが現在目の当たりにしているのは、振り返ってみればしだいに腐敗して朽ち果てていったプロセスであり、しかも明らかに元に戻すことができないプロセスである。時おり生じる「危機による浄化」から回復することと、複雑にからみあった継続的で長期的な傾向が中断することは、まったく別のことである。ここで、このような恒常的な低成長率と格差の拡大、負債の増加は、おのずと構造的な危機（それを具体的に思い描くことは難しいのだが）を引き起こすだろうと想定すれば、私たちはその差し迫った破局の兆候をみつけることができるのではないだろうか？

その場しのぎの手段

ここで読者に報せるのは、よいニュースではない。二〇〇八年から六年経って戦後最大の危機が訪れた。二〇〇八年当時の暗い記憶が鮮烈に残っていた時期には、危機の再発から世界を守るための改革の要求や計画が山ほど出された。ありとあらゆる国際会議や先進国サミットが開かれ、各国とも互いに出方をうかがいながら追随しようとしたが、二〇〇八年の経済危機から五年経っても、そうした動きから何かが生まれることはなかった。一方、そのあいだに危機の原因である金融業界のほうは完全に立ち直った。金融業界の利益、配当金、給与、ボーナスは、二〇〇八年危機の前の水準に戻った。一方、金融業界へのさらなる規制については、国際交渉でも国内ロビー活動でも、暗礁に乗り上げた。政府、とりわけ合衆国政府は、それらの錬金術産業の連中にしっかりと手綱を握られたままだった。他方で金融業界のほうは、世界中の中央銀行の友人たち――なかでも有名なのは、元ゴールドマン・サックス副会長で現在は欧州中央銀行総裁のマリオ・ドラギである――とつるむことで、得意の錬金術で生みだしたお金を、国債投資などをつうじて、気前よく政府にふるまった。こうして経済成長が滞り、労働市場も冷え込んだ。空前の規模の金融緩和をしても、経済成長を引き起こす原動力にはならなかった。さらに所得格差は驚くほど広がり、わずかな経済成長でもたらされた利益さえもトップ一％の高額所得者たちの手に収まるという事態になった。つまり、ごく一部の連中が利益を独占しているわけだ。[4]

こうした事態について、楽観することを正当化する理由はほとんどないように思われる。これまでのとこ

3　マタイによる福音書、25章29節。「マタイ効果」という用語は優位性が蓄積していく効果を意味している。これはロバート・マートンの「科学におけるマタイ効果」という論文で、ひとつの社会的メカニズムとして最初に定式化された。

ろ、OECD諸国の資本主義体制は、金融緩和政策を掲げ、不換紙幣を気前よく注入することで維持されてきた。この政策の立案者たちは、それがいつまでも続くわけがないことを他の誰よりも知っている。実際、二〇一三年には、合衆国だけでなく日本においても、この悪しき政策と縁を切る試みがおこなわれた。しかし、そうすると株価が落ち込み、いわゆる「テーパリング」（訳注：先細り、転じて量的金融緩和の縮小を意味する）になるため、その試みは先延ばしにされてきたのである。今年（二〇一四年）の六月半ば、バーゼルの国際決済銀行――全世界の国々の中央銀行の元締め――は、「量的緩和」を終結させるべきだ、と宣言した。国際決済銀行は年次報告書のなかで次のことを指摘している。すなわち、これまで各国の中央銀行は、幾度にわたる経済危機とそこからの景気回復の遅れにより、バランスシートを拡大しつづけてきたが、そのバランスシートは「おおざっぱに見積もっても経済危機以前の三倍に膨れあがっており、現在もなお膨張しつつある」[5]。さらに年次報告は、これまで「金融崩壊」を防ぐために金融緩和が必要とされてきたが、これからは「持続可能で着実な成長のために、低成長経済へと戻る」ことを目指さなければならない、というのだ。しかし、このような目標は各国の中央銀行の能力を超えるものだ。以下、この国際決済銀行の年次報告書から引用する。

各国の中央銀行当局と国民が望み、期待するような着実な成長を遂げる経済に復帰するためには、経済・金融領域のさまざまな改革を実行する必要があるのだが、中央銀行にはそれらの改革を実行する能力はない。各国の中央銀行が金融緩和によって成し遂げたのは、たんに時間を稼ぐことだった……。しかし、その時間は有効に使われなかった。これまで続いている低金利とさまざまな「異例の政策」は、民間セクターにとってはレバレッジ解消（訳注：投資家が株式売却により資金を市場から回収すること）を容易にさせてくれる政策であり、政府にとっては金融赤字を拡大させる政策であり、中央銀行当局にとっては実体経済と金融システムに必要な改革を先送りしてくれる政策であった。けっきょくのところ金融緩和は、貯めるよりも借りることを、課税するよりも消費することを、改革するよりも現状のままでいることを促しただけである。

このような観点は、バーナンキが議長（訳注：ベン・S・バーナンキ、議長在任は二〇〇六〜二〇一四年。二〇一七年九月現在の議長はジャネット・イエレン）を務める連邦準備制度にさえ明確に共有されている。二〇一三年夏には、ふたたび金融緩和時代が終わる兆候が現れたように見えたが、しかし九月になると、またもや金利引き上げの時期が引き延ばされた。引き延ばしの口実は、「実際の経済は期待されていたよりも弱かった」というものだった。引き延ばされたとたん、世界中の株価が上昇した。もちろん、かつての金融政策に戻ることがこれほどまでに困難であることの真の理由は、現在の各国中央銀行が、国際決済銀行のような国際組織にくらべると、あまりに強い政治的圧力にさらされているために身動きがとれないことにある。このような状況では、無際限の貨幣供給を続けながら資本主義の寿命を引き延ばそうとすると、新自由主義的な経済改革によって資本主義を復活させる以外に手立てがなくなる。このことは、国際決済銀行による二〇一二〜二〇一三年の年次報告書の「柔軟性を高める——成長の鍵」のタイトルによく示されている。別の言い方をすると、このような手段は、大多数の人々にとっては苦い薬であり、しかもその成分にはごく少数の人々の強い意向が含まれているのだ。[6]

4　以下を参照。Emmanuel Saez, 'Striking It Richer: The Evolution of Top Incomes in the United States', 2 March 2012, available via Saez's personal web page at UC Berkeley; and Facundo Alvaredo, Anthony Atkinson, Thomas Piketty and Emmanuel Saez, 'The Top 1 per cent in International and Historical Perspective', *Journal of Economic Perspectives*, vol. 27, no. 3, 2013, pp. 3-20.
5　Bank for International Settlements, 83rd Annual Report, 1 April 2012-31 March 2013, Basel 2013, p. 5.
6　この点については、政策にどのような新自由主義的な「改革」が含意されているかを見定めにくい諸国においては、アメリカ合衆国やイギリスのような国ほど明白ではないかもしれない。

民主主義の問題

　ここで、現代資本主義の危機とその未来についての議論から転じて、民主主義の政治についての議論に移ることにしよう。資本主義と民主主義は、第二次大戦の後になって両者は和解したかのようにみえたが、それまで長いあいだ敵対するものと考えられてきた。実際二十世紀になっても、資本家たちは、民主政治の多数派によって私有財産が没収されるのではないかと恐れつづけていた。他方で労働者と労働者組織は、資本家は自分の権益を守ってもらう見返りに全体主義体制に奉仕すると疑ってきた。ただ冷戦時代だけは、資本主義と民主主義は互いに協調したかのようにみえる。つまり経済発展をつうじて、多数派の労働者階級も自由市場や私有財産制を受け入れるようになった。そして、民主主義の自由が市場の自由化や利益追求と不可分であるだけでなく、それらに依拠していると考えるようになった。しかし現在、資本主義経済と民主主義政治の両立可能性にたいして、ふたたび強い疑念が抱かれるようになった。一般の人々のあいだに、もはや政治によって自分たちの生活がよくなることはない、という感覚が広くいきわたっている。実際、多くの人々が閉塞感を抱いている。そして、ますます自己の利益にしか関心をもたなくなり、自分たちの政策を「他の選択肢はない」とごり押しする政治家たちの腐敗と無力をみせつけられ、うんざりしている。その結果は、投票率の低下傾向、および投票行動の高い流動性にあらわれている。そして「ポピュリスト」の抗議勢力が増加し、政権が不安定化することにより、選挙行動はますますバラバラになっている。[7]

　戦後民主主義の正当性を支えてきたのは、国家には市場に介入し、市民の利益になるように市場のもたらした帰結を正す能力がある、という前提であった。しかし経済格差が広がるにつれて、この前提にたいする疑いは強まっており、とくに二〇〇八年の経済危機の前後あたりから、政府は無能力ぶりを露呈するようになった。グローバル市場経済に対処できなくなっていくのに応じて、ＯＥＣＤ諸国の政府・政党は、「民主体制下の階級闘争」がポスト民主主義体制の政治演劇《ポリティンメント》に堕していく様子を、多少なりとも喜びながら眺めるようになった。[8]その一方で、資本主義の政治経済体制が、戦後のケインズ主義からハイエク的な新自由主義へと移行するのはスムーズだった。つまり、上層から下層への再配分をつうじて経済成長を図るという政治綱領から、下層から上層への再配分をつうじて経済成長を期待するという政治綱領へと、急速に移行したのである。民主主義における平等は、ケインズ主義の時代には、経済生産性を高めるものとみなされていた。しかし現在のハイエク主義においては、経済生産性を弱める麻薬のようなものとみなされている。つまり、経済成長は独立したさまざまな市場——およびそれらの市場が蓄積する優位性——に由来するべきものであり、政治的な再配分によって歪められるべきではない、とみなされている。

現代の反民主主義的な言説の中心にあるのは、現在の国家がいずれ財政危機に直面する危険性であり、それは一九七〇年代以後の国家債務の驚くべき増加（図1．4）に示されている、という主張である。国家債務の増加は、有権者が身の丈に合わない生活をするために「共同資源《コモンプール》」を食い尽くしていること、また、ご都合主義の政治家たちがカネの力を使って、目の前のことしか考えられない有権者たちの票を買おうとすることが原因とみなされている。[9]しかし、国家の財政危機が過剰な民主主義的再配分の結果として生じたわけでないことは、国債発行額の増加が投票率の低下と、また税収の低下、労働組合加入率の低下、ストライキの消失、福祉予算削減、収入格差の拡大と並行して進行している事実から推察できる。これまで財政悪化は、課税率の低下と結びついて進行してきた（図1．5）。つまり、富裕層や企業への課税率を引き下げるよう

7　以下の著作を参照。Armin Schäfer and Wolfgang Streeck, eds, *Politics in the Age of Austerity*, Cambridge: Polity 2013.
8　Walter Korpi, *The Democratic Class Struggle*, London: Routledge and Kegan Paul 1983; and Crouch, *Post-Democracy*.
9　これは公共選択理論の財政危機についての観点である。この観点はジェイムズ・ブキャナンと彼の学派によって強力に推進されている。以下の著作を参照。Buchanan and Gordon Tullock, *The Calculus of Consent: Logical Foundations of Constitutional Democracy*, Ann Arbor: University of Michigan Press 1962.［J・M・ブキャナン、G・タロック『公共選択の理論：合意の経済論理』宇田川璋仁監訳、東洋経済新報社、一九七九］

図 1. 4　政府債務の増加（対 GDP 比、1970-2013）

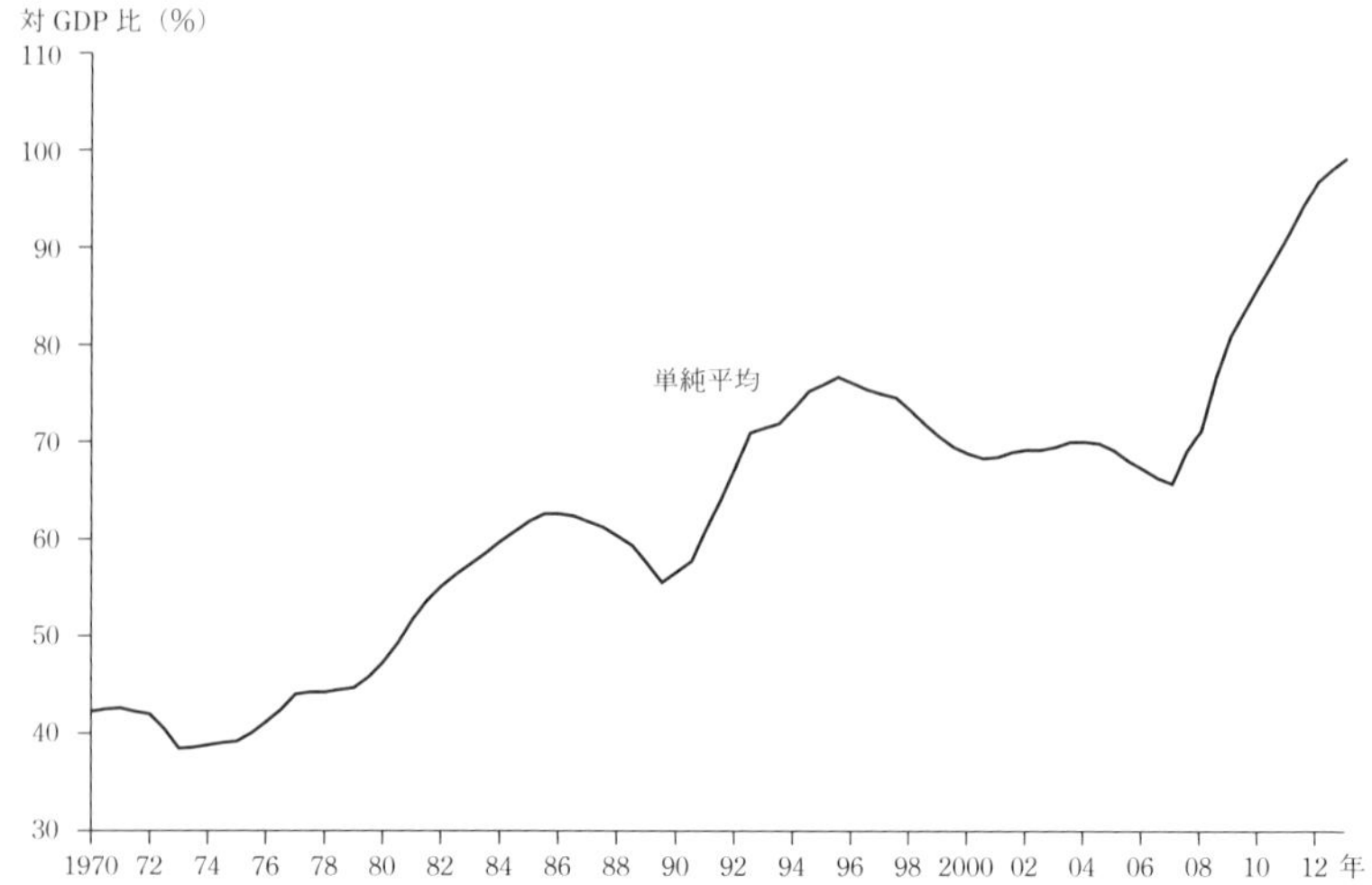

以下の諸国が対象：オーストラリア、オーストリア、ベルギー、カナダ、デンマーク、フィンランド、フランス、ドイツ、ギリシャ、アイルランド、イタリア、日本、オランダ、ノルウェー、ポルトガル、スペイン、スウェーデン、英国、合衆国。

出典：Economic Outlook No. 95（OECD）

図 1. 5　総税収の推移（対 GDP 比、1970-2011）

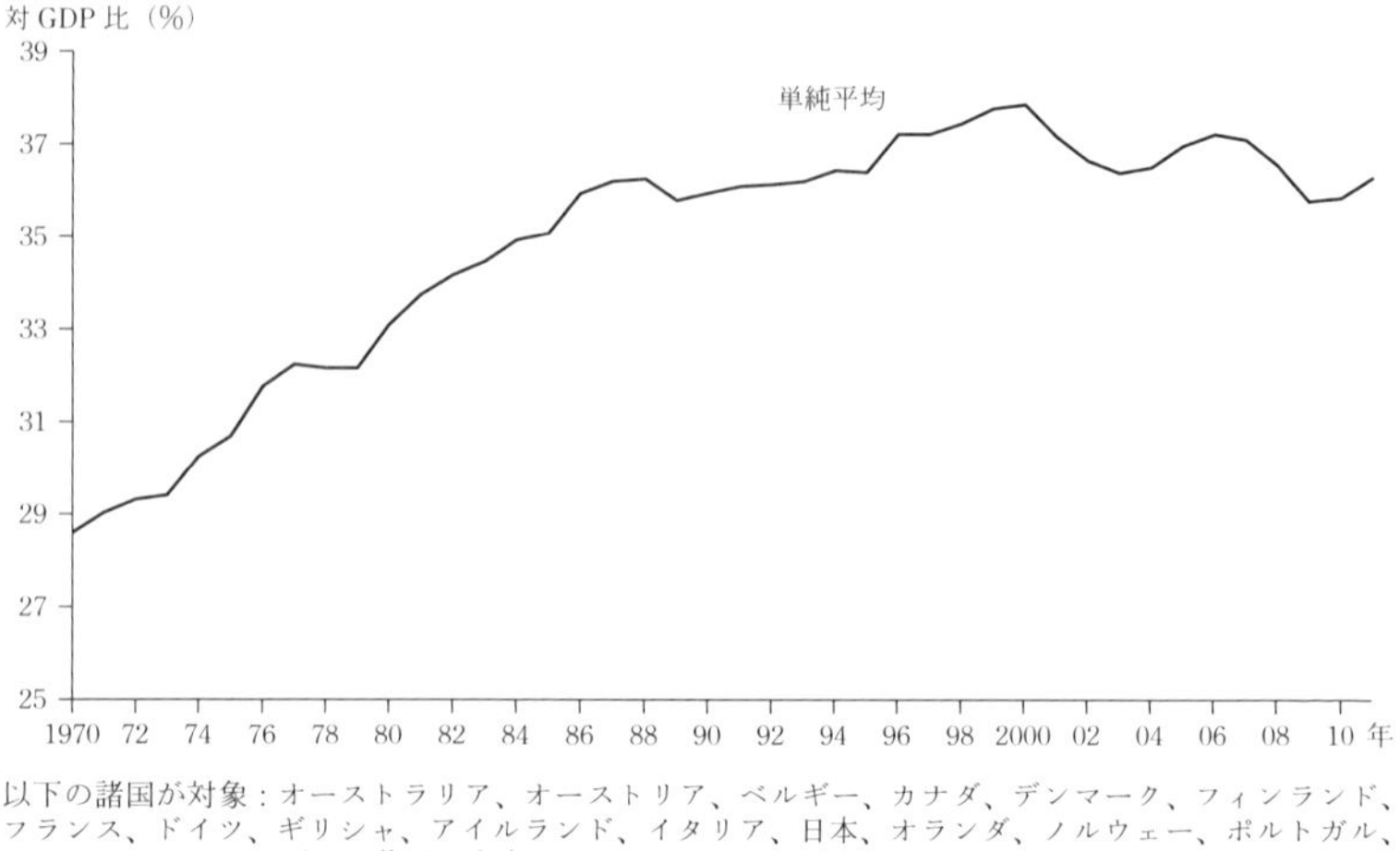

以下の諸国が対象：オーストラリア、オーストリア、ベルギー、カナダ、デンマーク、フィンランド、フランス、ドイツ、ギリシャ、アイルランド、イタリア、日本、オランダ、ノルウェー、ポルトガル、スペイン、スウェーデン、英国、合衆国。

出典：Revenue Statistic（OECD）

図 1.6　最高限界税率の推移（1900-2011）

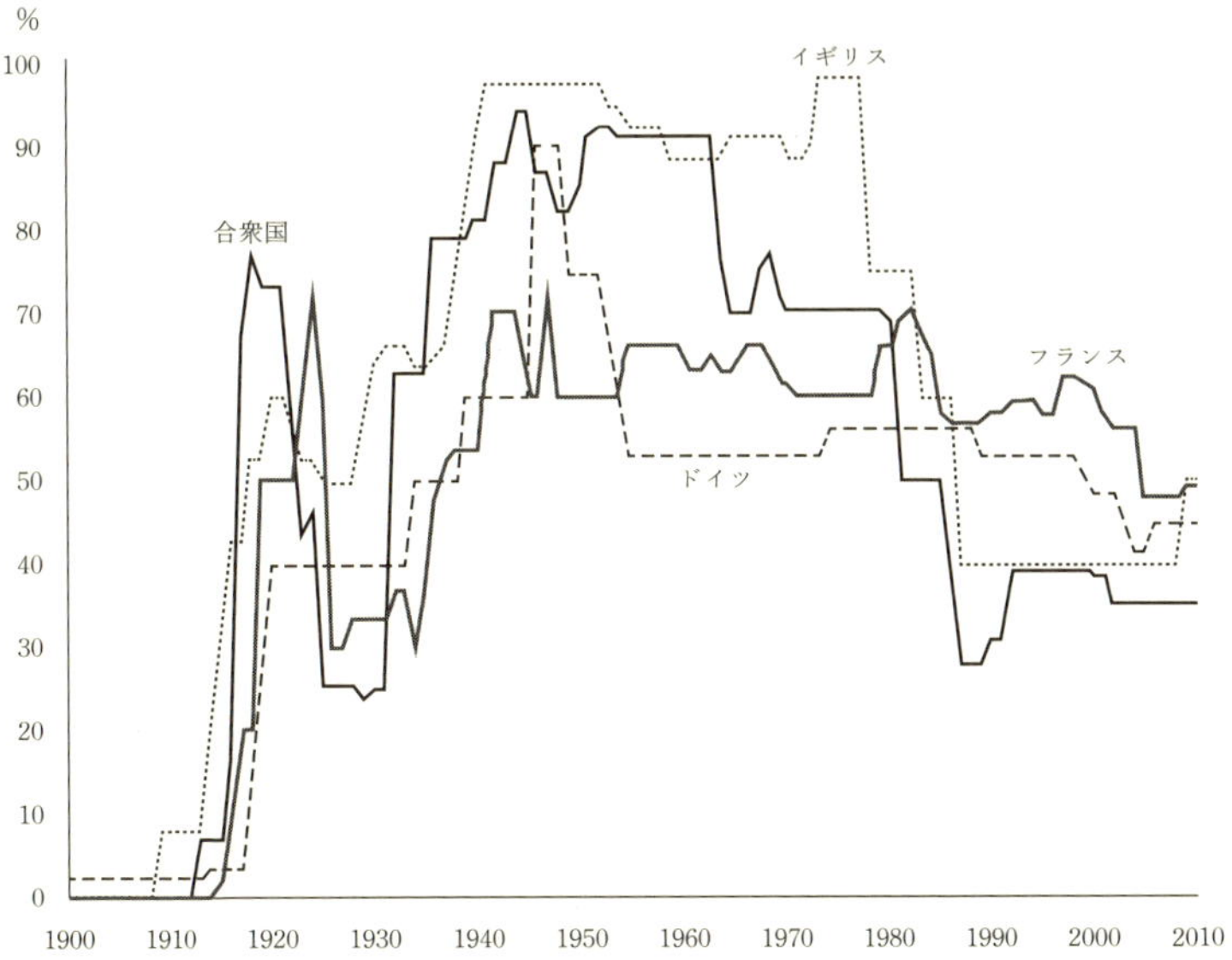

出典：Facundo Alvaredo, Anthony Atkinson, Thomas Piketty and Emmanul Saaz, 'The Top 1 per cent in International and Historical Perspective', Journal of Economic Perspectives, vol. 27, no. 3, 2013.

な「改革」により、税体系の逆累進性が強まってきたのにあわせて、財政が悪化してきたのである（図1．6）。さらに、税収の減少を国債の発行で埋め合わせることにより、政府は不平等のさらなる拡大に一役買うことになる。というのも、政府が国債発行により安全な投資機会を提供する相手は、政府からカネを奪われる心配がない連中であり、逆に政府はその連中からカネを借りることになるからである。一般的な納税者たちとは異なり、国債の購入者たちは、かつてないほど累進性の低下した税率を利用して、自分たちが政府に支払わなければならない額を減らしながら、国債から利益を吸い上げつづけることができるだけでなく、自分の子どもたちにそれを渡すことができるのだ。さらに言えば、国家債務の増加は、福祉支出の切り捨てや公共サービスの民営化を進めるための口実として、政治的に利用される可能性があり、また実際に利用されている。その結果、資本主義経済において民主主義的な再配分を目的とする政府の介入は、おこなわれなくなっているのだ。
民主主義的な干渉から市場経済を保護する制度は、過去数十年のあいだにきわめて発展した。労働組合はどの国でも衰退しており、とりわけ合衆国をはじめとする多くの国で絶滅しつつある。経済政策は、なによりも金融市場の健全性と信用を守るために、「独立」した――つまり民主的な領域の外にあり、中身のみえない――中央銀行[10]にしか関心を向けなくなってきた。ヨーロッパでは、各国の賃金設定や予算編成をはじめとする経済政策は、しだいに欧州委員会や欧州中央銀行などの超国家機関に支配されるようになり、もはや国民の民主的手段の届かないところで決められるようになった。このような移行は、ヨーロッパ資本主義を明らかに脱民主主義化（もちろん脱政治化することなく）させている。
それでも、利益を貪る資本家階級のあいだにも疑念は抱かれている。自分たちの体制を復活させるためには新自由主義的な「構造改革」が必要だが、はたして民主主義（たとえ現在の無気力な状態であっても）はその構造改革を進めることができるのか、という疑念である。他方で一般市民と同様にエリートたちも、資本家たちとは逆の理由によるとはいえ、民主主義政府にたいしても、市場の要求に沿った社会改造にたいしても、もはや忠誠心を失いつつある。もはやエリート官僚のあいだでは、「ご都合主義の政治家とその顧客に奉仕する民主主義は市場の正義を腐敗させる」という公共選択理論の観点が常識となっており、民主主義政治の歪曲を脱した市場原理主義は有用であるばかりか道徳的で責任能力のある体制であるという信念すら抱かれている。[11]それらのエリートのあいだでは、中国のような全体主義的な政治体制のほうが多数決にもとづく民主主義より「グローバル化」に対処するのに優れていると賞賛されている。このような賞賛は、両大戦間のドイツとイタリアのファシズム（さらには戦後のスターリンの共産主義も）にたいする資本主義エリートたちによる「彼らの経済政策のほうが明らかに優れている」という賛美と、きわめて類似したレトリックである。[12]
現在の新自由主義の主流になっている政治的ユートピアというのは、「市場適合型民主主義」である。この民主主義は市場の歪みを正す力をもたず、下層から上層への「誘因両立的《インセンティブ・コンパティブル》」な再配分に支えられる。[13]すでに西欧でも合衆国でも、この市場適合型民主主義への転換は大きく進行しているが、それでもこの転換の主導者たちはあいもかわらず次のことを懸念している。つまり、第二次大戦後に確立した資本主義と民主主義の妥協的体制は現在の政治制度にも継承されつづけており、いまや危機が新自由主義によって解決されるゴールを目前にしていても、いつ民衆の多数派がふたたび体制を支配するかわからない、という懸念である。平等主義的な民主主義を経済的に掘り崩そうとするエリートたちの攻勢があいかわらず衰えないのは、そのためである。ヨーロッパでは、こうした動きは、政治経済的な意思決定の権限を欧州中央銀行や政府間サミットに移すという形で進められている。

崖っぷちの資本主義？

資本主義に終わりの日はあるのだろうか？　一九八〇年代であれば、テクノクラート的運営と民主主義的

10　ほとんどの国の中央銀行（ＢＩＳも含む）が長らく、そして現在もなお部分的に民間の所有であることはしばしば見落とされている。たとえばイギリス銀行やフランス銀行が国営化されたのは一九四五年以後のことでしかない。中央銀行の「独立性」が主張されるようになったのは多くの国で一九九〇年代以後のことであり、しかも現在は再民営化の方向に進んでいるように見受けられる。

11　もちろん、コリン・クラウチが指摘したように、新自由主義の実際の形態は巨大多国籍企業による政治的な少数独裁的形態である。Crouch, *The Strange Non-Death of Neoliberalism.*

12　Daniel A. Bell, *Beyond Liberal Democracy: Political Thinking for an East Asian Context*, Princeton, NJ: Princeton University Press 2006; and Nicolas Berggruen and Nathan Gardels, eds, *Intelligent Governance for 21st Century : A middle Way between West and East*, Cambridge : Polity 2012.

13　「市場適合型」という言葉はアンゲラ・メルケル独首相の演説からの借用である。この首相は演説で、相手を煙に巻いて戸惑わせるような言い回しを意図的に使っているように思われる。二〇一一年九月の演説では、「私たちはたしかに民主主義の社会に生きており、そのことを喜んでいる。その民主主義は、議会制民主主義である。したがって予算議決権は議会の中心的な権利である。そうである以上、私たちは議会と協力可能で、なおかつ市場適合型であるような決定の仕方を探さなければならない。そのような決定であれば市場にも尊敬の兆しが生まれるだろう」。

管理にもとづく「混合経済」によって近代資本主義は生き延びると思われただろうが、そのような考えはとうにうち捨てられた。その後の新自由主義改革の時代には、社会秩序と経済秩序は「市場の力の自由な働き」から自発的に生じる、とみなされるようになった。しかし二〇〇八年の世界経済危機により、市場が自己制御をつうじて自然に均衡状態に至るという前提がまったく信頼されなくなると、政治経済的な統治を前提とする新たな定式が姿を現した。これだけでも危機の症候とみなされるべきものであり、その危機は長く続くほど、より強力でシステマティックなものとなってきた。

私見では、そろそろ資本主義にも終わりがみえてきたように思われる。この数十年間のあいだで資本主義は成長力を失い、格差を拡大させ、債務を増加させつづけてきた。一九七〇年代以後にインフレ、国家債務増加、金融破綻が繰り返されてきたことを思い起こし、資本主義を歴史的現象と捉えて考察してみれば、それらの事態は始まりであるとともに、終わりでもある。ここで私たちは、社会と政治制度の変化にかんする誤ったモデルと袂を分かつ必要がある。たとえば資本主義の終わりを、レーニン時代のソ連のような仕方で、つまり政府や中央委員会によって布告される出来事のように思い描くとしたら、私たちは資本主義が永遠に続くと考えざるをえない（実際には、そのように終わったのは共産主義のほうだ。それはモスクワの中央政府による布告で終焉を迎えたのだから）。しかし、資本主義が集団的な決定によってあらかじめ設計された素晴らしい新秩序へと置き換えられると想像するのではなく、資本主義がみずから崩壊する可能性を考えるなら、私たちは事態を別の観点から考えることができるようになる。

ここで私は、資本主義に代わる体制を答えるような義務を前提としないまま、終焉を迎えつつある資本主義について考えることを提案したい。マルクス主義者――近代主義者と言い換えてもよい――は、次のような先入観を抱いている。すなわち、資本主義は歴史的な時期区分であり、新たなよりよい社会が目の前に現れたとき、そして革命的主体が現れて人類の進歩のための新たな社会体制を準備したとき、資本主義はようやく終わるのだ、と。このような考え方は、私たちの共通の運命にたいして一定の政治的コントロールが可能であることを前提にしている。しかし、新自由主義的グローバリストの革命により政治組織が崩壊した後の現在、私たちにはマルクス主義者のいうような新たな体制を夢見ることも、期待することもできないのだ。資本主義が「神々の黄昏」を迎えているという主張の正しさを確かめるためには、「もうひとつの未来」のユートピア的見取り図や超人的展望といったものが必要であるわけではない。本書で私が展開したいのは、まさにそのような主張である。これまでにもさんざん資本主義の死が謳われてきたことについては、私もよく知っている。実際、一八〇〇年代の半ば以降、資本主義の重要な理論家たちは、みな資本主義の死を予言してきた。そのような予言は、マルクスやポランニーのようなラディカルな批判者たちだけでなく、ウェーバーやシュムペーター、ゾンバルト、ケインズなどのブルジョア理論家たちによってもなされてきた。[14]

それでも、ある出来事が合理的予想にもかかわらず起こらなかったからといって、その出来事がこれからも絶対に起こらないというわけではない。というのも、それは帰納的に証明されていないからである。私は、今度ばかりはこれまでと事態が異なると考える。その兆候のひとつは、資本主義の熟達テクニシャンたちでさえ、システム全体を立て直すための手がかりを現時点でまったく摑んでいないことである。たとえば、最近になって公開された二〇〇八年の連邦準備制度理事会の覚え書き[15]も、先に述べた各国中央銀行によるやぶれかぶれの調査書も、いまや「量的緩和」を終わらせるべき時期に来ていると述べている。しかし、それは問題の表層にすぎない。その背後には過酷な事実が隠されている。すなわち資本主義の発展は、これまで資本主義そのものに制限を加えて安定させてきた装置のすべてを破壊してしまった、という事実である。社会＝経済システムとしての資本主義の安定性は、その対抗的動因、あるいはそれを相殺する諸力――資本蓄積

14　歴史によって私が誤っていることが示されるとしたら、という前提での話である。私自身はすくなくともまともな側にいたいと願っている。

15　以下の報告を参照。Gretchen Morgenson, 'A New Light on Regulators in the Dark', *New York Times*, 23 April 2014. この記事が示しているのは、「二〇〇八年に起こったそれぞれの危機における中央銀行の怪しい振る舞いについての忌々しい全貌」である。

をチェックし、均衡を図ろうとする集合的利害や制度――がもたらすブレーキ作用に依存している。つまり、資本主義はあまりに成功しすぎたため、みずからの土台を掘り崩してしまったのである。以下、この点について詳しく述べてみたい。

資本主義の終わり（その終わりはすでに進行中であると私は考えている）について私が抱いているイメージは、他の有効な選択肢を顧みることなく、みずからのせいで慢性的な破損状態にある社会システムのイメージである。私たちは資本主義がいつ、どのように消え去るのか、何がそれに続くのかを正確に知ることはできない。それでも重要なことは社会的平等・金融安定性・それらの相互的補強関係という三つの領域における凋落傾向を食い止め、反転させる力を資本主義が手にしていないことである。一九三〇年代とは反対に、現代の私たちには、左派であるか右派であるかを問わず、資本主義社会を制御（レギュラシオン）する一貫した制度をそなえた、目指すべき政治‐経済的公準がどこにもないのだ。システムの統合性も社会の統合性も、ともに回復不能なほど損傷を受けており、その損傷はこれからもますます広がる一方であるように思われる。[16] もっともこれから起こりそうなことは、小規模・中規模な機能不全がたえず蓄積されていくことである。それらの機能不全は致命的とはいえないにせよ、修復される見込みはまったくない。またそれらの機能不全は蓄積されていくうちに、それは個別的対処の限度を超えることになるだろう。その過程で、システム全体を構成する個々の部分は、しだいに相互間の不一致を示すようになり、あらゆる種類の機能不全が増殖し、予期せぬ結果が広がっていき、しかもそれらの因果関係は把握不能になるだろう。不確実性は高まり、予測能力と統治能力の低下（現在までの数十年のあいだに進行した）とともに、ありとあらゆる危機――合法性や生産性、あるいはその両方にまたがる危機――が次々と急速な連鎖をともなって生じるだろう。それらの危機にたいして、目先のことしか考えていない浅はかな対処が無数におこなわれるだろうが、それもアノミー的混乱をきたした社会秩序の深い部分から日常的に生じる惨事を前にして、何の効果も上げないだろう。

このように、資本主義の終わりを出来事としてではなく過程として考えると、資本主義をどのように定義すればよいのかという問題が浮かびあがる。社会とは複雑な実体であり、生命体と同じような死に方をするわけではない。まれに生じる全面的な絶滅は例外として、社会の連続性には断絶がつきものなのである。たとえば私たちが「社会が死んだ」と言うとき、それは私たちが社会組織に不可欠と思っていた何らかの特徴がその社会から失われたことを意味しているのであって、その他の特徴はあいかわらず生き残ったままである。私が提案したいのは、資本主義が生きているか、死にかけなのか、あるいは死んでいるのかを判断するために、資本主義を次のような近代社会として定義することである。[17] その近代社会とは、マンデヴィルの「私悪は公益に転じる」という約束を信じて、個々の人間を資本蓄積を追求するという目的に向かわせ、資本の私有化と労働力の商品化を結合させる「労働過程」をつうじて合理的かつ競争的に利益を最大化するように促すとともに、その予期せぬ副次的効果も集合的に再生産されることを保証する社会である。[18] 私が主張したいのは、現代の資本主義はもはやその約束を果たすことができない、ということである。つまり、資本主義は自己を再生産することも、持続を可能にすることも、社会秩序の合法性や未来を守ることもできなくなり、いまや歴史的存在として、その役割を終えつつあるのだ。

16 この問題については以下を参照。Lockwood, 'Social Integration and System Integration', pp. 244-257.

17 あるいはアダム・スミスが考えていた「進歩的」な社会——原則として生産性と繁栄を果てしなく追求し、その繁栄の度合いは貨幣経済の規模によって計測される社会。

18 資本主義の他の定義のなかには、たとえば資本主義の商業市場交換の平和的性質を強調するものもある（Albert Hirschman, 'Rival Interpretations of Market Society: Civilizing, Destructive or Feeble?', *Journal of Economic Literature*, vol. 20, no. 4, 1982, pp. 1463-1484.）。このような定義は、「自由貿易」が非暴力的であるのは資本主義システムの中心部だけに限られ、歴史的・地理的な周辺部ではきわめて暴力的であることを無視している。たとえば非合法市場（麻薬、売春、兵器など）を支配しているのは私的組織の暴力であり、そこで得られた膨大な額が合法的な投資に回されている——このような暴力的な非合法市場は、一種の原始的蓄積の場である。さらに言えば、合法的な公的暴力と非合法的な私的暴力はしばしば混じり合い、その暴力は資本主義のフロンティア領域だけでなく、周辺領域においても中心部の協力を得て姿を現す。また、中心部における反対者、たとえば労働組合（かりにまだ反対者として活動していればの話だが）への公的暴力も考慮に入れるべきであろう。

このように資本主義の終焉を定義してみたが、これはおそらく通常の予想に沿ったものではないだろう。資本主義の機能不全が進行すればするほど、政治的抗議をはじめ、多種多様な集団的介入を呼び起こすことになるだろう。それでも、長い時間のうちに、そうした介入はある種のラッダイト運動のまま――すなわち地域的で、バラバラで、統一がとれず、「原始的」な運動のまま――とどまりつづけるだろう。それらの運動は、秩序の崩壊を促し、新しい秩序をつくることができず、よくてもせいぜい新しい秩序が到来することを意図せずして助ける程度のものであろう。読者のなかには、このような危機が長く続けば、革命的あるいは改革的な秩序への入り口が多少なりとも開かれるかもしれない、と考える人がいるかもしれない。しかし、秩序解体というのは、資本主義に引き起こされているだけではなく、その対立物にも引き起こされるように思われる。つまり、そこでは資本主義を救済する能力だけでなく、打倒する能力さえも失われているのだ。いずれにせよ、資本主義は終わりを迎えており、みずから解体を進行させている。それこそは私たちが現在目の当たりにしている光景であり、それこそは私が論じようと思っていることなのである。

犠牲の大きさにみあわない勝利

ところで、いまや資本主義に対抗できるような敵がいなくなったと思われる時代に、資本主義は、いかに不完全なものであるにせよ、なぜ危機を迎えなくてはならなくなったのだろう？　一九八九年に共産主義が破綻したときには、その破綻は資本主義の最終的な勝利と多くの人にみなされ、「歴史の終わり」が謳われたものだった。二〇〇八年以降の現在でさえ、旧左翼勢力は世界中で崖っぷちに追いやられたままであるし、他方で新左翼のほうはあいかわらず表舞台に現れることができないままである。大多数の無力な貧困層の人々は、上位層の人々にくらべても、いっそう強力に消費文化の力に支配されているように思われる。そして、彼らにとって集合財、集団行動、集団組織といったものは、まったく時代遅れになってしまっている。

このように資本主義が唯一の選択肢であり、私たちにとって前提状態である以上、なにか他に理由がないのであれば、なぜ資本主義が続いてはいけないというのか？　ちょっと眺めてみただけでも、資本主義への死の宣告にたいして、歴史絵巻に描かれた不吉な兆候を無視して反論を述べる者はいくらでもいる。不平等にかんしていえば、（とくに大衆的娯楽と政治的抑圧によって）人々は不平等に慣れきってしまっている。さらに、政府が社会福祉を削り公共サービスの民営化を進め、資本家の懐を肥やしている事例は山ほどある。環境破壊については、その破壊は一人の人生にくらべればゆっくりとしか進まないので、そのような問題を考えないで暮らすこともできる。時間を買うためのテクノロジーの進歩、たとえばフラッキング（訳注：地下のシェールガスから天然ガスと石油を分離する技術）のような技術も無視することはできず、もし私たちが消費社会を鎮める力があるかどうか尋ねられたとしたら、それらの技術の近くにはありえないとしか答えられない状態である。そのうえ、労働のあり方はますます時間と人生を消費させるようになっていき、いまやそれに適応することが個人の目的を達成することであるかのように、ますます競われるようになっている。よい生活の文化的定義は、これまでにも状況にたいして柔軟であったが、いまや世界の商品化の進展にあわせてさらに柔軟に変わっている。それは前資本主義者たちの過激で宗教的な教育を廃止するか、あるいは笑いものにして周辺に追いやるまで続くだろう。最後になるが、現在の経済停滞理論のほとんどは、たんに西欧や合衆国にのみ当てはまり、中国やロシア、ブラジル、インドには当てはまらない。それらの国々は、経済発展のフロンティアがまさに移動しつつあり、資本主義の発展に都合のよい、広大な処女地をそなえているからだ[19]——等々。

19　実際には、それら諸国の経済的パフォーマンスとその見通しにかんする最近の評価は、二、三年前にくらべるとずいぶん後退している。かつてBRICsすなわちブラジル、ロシア、インド、中国の経済成長が注目を集めたが、現在ではトルコ、ブラジル、インド、南アフリカ、インドネシアが「脆弱な五カ国《フラジャイル・ファイブ》」と呼ばれ、懸念の対象になっている（Landon Thomas Jr., *New York Times*, 28 January 2014）。中国の資本主義に山積する諸問題についての報告もますます増えており、とくに地方自治体が抱える巨額負債の問題が指摘されている。さらにクリミア危機以後、ロシア経済の構造的脆弱性を問題視する声もよく聞かれるようになった。

こうした意見にたいする私の回答は、資本主義への対立項をもたないことで、資本主義はプラス面よりもマイナス面が増えることになった、というものである。社会システムは内的異質性によって養われる。社会システムが多様な組織原理にもとづいていれば、単一の目的にすべてが捧げられるようなことも防がれ、その社会の持続可能性を守るために必要な諸々の目的が見失われることもなくなる。私たちが知る資本主義は、市場のルールと市場からの利益に抵抗する運動の高まりから大きな利益を得てきた。社会主義と労働組合は、世界の商品化にブレーキをかけ、その非資本主義的な基盤（家族やコミュニティなどの社会集団の内部における信頼、誠意、利他心、連帯）が崩れてしまうことから資本主義を守ってきた。ケインズ主義とフォーディズム体制のもとで、それら資本主義の忠実な敵対物は、とりわけ景気後退期において、需要全体を安定化させる役割を果たしてきた。労働者階級は、状況がよい場合には「生産性の鞭」をふるう資本に奉仕し、資本をさらに進歩した生産概念へと引っ張っていく役割を果たしたことさえあった。この意味において、ジェフリー・ホジソン（訳注：米国の経済学者。一九四六年生。現在の制度派経済学の第一人者）は「資本主義が存続できるのは、それが完全に資本主義的でない場合のみである」と述べた。つまり資本主義がその社会に残る「不可欠な不純物」をまだ完全に取り除いていないかぎりにおいて、資本主義はみずからを滅ぼさないでいられるわけだ[20]。このようにみると、資本主義がその対立者に勝利したのはピュロス王の勝利、すなわちその犠牲の大きさにみあわない勝利であった。資本主義の対抗勢力は、ときに資本主義にとって不都合であったかもしれないが、実際には資本主義を支えていたのである。そうであれば、こうして勝利した資本主義は、みずからの最悪の敵へと成り代わってしまったのではないだろうか？

商品化のフロンティア

この可能性を探究するにあたって、私たちは市場拡大の限界にかんするカール・ポランニーの考えに立ち戻ってみたい。市場拡大の限界は、労働・土地（あるいは自然）・貨幣という三つの「偽りの商品」というポランニーの概念の基礎になった考えである。[21] 偽りの商品は、需要・供給の法則が部分的ないしほとんど（完全ではないにせよ）あてはまらない資源として定義される。したがって、それは注意深く制限を設けられ、制御がおこなわれた場合にのみ商品とみなされることが許され、それを完全に商品化してしまうとそれじたいが破壊されるか、あるいは利用不可能になってしまうものである。しかし市場は、みずからの起源となった領域（物理的財の交換）を越えてあらゆる生命的領域にまで拡大する内的傾向をそなえており、それは財の持続可能性を無視して商品化――マルクス主義者の言葉でいえば、資本蓄積の論理にもとづく市場による包摂――を推し進める。市場の拡大は、強力な制度によって抑え込まれないかぎり、資本主義それじたいの基盤を掘り崩すという永続的なリスクを抱えており、ひいては資本主義の社会経済体制の生存を脅かすことになる。

実際、さまざまな指標が、ポランニーのいう三つの「偽りの商品」のすべての領域が市場拡大によって危機的状況にあることを示しており、それらの領域を完全な市場化から守るための諸制度は次々と破壊されている。それこそは先進諸国の資本主義社会において生じている現象であって、その破壊的現象は労働領域においては新しい時間管理の体制、とりわけ社会・経済的諸関係と利益追求のあいだの新たな時間配分のあり

20　どのような社会＝経済システムも、そのシステムとは機能が異なる少なくともひとつのサブシステムに依拠せざるをえない。複数の生産システムが共存していなければ、社会編成の全体が変化に対応するための構造的多様性をそなえることができないのである（Geoffrey Hodgson, 'The Evolution of Capitalism from the Perspective of Institutional and Evolutionary Economics'. In: Hodgson, Geoffrey et al., eds, *Capitalism in Evolution: Global Contentions, East and West*, Cheltenham: Edward Elgar 2001, 71ff.）。このような機能主義的な定式化とは別の観点から、私は「有益な束縛」という概念を以下の論文で提唱した。Wolfgang Streeck, 'Beneficial Constraints: On the Economic Limits of Rational Voluntarism'. In: Hollingsworth, Rogers and Robert Boyer, eds, *Contemporary Capitalism: The Embeddedness of Institutions*, Cambridge: Cambridge University Press 1997, pp. 197-219.

21　Polanyi, The Great Transformation, pp. 68-76.

方として現れており、また自然との関係では持続可能なエネルギー利用の体制の問題として、貨幣の領域では安定した利益創出と配分のための金融体制の問題として現れている。これら三つのすべての領域について、その拡大の論理（つまり資本主義社会の秩序の基礎となっている私企業の富裕化の論理）の効果的な抑制策を、現在の社会は模索している。[22] その抑制策の対象は、三つの領域においてたえず拡大する次のような要求である。つまり労働領域においては雇用システムからの労働力への要求、自然の領域においては資本主義的生産と消費のシステムからの限りある天然資源の要求、さらに貨幣領域においてはかつてないほど貨幣・信用・負債を肥大させた金融・銀行システムから人々への忠実な支払いの要求である。

ひるがえってポランニーのいう三つの危機領域のそれぞれを検討してみると、貨幣の過剰な商品化が二〇〇八年のグローバル経済の失速をもたらしたことに注目するべきだろう。無際限におこなわれる低級な信用取引をかつて見たことのないほど高度な金融商品へと変化させたことが、当時のとほうもない不動産バブルをつくりだしたのだ。一九八〇年代におこなわれた合衆国の金融市場における規制緩和により、大恐慌後に制定された民間による貨幣の市場化にたいする規制が撤廃された。最近になってよく知られるようになった「金融化」は、グローバル資本主義が支配する経済に成長力と収益率を復活させるための、残された最後の手段であった。しかし、ひとたび規制が緩められると、金融業界は残されていたルールをかいくぐる道を探すどころか、さらなる規制撤廃を求めて、ロビー活動のために膨大な資金を投入するようになった。後から考えてみれば、M−C−M'（訳注：マルクスが『資本論』で述べた定式。M〈貨幣〉からC〈商品〉を経てM'〈貨幣＋剰余価値〉への交換過程を指す）の古い体制からM−M'（訳注：貨幣そのものが商品となることで、M〈貨幣〉がM'〈貨幣＋剰余価値〉へと交換されていく過程を指す）の新体制への移行がもたらす膨大なリスクを予見することは容易であったはずだ。たとえば銀行部門が分不相応な成長を遂げるのに比例して、かつてないほどの勢いで不平等が社会に広がっていく傾向など。[23]

自然領域にかんして言えば、無限の拡大を求める資本主義の論理と有限の供給量しかもたない自然資源のあいだの不均衡は激しくなる一方であり、現在その問題は広く知られるようになってきた。多種多様な新マルサス主義の言説が一般化したのは一九七〇年代からである。人々がどのように環境問題を考えるにせよ、また現在では一部の環境保護論者たちの警告が拙速すぎたとみなされるようになったにせよ、富裕資本主義国のこれまでのエネルギー消費傾向が続くと、それらの国以外の人々の生存基盤が破壊されるということについて、真剣に否定しようとする者はいないだろう。いま私たちの前に姿をみせているのは、ますます激しくなる自然環境の消費と、技術革新——すなわち自然環境の破壊を防止する（あるいは破壊された自然環境を修復する）ために自然素材に代えて人工素材を利用するなどして、生物圏の避けがたい劣化にたいする逃げ場を設けようとすること——とのあいだで繰り広げられるレースである。ここで、誰もが答えを出せない問いがひとつある。すなわち、この社会が「所有的個人主義」とC・B・マクファーソンが呼ぶものによって支配されているかぎり、どうすればその社会を支えるために必要となる膨大な集合的資源を集めることができるのだろうか？[24] また、生産と消費が競われる世界において、私たちの生存可能な環境という集合的財が守られるためには、どのような行為者と制度があればよいのだろうか？

三つめに、労働の商品化はいまや危機的な状況に至っている。国際競争のもとでの労働市場の規制緩和により、かつて存在した労働時間にたいする一般的制限は、もはや失われつつある。[25] この規制緩和はまた、世界の人口増加に対応できないほど、雇用をいっそう不安定化させてしまった。[26] 女性の労働市場への参加率の高まりは、部分的には「ファミリーウェイジ（訳注：family wage とはひとりの労働者にとってその家族を養うこ

22　このような「拡大の論理」は「侵犯の論理」と言ってもよい。ドイツ語では「成長の論理 Steigerungslogik」と呼ばれる。

23　Donald Tomaskovic-Devey and Ken-Hou Lin, 'Income Dynamics, Economic Rents and the Financialization of the US Economy', *American Sociological Review*, vol. 76, no. 4, 2011, pp. 538- 559.

24　C. B. MacPherson, *The Political Theory of Possessive Individualism: Hobbes to Locke*, Oxford: Clarendon Press 1962.

25　週35時間労働の規制を残す最後の国のひとつであるフランスで、社会党の大統領が党派を挙げてその規制をつぶそうとした事実を、私たちはよく考えるべきである。

図1.7　破綻した社会契約（合衆国、1947～現在）

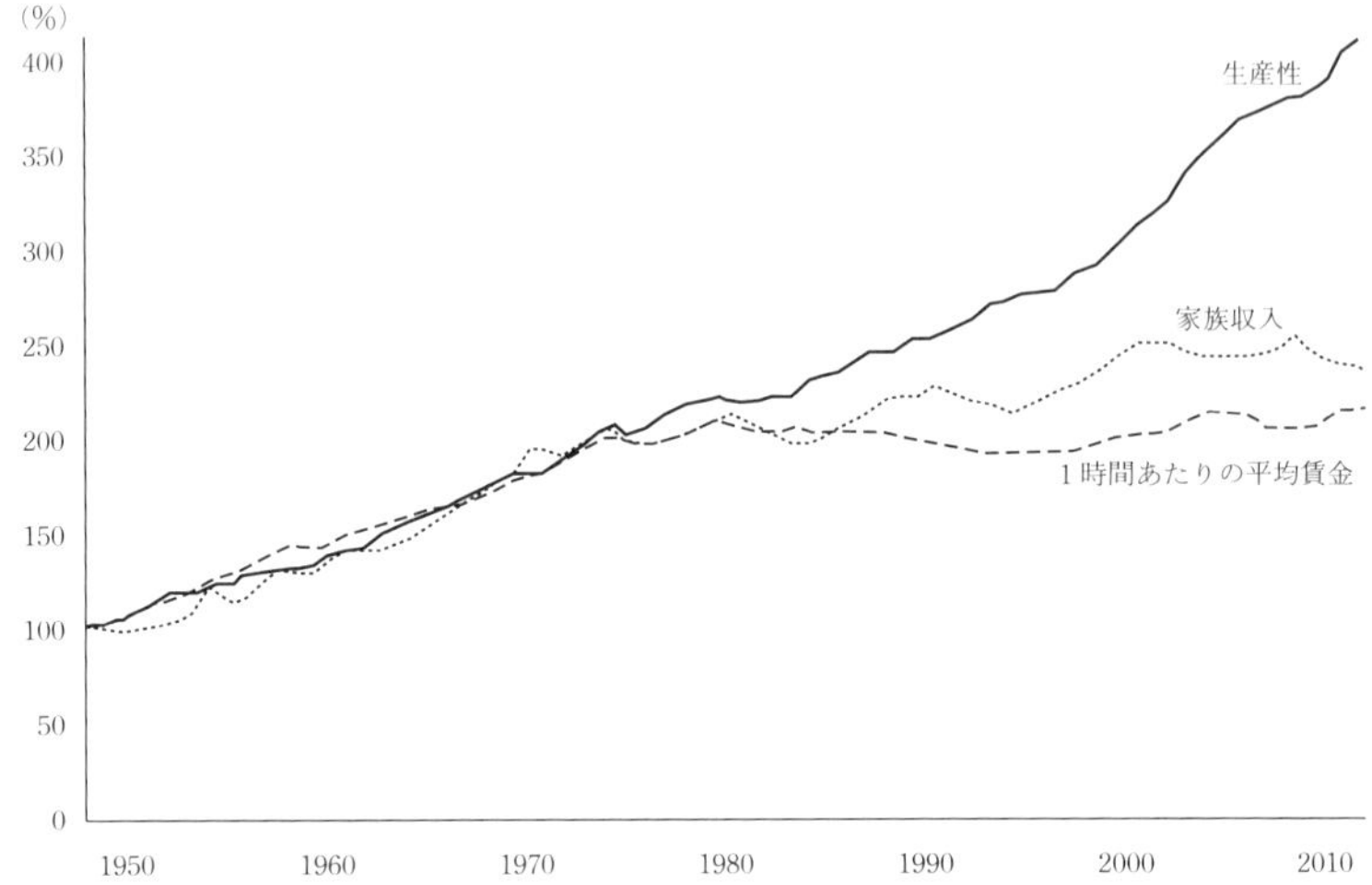

出典：Thomas Kochan, 'The American Jobs Crisis and the Implications for the Future of Employment Policy', *International Labor Relations Review*, vol. 66, no. 2, 2013.

とが可能な賃金水準を指す言葉である。それに対して、ひとりの労働者だけが生活できる賃金水準は living wage と呼ばれる）」が失われたことに由来する。つまり、家族が雇用者に売る時間はますます増える一方なのに、賃金のほうは生産性の向上にみあうだけの上昇はしていない。そのことをもっとも劇的に示しているのが、資本主義の中心地、すなわち合衆国である（図1．7参照）。さらに、労働市場の規制緩和と労働組合の破壊が進められたにもかかわらず、労働市場は明らかに停滞するようになり、新たに失業率七～八％が（スウェーデンのような国でさえも）正常な数値とみなされるようになった。いまやサービス業を含むあらゆる業種で「ブラック企業《スウェットショップ》」が広まり、それはとりわけ資本主義の周辺諸国において顕著となっている。つまり、政府の監視の目が行き届かず、また先進諸国の労働組合の目も届かず、さらに消費者の目にも届かないような地域である。そのような地域でおこなわれる「ブラック労働《スウェットレイバー》」は、歴史的に労働者の権利が強く守られてきた先進諸国の労働者たちと競合する。その結果、前者の周辺諸国では労働条件がますます悪化し、後者の先進諸国では失業が爆発的に広がることになる。それと同時に、家庭生活が労働に侵食されることへの不満は増える一方であり、また「人材」としての能力向上をはてしなく競争させようとする労働市場からの圧力も高まる一方である。くわえて、労働者のグローバルな移動が増えるにしたがい、地域内でも、意欲の低い労働者たちが、意欲の高い移民労働者たちに置き換えられるようになった。この移民労働者たちは、先進諸国で進行する少子化（その原因の一部は、無償労働／有償労働および非市場消費／市場消費のバランスが変化したことにある）の埋め合わせでもある。その結果、階級の不明瞭化と社会連帯の喪失が進み、そこから政府に抵抗する社会運動が弱体化の一途をたどることになった。それはまた、民族多様性をめぐる政治的対立をますます悪化させることにもつながっている。こうしたことは、オランダやスウェーデン、ノルウェーのような伝統的な自由主義諸国にまで広がっている。

あらゆるものを商品化しようとする動きから三つの「偽りの商品」を守るためには、資本蓄積をどのようにして、どこで抑制すればよいのか？——これは資本主義の歴史が始まって以来、ずっと提出されつづけた問いである。しかし、世界全体で三つの領域のすべてにおいて病理が深刻化している現在の状況は、これまでと事情が異なる。現在の状況は、劇的な成功を収めた市場経済がかつてないほど急速に広がり、広い領域で諸制度や行為者たちを飲み込んでいったことに由来する。それらの制度や行為者は、過去から継承されていたり長い政治闘争を経て構築されたものであったりするのだが、いずれにせよ長きにわたって資本主義の発展を保護する役割を果たすことで、社会内に埋め込まれてきたものである。労働・土地・貨幣の三領域が危機的状況に陥ったのは、いずれも「グローバル化」以降である。この「グローバル化」は、あらゆるものを市場との関係に置き、生産工程の連鎖のうちに位置づけ、各国の行政や司法の垣根を越えるほどの巨大な

26　資本主義の先端地域であるウォール街では、大手投資銀行が末端従業員にたいして「労働環境を改善するための努力として、毎月四日は週末に休みを取るようにしてもらう」と述べた（'Wall St. Shock: Take a Day Off, Even a Sunday', *New York Times*, 10 January 2014）。

力を振るうようになった。それが引き起こしたのは、さまざまな組織――近代におけるそれらの組織は、資本主義だけでなく社会全体によって、大なり小なりうまく手なづけられた資本主義的「動物的精神《アニマルスピリッツ》」をそなえていた――の根本的な秩序崩壊である。

資本蓄積がその限界を超えてしまったのは、先に述べた三つの「偽りの商品」の領域だけにとどまらない。表面的には財とサービスの消費は成長しつづけているように見え、手近なショッピングモールを訪れると、近代経済学の暗黙の前提――すなわち、消費することへの人間のもつ欲望と能力は無限である――が確認されるように思われる。それでも、消費財市場がいつか飽和点に達する――人間の欲求が次の段階に入り、消費財の購入から関心が離れていくために――という不安は、利益のみを追い求める生産者たちのあいだに伝染病のように広がっている。その不安が反映しているのは、成熟した資本主義社会における消費が物質的要求から離れて久しい、という事実である。[27]現在の消費支出の一番大きな部分（しかも一番急速に増加している部分）は、財の使用価値にたいしてではなく、象徴的価値に費やされている。つまり財のオーラあるいは権威が消費の対象になっている。経営者たちはそれを知っているからこそ、これまでなかったほどマーケティング（広告だけでなく製品のデザインやモデルチェンジを含む）のために費用を払っているのだ。しかし、販売促進技術の高度化にもかかわらず、文化という無形の存在があるために、もはや一国内で各家庭に洗濯機を買わせるような仕方で成功を収めることができたかつての時代にくらべて、成功する商品を予測することはますます難しくなっている。[28]

五つの症状

敵がいなくなった資本主義は、みずからの力のみで進まなければならなくなった。しかし、そのことは資本主義が自制的になることを意味していない。資本主義は利益をはてしなく追求し、それ以外のことはできない。「より少なく生きることは、より豊かに生きることだ」という考え方は、資本主義社会が認める原理ではない。資本主義はみずからに資本主義を課す。別の言い方をすれば、資本主義は、究極的にはみずからを食い尽くすまで発展しつづけなければならない。私が主張したいのは次のようなことである。つまり、いまや私たちは、資本主義がみずからの敵を壊滅させた結果として、あたかも資本主義がみずからを過剰摂取しているかのように、死に向かっている状況を目の当たりにしている、ということだ。その概要を示すために、現在の高度に発展した資本主義にシステマティックな仕方で現れている五つの症状を示すことにしよう。それらの症状はどれも、資本主義の進行にたいする政治的抑制装置と伝統的制度が弱体化したことから派生したものである。それらの症状は、①経済停滞②オリガーキー的（少数者独裁的）な配分③公共領域の収奪④腐敗⑤グローバルな秩序崩壊、と名付けられるだろう。

リーマンショック（二〇〇八年）から六年後の現在、経済停滞の長期化を予言することが流行している。そのことをよく示す例としては、議論の的になったロバート・ゴードン（訳注：マクロ経済学の理論家、一九四〇年生）の報告書がある。彼によれば、一八〇〇年代以来、生産性と経済成長を牽引するような重要なイノヴェーションは一度しか起こっておらず、それは輸送速度の高速化と都市水道の敷設である。[29]その牽引力

27　この点については、消費財生産者と商社たちが毎年のクリスマスや感謝祭の前に繰り広げる巨大なポトラッチは言うまでもなく、アメリカのいたるところで小売業者が値引きする「ブラックフライデー」が呼び起こす消費ヒステリーを考えてみればよい。その祝祭に誰も来なかったらどれほどの絶望が彼らを襲うことだろう！

28　現代資本主義の生産活動における消費文化の果たす役割を過小評価することはできない。消費者は、たとえ生産者と同一人物であることがほとんどであるとしても、生産者と配分をめぐって争う究極の戦闘部隊なのである。バーゲン会場で獲物を買い漁る消費者たちは、生産者を打ち負かすだけでなく、生産者としての自分自身も打ち負かす。というのも、消費者に買いたたかれる企業は生産拠点を国外に移転することになり、その企業で働く消費者たちも職を失うはめになるからだ。そして消費者が購買力の不足を補うためにクレジットを利用するようになると、消費意欲を維持するためにがむしゃらに働くようになり、ついには貸し手から返済を強要される債務者になっていく。こうした流れについては以下の論文を参照。Lendol Calder, *Financing the American Dream: A Cultural History of Consumer Credit*, Princeton, NJ: Princeton University Press 1999.

29　Robert Gordon, *Is US Economic Growth Over? Faltering Innovation Confronts the Six Headwinds*, NBER Working Paper no. 18315, August 2012.

にくらべれば、近年の情報技術の広がりはマイナーな影響しか与えていない、とされる。このようなゴードンの主張は技術決定論に偏っている面もあるが、かつてないほど劇的に生産性を向上させるテクノロジーが発明されなければ、資本主義経済が成長する（非資本家である労働階級が資本家の資本蓄積のために犠牲になったぶんを埋め合わせるのに必要な水準まで）ことはない、という彼の主張にはうなずけるところがある。いずれにせよ、ゴードンは（後から思いついて付け足したようにもみえるが）資本主義経済の無成長あるいは低成長にかんする自身の予言の正しさを裏付けるために、六つの非技術的要因――彼は「向かい風」と呼んでいる――を挙げ、それらの要因のために「たとえ今後イノヴェーションが続くとしても、二〇〇七年以前の二十年間と同様の水準[30]」には達せず、長期停滞は避けられないという。それら六つの要因のうち、二つは私が論じている内容と重なっている。それらの要因は低成長経済のなかで互いに干渉しあうものである。すなわち不平等、そして消費者と政府の負債の急増である。[31]

驚くことに、現在の停滞理論は一九七〇〜八〇年代のマルクス主義の過少消費説にきわめて接近している。[32]ローレンス・サマーズ――ウォール街に近い立場にある人物で、クリントン政権下で金融緩和政策を主導し、オバマ政権では連邦準備制度理事会（ＦＲＢ）の議長候補に挙げられたものの、反対勢力によって道を閉ざされた[33]――もまた、いまや停滞論者の一員である。二〇一三年一一月八日に開かれたＩＭＦ（国際通貨基金）経済フォーラムにおいて、サマーズは、ゼロ金利政策を続けても近い将来に著しい経済成長が起こるとは思えなくなったと告白し、むしろ資本が過剰であることのほうが世界に悪影響を及ぼしていると感じると述べた。[34]「長期停滞」が「新たな標準」になるというサマーズの予測は、驚くほど広く賛同を集め、ポール・クルーグマンや彼と近い立場の経済学者たちからも支持を得た。[35]この発表でサマーズは、話の流れのなかで次のことに触れた。すなわち、投資を回復するために低金利政策を打ち出したことは明らかな間違いであり、それは合衆国をはじめとする多くの国で長期にわたり不平等を拡大することになった、というのである。ケインズがよく理解していたように、収入が上位層に集中すると、必然的に有効需要は低下し、資本家は「実体経済」とは別の場所で利益を得るために動くようになる。実際、それこそが一九八〇年代に始まる資本主義の「金融化」が引き起こした結果のひとつなのである。

グローバル資本主義のパワーエリート（訳注：政治・経済界を実質的に動かす一部の人々）たちは、近い将来も続く低成長（あるいは無成長）を前に、これまで団結していた状態から逃げだしつつあるように思われる。だからといって、金融部門における高い利益率、つまり中央銀行がふんだんに供給する低金利マネーを利用した投機がなくなるわけではない。経済停滞からデフレ状態へ移行するのを防ぐために貨幣供給を増や

30　ゴードンによれば、この割合は一年あたり一・八％に達する。六種の対立的要因の影響により、将来この割合は、下位九九％のアメリカ人で〇・二％にまで下がると予想される。もちろんトップ一％の人々の成長率はこれと異なる。ちなみにゴードン自身は、現実の成長率は一・八％より低いと考えている。

31　ゴードンによる予想の内容は、これまでにも、そして現在も広く論争を引き起こしている。彼の予想に反対する人々は、とくに将来に予想される人工知能およびロボットにかんするテクノロジーの進歩を挙げている。たしかにそれらのテクノロジーが劇的に進歩する可能性はありそうだが、しかしながらそのテクノロジーの進歩がもたらす利益が人々のあいだで平等に分配されるとはとうてい考えられない。それらの領域のテクノロジーの進歩は、それにたいする社会的な防衛策がとられなければ、雇用を劇的に悪化させ、さらなる格差拡大を引き起こすだろう。経済成長を引き起こすテクノロジーの進歩がどのような種類のものであれ、人々のあいだに不平等が拡大する結果になるのであれば、それは人々にとって恩恵とは言えない。

32　この点については、とくに以下の著作を参照。Harry Magdoff and Paul Sweezy, *Stagnation and the Financial Explosion*, New York: Monthly Review Press 1987. また、過少消費説の二〇〇八年以後の資本主義にたいする適用可能性を論じた興味深い著作として、以下の論考を参照。John Bellamy Foster and Fred Magdoff, *The Great Financial Crisis: Causes and Consequences*, New York: Monthly Review Press 2009.

33　二〇一〇年にオバマ政権から離れた後、彼がウォール街から実際にカネをもらっていたことを認めるはめになったことも、その理由のひとつであろう（'The Fed, Lawrence Summers, and Money', *New York Times*, 11 August 2013.）。

34　ベン・バーナンキは、アラン・グリーンスパンに代わって連邦準備制度理事会（ＦＲＢ）の議長に就任する直前の二〇〇五年に、これと同じ見解を述べている。彼は、ＦＲＢが「市場を流動性で満たす」投資刺激策が失敗した理由として「過剰貯蓄」を挙げた。現在のサマーズは、思いがけないことに左派の停滞論者の観点を支持し、一九九〇年代から二〇〇〇年代初頭にかけての好況はあだ花だったと考えている。「あまりに手っ取り早くカネを手に入れることができ、あまりに多くのカネを借りることができ、それでとんでもなく裕福になったとして、それは大好況と言えるのだろうか？　設備稼働率が上がったわけでもなければ、失業率が大きく低下したわけでもない。インフレもまったく起こらなかった。つまり、これほど巨大なバブルが起こっても、総需要を新たに増やすことができなかったのだ」。

35　Paul Krugman, 'A Permanent Slump?', *New York Times*, 18 November 2013. このサマーズの演説の録画はＩＭＦのウェブサイトで閲覧することができる（序文の原注21を参照）。

せば、いずれインフレが起こるのではないかと心配する者はほとんどいないようにみえる。というのも、利益の分け前を要求しそうな労働組合が死滅状態にあるからだ[36]。実際、人々は現状が高インフレに向かうことよりも低インフレに向かうことのほうに関心を抱いており、「健全な経済を維持するためには最低二%程度のインフレが必要である」という考え方が、最近になってありがたい教えとして受け入れられるようになった。彼らの目の前にある唯一のインフレは資産価格バブルであり、サマーズも聴衆にその話をするために苦労して多くの材料を用意したのである。

資本主義とその召使いたちにとって、未来への道は、明らかにでこぼこ道にみえるだろう。低経済成長になると、配分をめぐる争いが生じ、したがってその不満を鎮める必要があるにもかかわらず、そのために利用できる新たな資源は手に入らなくなる。バブルになるとしても、それはある日突然に破綻を迎えるに決まっており、その犠牲者たちを国家が救済する能力をもつことができるかどうかは不明である。いま姿を現しつつある停滞経済は、安定した経済状態とはほど遠いものになるだろう。成長が失速すると同時にリスクも増加し、生存競争はより激しくなるだろう。あらゆるものを商品化する傾向に加えられていた昔の制限は、グローバル化をつうじて破壊されてしまったが、これを回復することよりも、自然から収奪する新たな方法を開発し、労働時間をさらに増やし、「クリエイティブ・ファイナンス」と呼ばれる資本蓄積と利益率向上を図るために、絶望的な努力が促されることだろう。この「バブルの可能性をともなう経済停滞」のシナリオは、「万人の万人にたいする戦い」という言葉をもっとも具体的にイメージさせるものである。それはパニックの頻発をともない、そのパニックもゲーム終盤の状況のように大衆の娯楽として消費されることになるだろう。

金権政治と略奪

二番目の症状に移ろう。経済格差が拡大する長期的傾向が近い将来に止まる、あるいはいつの日か止まることを示す徴候は、どこにもみあたらない。ケインズ主義あるいは別の観点からみても、格差拡大は経済成長を妨げるものである。しかし、現在の中央銀行が経済成長の回復を目的に掲げてイージーマネー――もちろん、イージー（入手が容易）なのは資本家にとってであり、労働者にとってではない――を垂れ流すことは、格差をさらに拡大させることになる。それは金融領域の監督部門を骨抜きにし、生産部門への投資よりも金融投機を促すものだからである。したがって、所得を上位層に集中させつづけると、オリガーキー的（少数者独裁的）にならざるをえない。そのような再配分は、経済成長を（新古典派の経済学者がお題目に掲げるような）公共の利益のために役立てるためではなく、ますます衰退し、貧困化していく社会をさらに収奪するためにおこなわれる。ロシアとウクライナ、またギリシャとスペイン、さらに合衆国がそのことをよく示している。

オリガーキー的再配分がおこなわれる体制においては、富裕層の利益を貧しい労働者の賃金に回すためのケインズ的な公債は削られ、経済エリートと大衆のあいだで運命が大きく分かれることになる。[37] こうしたことは、二〇〇五年から二〇〇六年にかけてシティバンクが配布したプルトノミー（訳注：一部の富裕層が富を独占する経済状況を指す用語）的な内容で悪名高い会報において、すでに予期されていた。この会報では、シ

36 もちろん、その出口がないことこそが、そもそもなぜ過剰利益が生まれ、需要が停滞したかの理由のひとつである。

37 アメリカ合衆国をはじめとする諸国では、低賃金が総需要を低下させる結果を引き起こすにもかかわらず、富裕層は労働組合を抑え込み、最低賃金法を撤廃させる方向で動いている。富裕層がそのように動くことができるのは、明らかに大衆の購買力の低下を補うだけの、あり余るほどの資金が市場から供給されているからである。つまり、彼らのために金融部門から利益を引き出す手立てが講じられているのだ。一般消費者の需要が高まれば、富裕層の「貯蓄」はサービス業や製造業に投資されることにつながるだろう。この点にかんして、二〇一三年末にイギリスの製造業者を代表するイギリス産業連盟の指導者たちが、あまりに多くの労働者が低賃金状態に陥っていたことを問題視し、加盟企業にたいして労働者の賃金を引き上げるように指示を出した事例が参考になる。'Companies urged to spread benefits widely', *Financial Times*, 30 December 2013.

ティバンクの利益はもはや賃金労働者に依存しないことが確認されていたのである。[38]

現在もまだ民主主義が機能していると思われている諸国においてさえ、オリガーキー的な再配分とプルトノミーに向かう傾向は、それらの国々のエリートたちにとって悪夢となっている。つまり彼らは、これまで自分たちを金持ちにしてくれた体制が失われることを怖れているのだ。プルトノミー的資本主義の信奉者たちは、もはや国家の経済成長率がどうなろうと気にしない。なぜなら彼らの資産は国家の枠組みを超えており、国家の経済成長率とは無関係に増やすことができるからだ。こうしてロシアやギリシャのような国の超富裕層は、自分の金――というより、彼らの市民たちから奪った金――をもってスイスやイギリス、合衆国のような国へと逃げ出すのである。グローバル資本市場は、財産をもって祖国から逃げ出して、自分とその家族が生き残る可能性を与える。しかし、それはようするに富裕層たちがみずからゲームを終盤に向かわせようとする試み、つまり手持ちのコインを換金し、背水の陣を敷き、最後の賭博をおこなうことと変わらない。そして、その後は焼け野原が広がることになるだろう。

この症状と密接に結びついているのが第三の症状、すなわち、予算削減と民営化をつうじた公共領域の略奪である。かつて私は、この略奪の起源を調べるために、一九七〇年代から税と債務のあり方が変化し、最終的に緊縮財政へと移行する過程を分析したことがある。この移行は、もっぱら一九八〇年代以来のグローバル資本市場がもたらしたものである。つまり企業や富裕層による税との戦いから始まり、脱税、税の安い国への移動、政府を脅して税率を下げさせる、というような過程を経て、現在の状況がある。財政赤字を食い止めるための努力は、もっぱら政府支出の削減――社会保障・物理的インフラ・人的資本への支出の削減――に依存している。所得がトップ一%の人々に集中するにつれて、資本主義経済の公共性は（しばしば劇的に）失われ、ごく一部の人々の国際的に移動する資産のうちに富が吸い取られていった。それを進めたプロセスが民営化である。その流れにおいては、公共投資が生産性や社会的結束の向上に貢献し、経済成長と社会的平等をもたらしたことが無視されたのである。

二〇〇八年以前には、金融危機は政府支出の削減にくわえて富裕層への課税によって解決されるという考え方が、まだ今よりも広く受け入れられていた。しかし実際には多くの国々で、経済成長率が下がることは織り込み済みであり、緊縮財政が課せられることになった。このこともまた、現在のオリガーキー的経済体制が一般市民を切り離していることの指標であるように思われる。つまり現在の富裕層は、一般市民の支出から自分たちの利益を最大化することは期待しておらず、また、自国の経済から利益を得ようとも考えていないのである。そこに浮かびあがっているのは、マルクスが描き出した状況である。つまり先進諸国において、生産の社会的性質と生産手段の私有化とのあいだに、ますます緊張が激しくなっているのである。生産性の向上は、さらなる公共的支出を必要とするが、それは利益を私的に蓄積しようとする動きと対立する傾向がある。そして資本主義エリートたちが迫られているのは、この二者択一なのである。その結果は、現在の私たちの目の前にある。すなわち、オリガーキー的再配分と結びついた経済停滞である。[39]

「鉄の檻」の腐食

経済成長の低下、格差の拡大、公共領域の私有化と並んで、現代資本主義の第四の症候が腐敗である。マ

38 Citigroup Research, 'Plutonomy: Buying Luxury, Explaining Global Imbalances', 16 October 2005; Citigroup Research, 'Revisiting Plutonomy: The Rich Getting Richer', 5 March 2006.

39 ここで注意を促したいことがある。それは、資本主義は利益の増加を求める体制であって、かならずしも生産性の向上を求める体制ではない、ということである。利益と生産性はときに互いに手を取りあって進むが、経済成長が公共領域にたいして実態以上の拡大を要求するようになると、すぐに両者は縁を切ってしまう。これはその昔、ワグナー法（訳注：正式名称は「全国労働関係法」。一九三五年制定。アメリカで労働者の生活を安定させるために、労働者の団結権と団体交渉権を認めた法律として知られる）で考察された問題である（Adolph Wagner, Grundlegung der politischen Oekonomie, 3rd edn, Leipzig: C. F. Winter 1892.）。資本家が生産性を上回る利益を求め、その利益によって資本家の私有財産が増えるような体制は、けっきょく経済と社会の進歩を妨げることになる。

ックス・ウェーバーは、資本主義の基礎となる倫理を求め、その起源がプロテスタントの伝統的宗教観にあると考え、資本主義と貪欲のあいだに区別を設けることで、資本主義を腐敗から更正させようと試みた。ウェーバーによれば、貪欲は時代と場所を問わず存在するものであり、資本主義の特徴ではないどころか、むしろ資本主義を転倒させるものである。資本主義は、金持ちになりたいという欲望を基礎としているのではなく、自律と几帳面な努力、神から受託された責任、天職への奉仕、理性的な秩序にもとづいた生活を基礎とするものである。まさにウェーバーが期待したのは、資本主義が成熟し、いつの日か資本主義の文化的価値が「鉄の檻」を破壊することだった。「鉄の檻」というのは、厳格な官僚機構と苛烈な競争がさまざまな文化的理念――それらの理念は、そもそも快楽的な物質消費と原始的な貯蔵本能から資本蓄積を切り離す役割を果たしてきた――に取って代わった状況を指す。しかし、ウェーバーが予測できなかったことがある。それは、二十世紀の終わりに登場した新自由主義改革であり、その改革が人々にかつてないほど超富裕層になる機会を与えたことである。

ウェーバーには申し訳ないのだが、ペテンと腐敗は、これまでもずっと資本主義の同伴者でありつづけてきた。しかし、次のように考えてもよい。つまり、近年に金融部門が経済を支配するようになったことで、資本主義のペテンと腐敗が広くいきわたるようになったため、いまやウェーバーによる資本主義の擁護がまったく別の世界にしかあてはまらなくなってしまったのだ、と。金融業は一種の産業であるが、この業界のイノヴェーションは、ルールのねじ曲げやルール違反といったものと区別するのがきわめて難しい。この業界では、違法あるいは脱法的な行為による成功がきわめて多くみられるのだ。また、この業界が専門分化する傾向と、企業と規制部門のあいだでやりとりされる額の多さは異常なほどである。さらに、この業界と規制機関のあいだの回転ドアは、巧妙であれあからさまであれ、かぎりなく癒着の機会を与えるものである[40]。ちなみに、巨大企業のほうは政府の経済政策と税収に与える影響が大きくなりすぎたため、政府はそれをつぶすことも経営者を監獄に入れることもできなくなっている。二〇〇八年の金融業界への支援、あるいはアメリカの金融業界の膨大な人口（現在および将来の推計も含む）の従業員をかえりみても、国家と民間企業の境界はますます曖昧になっている。エンロン・ワールドコム事件（訳注：エンロンは米国のIT企業で、会計の粉飾が発覚して二〇〇一年末に経営破綻した。ワールドコムは同じく粉飾会計の発覚により、二〇〇二年に経営が破綻した）の後も、アメリカ経済界における欺瞞と腐敗はあいかわらずひどかった。それでも二〇〇八年の経済危機で明るみになった事実はすさまじかった。格付け機関は不良債権の企業主から賄賂を受け取り、それらの企業をトップランクに格付けしていた。一等地にある巨大銀行は、通常業務として国外の銀行と裏取引をしたり、大がかりな資金洗浄《マネーロンダリング》や脱税の支援をおこなったりしていた。証券会社は得意客を儲けさせるために、他の無垢な顧客をだまして株を売りつけていた。世界的な巨大銀行が金利と金価格にかんして詐欺まがいの決め方をしていた――等々。近年、いくつかの巨大銀行がこうした不正行為のために数十億ドルもの罰金を支払う羽目になったが、それでも不正行為はますます進化しており、それはとりわけ国外でおこなわれている。また、一見すると厳しすぎるようにみえる巨額の罰金も、銀行の収支からみれば微々たる額にすぎない。さらにいえば、こうした不正行為はどれも政府が自主的に起訴しない（したくない）たぐいのものであり、法廷の外で対処されるのである。[41]

資本主義のモラル低下は、その経済的衰退と深く関連している。利益追求の残された機会をめぐる争いは、時を経るにつれてますます醜悪なものになっており、資産剥奪《アセットストリッピング》（訳注：企業を買収してその資産を売却すること）がすさまじい規模でおこなわれるようになっている。それでも大衆の資本主義をみる眼差しは、今や

40　もっとも高い地位にある人々もそこに含まれる。たとえばブレア（元イギリス首相）とサルコジ（元フランス大統領）は、両者ともに現在ヘッジファンドのために働いている。両者がそれぞれの国の指導者として選ばれていた時期は、両者にとっても現在の雇用者であるヘッジファンドにとっても、両者が金融部門でもっと高い給与を得るための見習い期間とみなされていたのは明らかである。

41　金融機関が不正行為で罰金を科されたというニュースは、新聞でほぼ毎日報道されている。二〇一四年三月二十三日のフランクフルト総合新聞の報道によれば、金融危機が始まって以来、現在にいたるまでアメリカの銀行は一〇〇〇億ドルの罰金が科されており、この額は他国の銀行とくらべて突出している。

きわめて批判的になっているように思われる。つまり、資本主義のシステム全体が、すでに金持ちになっている連中をさらに金持ちにするための汚い策略に満ちている、と思われるようになっている。資本主義のモラルが復活するなどと信じる者は誰もいないだろう。資本主義を貪欲の魔の手から守ろうとするウェーバーの試みは失敗に終わったのだ。というのも、現在の資本主義は、かつてなかったほど、腐敗と同義語になったからである。

タガの外れた世界

最後に五番目の症状に移ろう。グローバル資本主義はその周辺諸国を従えるために一つの中心を必要とし、その中心部の金融体制に信用を付与する。一九二〇年代までその中心部の役割を演じたのがイギリスである。一九四五年から一九七〇年代にかけては、合衆国がその役割を演じた。この二つの期間のあいだは、中心が失われ、他の権力がその役割を演じようとしたことにより、経済的にも政治的にも混沌の時代であった。資本主義経済体制に加わる諸国のあいだで通貨の関係が安定することは、国境を越えた貿易と資本フローにとって、さらには資本蓄積にとって不可欠な条件である。つまり、その安定は最終的にひとつのグローバル銀行に委ねられている。また、中心が有効に機能するためには、希少資源を低価格で搾取されることに喜んで同意する周辺諸国により、その体制が支えられることも必要である。さらに資本主義の（先進諸国以外の）支配地域では、抵抗勢力となる伝統主義者を抑え込むために、ローカルな協力体制も必要になる。

今日の資本主義は、グローバルな秩序崩壊によってしだいに苦しめられている。たとえば合衆国は、戦後体制を支える役割をもはや果たせなくなっており、世界秩序は多極化する方向に向かっている。巨大権力どうしの衝突は（いまのところ？）起こっていないにしても、国際的な準備通貨としてのドルの役割は危うくなっている。アメリカ経済の弱体化、官民ともに増加の一途をたどる負債額、近年のいくつかの破滅的な金融危機を考えれば、ドルの地位が危うくなるのは当然である。別の手段、おそらくは通貨バスケット制（訳注：自国の通貨を複数の外貨に連動したレートにする固定相場制）のような国際的な解決策が求められるかもしれないが、合衆国が自国通貨で負債を抱えることができる特権を手放そうとしない以上、それが成功する見込みはない。さらに、アメリカ政府の操り人形である国際組織が通貨安定化策を講じたとしても、それは資本主義システムの周辺諸国をますます不安定化させる結果をもたらすことになる。そのことは、たとえば資本主義の中枢が指令する「量的緩和」によってブラジルやトルコでインフレバブルが引き起こされた事例にも示される。

軍事的にみても、一九七〇年代以後の合衆国は三つの大陸で敗北、あるいは膠着状態に陥っている。おそらく将来、合衆国は地域紛争に従来のように「地上軍」を派遣することに躊躇するようになるだろう。いまや新たな、より洗練されたさまざまな暴力的手段が広まっており、それは資本主義諸国の政府どうしの協力を促し、合衆国にたいする忠誠心を高めることにつながっている。それはまた、少数の権力者たちにとって、彼らの所有権をグローバルに強化する役割を果たすとともに、彼らとその家族のための安全な逃げ場を与えるものになっている。それらの手段のなかには、潜在的な敵を見つけ出して個別に壊滅することを目的とするきわめて秘密裏に組織された「特殊部隊」や、地球上のほとんどすべての場所で殺戮をおこなう能力をそなえた無人飛行機、数え切れない人々を監禁し拷問するために世界中に張り巡らされた秘密の強制収容所、「ビッグデータ」技術を駆使して世界中のすみずみまで敵対勢力を監視するための広大な情報ネットワーク、といったものが含まれる。しかし、こうした手段によってグローバル秩序を十分に回復させることができるのだろうか？　とくに中国の経済力および（それにくらべると程度は低いけれども）軍事力が合衆国を脅かすようになった現状を考えると、それは疑わしいと思われる。

まとめるなら、人類全体のはてしない進歩を約束する社会秩序とみなされた資本主義は、いまや危機的状況にある。経済成長は、もはや長期停滞を余儀なくされている。わずかな経済的発展さえ、ますます疑問視されるようになっている。資本主義の金融経済も、守られるはずもない約束とともに増える一方の負債により、その信頼を失いつつある。一九七〇年代以後、資本主義の中心部は三つの連続した危機を経験した。その危機とはすなわち、インフレ危機、財政危機、民間債務危機である。現在の不安定な移行期において、資本主義は金融の流動性を高めることに頼って生き残ろうとしている。第二次大戦が終結した一九四五年以後の資本主義と民主主義の「できちゃった結婚」は、じょじょに破綻を迎えている。商品化の三つのフロンティア——労働、自然、貨幣——の観点から考えても、資本主義の発展を抑制する装置（それは資本主義を維持するための装置でもある）は崩壊している。そして資本主義がその敵にたいして最終的に勝利を収めて以後、ふたたび敵となりそうな政治的勢力は見当たらない。現在の資本主義システムは、すくなくとも五つの症状——低迷する経済成長、オリガーキー、公共領域の窮乏化、腐敗、そして国際的な無秩序化——に苦しめられており、それらの症状を治療する手立ては見つからない。資本主義の最近までの歴史をふりかえれば、これから資本主義は長期にわたって苦しみながら朽ちていく、ということが予測される。今後、ますます衝突と不安定化、不確実化が広がり、「正常なアクシデント」が着実に繰り返されていくだろう。そこからかならずしも一九三〇年代に匹敵する大崩壊が起こるとはかぎらないが、そうなる可能性はきわめて高いだろう。

第二章　民主制資本主義の危機

二〇〇八年のアメリカの金融システム崩壊は、グローバルレベルの経済そして政治の危機へと転じた。[1] 世界を揺るがしたこの出来事をどう考えればよいのか？　主流派経済学は社会を、均衡へと向かう一般傾向に支配されたものと理解しようとする。そこでは危機や変化は、正常に統合されたシステムの安定状態からの一次的逸脱に過ぎないものとみなされる。しかし社会学者はそのような前提に立つ必要はない。現在の苦境を、ほんらいは安定した基本条件にたまたま混乱が生じたもの、と解釈するのではなく、この「グレート・リセッション」[2]とそのあとに続く国家財政の崩壊を、先進資本主義国の政治経済的構成の基調にある緊張関係が露呈した事態であると私は考えたい。この緊張関係は、これまで社会経済的秩序の歴史に一連の混乱として現われ、不均衡と不安定を例外的事態から既定状態へと変化させたものである。ここで私が論じたいのは、「民主制資本主義」と呼ばれている社会編成において現在進行している現在の危機は、その内部における対立関係の変容を考察することによってのみ、理解されるということである。

民主制資本主義が完全に確立されたのは第二次世界大戦後、それも世界の「西側」、北米と西欧においてのみであった。二十年間は、それはとても見事に機能した。その見事な成功は、現在の私たちが資本主義に

1　この論文は二〇一一年、フィレンツェの欧州大学院でのマックス・ウェーバー講義のために書かれたものである。ダニエル・メルテンスの調査協力に感謝する。初出は以下である。*New Left Review 71*, September/October 2011, 5-29.

2　「グレート・リセッション」については以下を参照。Carmen Reinhart and Kenneth Rogoff, *This Time Is Different: Eight Centuries of Financial Folly*, Princeton 2009.

抱いている期待や観念に、決定的な影響を及ぼしている。しかし、その後に続いたことを考えれば、戦争直後から四半世紀ほどの時代は、明らかに例外と認識されるべきだった。むしろ私は、栄光の三十年ではなくその後に続いた一連の危機こそが、民主制資本主義の一般条件を表していると考えるほうがよいと思う。その一般条件とは、資本主義市場と民主主義政治との内部対立にもとづくもので、一九七〇年代に高度経済成長が終わったときにはっきりと表面化したものである。これから、私はこの対立の本質について論じ、そこから生み出された一連の政治経済的混乱を考えてみたい。この両者が、現在のグローバル危機をあらかじめ用意したのである。

市場対有権者？

資本主義と民主主義の共存にたいする疑念は古くからみられる。十九世紀に始まって二十世紀にいたっても、ブルジョワジーや政治的右派は多数派の支配にたいする恐れを表明していた。なぜならそこには必然的に、貧乏人が金持ちを支配する可能性が含まれており、最終的には私有財産制と自由市場が廃止されかねないからである。当時勢力を伸ばしつつあった労働者階級と政治左派は、経済的・社会的再分配を求める永遠の多数派による支配から自己防衛するために、資本家が反動勢力と手を組んで民主主義を廃しかねないと警告していた。歴史をみれば、すくなくとも産業社会においては、右派が資本主義を守るために民主主義を放り出すという左派の懸念は、左派が民主主義のために資本主義を廃止するという右派の懸念よりも筋が通っている。ただし、ここでは両者の立場の是非について論じるつもりはない。いずれにせよ、第二次世界大戦直後の時代には、次のような考え方が広く共有されていた。すなわち、資本主義と民主主義とを両立させるには、自由市場の名において民主主義が制約されるという事態を防ぐため、資本主義を広い領域で政治的にコントロールする必要がある、という考え方である。たとえば、主要な企業やセクターの国営化、あるいはドイツに見られたような労働者の「経営参加」がそれである。ケインズ、それからある程度までカレツキやポランニーが時代を牽引し、ハイエクは退場の憂き目を見ることになった。

しかしそれ以降、主流派経済学は、取り憑かれたように日和見主義的政治家たちの「無責任」を批判するようになった。そのような経済学者たちによれば、政治家は経済学の教育を受けていない有権者に迎合するために、干渉さえなければ効果的に働くはずの市場に干渉している、しかし、そこで追求されている完全雇用や社会正義のような目標は、真に自由な市場であれば長期的には達成可能であり、逆に政治によって歪められればけっして到達できない。この「公共選択理論」によると、経済危機は本質的には社会的な目的のために市場を歪める政治介入がおこなわれたことによって生じるとされる。[3] この観点では、正しい介入は政治的歪曲から市場を解放する。市場を歪めるような誤った介入は民主主義の行き過ぎから生じる。より正確には、無責任な政治家が経済のなかに、そもそも経済とは無縁の民主主義をもちこむことから生じる。もっとも、晩年のハイエクのように、経済的自由と市民の自由を守るために私たちの知っている民主主義を廃止すべきだと主張するほど極端な論者は多くはない。しかし、現在の新制度派経済学の理論の基調は徹頭徹尾ハイエク主義である。資本主義を正常に機能させるためには、一貫した秩序にもとづく経済政策が要求される。さらには市場の保護と、恣意的な政治介入から所有権を保護する憲法上の規程、そして選挙の圧力から確実に隔離された中央銀行、欧州委員会や欧州司法裁判所のような市民による再選を気にしなくてよい国際機関が必要である。しかし、こうした理論は意図的に肝心な問いを避けている。すなわち「どのようにして現状からその状態へと移行するのか？」という問いである。この問いを彼らが避けるのは、おそらく答えがないからであり、あるいは答えがあるとしても公表できるしろものではないからであろう。

3　以下の古典的な著作を参照。James Buchanan and Gordon Tullock, *The Calculus of Consent: Logical Foundations of Constitutional Democracy*, Ann Arbor, MI 1962.［ブキャナン、タロック『公共選択の理論』］

資本主義と民主主義の軋轢の根本的な原因を考えるには、いくつものやり方がある。さしあたり、私は民主制資本主義を、資源配分にかんして対立する二原則ないし二体制によって支配された政治経済である、と特徴づけたい。一方は限界生産性にしたがって機能し、これは「市場の力の自由な働き」の利点として示される。他方は、社会的要求や社会的権利に基づいており、これらは民主的政策を集団で選択することで保証されている。民主制資本主義のもとでは、政府は理念的には両原則を同時に尊重することが求められているが、実質的にはこの両者が整合することはほとんどありえない。実践上は、まずい結果に終わって痛い目を見るまでは、一方のために他方をしばらく無視することになろう。一方で保護や再分配を求める民主的要求に応じられなければ、政権与党は野党に転落する危険がある。他方で、限界生産力説における生産資源の所有者、つまり資本家からの要求を軽視すれば、経済状況は悪化してしだいに立ち直れなくなり、結果としてやはり政治的支持を危うくしてしまうだろう。

　標準的な経済学理論が描く自由主義のユートピアにおいて、民主制資本主義における配分にかんする二つの原則のあいだの緊張関係は、マルクスであれば「物質的諸力」と呼ぶものにその理論を適用することで克服される。この観点では、「科学的知識」としての経済学が、「真の正義とは市場の正義であり、そのもとでは誰もがその貢献に応じた報酬を得るのであって、要求する権利に応じてというわけではない」と市民と政治家に教えなければならない。この場合に経済理論は、社会理論として受け入れられていくにしたがって、行為遂行論的な意味で「実現」されていくことになる――このことから、経済学理論は、説得により社会構築を進めるための手段という、本質的にはレトリックとしての特徴をそなえていることが明らかになる。しかし現実社会では、市場の法則と所有権以外の社会的・政治的権利についての「非合理的」な信念を捨てるよう人々に説得するのは、それほど容易ではない。今日にいたるまで、非市場的な社会的正義の概念は経済的合理化の力に抵抗してきた。それは歩調を速めていく新自由主義の重苦しい時代にあっても変わらない。ある人々は道徳的経済《モラルエコノミー》の観念を頑固なまでに捨て去ろうとはせず、自分たちには固有の権利があり、それは市場交換の結果より優先される、と考えている。[4] 実際、そのような人々は機会があるたびに（職場民主主義においては当然その機会がある）、さまざまな言い方で、社会のほうが経済より優先されるべきだと主張する。彼らは、「柔軟化」を求める市場圧力から社会参加と社会的義務が守られることを求め、市場の独裁とは無縁の生活を送ることができる社会を理想視する。それこそは著作『大転換』において、ポランニーが労働の商品化への「抵抗運動」として記述した事柄である。

主流派経済学においては、インフレや財政赤字、官民の過剰債務などの混乱が生じるのは、富の生産機械である経済を支配する法則についての知識が不十分だったり、あるいは政治権力が利己的な目的のためにそうした法則を軽視したりするからだ、ということになっている。対照的に、政治経済学の諸理論（単純な機能主義的な能率論ではなく、政治というものを真面目に考えている理論）においては、市場による分配は、政治経済体制の一類型――希少な生産資源の所有者が特権的な利益を得ることにより市場で強力な地位を得るような体制――にそなわる機能にすぎない、と考えられている。市場による分配とは別の分配、すなわち政治による分配は、経済をあまり重視しない人々（したがって強力な政治的権力を重視する人々）に好まれるものである。彼らの観点に立てば、通常の経済学は、市場の権力者に奉仕するような政治経済秩序を賞賛する理論であり、その権力者の利益を一般利益と同一視していることになる。さらに、そのような経済学は、資本家からの配分要求を、科学的に健全な経済運営の見地から、絶対的かつ技術的な善とみなすものである。このように、政治経済学の観点からみれば、主流派経済学の「経済的混乱の原因は、伝統的な道徳経済の原則と合理的な近代経済学の原則とのあいだの亀裂にある」という説明は、「経済学的」経済もまた政治経済であるという事実を隠蔽して市場に強制力を与えようとする点で、きわめて偏向した説明である。

4　Edward Thompson, 'The Moral Economy of the English Crowd in the Eighteenth Century', *Past & Present*, vol. 50, no. 1, 1971; and James Scott, *The Moral Economy of the Peasant: Rebellion and Subsistence in Southeast Asia*, New Haven, CT 1976. もちろんこうした権利の正確な内容は社会や時代の位置づけによって異なる。

主流派経済学の言い回しでは、危機は経済の真の統治者である自然法則を尊重しなかった政府にたいする罰として示される。対照的に、その名に値するだけの立場を取る政治経済学の理論ではこうなる。まず、民主主義的政策は、生産資源の所有者側の領域に及び、彼らが市場の力を過剰に搾取することのないように制約する。そうすると、自分が選んだリスクに見合う正当な報酬を求める所有者側の期待に沿わなくなる。その結果、これに対する所有者側の「カレツキ反動」が危機としてあらわれるのである。[5] 標準的な経済学理論は社会構造、およびその内部に属する利益と権力の配分を、外在的なものとして扱っている。つまり定数として扱うことでそれらを不可視なものにするだけでなく、経済「科学」の装いを保つために、それらを自然的与件とみなす。このような経済学理論にとって、政治とは無力なものであり、せいぜいのところ経済法則を歪める程度のことしかできない。この立場では、よい経済政策とはその定義からして非政治的である。問題は、この経済学理論の観点が多くの人々に共有されていないことであり、多くの人々が市場の力から自分たちを守ってくれる政治を強く求め、でたらめな市場運営によって自分たちが脅かされていると感じている、という点である。つまり多くの人々は、社会生活の自明なモデルとして、新古典派の経済理論を採用したいとは思っていないのだ。彼らは政治的要求が民主的な仕方で実現されることを求めているが、それは標準的な経済学の理論が想定するものとはかけ離れている。こうしたことから分かるように、かりに社会から経済的領域だけを理念的に抽出することが十分にできるのであれば、均衡に向かうモデルとして経済を考えることもできるが、実際の政治経済にそれは当てはまらないのだ――かりに民主主義を捨て去って、経済学者が王となってプラトン流の独裁体制を敷くというのなら話は別だが。この後で示すように、これまで資本主義の政治は全力を挙げて、日和見民主主義の腐敗がもたらした砂漠状態から、自己制御する市場という約束の地へと私たちを導こうと努めてきた。しかし民主主義は現在にいたるまでその流れに抵抗しつづけており、両者の争いが市場経済に混乱をもたらしている。

戦後体制

戦後の民主制資本主義が経験した最初の危機は、一九六〇年代後半以降の十年である。第二次大戦後の荒廃を目の前にして国内での闘争に終止符を打った資本家と労働者の和平条約は、その当時に衰えをみせはじめた経済成長によっては維持することが困難になり、急速にインフレが西側諸国に拡がった。終戦後に重要だったのは、労働者階級の組織にたいして、政治的民主主義の保持と引き替えに、資本主義的な市場と所有権を受け入れさせることであった。その条件にもとづくことで、政府は社会保障と着実な生活水準の向上を達成したのである。その後、二十年にわたる安定した経済成長により、人々は着実な経済発展を民主主義社会における市民の権利とみなすようになり、政治にたいしてそれを期待するようになった。しかし政府は、成長が鈍化するにつれて、その期待に応えるための手段を失っていく。

資本主義体制の国々は、それ以外の点では非常に多種多様であるにもかかわらず、戦後の労使関係の構造は根本的に同じであった。拡大しつづける福祉国家、労働者の自由な団体交渉権、完全雇用の政治的保障、

5　ミハウ・カレツキはその含意に富んだ試論において、投資家の「信用」こそが経済活動を決定する主要因としている。'Political Aspects of Full Employment', *Political Quarterly*, vol. 14, no. 4, 1943. カレツキによれば、投資家の信用とは政治権力と、その権力が掲げる政策による分配によって資本所有者の現在の利潤期待が確実に保証されているかにかかっている。経済的機能不全——カレツキによれば失業——は政治的干渉によって利潤期待が脅かされていると産業界が感じたことで引き起こされる。この意味で「間違った」政策は産業界からの信用喪失につながり、それが資本所有者の投資ストライキへといたる。カレツキの視点は資本主義経済を相互作用ゲーム（自然ないし機械的メカニズムとは区別される）としてモデル化することを可能にする。この視点では、どの時点で資本家が、投資を引き揚げることで非市場的配分に敵対的に反応するのかは、確定したものでも数学的に予見できるものでもなく、むしろ交渉可能なものと見なされることになる。たとえば、歴史的な変化願望や戦略的計算がその反応を定めているのかもしれない。歴史や文化に無関係な「普遍的」経済モデルに基づいた予言がしばしば外れる理由がこれである。主流経済学は、実際は社会的に決定されているパラメータを、固定したものとみなしているのだ。

そして政府によるケインズ主義的な経済政策の大規模な活用であった。しかし、一九六〇年代後半に成長に陰りがみえはじめると、その政策を維持することが難しくなっていく。労働者たちは、労働組合をつうじて団体交渉権を行使し、毎年の賃金上昇を当然のこととして期待するようになる。また、政府も完全雇用の達成を約束し、福祉政策を拡大し、また、生産性向上によって労働者の賃金が上昇しても、それに由来する雇用減少のリスクから労働組合を保護していた。こうして政府の政策は、自由な労働市場であれば維持されていたかもしれない保障の限度を超えて、労働組合の交渉力を引き上げていったのである。一九六〇年代後半、これは「戦う労働者」という世界的潮流を生み出した。それを支えたのは、生活水準の向上と失業不安からの解放は政治的権利であるという堅い信念であった。

当時の西側世界の政府が直面した問題は、ケインズ主義の約束である完全雇用の看板を下ろすことなく、労働組合をなだめて組合員の賃上げ要求を抑えるにはどうしたらよいか、というものだった。(団体交渉が国・労・使の三者協定によらない制度を採用していた諸国の)ほとんどの政府は一九七〇年代をつうじて、実質賃金の上昇を維持すると失業率が増加する懸念があり、それは自分たちの政権にとって(資本制的民主主義の安定性にとって、とまでは言わないにしても)危険すぎる、と考えていた。唯一の活路は緩和的な通貨政策だった。これにより、インフレ率の上昇を受け入れつつ、自由な団体交渉と完全雇用の共存を維持することができたのである。

初期の段階では、労働者にとってインフレはそれほど問題にならなかった。というのも、強力な労働組合が政治的な力を発揮し、実質的に物価スライド制賃金を認めさせることができたからである。インフレが問題になったのは、債権者と金融資産の保有者たちのグループであり、すくなくとも一九六〇年代から七〇年代にかけての労働者はそのグループには含まれない。だからこそ、インフレは雇用の確保および収入増加を求める労働者と、所有する資本の収益を最大化しようと努める資本家階級のあいだの分配をめぐる対立が、通貨に反映されたものという当時の説明も、それなりに説得力があったのである。両立不可能な自己の権利にかんする観念にもとづいて、両陣営は行動する。一方は市民としての権利保証を主張し、他方は所有権と市場の力を強調する。このようにみると、インフレとは、構造的な理由から社会的公正の共通基準についての合意を形成できない社会におけるアノミーの一種、と考えることもできる。一九七〇年代後半、イギリスの社会学者ジョン・ゴールドソープは、民主制資本主義の市場経済においては、市民と労働者が集団的政治行動をつうじて市場がもたらす帰結を修正することができない以上、激しいインフレを防ぐことができないと述べたことも、その当時の文脈をふまえればよく理解できるだろう。[6]

成長率が低迷する状況で労働者と資本家の双方から矛盾した要求を突きつけられた政府にとって、緩和的な通貨政策は激しい社会対立を避けるための苦肉の策として重宝された。終戦直後の時期には、先に述べた両立しない二種類の経済的正義の理念を和解させ、階級闘争を鎮めるために、政府は経済成長をつうじて財とサービスを増やしていくという手段を使うことができた。しかし、六〇年代後半に経済成長が鈍化すると、政府はその手段を使えなくなり、代わりに貨幣供給を増やすという手段に頼るようになった。貨幣供給量の拡大は、その時点での実体経済を反映したものではなく、たんに将来に期待される富を現在の消費と配分のために使用するだけの話である。このような階級闘争の融和策は、当初はうまく機能したが、ずっと機能することはできなかった。ハイエクがしつこく指摘したように、インフレの加速は相対価格の混乱をもたらすだけでなく、固定所得と一時所得のあいだの関係や、経済学でいうところの「経済的インセンティブ」にも混乱をもたらし、いずれその経済混乱は制御不能になる。最終的に不満をつのらせた資本家たちが「カレツキ的反乱」を起こすと、インフレは失業率悪化をもたらし、インフレ政策のそもそもの救済対象であったはずの労働者たちが打撃を受けることになる。こうして民主制資本主義の政府は、気前のよい賃金政策を止め

6　John Goldthorpe, 'The Current Inflation: Towards a Sociological Account', in Fred Hirsch and Goldthorpe, eds., *The Political Economy of Inflation*, Cambridge, MA 1978.〔フレッド・ハーシュ、ジョン・H・ゴールドソープ編『インフレーションの政治経済学』都留重人監訳、日本経済新聞社、一九八二〕

るように圧力を受けるようになり、通貨政策の規律を正すことが求められるようになったのである。

低インフレ、高失業率

一九七九年、インフレは克服された（図2．1参照）。カーター大統領によって新たに連邦準備制度理事会議長に指名されたポール・ボルカーが、金利を前例のない高さに引き上げたからである。しかしその結果、大恐慌時代に匹敵するレベルにまで失業率が跳ね上がった。ボルカー「ショック」を封印したのはレーガン大統領である。この封印は、かねてよりボルカーの過激な脱インフレ政策が政治に及ぼす悪影響について懸念を抱いていたレーガン大統領が、一九八四年に再選されたことから実現された。アメリカに追従したサッチャーも、金融引き締め政策によって引き起こされた多くの事態、とりわけ高失業率と産業破壊にもかかわらず、一九八三年に第二次政権を樹立する。アメリカ合衆国でもイギリスでも、脱インフレ政策は、政府と資本家の連合による労働組合弾圧を狙いのひとつとしていた。その縮図は、レーガンが航空管制官ストライキに勝利し、サッチャーが全国炭鉱労働組合を破ったことにあらわれている。その後は資本主義世界全体をつうじてインフレ率は一貫して低く、他方で失業率は一貫して上昇している（図2．2）。組合組織率は全般的に低下し、ストライキはまれになり、そのためいくつかの国ではストライキの統計を止めてしまうほどだった（図2．3）。

こうして英国と合衆国において、失業は現在の政府だけでなく民主制資本主義そのものへの政治的支持の基盤を掘り崩すという、それまで広く受け入れられていた見識は捨て去られた。新自由主義の時代はここから始まった。世界中の政策担当者は、レーガンとサッチャーの実験を大きな関心を抱きながら見守った。インフレの終わりは経済混乱の終わりを意味すると期待していた人々は、しかしながらすぐに失望を味わった。インフレの減退とともに公的債務が増加しはじめたからだ。ただし、それが想定されていなかったわけでは

図 2. 1　インフレ率の推移（1970–2014）

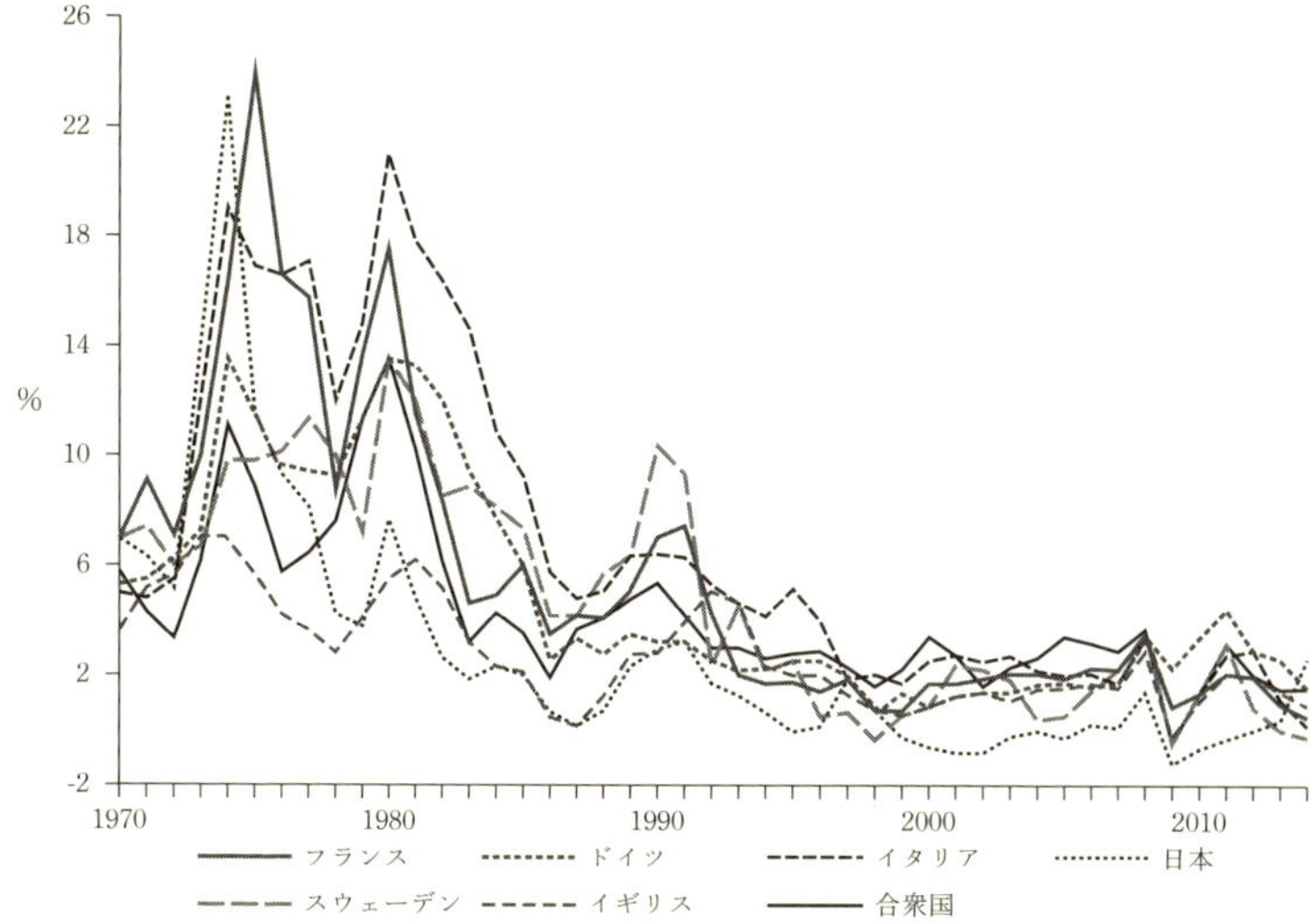

出典：OECD Main Economic Indicators

図 2. 2　失業率の推移（1970–2014）

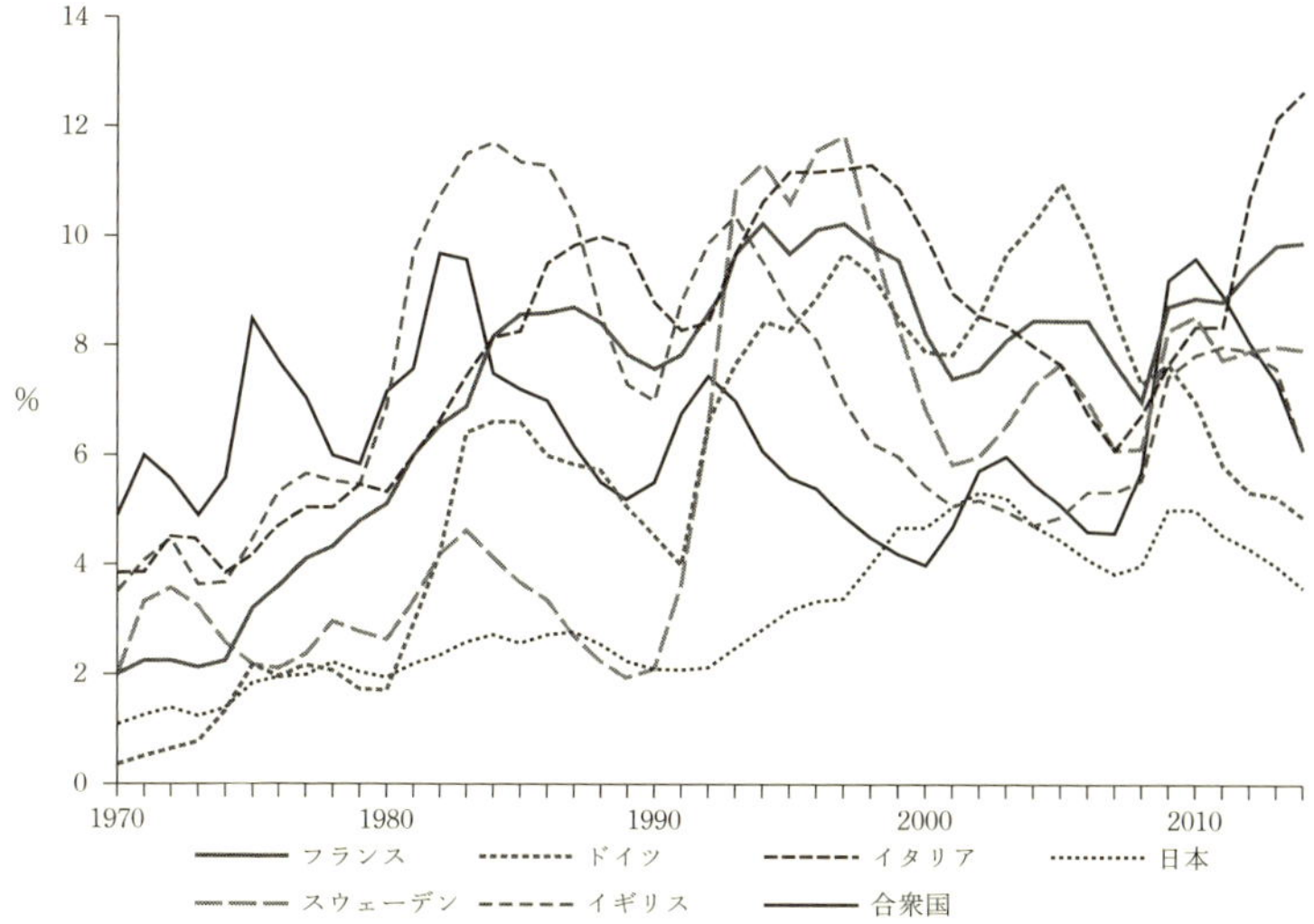

出典：OECD Economic Outlook Database Nos. 92&98.

図 2.3　労働者 1000 人あたりのストライキ日数（1971–2007）

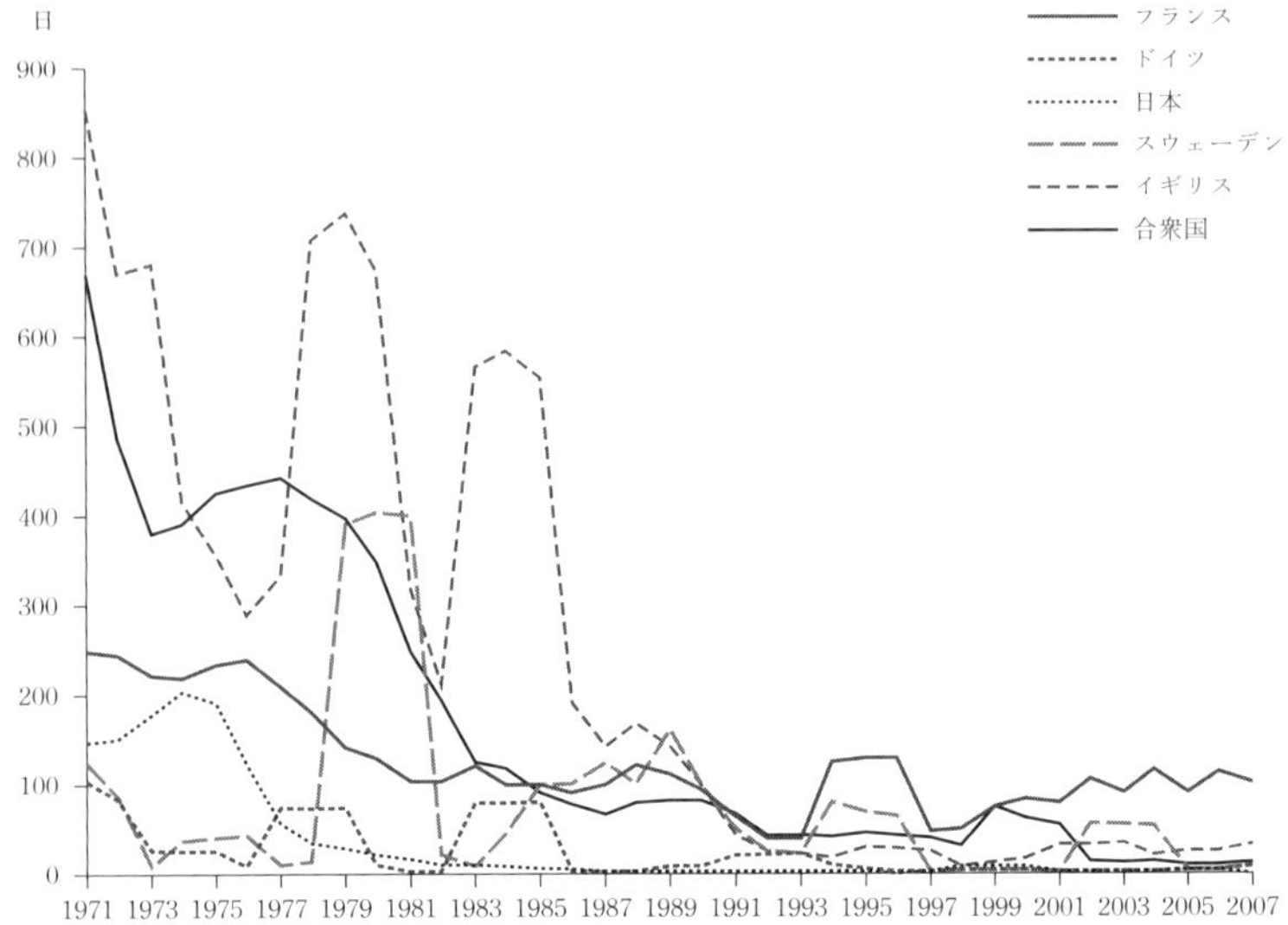

出典：ILO Labour Statistics Database および OECD Labour Force Statistics（計算は著者による）

ない。[7] 一九八〇年代の公的債務の増大には多くの理由があった。成長停滞は納税者の納税意識をかつてないほど減退させた。インフレの終了とともに、いわゆる「ブラケット・クリープ（訳注：インフレにより名目所得が上がることで所得階層区分が上がり、税率も上昇してしまうこと）」も終わりを迎えた。同じことは、通貨安による一連の公的債務の評価切り下げにも言える。当初このプロセスは経済成長の付随現象であったが、インフレ時代に名目歳入の増加により国家債務が相対的に減少すると、経済成長に欠かせない条件となった。しかし、インフレが収束するとそれも終わりを告げたのである。支出の面では、通貨安定によって引き起こされた失業率の増大のため、生活扶助支出の増額が必要となった。一九七〇年代に賃金抑制の見返りに労働組合のために創出した諸々の社会保障受給資格（労使協調時代のごほうび）もまた支払いの時期を迎え、しだいに国家財政の負担となっていった。

市民と「市場」からの要求の溝を埋める手段

としてインフレが利用できなくなると、国家は社会安定のための別の手段を探さなければならなくなった。わずかな期間とはいえ、公的債務の増加はインフレと同じ役割を果たした。政府はインフレと同様、公的債務の増加によって、分配をめぐる対立を鎮めるための資金を与えられた。その資金は、実際にはまだ生みだされておらず、未来に生みだされることが期待されるものである。つまり政府は債務を増やすことで、未来の資金を現在の資金に追加して利用することができた。市場と市民のあいだの対立は、こうして労働市場から政治へと舞台を移した。それにともない闘争の場も、それまでの労働組合による団体交渉から選挙へと移動した。一方には福祉と社会的サービスを要求する市民の側からの声があり、他方には市場の審判に応じた所得を求める（そして生産資源を利益の最大化のために使用することを求める）資本家の側からの声があった。政府は、これら対立する二つの要求を満たすために、これまでのインフレ政策に代えて、債務を増やしていったのである。この点では、低インフレは助けとなった。低インフレのもとであれば、債権者は国債が長期間価値を維持することを確信できるからである。インフレが鎮圧されたあとの低金利政策も同様の効果をもたらした。

しかし、インフレ同様、公的債務の蓄積も無限に続けることはできない。経済学者は以前からずっと、財政赤字が高金利と低成長を引き起こし、「クラウディングアウト（訳注：政府の国債発行により市中金利が上昇し、民間の投資が抑制されること）」が起こると警告してきた。しかし、彼らも危険値の限界がどこにあるのかを正確に特定することはできなかった。現実には、しばらくのあいだは、金融緩和により金利を低水準に保ちつつ、組合つぶしを続けてインフレを抑えこむことができる状況にあった[8]。しかし合衆国をはじめとす

7　一九五〇年代にはすでに、民主主義国の公共サービスにたいする市民の要求は政府の手持ちのリソース供給を超過する傾向にあるとアンソニー・ダウンズが記している。たとえば以下を参照。'Why the Government Budget Is Too Small in a Democracy', *World Politics*, vol. 12, no. 4, 1960; James O'Connor, 'The Fiscal Crisis of the State', *Socialist Revolution*, vol. 1, nos 1 and 2, 1970.

8　Greta Krippner, *Capitalizing on Crisis: The Political Origins of the Rise of Finance*, Cambridge, MA 2011.

る諸国では、国民貯蓄率が異常なまでに低下していったため、政府はもはや購買力を失った自国民だけでなく、国外の投資家（政府系ファンドも含む）にも国債を積極的に売るようになった。[9]こうして債務が増えていくと、低金利であるとはいえ、国家の歳出に占める債務返済の割合も増えていく。そのうちに、ある時点（それがいつであるかは予想できないのだが）で国内外の債権者たちが政府の債務返済能力に疑問を抱くようになる。こうして緊縮財政と金融政策の引き締めを求める「金融市場」の圧力が高まりはじめ、その状況が現在まで続くのである。

規制緩和と民間債務の増加

一九九二年のアメリカ合衆国大統領選挙は二種類の赤字の問題でもちきりだった。連邦政府の赤字と、国全体としての対外貿易赤字である。この「双子の赤字」を中心にキャンペーンを張ったビル・クリントンの勝利は、アメリカの主導のもと、OECDやIMFといった国際機関によって過激に扇動されながら、緊縮財政の流れを世界にひろめることとなった。当初クリントン政権は、たとえば教育への公共投資の増加などの社会改革をつうじて経済成長を加速させ、財政赤字を抑制しようともくろんでいたようである。[10]しかし、一九九四年の中間選挙で民主党が連邦議会の与党から転落すると、クリントンは大胆な財政支出削減と社会政策の変更を含む緊縮政策に舵を切った。大統領の言葉を借りれば、「私たちの知っていた福祉」はこれで終わりを告げる。そして一九九八年から二〇〇〇年にかけて、アメリカ連邦政府は数十年ぶりに財政黒字を記録する。

ここで、クリントン政権が新たな経済資源に頼ることなく民主制資本主義の政治経済を安定させる方法を見つけだした、というわけではない。クリントンが社会的対立をコントロールするために用いた戦略は、その大部分を金融セクターの規制緩和に頼っている。規制緩和はレーガン時代にすでに始まっていたが、クリントン政権下で大々的に進められることになった。[11] 組合潰《つぶ》しと社会支出の厳しい削減により急速に広がる収入格差、および緊縮財政の引き起こした総需要の縮小は、市民や企業が自己借入をおこなうチャンスがかつてないほど増大したことで埋め合わせることになった。「民営化されたケインズ主義」という気の利いた言い回しが、公的債務から民間債務への置き換えを説明する。[12] かつては国民が一定水準以上の住居を購入し、市場価値の高い職業に就くための訓練を受けることができる平等な条件を整備するために、国家が借金をして資金を捻出していた。しかし、今度はそのために個人が借金をしなければならない。この新たな体制は驚くほど借金にたいして寛大で、しばしば借金を強制するほどである。すなわち個々の市民は、教育を受け、都市の貧困街から抜け出すために、自己責任でローン支払いすることが求められるようになったのである。

　金融規制緩和をつうじた財政健全化と経済活性化というクリントンの政策で利益を得る者は多かった。富裕層は、より高額になるはずの税を免除され、ずる賢く金融業者を利用してかつてないほど複雑化した「金融サービス」から巨額の利潤を得た。いまや金融業者は、その種のサービスをほとんど無制限に売る許可を得ているのである。しかし貧困層の一部の人々も、わずかな期間ではあれ、多くの利益を得た。その利益はサブプライムローンがもたらしたものである。最終的にサブプライムローンは幻にすぎなかったが、しかしそれは、当時縮小の一途をたどっていた社会政策と、「柔軟化」された雇用市場の底辺にいる人々にとってもはや期待することができなくなった賃金上昇に代わって、あらたに貧困層の人々の目の前に与えられた手段だったのである。とくにアフリカ系アメリカ人にとって、住宅を購入することは「アメリカンドリーム」

9 David Spiro, *The Hidden Hand of American Hegemony: Petrodollar Recycling and International Markets*, Ithaca, NY 1999.

10 Robert Reich, *Locked in the Cabinet*, New York 1997.

11 Joseph Stiglitz, *The Roaring Nineties: A New History of the World's Most Prosperous Decade*, New York 2003.［ジョセフ・E・スティグリッツ『人間が幸福になる経済とは何か：世界が90年代の失敗から学んだこと』鈴木主税訳、徳間書店、二〇〇三］

12 Colin Crouch, 'Privatised Keynesianism: An Unacknowledged Policy Regime', *British Journal of Politics and International Relations*, vol. 11, no. 3, 2009.

の実現である以上に、かつての年金——もはや労働市場をつうじてそれを得ることは多くの人々にとって困難であり、緊縮財政を進める政府にもまったく期待できない——に代わる生活防衛策だったのである。

しばらくのあいだはサブプライムローンのおかげで、中産階級や貧困層の一部にとっても一九九〇年代から二〇〇〇年代初期に金持ちをさらに金持ちにした投資ブームに参加する魅力的なチャンスが到来した——後になって、それは偽りのチャンスであったことが明らかになるのだが。住宅価格は、通常であれば家を買うなど夢にすぎなかった人々からの需要が高まるにつれて、高騰していった。それにともなって、その人々に向けて、住宅の一部あるいは全部を抵当として、子どもたちの大学教育——この当時すさまじい勢いで値上がりした——や、賃金の停滞・低下により不足する個人消費のための資金を貸し出す新たな金融サービスが定着していった。さらに当時、不動産価格が青天井で上昇しつづけると期待されていたため、自宅を抵当にして手に入れた資金によって、第二、第三の住宅を購入することも珍しくなかった。かつて公的債務が増加した時代であれば、政府の借金により未来の資産が現在につくりだされ、利用された。しかしいまや、未来の資産を現在につくりだすのは、自由化した金融市場における無数の個人たちの借金契約である。その契約により、個人は好みの商品を手に入れるための購買力をその場で手に入れ、その代わりに、将来に期待される稼ぎのうちかなりの割合を債権者に支払いつづけることになる。

金融自由化はこうして、財政健全化と緊縮政策を埋め合わせた。個人債務が公的債務にとってかわり、急成長をつづける金儲け産業が高額な手数料をめあてに作り出した個人需要が、建設その他の部門の雇用や利益を支えることで、政府が統制する集団需要にとってかわる（図2．4）。この流れが加速したのは二〇〇一年以降、つまり連邦準備制度理事会が経済停滞とそれに由来する高失業率の再来を防ぐため超低金利へと舵を切ったときである。金融部門の前代未聞の利益にくわえ、民営化されたケインズ主義によってにわか景気が維持されると、これはヨーロッパの労働運動にとって羨望の的となった。事実ヨーロッパの労働運動のリーダーたちは、アメリカ社会の急速な負債増大を支えたアラン・グリーンスパンの金融緩和政策をモデル

図 2. 4　緊縮財政と民間の債務（1995–2008、対 GDP 比）

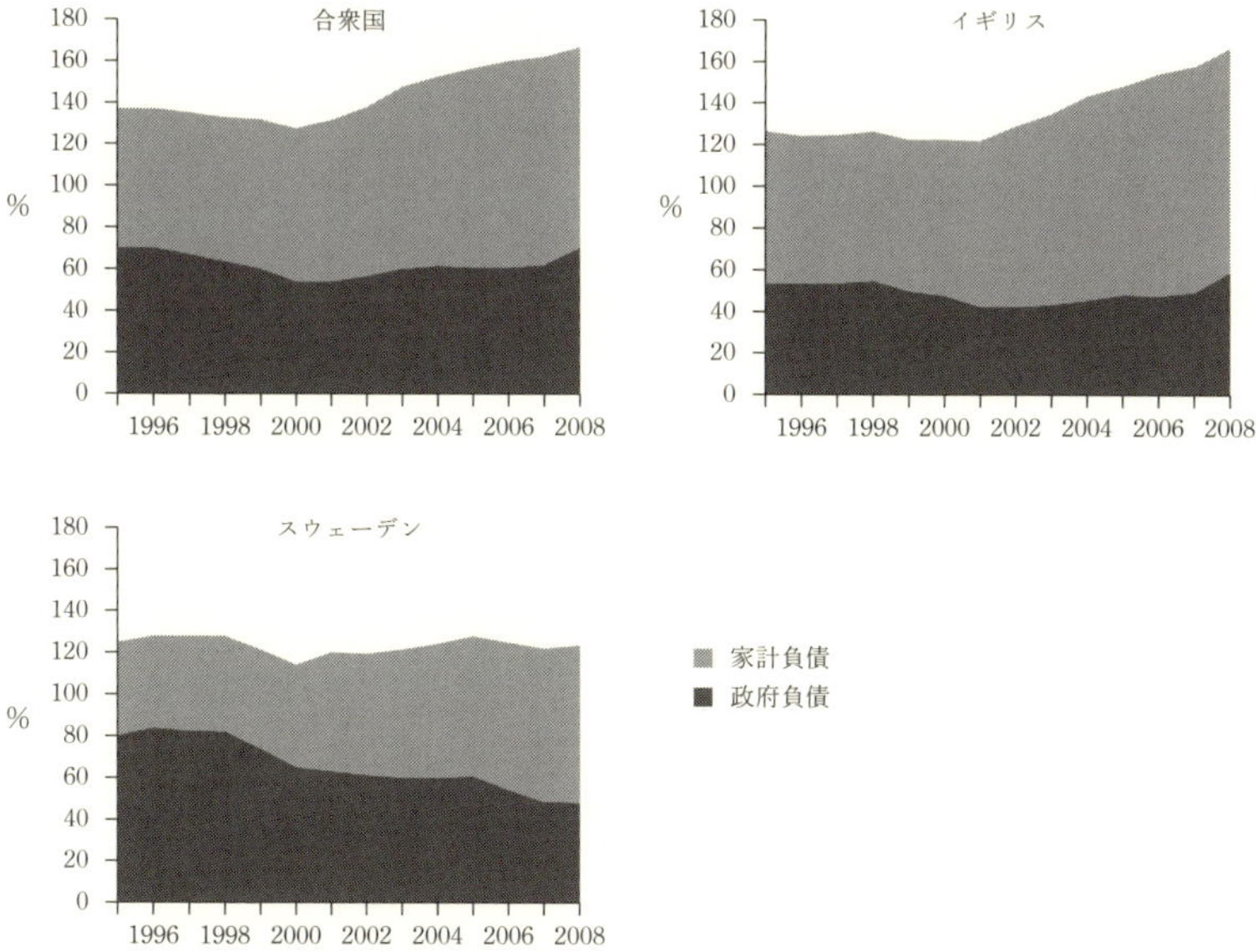

出典：OECD Economic Outlook Database No. 87, OECD National Accounts Database

として掲げ、連邦準備制度理事会は欧州中央銀行とちがい、通貨の安定供給だけでなく高いレベルの雇用率の維持を法によって義務づけられているのだ、と熱狂的に記していた。もちろん、これは二〇〇八年に、一九九〇年代から二〇〇〇年代初期の繁栄を支えていた金融業界への信用が国際的に崩壊したときに終わりを迎えた。

政府債務

民営化されたケインズ主義が二〇〇八年に崩壊すると、戦後民主制資本主義はインフレ、公的債務、そして民間債務の時代を経て、最終段階に入った（図2．5）[13]。各国の政府は、失われた経済への信用を取り戻すために、崩壊寸前のグローバル金融システムと不良債権（つまり緊縮財政の埋め合わせとして乱発された民間債券の末路）にたいして公的支援をおこなった。これにより、「実体経済」の破綻を防ぐために必要な金融拡大もあいまって、

図2.5　合衆国の民主制資本主義を襲う4つの危機

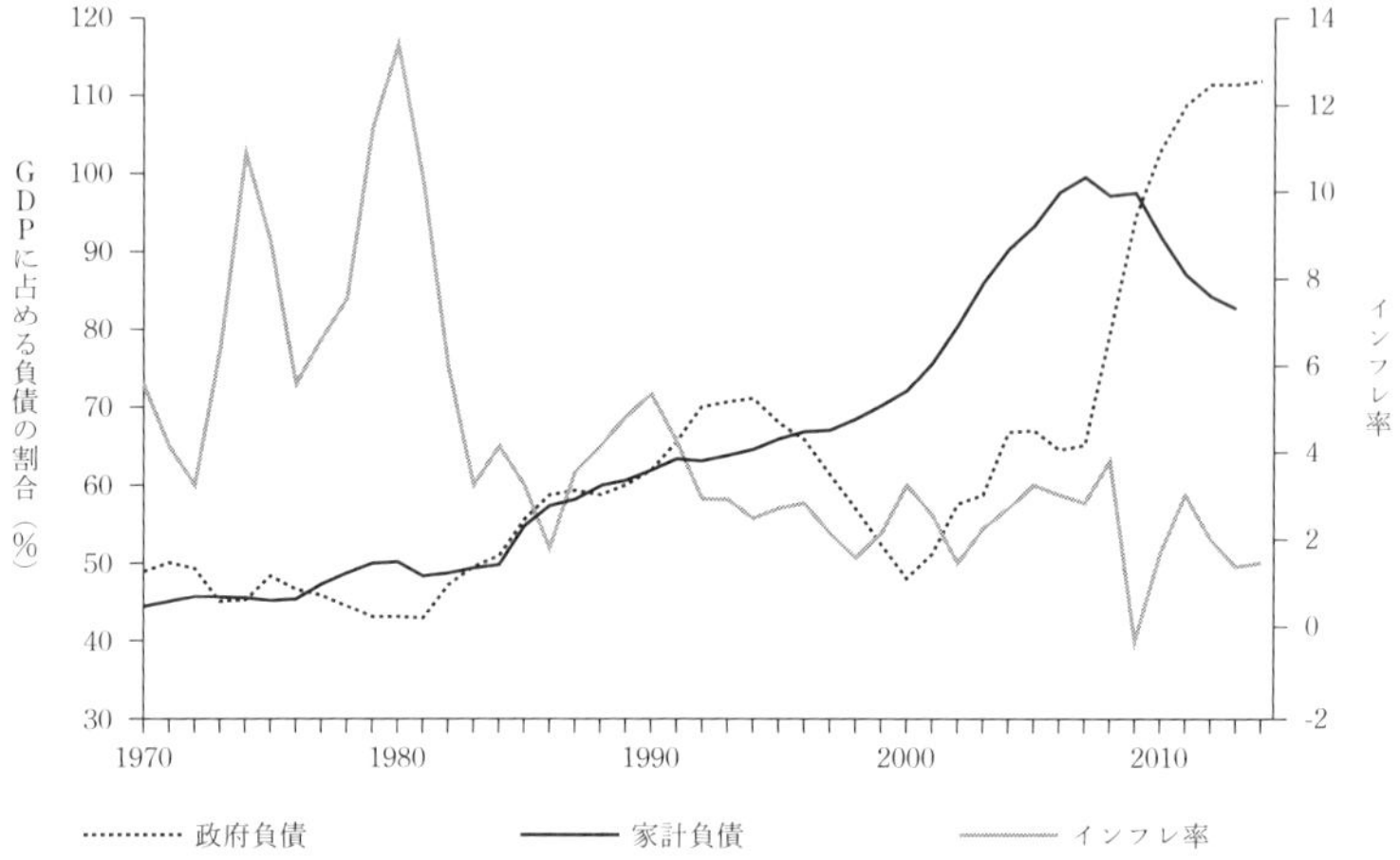

出典：OECD Economic Outlook Database No. 98, OECD National Accounts, OECD Main Economic Indicators Dataset.

公的債務および財政赤字は劇的に増加する。「公共選択」理論や、一九九〇年代にとくに世界銀行やＩＭＦの主導で書かれた多くの制度派経済学の文献によれば、その原因は日和見主義の政治家たちの無駄遣いや公的機関の見込み違いによるとされるが、その説明はまったく誤っている[14]。

　二〇〇八年以降の公的負債の量的な急増は、それまでにおこなわれた財政再建のための努力を完全に帳消しにした。つまりたとえ金融規制の行き過ぎた緩和に天罰が下されたからといって、そこから一九三〇年代の大恐慌に匹敵する経済危機が起こり、社会全体が混乱する事態が起こることは、どの国も避けようとしたのである。こうして政治権力は、現在の社会の安定を維持するために、またしても未来の資源に手をつけることになった。それらの国々は、民間の債権者たちを安心させるために、民間部門で新たに発生した債務のかなり多くの部分を引き取った。この措置により、金融業界はすぐさま立ち直り、異常なまでに高い利益と給与、ボーナスがふたたび回復された。しかし、国家から救済措置を受けた当の金融業界は、それに恩義を感じるどころか、「その救済措置は国家の能力を超えたものではないのか」と疑念を呈しはじめた。そして、グローバル経済危機にまだ終わりがみえないうちから、自分たちが大規模に投資した国債が未回収に終わらないようにするために、政府にたいして緊縮財政による通貨の安定化を声高に主張しはじめたのである。

二〇〇八年以降の三年間で、民主制資本主義における分配をめぐる対立は、グローバル金融投資家と主権国家の複雑怪奇な交渉に姿を変えた。かつては、労働者は雇用者と戦い、市民は歴代の財務大臣と、民間の債務者は民間銀行と戦ったものだった。しかし、いまや金融機関が戦う相手は当の国家である。そして、ついに金融機関は国家を脅してみずからを救済させるようになった。しかし、その背後にある権力と利害の関係はきわめて錯綜しており、もうすこし詳しくみる必要がある。たとえば金融危機以降、金融市場は各国にたいして（国ごとに金利が異なるので、国によって圧力のかけ方も異なるのだが）、ふたたび大規模な歳出削減に市民を従わせるように要求するようになった——つまり昔ながらの市場の論理にもとづく配分を強要するようになった。しかし、現在の多くの国家が抱える巨額の債務を考えれば、国債の利率がわずかに上昇するだけで、財政破綻が引き起こされかねないのは明白である。[15]同時に金融市場は、他方で国家にたいして債務不履行《デフォルト》（これは金融市場の圧力が高まりすぎたときに国家に残された選択肢である）を宣言させないように努めなければならない。もっとも危険な状態にある国家にたいして、他の諸国が喜んで財政支援をおこ

13　このダイアグラムは先進資本主義国たるアメリカ合衆国での展開を示したもので、この四段階が理念型のように展開されている。他国のばあいは、グローバル政治経済におけるその地位も含め、それぞれの固有の状況を考慮する必要がある。たとえばドイツでは、一九七〇年代にはすでに公的債務は急激に上昇を始めていた。これは、ドイツのインフレは連邦銀行の独立性と、同行がはやくも一九七四年には採用していた通貨政策のおかげで、ボルカーが登場する以前から低く抑えられていたことを反映している。Fritz Scharpf, *Crisis and Choice in European Social Democracy*, Ithaca, NY 1991.

14　代表的な論集として以下がある。James Poterba and Jürgen von Hagen, eds., *Institutions, Politics and Fiscal Policy*, Chicago 1999.

15　ＧＤＰの一〇〇％に匹敵する公的債務を抱えた国では、債権者に支払うべき平均金利が二％上昇するだけで、同額の年間債務が積み上がることになる。現在のＧＤＰの四％の赤字予算は結果として、その半分だけ増加させることになる。

なうのは、そのためである。つまり、ある国家が最初に債務不履行を宣言し、それにつづいて国債金利の全般的な上昇が起こることを、他の国家は避けたいのである。このような国家間の疑似的な「連帯」が生じるのは、投資家たちの利益を守るためである。ある国が債務不履行を宣言すると、それは別の国にある銀行も直撃する。その銀行が破綻しそうになると、その国家が、自国経済を安定させるために大量の不良債権を買い取らなければならなくなるのだ。

民主制資本主義において、社会的権利と自由市場の機能との対立は、これとは別のかたちで表現される。オバマ政権を含むいくつかの国の政府では、さらなる債務拡大によって新たに経済成長をもたらそうという動きがあった。これは、経済成長によって将来の財政再建政策が支えられる、という見込みにもとづいていた。インフレへの回帰をひそかに期待する者もあったろう。これにより、実質的に累積債務を減らすことができるからである。いずれの政策も、緊縮政策がもたらす政治的緊張を和らげるものとなるはずだった。そのころ、金融市場は政治介入にたいする戦いが明るいものになることを期待していた。これによって、市場の規律が全面的に再建され、それを覆そうとする政治的試みのいっさいが終わるはずであった。

さらに事態をややこしくしていたのは、金融市場は安全な投資のために国債を必要としている、という点である。金融市場があまり厳しく均衡財政をとるよう国家に圧力をかけすぎれば、きわめて望ましい投資機会を失いかねない。先進資本主義国において、中産階級は貯蓄のかなりのところを国債に回しており、他方で多くの労働者にはいまや多額の年金がつぎ込まれている。均衡財政を国家に迫ることは、中産階級が公債というかたちで貯蓄＝投資している額を、国家が税率を上げて奪い取るような事態を招きかねない。市民は利息が得られなくなったばかりか、子どもたちのために貯蓄を残すこともできなくなるだろう。しかし市民は、国家が借金から完全に解放されるとまではいわなくても、国家がまじめに債権者に借金を返しつづけてくれることを望むだろう。そうであれば市民は、自分たちが部分的に依存している福祉・公共サービスが大幅に削減されるとしても、国家の資金を増やすために税率引き上げを受け入れなければならない。

公的債務をめぐる国際政治が表面化する過程で生じる横断的な亀裂はたしかに複雑かもしれないが、財政安定化のための対価を支払うのはおそらく資金所有者以外、すくなくともリアルマネーの所有者以外の人間である。たとえば、公的年金改革は財政圧力によって加速されるだろう。そして世界のどこかで国家破産が起これば、民間年金もまた打撃を受ける。平均的な市民は、財政健全化、外国の財政破綻、公債の金利高騰や、場合によっては自国ないし国際的な銀行のさらなる救済のために、自身の貯蓄や年金のカット、公的サービスの削減や高率課税といったかたちで支払いをさせられることになろう。

一連の争点移動

戦後の経済成長が終わって四十年が過ぎると、民主制資本主義内部の構造的緊張関係の震源はひとつの制度的な位置づけから違うものへと移動し、かたちは違えどシステムとしては関連している一連の経済混乱が引き起こされている。一九七〇年代、社会的公正をもとめる民主的要求と、限界生産力による分配ないし「経済的公正」を求める資本家との対立は、主として国内労働市場で演じられた。ここでは、政治が完全雇用を保障するなか労働組合が賃上げ圧力を高めたことで、インフレが加速していった。実際、通貨価値の引き下げによる再分配が経済的に維持できなくなると、国家にたいして政治的に高いリスクをともなってもインフレを終わらせなければならないという圧力がかかるようになり、その点をめぐって選挙で争われることになる。有権者の福祉と公共サービスへの要求は、いつしか民主制資本主義経済が「租税国家」に任せることのできる限度を超えてしまい、政府がその要求に応えようとすることにより、歳入と歳出の不均衡が拡大し、その結果として公的債務が急増することになった。[16]

こうして政府は公的債務を制御するために努めなければならなくなった。しかし社会の安定を維持するには、それと同時に金融規制を緩和しなければならなかった。それは民間信用の枠を拡大することで、市民たちの社会保障と賃金上昇への規範的かつ政治的に強力な要求から身をかわすための代替案でもあった。しかし、これは十年もつづかなかった。国家は緊縮財政を埋め合わせるために、現在の消費と投資のために費やす額を将来に返済することを約束したのだが、その非現実的な約束の重荷にグローバル経済のほうが耐えられなくなってきたのである。それ以来、社会的公正にかんする人々の観念と経済的公正にたいする経済界の執着とのあいだの対立は、今度は国際資本市場、つまり金融機関と有権者、政府、国際機関とのあいだの複雑な駆け引きの場へと舞台を移した。現在の政府にとっての問題は、市場の要求する所有権と利益期待を市民の要求に優先させながら、国家の破産宣告を避け、また同時に民主的正当制を維持するにはどうしたらよいのか、という問題である。

インフレ容認、公的債務の引き受け、そして民間債務の規制緩和。これらは一方には社会権、他方には市場が評価する限界生産性という、民主制資本主義のもとに存する相矛盾するふたつの分配法則のあいだにおこる、どう見ても抑制しがたい対立に直面した政府の弥縫策に過ぎなかった。三つのどれもがしばらくは機能したが、そのあとは解決した問題以上のさらなる問題を引き起こすことになる。このことは、資本制民主主義において社会と経済安定を持続的に両立させるなどというのはユートピア的プロジェクトに過ぎないことを示唆している。その時々の危機に対処した政府がなしえたことはどれも、それらの危機を新しい戦場に移し替えることでしかなかった。この戦場で、それらは新たな装いで再登場する。資本主義の矛盾がつねに新たな経済的混乱の姿をとって次々と連続的に出現するというこのプロセスが、いずれ終わるとは思われない。

政治的混乱

ここまでくれば、台頭するグローバル政治経済体制下の民主制資本主義の政治的調整能力が近年になって大きく衰えていることは、国によって程度は異なりこそすれ、どの国においても明らかだと思われる。結果として、民主主義にとっても経済にとってもリスクは増大しているように思われる。大恐慌以来、政策立案者がこんにちほどの不確定要素に直面することはほとんどなかった。多くの例からひとつをあげると、たとえば市場は財政健全化のみならず同時に将来の経済成長の合理的な展望も期待している。しかしこの二つがどう結びつくのかはまったく不透明である。アイルランド政府の債務のリスクプレミアムが急落したのは、この国が急進的な債務削減を公約したときだった。それが数週間後にふたたび急騰したのは、財政健全化プログラムが経済回復を不可能にするほど厳格すぎるためだったと伝えられている。[17] さらにいえば、かつてないほど低金利の資金がだぶついている現状では、世界のどこかで次ののバブルが準備されている、という確信が広く共有されている。住宅のサブプライムローンは、もはや投資対象になることはないだろう。しかし原材料市場や新しいインターネットエコノミーがある。大事な顧客のために、そして当然自分自身のために、次の成長部門と思われるものに中央銀行の供給した剰余資金をつぎ込みたいという金融企業の欲望は止まらない。ほぼあらゆる面で、グレート・リセッション後の金融セクターの規制改革は失敗に終わった。当時とくらべて資金需要は多少増え、二〇〇八年には大きすぎてつぶせないと言われた多くの銀行は、二〇一二年も二〇一三年も当時と同じ規模のままである。したがって、それらの銀行は三年前（二〇一一年）と同じ仕方で世間を脅迫する力が残っている。しかし、現在では国家財政が限界にぶつかっていることを考えてみただけでも、もはや二〇〇八年と同じような仕方でふたたび国家が民間資本に公的支援をおこなうことは不可

16 Joseph Schumpeter, 'The Crisis of the Tax State' [1918], in Richard Swedberg, ed., *The Economics and Sociology of Capitalism*, Princeton, NJ 1991.［シュムペーター『租税国家の危機』］
17 言い換えれば、「市場」でさえ、成長は公的支出削減により刺激されるというサプライサイドの呪文を信じる側に手持ち資金を好きこのんで賭けようとはしないのである。他方で、過去の債務を脱するには新しい債務がどの程度なら十分でどの程度なら過剰なのかは誰も知らないのである。

能であろう。

　とはいえ、現在の危機においては民主主義もまた、経済と同等ないしそれに近いほどの危険に晒されている。現代社会の「システム統合」、つまりその資本主義経済の実効的機能が不安定になったというだけでなく、「社会統合」もまた不安定化しているのである。[18] 新たな緊縮財政の時代が到来するとともに、市民の権利と資本蓄積の要求を媒介する国民国家の能力が深刻な影響を受けているのである。世界各国の政府が、増税への抵抗の強まりに直面している。とりわけ過剰債務諸国――かつて消費したぶんを長い年月をかけて返済しなければならないために、税収がすぐに借金返済に回されてしまう――では、その抵抗は激しい。さらに言えば、緊密になる一方のグローバルな相互依存関係のために、経済と社会、資本主義と民主主義のあいだの緊張関係を一国の政治共同体のなかで処理することは不可能になった。今日、国際的な制限や義務に細やかに注意を払わなければ、いかなる政府も統治は不可能である。ここには、国民に犠牲を強いることで国家に迫る金融市場の統治も含まれる。民主制資本主義の危機と矛盾はこうして国際化され、自国内だけではなく国家間、つまりこれまで知られていないような組み合わせや入れ替えをつうじて表現されるものとなる。

　新聞にはほぼ毎日のように、主権をもつ民主制の国家にたいして、これまでには考えられなかったような仕方で「市場」が指令――たとえば、こちらの市民向けサービスについては継続を認めるが、あちらの市民向けサービスについては中止を要求する、という指令――を下している様子が書かれている。かつてグローバル経済に災厄がもたらされたときに、金融業界と資本主義経済を救済するために前代未聞の巨額債務を引き受けた国々は、いまやその災厄を引き起こした当事者であるマンハッタンの格付機関によって、国債の格付けを引き下げると脅されている。政治はあいかわらず市場に介入しているが、しかしそれは一般市民の日常生活や集団的組織能力の手の届かない次元での話である。たとえばアメリカ合衆国は空母だけではなく無際限に供給されるクレジット・カードによって武装しているとも言える。というのも、それで積み上がった借金を中国に買わせていることになるからである。それ以外の国々は、「市場」の教えに従わねばならない。

結果として、市民たちはしだいに自国政府を、自分たちの代理人ではなく、伝統的な国民国家とちがって選挙の圧力から完全に自由な国際組織、たとえばＩＭＦやＥＵのような国際組織や他国の代理人であると感じ始めている。ギリシャやアイルランドのような国々では、民主主義とおぼしきものは久しい前から停止している。国際市場や国際組織の定義する意味で「責任ある」振る舞いをするために、自国政府は緊縮政策を国民に押しつけ、その結果自国民にたいする責任はほとんど果たさなくなっていく。[19]

現在「市場」の攻撃にさらされているそれらの国々では、民主主義が横領されたというだけでは済まない程度にまで事態が深刻化している。経済的にはまだ比較的良好なドイツでもここ数十年、公的支出削減が行われている。加えて、ドイツ政府はまたしても債務不履行のリスクを抱えた諸国に自国民の資金を供給しなければならなくなるだろう。それはドイツの銀行を救うためだけでなく、ユーロ共通通貨を安定させ、銀行がひとつでも破綻すれば引き起こされかねない公債金利の全面高を抑制するためでもある。この政治的コストがいかに高くついたかは、メルケル政権の選挙資本がしだいに減っているということからも推測できる。この結果、ここ数年主要な地方選挙での敗北が続いているわけである。二〇一〇年のはじめにメルケルは、債権者もコストの一部を負担すべきである、という内容のポピュリスト的レトリックを用いたが、新規公債の金利のわずかな上昇というかたちで「市場」がそのショックを表現するやいなや、発言を撤回した。ドイツ財務相の言葉を借りれば、いまや論じられるべきは、グローバリゼーションからの新たな挑戦に対応できない古くさい「政府」から「ガバナンス」へと移行する必要性である。ここでいうガバナンスとは、連邦議会がもつ予算審議権を縮小させる、という意味なのだが。[20]

現在の民主国家の政治にたいする市民たちの期待と新たな主人たちの期待が合致することはありえない。

18　この議論は以下で展開されたものである。David Lockwood, 'Social Integration and System Integration', in George Zollschan and Walter Hirsch, eds., *Explorations in Social Change*, London 1964.

19　Peter Mair, 'Representative versus Responsible Government', Max Planck Institute for the Study of Societies Working Paper 09/8, Cologne 2009.

国際市場や国際組織は、政府だけでなく市民もまた責任をもって財政健全化に協力することを求めている。緊縮策に反対する政党は国政選挙で大敗する可能性があり、与野党はともに「健全な財政」を公約せねばならない。そうしなければ、債務返済のコストは跳ね上がるだろう。しかし、有権者に事実上いかなる選択肢もない選挙などというものは、まがい物でしかない。このことは、投票率の低下にはじまり、ポピュリスト政党の拡大から、そして路上での暴動を引き起こすことになるかもしれない。

投票率低下の原因のひとつ、分配をめぐる対立の場が民衆の政治からかぎりなく離れてしまったことにある。一九七〇年代のそれは国内労働市場であり、労資協調路線の運動や階級を超えた連携は珍しくなかった。これらはどれも、「路上のひとびと」の理解を超えていたわけではなかった。しかしそれ以降、民主制資本主義の戦場はどんどん複雑になり、政治や財政のエリート以外の人々にとって、背後にある利害関係を認識し、自分にとっての利害関係を見定めることは極端に難しくなった。[21]このため、民衆のあいだに政治的無気力が生じ、そのおかげでエリートはますます気楽に暮らすことができる。金融投資家に盲目的に従属するだけが唯一の合理的かつ責任ある振る舞いだと喧伝されている世界では、そのようなエリートたちはまったく信頼されない。そのような金融投資家たちの世界と異なる社会的合理性や社会的責任について話し合うことを拒否された人々にとって、その世界はばかげているようにしか見えない。こうなると、唯一の合理的かつ責任ある行動とは、高等財政 *haute finance* の仕事にできる限りのレンチを放り込むことだろう。私たちが知っているような民主主義が実質的に停止している、たとえばギリシャやアイルランド、ポルトガルのような国では、路上闘争と民衆蜂起は、市場で力をもたない者たちに残された唯一の政治的な主張の表現手段かもしれないのである。民主主義の名のもとに、さらにいくつかの事例が観察される機会がすぐにも訪れることを、私たちは期待すべきなのだろうか？

現在の経済的・政治的混乱の背後にある構造的矛盾と緊張関係を解決するために社会科学にできることはほとんどない。それでも社会科学は、現在の危機の本質を明らかにし、その歴史的連続性を示すことができる。また、民主主義国家が投資家たちのグローバル支配に奉仕する債権回収代行業者になっていった過程を描くことができるし、描かなければならない。グローバル投資家たちのオリガーキーにくらべたら、C・ライト・ミルズの『パワーエリート』でさえリベラル多元主義の輝かしい一例に見えるほどだ[22]。今日の経済的権力は、かつてないほど政治的権力へと変身し、他方で市民はその民主主義的な防衛手段や、資本所有者とは共有されない彼らの政治経済的関心や要求を表明する能力を、ほぼ完全にはぎ取られたかのように思われる。実際、一九七〇年代からの民主制資本主義の危機の歴史をふりかえれば、さらに進化した資本主義において新たな社会的対立の装置が（一時的ではあっても）生まれる可能性も高い。ただし今度の装置は資本家階級の都合に完全に適したものとなるだろう。というのも、いまや資本家階級は難攻不落の政治的要塞、つまり国際金融業界のなかに立てこもり、身を守っているからである。

20　ヴォルフガング・ショイブレによれば「私たちには新たなかたちの国際的ガバナンス、グローバル・ガバナンス、ヨーロッパ・ガバナンスが必要だ」（*Financial Times*, 5 December 2010）。もしドイツ議会にいますぐ予算権限の剝奪を提案すれば、「賛成票は得られまい」ということは、ショイブレも認めている。「しかし数カ月の作業期間を与えてくれれば、そして他国も同様に賛成するという見込みがあれば、チャンスはあると思う」。タイミングのいいことに、ここでのショイブレの談話は、ファイナンシャル・タイムズ紙の選ぶ二〇一〇年の最優秀欧州財務相として発せられたのであった。

21　たとえばいま国際組織から、再分配的な「連帯」を求める政治的アピールが、他のすべての国をサポートするよう求められているすべての国にたいし発せられている。たとえば、スロヴェニアはアイルランド、ギリシャそしてポルトガルを助けるよう求められている、という具合である。このことが隠しているのは、この種の「国際的連帯」によってサポートされるのは市井の人々ではなく、損失を被るか低金利を甘受せねばならない国内外の銀行なのである。また歳入の違いも無視されている。ドイツ人は平均的に見てギリシャ人より裕福であるが（何人かのドイツ人はほとんどすべてのギリシャ人より裕福でもあるが）、スロヴェニア人は平均的にみてアイルランド人よりかなり貧しい。アイルランドは統計的に見れば、一人当たりの所得はドイツも含め他のほぼすべてのユーロ諸国より高いのである。重要なのは、この新しい対立調整策は、階級闘争を国際対立に置き換え、財政緊縮を求める金融市場の圧力に同じように晒されているそれぞれの国家を戦わせているのである。市民である一般人は、たまたま他国の市民である一般人から「供物」を要求されているのであって、ずいぶん以前から役員賞与をふたたび受け取るようになった金融業界の連中から「供物」を要求されているのではないはずである。

22　C. Wright Mills, *The Power Elite*, Oxford 1956.［C・W・ミルズ『パワー・エリート』鵜飼信成・綿貫譲治訳、東京大学出版会、一九六九］

第三章　顧客としての市民——消費社会の新たな政治についての考察

四十年ほど前、「パブリック・インテレスト（公共の利益）」誌に掲載された有名な「公共財と私的領域の役割」という論文で、著者のジョセフ・モンセンとアンソニー・ダウンズは、なぜアメリカ社会はガルブレイスの言うように「私的領域は豊かなのに公共領域は貧しい」のだろうか、ということを問題にした。[12] 大企業が広告技術を不正でずる賢い仕方で使って消費者を騙しているため、消費者は「たいして必要でもなければ欲しくもない財やサービスを買わされている」という当時流布していた説明に、この二人の著者は納得していなかった。その説明に代えて、モンセンとダウンズは次のように主張した。民間部門と公共部門では財が異なる仕方で配置されていることを考えれば、「もっと根本的な要因」が作動しているはずである。消費者のほうは、「他者と競争し差異化しようとする欲望」をもち、それによって「他の社会集団や階級との明確な差異」を求め、さらに「自身の集団あるいは階級の内部での微妙な差異をつうじてみずからの個性」をつくろうとする。ウェブレンの『有閑階級の理論』における「誇示的消費」概念を参照しつつ、一九六〇年代のアメリカ社会における地位追求型の消費行動にかんする考察をつうじて、モンセンとダウンズは、こう述べる。その欲望が「人間の本源的性質の一部をなしていることは、過去と現在のあらゆる社会について、ある程度までは明らかである」、と。彼らによれば「この欲望はあまりに根源的であって、人間本性の「法則」とみなしてよい」。

それでは、このようにほとんど人類学的真理であるかのようにみなされた「消費の差異化の法則」が、現代の政治経済体制における私的領域と公的領域の資源配分とどのような関係をもつのだろうか？　モンセンとダウンズの議論の核心は、公共組織によって生産・配分される「政府財」が「同一物にみえるようにデザインされている」という彼らの主張にある。軍事用ライフルの画一化はその典型例だと彼らは言う。「そのような政府財は官僚機構にとって生産も管理も容易であり、政府財を配分する前提となっている平等の理念にも適合的である。しかし、そのような性質のために、先進産業社会における多くの財の主機能である差異化の役割を、政府財は果たすことができないのだ」。

ここで私は、さまざまな種類の財を求める人間の生来的能力にかんしてモンセンとダウンズが手際よくまとめた、二つの貯蔵様式の区別を使うことにしたい。それは、第一に国家によって管理される公共的・集合的な貯蔵様式であり、第二に商業市場を介する私的・産業的な貯蔵様式である。とはいえ、私はこの二つの様式を並べて比較したり、あるいは経済人類学のいう永遠の資産空間に照らして検討したいとは思わない。むしろ、ここでは二つの様式の相互関係の発展について、長期的な観点から考察してみたい。さらに私は、生産の多様化について、モンセンとダウンズのように人類にそなわる地位追求本能から考えるのではなく、効用最大化の特殊な様式との関連から考えてみたい。その様式は、必需とされる商品の供給から欲望される商品の供給へ、売り手市場から買い手市場へ、貧困社会から富裕社会への移行を支えるものである。そしてモンセンとダウンズの論文が発表された当時(一九七一年)のあたりから始まったのは、そのような移行である。その意味でも、私は公共領域の荒廃について、「直観主義」的な説明に立ち戻ることを提案したい(モンセンとダウンズは自分たちの人間‐自然理論にこだわって「直観主義」を拒否したのだが)。

1　この章の初出は以下のとおり。*New Left Review* 76, July/ August 2012, pp.27- 47.

2　R. Joseph Monsen and Anthony Downs, 'Public Goods and Private Status', *National Affairs*, vol. 23, Spring 1971, pp. 64- 77.

カスタマイズされる商品

　現在からふりかえってみれば、一九六〇年代から七〇年代にかけての時期は、戦後の資本主義下の民主主義にとって重大な岐路であったことがわかる。その時期から経済的な危機や衝突、国際的生産＝消費体制について多少なりとも一貫したとらえ方がされるようになった。それはまだ、第二次大戦後の「栄光の三十年間《トラント・グロリューズ》」に起こった空前の経済成長が継続しており、その経済成長が「フォーディズム」という概念で把握されはじめた頃であった。今日、私たちがその栄光の終焉にかんして思い返すとき、もっともよく触れられるのは、六〇年代末の世界的な労働運動の激化であろう。その労働運動で、当時の成長部門で働く労働者階級は、テイラー主義的な工場労働のあり方を拒み、労働時間の短縮と賃金引き上げ、さらに雇用における市民的権利を政治的に保証することを求めたのである。

　しかし資本蓄積の発展にとってボトルネックになったのは労働市場だけではなかった。労働市場ときわめて類似した変化は、生産市場にも生じていた。そして、この二つの市場の変化は複雑に結びついていたのである。フォーディズム体制は、標準化された財を大量生産することにより、田舎から都市への持続的な人口移動と工業製品にあふれた生活様式を社会にもたらした。そして人々は増加しつづける収入を自動車や冷蔵庫のような耐久消費財に費やすようになった。当初、それらの耐久消費財は家庭生活を支えるために必要とされた。その当時、それらの財の需要は目にみえてはっきりしており、それらが生活に必要であることも事実であったし、また人々が求め、手にすることができたのは安価で丈夫な製品であった。そして生産者のほうは、技術の発展と成熟によって、また大量生産のスケールメリットを活かして、商品を低価格で提供することが可能であった。その結果、生産市場は一部の大企業によって支配されるようになり、着実に増加する（ときには生産が追いつかないほどの）需要がそれを支えることになった。実際、当時のフォーディズム体制の生産者にとって製品を販売することは、生産することにくらべると何の問題もなかった。消費者たちにとって、製品が自宅に配送されるのを長期間にわたって辛抱強く待ちつづけることは日常的なことだった。

この分水嶺にあたる時代にかんして、私はドイツの経営者たちに直接インタビューをしたことがある。そのとき、しばしば彼らが郷愁を込めて私に語ったのは、一九五〇年代から一九六〇年代にかけての*Zuteilungswirtschaft*、つまり「配分経済」についてであった。その時期は、ただ一種類の標準化された製品を生産していれば、その製品はさまざまな層の顧客に配分されていくので、納期に間に合いさえすればよかったのである（これは別のドイツ語である*Versorgungswirtschaft*、つまり「供給経済」とも言い換えられる）。生産者間の競合関係は固定しており、消費者たちは製品の選択肢が増えることは期待しておらず、低価格でさえあれば満足した。T2型を発表したときのヘンリー・フォードの「黒にしておけば、顧客は好きな色に塗り替えることができる」という格言（訳注：ヘンリー・フォードの自伝〈一九二二〉に書かれていた言葉。黒色が塗装が乾くのがもっとも早かったので、T型は黒一色しか販売されなかった）は、戦後フォーディズム体制下の生産者と顧客の関係にもおおよそ当てはまる。それらの経営者たちが述べたことによれば、第二次大戦後の西側諸国における調整資本主義と東側諸国の社会主義のあいだの違いは、人々が思うほど大きなものではなかった。違いがあるとしたら、東側諸国のほうが製品が配送されるまでの期間が少々長かった、という程度だった。さらに、民間部門と国家部門のあいだにも大きな違いはなかった。郵政公社が電話サービスを開始するのも、フォルクスワーゲン社が新型車を発売するのも、さしたる違いはなかった。つまりどちらの場合も、顧客は半年から一年は待たなければならなかったのだ。西側ヨーロッパ諸国でモータリゼーションが開始したのは、実際のところ、国有企業あるいは国家から強力な支援を受けた企業によるものだった。たとえばドイツではフォルクスワーゲン、フランスではルノー、イギリスではブリティッシュ・レイランド、イタリアではフィアットがそうである。

一九七一年には、フォーディズム体制（後から振り返るとのどかな時代だった）が終わる兆しがみえはじめた。二十年にわたる順調な経済成長と完全雇用の時代を経て、労働者たちは反乱を起こし、企業利益から彼らの分け前を増やすよう要求するようになった。消費者のほうはもっと厄介だった。すべての西側諸国で、大量生産される標準的な耐久消費財の市場が飽和状態の徴候を示しはじめていた。もはや消費者にとって基本的に必要となる財はほとんど満たされていた。洗濯機はまだ動きつづけているのに、なぜ新型を買わなければならないのか？　というわけだ。買い換え需要だけでは従来の成長率には及ばない。大量生産をおこなうフォーディズム型企業、とりわけ自動車会社のあいだに、危機はもっとも明白なかたちで現れた。それらの企業はそれまでの期間にきわめて高い生産能力を獲得したというのに、いまや自分たちが危機に陥っていることを認識することになった。すなわち、ますます多くの労働者たちがテーラー主義的な工場体制に抵抗するようになり、また消費者たちも大量生産品の市場にますます関心を示さなくなっていったのである。一九七〇年代初め、フォルクスワーゲン社は、ビートルの販売額が急速に落ち込んだことにより深刻な経営危機に陥り、多くの者がこの会社が倒産すると考えた。[3] 人々のあいだには「成長の限界」という言葉が中心的課題として広まった。そして資本主義企業と民主政府は、資本主義的政治経済体制にとって根本的な危機とみなされたこの事態を克服するために、新たな方式を見つけだそうと絶望的な努力を重ねた。

現在の私たちは、この危機からどのように生産プロセスと生産ラインの両面における徹底的な再構築が引き起こされたかを知っている。労働闘争は消え去ったが、それはすくなくとも労働力供給が持続的に拡大したことによるのではなく、なによりもまず女性が賃金労働の市場へ大量に参入したこと、次いで生産体制が国際化したことによる。ここで私たちにとって重要なのは、製品市場の危機を克服するために企業が展開した戦略である。当時の左派には、この危機によって「労働による疎外」と「消費社会の専制」の両方が終わることを期待した者たちもいた。しかし、左派のそのような期待に反して、資本主義企業は製品と生産プロセスの再構築に躍起になって取り組んだ。新たなマイクロエレクトロニクス技術が登場したおかげで、企業は生産サイクルを劇的に短縮することができただけでなく、生産工程を合理化することができ、その結果として製品の損益分岐点を引き下げることができた。さらに、熟練労働を不要とすることができたため、より労働力が安価で優れている国に工場を移転することができるようになった。

手短にいえば、フォーディズムが終わる頃に、標準化された大量生産財が売れなくなり、長期的不況に陥ったとき、その状況の打開策として資本側が出した答えには、製品の標準化の度合いを下げることが含まれていたのである。製品のラインナップが見直され、それまでとは比較にならないほど多くの種類の製品が扱われるようになり、アメリカの自動車メーカーは、毎年のようにホイールキャップやテールフィンを新しいデザインに変えることで、より早く過去の製品が時代遅れになるように仕向けた（そのような売り方を証拠として、六〇年代末にモンセンとダウンズは「消費者の差異化の法則」を示した）。一九八〇年代までに、製品のデザインはますます多様化し、製造設備と労働体制はますますフレキシブルになった。その結果、フォーディズム的な耐久消費財は、かぎりなく消費者の好みにあわせてカスタマイズされることが可能になった。つまり、これまで一律化した製品をつくりだしてきた大規模な少品種大量生産体制は、一部の小規模な潜在的消費者の風変わりな好みに合わせるための努力が重ねられることにより、多品種少量生産をおこなう体制へと移行した。[4] 少品種大量生産体制に取って代わったこの体制は、大規模な服飾メーカーのような生産体制である。当時の顧客は、製品を買うにあたって、しだいに我慢と妥協を強いられるようになっていた。というのも、顧客のほうが理想として思い描く製品はますます多様化していったにもかかわらず、実際に製造業者が提供できる製品は「万人向け」の「一種類」しかなかったからである。個々の消費者の嗜好にあわ

3 以下の拙著を参照。Wolfgang Streeck, *Industrial Relations in West Germany: The Case of the Car Industry*, New York: St. Martin's Press 1984.

4 当時、これは大量生産から移行した「フレキシブルな特定化」（Michael Piore and Charles Sabel, *The Second Industrial Divide: Possibilities for Prosperity*, New York: Basic Books 1984）あるいは「性質多様化生産」とも呼ばれていた（Wolfgang Streeck, 'On the Institutional Conditions of Diversified Quality Production'.In: Matzner, Egon and Wolfgang Streeck, eds, *Beyond Keynesianism: The Socio-Economics of Production and Employment*, London: Edward Elgar 1991, pp. 21-61.）。

せたこのような製品の多様化は、まず工業製品において歓迎され、次いでサービス業においてもしだいに歓迎されるようになった。また、消費者の側も工業製品への関心と（大量生産による標準的な製品が満たす欲求とは別の）欲求を高めるようになり、自分の嗜好を洗練させていった。

このような多品種生産体制は資本主義経済にとって経済的魅力をそなえていた。それは資本主義経済が一九七〇年代の不況から脱出し、高付加価値型生産への移行を促す契機となった。つまり商品が消費者の好みに近づけば近づくほど、消費者はそれを買うために多くのお金を支払うようになったのである。実際、人々がますます激しく労働するようになると、彼らはますます製品を買うためのお金を借りるようになった。彼らが新たな経済成長のパラダイム（そこには飽和市場からモノ余り市場への移行も含まれる）に参加するためには、そうすることが必要だったのである。マイクロエレクトロニクス（半導体技術）革命の進展により、自動車の製品モデルは、消費者自身が自分の好みに合わせて新型モデルのデザインをすることができるまでに多様化した。一九八〇年代になると、ヴォルフスブルク市にあるフォルクスワーゲンの製造工場では、同じ日に同じ車が作られることはなくなるほど、製造の多様化が進行した。この変化をつうじて（しかも必然的に）自動車はますます複雑で高価になっていき、新たな製造戦略が成功するにつれて企業の利益は回復していったのである。

フォーディズム末期の長期不況を克服するための手段として登場した「製品のカスタマイズ化」は、当時の資本主義社会を「消費社会」へと向かわせた強力な流れの一部である。製品の多様化は、大量生産体制の時代には商業的に訴えることができなかった消費者の欲求を刺激することを狙うものだった。その戦略は成功し、消費者は欲求をかき立てられ、より多くの利益を企業にもたらしてくれるようになった。ここで私は、この生産体制の移行を主導したのが消費者の側なのか、それとも製造業者の側なのかという大問題に深く立ち入るつもりはない。この点についてモンセンとダウンズは、供給ではなく需要のほうに大きな原因があり、ジョン・K・ガルブレイスと同様、民間企業の側に不況の原因があるとみなしている。その時期にマーケティング技術が飛躍的に発展したことを踏まえれば、おそらく供給と需要の両方に原因があったと考えられる。マーケティング技術は消費者の嗜好を発見する、というより正確には「つくりだす」。つまりマーケティングは消費者に「あなたは何が好きですか」と尋ねながら、同時に消費者が好むであろうと思われる商品（これまで消費者が欲しいと思ったこともなければ、存在すら知らなかった商品も含めて）を提示する。その意味で「よいマーケティング」とは、消費者を「製品開発の協力者」として巻き込み、その時点ではまだ商品に向けられていない消費者の欲求（あるいは「潜在的欲求」）を市場に結びつけるものである。たしかに、フォーディズム時代の「売り手市場」が、マーケティング技術によって数年前には認識されなかった消費者の欲求をあらたに引き起こすことによって、「買い手市場」へと転換し、それによって製造業者は製品をつくるのにより大きな困難を抱えることになったことは事実である。しかし、資本主義における「市場の諸力」が社会生活をたえず侵食するようになる大きな一歩を踏み出したことも事実である。かつてローザ・ルクセンブルクはそのプロセスを『資本蓄積論』という本のなかで「土地収奪 *Landnahme*」と呼び、その形而上学的な特徴を明らかにした。いずれにせよ、製品市場が飽和した時期に、つまり経済成長の牽引力であった労働者階級の物質的欲求が決定的に弱まった時期に、利益を維持しようとした企業は、不況からの脱出口として、消費者に強い関心を向けるようになったのである。[5]

5 そのような事態から、一九七〇年代には「批判理論家」が多く現れた。早い時期にその事態を定式化したものとしてはクラウス・オッフェの一九六七年の論文がある（*Leistungsprinzip und industrielle Arbeit*, Frankfurt am Main: Europäische Verlagsanst 1970.）。この論文は、労働者たちの賃労働意欲の衰退が、需要の飽和によってもたらされたのではなく、生産体制の変化によってもたらされたことを明らかにした。オッフェは、人々がますます強く人生におけるさまざまな機会を求めるようになるとしても、それらの機会は「個人的能力の競争的誇示」(P. 166) にもとづいて与えられるのではなく、社会権にもとづいて適切に配分されることを期待していた。しかし高度に多様化した新しいデザインの商品がもつ魅力は、人々をますます競争的な個人所有へと駆り立て、能力の多様化にみあう報酬の多様化を現在にいたるまで推し進める原因になっている。

消費による社会化

ここで頭に入れておくべき重要なことがある。社会生活のかなりの部分が商品化されるようになったのは、先に述べたような市場飽和という亡霊から資本主義を救出するためであった。実際、一九七〇年代の経験から、企業は顧客と製品の両方を個別化することで売り上げを増やすことを学んだのである。消費の多様化は、個々人にたいして社会的アイデンティティの表現の機会を与えるものとなった。一九七〇年代から一九八〇年代にかけては、伝統的な家族とコミュニティの権威が急速に失われ、それによって市場は社会に生じた穴を埋め合わせる機会を手に入れることになった。この時期を解放理論家たちは新たな自治と解放の時代の始まりとみなしているが、それは誤りである。消費の多様化とニッチ（すき間）市場の出現は、それ以前の世代の耐久消費財を急速に古びたものにさせていっただけでなく、従来の労働者にたいしても女性をはじめとする新たな労働者にたいしても労働のあり方を変革させることになった。

多様性の商品化は、市場と広告の役割を、人々の生活の必要性を満たす役割から欲求へ奉仕する役割へと移行させることになり、その動きは自動車から始まってあらゆる商品へと広がっていった。さらに、フォーディズム末期から成長した香水や腕時計、ファッション衣料をはじめとする贅沢品産業も、ターゲットを絞り込んだマーケティングを駆使することにより、自動車と同じようなパターンで商品を多品種化し、売り上げを増やしていった。その典型例が一九八三年に登場したスウォッチ社である。当時はアジア企業が腕時計の内部装置を、従来の機械仕掛けの装置から水晶発振子をそなえたマイクロプロセッサに置き換えて、成功を収めていた（訳注：クウォーツ危機。かつてゼンマイ式の時計が主流であった時代には、スイスの時計企業がその卓越した技術によって市場に君臨していたが、七〇年代から八〇年代にかけて水晶発振子〈クウォーツ〉とマイクロプロセッサを利用した時計が日本企業によって安価に大量生産されたことにより、スイスの時計シェアが大きく落ち込んだことを指す)。その状況に対抗するためにスウォッチ社は、卓越したマーケティング技法を発明し、その商品展開によって成功を収めた。大量生産方式は捨てられたわけではなかった。ただし、その方式は従来にくらべて格段に洗練されていったのである。大企業の主流製品が君臨する市場のニッチ(すき間)を狙う「ニッチ・マーケティング」が発展した。たとえば少品種大量販売をおこなうマクドナルドの店舗拡大は、結果として商品の多様化に近い現象を生みだした。すなわちマクドナルドの広がりによって、逆に地域のローカルな料理が再発見され、かつてなく高級料理店が拡大することにもつながった。一九八〇年代になるとワイン生産者も、しだいに自動車会社の足取りを追いかけるかのように、従来のようにさまざまな地域のブドウを混ぜて一種類のワインを生産することは止め、地元の固有種を使用して多種類のワインを生産するようになった。

こうした商業化に向かう大規模な動きをもっともよく示しているのは、おそらくスポーツ界であろう。一九七〇年代までのオリンピック競技は、「アマチュア」と呼ばれる領域を守っていた。このアマチュアという概念は、競技者がそのスポーツでいかなるカネも得ていないことを意味し、そのスポーツはたんに個人的な趣味、あるいは場合によっては愛国的義務として取り組まれているにすぎないと公式にはみなされていた。しかし、この「オリンピック運動」は、ほんのわずかな期間のうちに巨大な集金マシンへと変貌した。つまりオリンピックは、競技者のみならず、多くのスポンサー企業、広告産業、メディア、そして身体的運動と関連する消費財を生産する広い領域の企業複合体にとって、カネを産むマシンとなったのである。このようにオリンピックがカネの世界と結びついたことで、スポーツがどれほど変容したかを振り返れば、誰もが驚かざるをえないだろう。というのも、かつてのスポーツ競技においては厳しい訓練と自己制御が尊ばれ、参加を認められた栄誉のほかにいかなる報酬も得ないことが賞賛されていたが、現在のスポーツ競技はカネの臭いの充満する快楽主義的なエンターテインメントになっているからである。過去のスポーツ競技が擬似的な戦場であったとしたら、現在のスポーツ競技はプロが用意したステージでおこなわれる青空パーティであり、競技者とファンたちに華々しく自己紹介をさせる機会をふんだんに与え、際限なく快楽を享受する能力を示す場所になっている。そして、そこでは競技者にも観客にも、ファッションが不可欠な部分を占めるようになった。このような社会制度としてのスポーツの変容――三十年も経たないうちに起こった禁欲的なスポーツマン精神から消費社会的なナルシシズムへの移行――を象徴的に示しているのが二つのドイツ企業、すなわちアディダス社とプーマ社である。この二つの会社は、もともとは二、三種類の競技用シューズしか作っていなかったローカルな企業であったが、いまや莫大な額を稼ぐグローバル企業へと変貌した。そして、その稼ぎのほとんどはファッション製品（すなわちモデルチェンジをつねに繰り返す数百種類にも及ぶランニングシューズから、はては男性向け・女性向けの香水にいたるまでのあらゆる商品）から得られている。[6]

ここで私が示したいのは、先に述べたような商業化は、ジンメルがいう「社会化 *Vergesellschaftung*」（個人が他の個人と関係を結び、世界において自分の場所を定める仕方を意味する概念）の新たな種類が生じるための、きわめて興味深い機会を提供したということである。ポストフォーディズム時代の欲望刺激型《アフルエント》市場が定着することにより、消費の可能性がはてしなく広がっていくと、人々は消費行為を自己確認あるいは自己提示の行為とみなすようになった（そこにはきわめて長い時間をかけて自分の好みの品を探すことも含まれる）。つまり人々は、消費をつうじて自己を特定の社会集団と結びつけたり、切り離したりするようになったのである。伝統的な社会統合のモデルと比べると、「消費選択による社会化」は、より自発的におこなわれるものであるだけでなく、より緩やかな社会紐帯とアイデンティティをもたらすものである。実際、その社会紐帯は何ら他者にたいする社会的義務を要求せず、またマルクスとエンゲルスのいう「現金勘定」の関係からも区別されるからである。したがって、成熟した欲望刺激型市場において商品を買うことは、消費者の選択を待ち受けているメニューの莫大な品目から、その消費者がもっとも好きなもの（そして自分が買うことができるもの）を選ぶだけで済むわけであり、その際に伝統的社会関係においては不可欠だった交渉や妥協をする必要がないのである。実際、先進的な消費社会において顧客が直面するのは交渉すべき人間ではなく、たんなる企業である。その企業のマーケティング部門は、その客のあらゆる欲求を、たとえその欲求がどれほど珍妙なものであろうとも、満たそうとする。こうした企業は、顧客と議論するようなことはけっしてしない。むしろ、それらの企業は顧客の言うことに耳を傾け、従い、そして顧客自身にもこれまで意識されたことのない欲求を先取りして知るために、あらゆる努力を重ねるのである。

こうした消費による社会化は、その本性からして対話的ではなく独話的であり、強制的ではなく自発的であり、集団的ではなく個人的である。この観点にもとづけば、この独特の消費型政治について、現在の欲望刺激型社会との関係から語るほうが実りがあるように思われる。ほぼ無限と言ってよいほどの商品の選択肢を与える成熟したポストフォーディズム市場においては、「重要な他者」から身分を保証される必要もなく、かつては商品を買うことによって獲得された集団的アイデンティティからもかんたんに逃れることができる。このようなポストフォーディズム市場の条件は、かつての画一化された大量生産品しか選択肢のなかった市場と、伝統的コミュニティ（すなわち家族、地域社会、国家など、個人に集団的アイデンティティを付与してきた共同体）の拘束的特徴からの一種の解放として、広く人々に経験されているのは明らかである。実際、今日ではファッションさえも、かつての画一的生産体制の社会にくらべると拘束的ではない――人によっては「抑圧的でない」と言うかもしれない。今では数えきれないほどの「サブ・ファッション」があり、音楽であれ衣服であれ、登場して数カ月も経つと投げ捨てられ、めまぐるしく流行が移り変わっている。

消費型コミュニティは、伝統的な「リアル・コミュニティ」にくらべると、かんたんに捨て去られる。社会的アイデンティティはゆるやかで弱い構造にしかもとづかなくなり、個人はまるでサーフィンをしてひとつの波から別の波へと移るように、ひとつのアイデンティティから別のアイデンティティへと乗り換え、し

6　これまで長らく、スポーツ言説を批判する人々は、その言説が競争と能力別報酬、時間的計測を特徴とする労働モデルに結びついている点を強調してきた。過去数十年間にスポーツ界は、女性参加の拡大やイベントデザイナーたちの疲れ知らずの努力など大きな変化を示したが、観客のほうは選手がセクシーで勝負が面白く思われるなら満足し、選手の努力には関心をもたなくなっている。

かも誰かからその理由を説明しろと圧力を受けることもない。多様化した市場は誰にたいしても何らかのものを提供する。市場の国際化によって商品の種類は増える一方であり、それとともに過去のローカルなコミュニティと現在のボーダーレス社会の消費者たちのあいだの違い（つまり購買をつうじて──あるいは「いいね」ボタンをクリックすることをつうじて──選択される共同体とその満足から見捨てられた共同体のあいだの違い）も大きくなる一方である。ツイッターやフェイスブックなどのソーシャルメディアによる社会化は、そのような傾向が拡大していることを示しており、さらに、それらの企業に対して個人をターゲットにしたいっそう高度なマーケティングをするための機会を与えている。企業や政治家、セレブたちは、ソーシャルメディアを使って、自分たちの「フォロワー」たちとの想像上の共同体をつくり、自分に都合よく利用する方策をすぐに覚え、いかなる時でも「似非パーソナル」なメッセージを受け取り、反応することができるよう待機している。政治家たちは、ソーシャルメディアという新しいテクノロジーは旧来の政党組織の弱体化した機能を埋め合わせるための手段として利用できる、と期待しているのだ。それは同時に、これからも政治がさらに個人化していくことを示している。いずれドイツのアンゲラ・メルケル首相は、自分がみたばかりのオペラがどれほど感動的であったかを「フォロワー」たちに即座に伝えるようになるだろうし、そのような時代はすでに到来しているのだ。

公共領域の市場化

フォーディズム体制末期、不況から資本主義を救出することを狙った社会生活の市場化は、いまや空前の規模にまで拡大した。そしてこの変化は、戦後の「混合経済」で確立された国家・自治体と個人市場のあいだの関係を、根底から掘り崩すことになった。それは必然的な帰結として、これまで公共的であった領域における市民と国家の関係、そしてこれから論じるように、政治のあり方を変容させることになった。消費財の多様化にともなって市場が劇的に変化するのと並行して、国家の側に生じた変化は、従来は公的に提供されていたいくつかのサービスを民営化し、資本投資の対象とする圧力が高まったことである。通信部門やラジオ・テレビなどの放送部門は、かつての利用者から消費者へと変貌した市民たちにとって、従来のサービス内容が時代遅れであり、退屈で、期待に応えていないとみなされるようになった。テクノロジーの発展によって、公共サービス部門も製造業と同じように商品を多様化することができるようになると、世界中の政府は以下のことを認め、進めるようになった。すなわち、要求が厳しくなる一方の消費者たちの期待に応え、彼らのあいだに生じる新しい欲求、とりわけもっとカスタマイズされた商品を望む欲求を満たすことができるのは、民間企業だけである、と。

そのような主張が広がって数年のうちに、まず通信とテレビが民営化され、公共部門のなかでもっとも商業化が進められることになった。その流れのなかから、二十世紀後半にトップクラスの資産額を誇る企業、つまりマードックやベルルスコーニのような企業家が率いる大衆娯楽企業が誕生したのは、偶然ではない。ドイツでは、一九七〇年代まで二つの公共テレビ放送局しかなく、主に公共の関心事を報告する番組と教育番組を放映していた。たとえばゲーテやシェイクスピア、ブレヒトの演劇の放送や、ドイツ連邦議会の中継放送が典型的な番組であった。今日、その当時と比較すると、ドイツの都市部には百を超えるテレビ局のチャンネルがある。そのほとんどは外国のチャンネルで、二つの公共放送チャンネルはもはや一部の老人しか観なくなっている。しかも、その二つの公共放送でさえ、民間放送の番組を真似て、より娯楽的な色彩を強め、視聴率を稼ぐような番組構成へと急速に変化している。こうした商業化の流れのなかで、さらに放送チャンネルの多様化が進んだ結果、イギリスのように人気番組を提供する有料テレビチャンネルへ移行する動きが、ヨーロッパのあらゆる国に広がっている。アメリカ合衆国でも似たような変化がみられ、いまや国営ネットワークは高度に多様化したメディアマーケットの隅へと追いやられており、ほぼすべてのチャンネルが娯楽番組で占められるようになっている。

公共の通信部門も同様の道をたどった。ドイツを例に挙げると、一九八〇年代まで電話通信部門は国営で、郵便局によって運営されており、電話通信部門で得られた利益は郵便サービスを支えるために使用されていた。当時の電話サービスのあり方は、次の事実がよく示している。つまり、公衆電話を使うときには「通話時間を短くするようにしなさい」と警告が入り、無駄な会話で国家の貴重な電話回線を独占的に利用しないように、市民たちに注意していたのである。その時代にくらべると、爆発的に成長を遂げた民間電話会社ひとつが数年前におこなったサービスは対照的である。その会社は、想定される消費者を細かくグループ分けして、それぞれのグループにあわせてカスタマイズした膨大な種類のサービスプランを用意し、若者向けの広告に、おそらくは前時代の公共電話サービスへの当てこすりと思われる、以下のようなスローガンを掲げた――「ぺちゃくちゃしゃべろう」。

三つめの事例として、既存の公共サービス部門の民営化の動きのなかで、新たに出現したパターンを挙げよう。それは水泳用プールである。戦後しばらくのあいだに、ほとんどすべての地域コミュニティに公営プールが設けられた。それらの公営プールはシンプルで地味であったが、それでもよく利用されていた。というのも、ドイツの人々は健康のために水泳がよいと信じており、子どもたちは精神的修練や水難救助のために水泳を習得することが義務とされていた。しかし一九七九年に利用者が減少すると、この「市民プール」は財政的に厳しくなった。それと同時に、娯楽性の高い民間プール(しばしば「娯楽プール」と呼ばれた)が人気を得るようになった。それらの民間プールは温水ジャグジーやサウナ、レストラン、人工ビーチ、さらにはショッピングモールを備えていた。入場料は公営プールよりはるかに高額だが、そのぶん楽しめる施設になっていた。その後、多くのコミュニティで公営プールが閉鎖されたが、なかには「娯楽プール」として改築・運営する契約で民間企業に売却されるところもあった。そのようなコミュニティでは市民向けのプールは維持されたが、そのためにコミュニティは多くの額を投資することになり、競争力を高めるためにしばしばプールの改装を重ねることになった。この場合も他の事例と同様、かつてより裕福でわがままになった顧客たちの気まぐれな要求に対応できるのは民間部門しかないという主張が、政治的リーダーだけでなく、それ以外の人々にも広がっていった。また、こうした状況で国家にとっての最善の手段は、もはや昔ながらの実用一辺倒の施設は閉鎖し、民間企業に任せることであり、民間企業に任せれば、華やかで娯楽性の高い施設をつくり、なにより多様な選択肢が用意される——そのような主張が広まっていったのである。

　このように一九八〇年代から九〇年代にかけて、公共サービスと民間サービスの違いについて、次のような政治的信条が受け入れられるようになっていく。すなわち、国家は人々にたいして想定される要求を定める（したがって、誰にとってもつねに同じサービスが提供されることになる）が、民間サービスは個々人が実際に抱いている要求に応じるのだ、と。このような政治的信条は、民営化を進める強力なモチベーションに支えられており、これまで市場にアウトソーシングされることがなかった政府の活動領域の中核にまで浸透していくことになった。ある時点から、各国の政府は公共部門よりも民間部門のほうが本質的に優れていると思いはじめ、市民にたいして自分たちを国家の官僚機構にとっての「顧客」とみなすように促しはじめた。その結果、役人たちは市民と接するにあたって、もはや法律あるいは一般意志を付託された正当な公的権威を代表する立場ではなく、市場競争のなかで顧客の要求と競争圧力につねにさらされるサービス業者の立場で接することをたたき込まれるようになった。ドイツのシュレーダー改革において従来の労働省Arbeitsamt が、新たに失業者を顧客として迎える部局（agency）として、労働局（Arbeitsagentur）と改称されたのも、このような方針に従っておこなわれた。もちろん、その改革はいわゆる「新しい労働《ニュー・レイバー》」を主張する「第三の道」路線に従ったものである。この路線は、国家によって提供されるサービスは非効率であると事実と憶測をまじえて主張し、国家は「顧客」の「現実の要求」に注意を向けないと主張しつづけてきた。こうした改革の核心は、「新しい公共経営（NPM）」のパラダイムを行政に導入することである。この新たなパラダイムにおいては、数値化された多種多様な業績評価が弾幕のように役人に浴びせられる。というのも、それらの業績評価は、民間企業がいまだ確立されていない商業市場からフィードバックを受けて業務内容を修正するのと同様の効果をもつと想定されているからである。

集合的ミニマム

このようにして新たに登場した「消費社会型政治」が、かつての「政治的なものの政治」と呼ばれた領域に与えた副次的効果は、国家機能の民営化よりも重大なものである。行政改革をつうじて、かつての公的機関が民間部門に委譲されると、それと同時に公的領域は狭まり、また信頼できないものとされ、公的サービスと民間サービスのバランスも後者のほうが多くの割合を占めるようになった。国家の正当性を支える物的基盤が縮小することは、国家の正当性の縮小に必然的につながっている。それでも、国家の政治的正当性の喪失は、たんに公共サービス分野だけにとどまるものではなく、シチズンシップ（市民権）の核心にまで浸透しつつある。かつての市民と国家の関係は、新たに登場したポストフォーディズムの消費財市場における顧客と生産者のあいだの関係へと否応なしに置き換えられつつある。

もう少し詳しく説明しよう。一九七〇年代の危機の後に資本蓄積のダイナミズムを取り戻すことを目的に進行した消費社会化の動きは、市民の側に顧客としての態度と期待を抱かせることを可能にした――それどころか、実際には市民にそのような考え方が推奨され、促された――だけでなく、その考え方は公共領域のすみずみにまで容赦なく広げられていった。このような新たな消費社会体制が登場したことで、従来の国家と昔ながらの製品は、かつてのフォーディズム時代に市場を飽和させた画一的商品のように、みすぼらしく古臭い印象を与えるものになった。この点について、モンセンとダウンズが公共の貧困と民間の豊かさのあいだの不均等を説明した先述の一九七一年の論文は、まさに先見の明があったと言えよう。ちなみにモンセンとダウンズは、国家にたいする市場の優越を礼賛するどころか、そのような情況に不満を抱いており、資本主義の政治経済において国家と民間の富のバランスを改善するために、いくつもの提案を出している。彼らによる政府への提案は「消費者間で社会体が多様化していく内在的動向」と戦うことではなく、その動向を受容し、「さらなる公共の目的のために消費の多様化に向かう欲望を利用する」ことであった。実際、彼らが提案した処方箋のいくつかは、一九九〇年代に公共部門の改革がおこなわれたときの政策方針に近いものである。すなわち、①従来は画一的であった「政府財」を多様化する　②「政府によって配分される必要のない財」を民間に任せる　③財とサービスを生産する民間企業を「政府財の調達者」として利用する　④「国防よりも教育と住宅支援」に力を入れ、そのために政府の活動を民間企業とさまざまな仕方で混合する　⑤政府活動の地方自治体への権限委譲を進め、一極集中を脱する、といった方針である。[7]

かりに彼らの提案が、魅力ある民間市場と競争をつうじて行政の正当性を回復するというきわめて重要な――たんに彼らの立場が一九九〇年代から二〇〇〇年代初期にかけての反国家主義的な新自由主義とはかけ離れているから、という理由だけでなく――提案であるように思われたとしても、その提案は政府活動においてて限られた領域で受け入れられたにすぎず、むしろ実際には彼らの意図しなかった領域に適用されることになった。選択の多様化と個人化への要求が高まると、（企業ではなく）政府による財とサービスの配分に適切性が求められるようになるものの、ある種の財の生産が問題になると事情は変わってくる。とくに市民の権利と義務に関わる財とその集団的配分については、その受給資格と義務をどのように量的に評価するかが問題になる。この点にかんして言えば、モンゼンとダウンズは「公共財」と「政府財」を同じものとみなしている。彼らは、「公共財」は、分割不可能であるけれども、それを消費する個人とは離れた特別な組織で生産されるもの、と考えた。しかし、実際には分割不可能であるけれども、その財を享受する人々によって生産される、もしくは意思決定がおこなわれるような集合的財はいくらでもある。たとえば社会的連帯や配分の正義、一般的権利と義務といったものは、市民権を構成する要素だからである。そうした集合財を、

7　Monsen and Downs, 'Public Goods and Private Status', pp. 73-75.

私は「政治財」と呼ぶことにする。そして私が主張したいのは、それらの政治財は、生産の多様化とは別の仕方で魅力を高められるべきであり、もしそれらの財が現代の消費財と同じ基準で評価されてしまうと、必然的にそれらの財が危機的なまでに欠乏する事態に至る、ということである。

とくにここで主張したいのは、「市民」という存在はその本質からして「消費者」のように快適な存在ではなく、かりに「市民」が「消費者」と同じような基準で評価されると、それは必然的に「市民」を消失させることになる、ということである。たとえ「市民権」を「消費者の権利」と同様にみなすとしても、それは「大量生産・大量消費の市場における消費者」という古い図式にもとづくべきであろう。つまり、各個人はそれぞれ異なる要望をもつにせよ、多くの点において他の人々と同様の要望にあわせて生きていかなければならない、という図式である。民主主義社会における市民は、たんに政治的な決定を「消費」する対象とみなされているだけでなく、政治的な「生産活動」にも加わることが促されている、というより実質的に強制されている。この過程において市民は、自分たちの具体的で集合的な、しかも吟味されていない「ナマ」の欲求が、公共空間のなかで批判的に吟味されるのを甘受しなければならない。また、市民たちが好きなように行動するとしても、それは個人的な行動ではなく集団的な行動であることが前提であり、その代わりに市民に対して投資がおこなわれ、高額の支出がおこなわれるのだが、その結果が誰かの好みにあうという保証はまったくないのである。実際、民主主義社会の市民に求められているのは、（かつては自分が反対し、あるいは現在の自分にとって不利益となるような）政治的決定を規律正しく受け入れる態度である。決定が個人的には受け入れがたく、満足できないという不満も、民主主義の正当な手続きをつうじて決定されたという市民的満足によって埋め合わされなければならない。民主主義社会への政治参加において各市民に要求されるのは、各市民が自分の選択を一般的原則にもとづいて合理化、もしくは修正する態度である。したがって民主主義社会において、各市民の要望は多様化する方向で発展するべきではなく、他の人々の要望と統合・統一する方向で発展するべきものである。さらにいえば、民主主義社会における市民は、消費者の場合と異なり、とくに税の支払いという方法で、共同体の全体にたいして一般的支援をおこなうことが求められる。具体的には法的合法性が認められた政府に市民から税が支払われるのだが、その時点で税金の使途は、特定の財やサービスをある時点の市場価格で購入するのとは異なり、未決定である。

政治的共同体というのは、理念や利害をともにする集団であり、その本質からして市場に委ねられることができないものであり、かりに市場に委ねるとしたら共同体の本質そのものが失われるだろう。高度消費社会において登場した嗜好の共同体が極端な柔軟性をそなえているのとは反対に、政治的共同体は基本的には運命共同体である。つまり政治的共同体が成員にたいして求めるのは、各人がバラバラに自分の個性を主張することではなく、各人が集団的に共有されたアイデンティティを受け入れ、自分の個性をそのアイデンティティのうちに統合することである。したがって市場的関係とくらべて、政治的関係は必要性にもとづき、厳格で持続的であるという特徴をもつ。つまり政治的関係は、市場的な選択にもとづく関係と異なり、義務と強力な紐帯を強調するのであり、また強調しなければならない。それは自発的というより義務的であり、独話的というより対話的であり、公益のために自己犠牲的な努力を要求する。アルバート・O・ハーシュマン（訳注：一九一五－二〇一二、ドイツの経済学者）の言葉でいえば、政治的関係は「発言」の機会を与えるが、「離脱」という選択肢は与えないのである。[8]

したがって政治的領域においては、資本主義の企業・生産の領域がフォーディズム以後に経験したような再設計は、経験されることがありえないのである。政治的領域は、たんに個人の気まぐれな要求に奉仕するのではなく、その要求を公的に検証し、諸個人の意志を集積してひとつにまとめた一般意志のうちに統合する使命をもっている。このようにみると、政治の中核には大量生産と親和的な構造がつねにそなわっていると言えよう。だからこそ現代の快適で自由な消費市場と比較して政治的領域を論じることには問題があるの

8 Albert Hirschman, *Exit, Voice and Loyalty: Responses to Decline in Firms, Organizations and States*, Cambridge, MA: Harvard Universiry Press 1970.

だ。政治的領域における生産物の多様化とイノヴェーションは、消費市場の生産物の多様化とイノヴェーションと足並みをそろえて進行することはありえない。というのも、政治的領域の中心にあるのは社会秩序の創造と制御であり、その帰結が個人の好みの違いにあわせた多様な生産物に分解されることはありえないからである。それは個人の消費活動、および消費者たちの生産活動への参加が究極的には自発的なものになりえないのと同様である。そのように考えると、現代の消費財市場が社会的要求を最適なしかたで満たす一般的モデルとされるようになるにつれて、また市民たちが公的権威にたいして、民間企業が各消費者にあわせて個別的なサービスや応答をするのと同様に、各市民が個別的なサービスや応答を期待するようになるにつれて、たとえ政治的指導者が努力を重ねたところで、公的領域と私的領域の区別を無視するのであれば、必然的に市民は公的権威に失望することになる。その結果、市民財を官民共同で生産しようとする意欲は枯渇し、政治的領域の基盤であるはずの市民財の生産能力も低下することになる。そして公的領域のうちに新たな市場モデルが浸透し、市民のあいだにポストフォーディズムの消費主義によって培われた消費者的な期待が強くなっていくと、政府が市民にたいして公的秩序を課す能力は失われ、脱政治化した市場社会が台頭することになる。[9]

消費としての政治？

高度消費社会の市場が消費者にとって卓越した魅力をそなえるようになったことは、政治的領域にどのような帰結をもたらすだろうか？　まず中産階級、すなわち政治的手段ではなく商業的手段をつうじて自分が望むものを入手できるほどの購買力をもつ人々は、複雑な仕組みでおこなわれる集団的な要求設定や意思決定にますます関心をもたなくなり、政治参加が求められながらも個人的な要求を犠牲にせざるをえない伝統的政治体制にもはや価値を認めなくなるだろう。そのような現象は「政治的無関心」と呼ばれるにせよ、だからといってそれは個々の市民にとって、現在の状況にかんする情報やニュースが必要でなくなることを意味するわけではない。もちろん、一部の人々が近年そのような無関心状態に陥っているのは確かであり、一九八〇年代から九〇年代にかけて商業化した世界を経験した多くの世代の人々がニュースへの関心を失っているのも事実である。ドイツでは、五十代より下の世代のほとんどが昔ながらの公共ニュースを放送している二つの公共テレビ局の番組をみなくなっている。五十代より上の世代も、たしかに投票率ではきわめて高い割合を占めているものの、彼らにとってさえ政治ニュースはますますエンターテインメントや娯楽スポーツの一種として受け入れられる傾向があり、そのプレイヤーたちはほとんど軽蔑に近い感情をもって眺められるようになっている。第二次大戦後、政党や政治家たちが現在ほど市民からバカにされるようになった時代はない。

政治的領域から市場的領域へと大規模な移行が進んだことは、かならずしも「政治参加の非伝統的あるいは非定型的な様式」と呼ばれる様式によって人々が自分の話を聞いてもらうことができなくなった、というわけではない。実際、若者たちや消費社会にどっぷり浸かった中産階級は、自分が何かに感動したり影響を受けたりするたびに、きわめて上手にその様式（訳注：フェイスブックやツイッターなど）を使いこなしている。しかし、そうした先駆的な人々の多くは、何かの「ため」ではなく、何かに「抗して」そのような様式を使いこなしているように思われる。その何かとは、すなわち典型的には共同体全体の集合的利益にかんして政府が進めようとしている事柄であり、その共同体の一部の人々——自分たちの将来の成功がもたらす広

9　私の議論のなかで政治と市場にかんする多くの部分は、コリン・クラウチの『ポスト・デモクラシー：格差拡大の政策を生む政治構造』［山口二郎監修・近藤隆文訳、青灯社、二〇〇七］の優れた分析と重なっている。ただしクラウチが著作で強調しているのは、公共領域の商業領域への「プッシュ」要因である。しかし私が注意を向けたいのは、衰退した民主政体においてポストフォーディズム的消費モデルがもたらす「プル」要因である。どちらの場合でも、政治参加が消費モデルにもとづいて再編され、市民が消費者として再定義され、国家的に構成された共同体が衰退していく問題を論じた点は変わらない。

い影響に責任をもたず、また責任をもつ能力もない人々――によって勢いよく放棄された事柄である。もちろん、そのような市民たちの疑念、つまり政府の計画は現実を無視したものであり、あるいは汚職に関係しているという疑念は、ほとんどの場合、正鵠を射ている。それでも、このような市民たちの政治参加のあり方が、個人の消費するかしないかの決定と同じように、政治的意思決定の文脈から切り離されたものであることに変わりはない。この政治参加者たちにとって重要なのは、ある特定の政策が政治的計画全体のすみずみにまで合致したものであるかどうかではなく、政治的指導者によって生産され、公的権威によって市民社会に課された「公共財」を「買う」べきなのかどうか、ということである。こうした政治参加においては政府に対してネガティブな意見の持ち主が圧倒的に多く、ほとんどの市民は集合的＝政治的配分にはほとんど期待しておらず、自分たちの要求にまったく合致しない多数派の決定に従うことを要求する政府の提案にはほとんど意味がない、と考えている。

　このように消費市場の個人主義的な商品選択のあり方が政治的選択に影響を及ぼすようになると、政策が従来の文脈から離れていくのは必然である。個人の政治的決定は、社会全体が組織されている（あるいは組織されるべき）秩序にかんする一貫した観点にもとづくことをやめ、その場その場で買われたり捨てられたりするものへと変わっていった。こうした状況は、いくつかの点で数十年前に「イデオロギーの終焉」と呼ばれた状況に似ている。しかし、そのようなことが主張された一九六〇年代は、社会は現在と比較にならないほど堅固に組織されており、その時代には現実主義的《プラグマティック》なエリートたちが高い能力を発揮して問題に対処することができた。その時代にくらべると現代の断片化した社会においては、かつて政策決定の前提にあった一貫した強力な「イデオロギー」は存在せず、政策の検討段階でさえあらゆる部分から抵抗にぶつかるという状況である。こうした状況は、多くの国々で政党の地位が低下している現象と明らかに関係している。というのも、かつての政党は、社会のさまざまな部門の多様な要求を多少なりとも一貫したひとつの基盤にもとづいてまとめあげるという、特権的な仲介者の役割を果たしていたからである。そのような役割に従ってつくられた政治綱領は、多くの国々で政党にとっても有権者にとっても意義を失ってしまった。あるいは、アメリカ合衆国のように、政党構成員ではなく世論調査員の指示にもとづいたその場しのぎの主張や約束のリスト、しかも選挙の直前に公表され、選挙が終わった途端に破棄されてしまうだけのリストが従来の政治綱領に取って代わってしまった。

現代の政治領域にみられるデタラメさは、個人消費における気まぐれさや集団的無責任ときわめて類似した特徴を示している。こうした特徴は、若者たちがこれまでになく政党への参加意欲を失っている現状にきわめて見合ったものである。つまり若者たちにとって政治綱領は、自分が個人的には望まないものであっても政党の一貫性と統一性を維持するために受け入れるべきものではなくなり、そのようなものに自身を同一化しようとは思わなくなっているのだ。繰り返すが、このように言うからといって、かならずしも政党が若者たちを惹きつけることができなくなった、というわけではない。しかし、政党政治の強力な伝統のあるドイツで起こったことをみれば、それがうまくいくのは、特定の政策主題にのみ政治参加するような人々が多く、政党に対して果たす一般的義務あるいは政党の規則を公的に受け入れる必要がない場合（もちろん、政治的キャリアを積むために政党に加入する人は別である）であることがわかる。つまり、「非常出口」のサインがつねに視界にあり、その出口が開かれたままでなければならないのだ。

このように主題が限定され、いつでも逃げられるような個人の政治参加のあり方は、現代の単一争点《シングルイシュー》政治の特徴であり、自動車や携帯電話の購買行動と構造的にたいして違いはない。つまり自分の熱が冷めたら、嫌な気分を味わうこともなく放り投げ、別のモデルあるいは別の種類の商品に手を出せばよいのだ。こうして政治参加は、ほとんど消費と同じ行動となり、個人にとって効用を最大化する快楽主義的な振る舞いとなる。そこでは一般的義務など求められないし、そのようなものが求められれば誰も姿を現さなくなるだろう。市民的義務としての政治参加は、高度消費社会の文化において、娯楽としての政治参加に変容したのである。そのような政治参加においては、集団的義務よりも個人の好みが優先される。他方、政治体制のほうも市場を真似ていった。消費者の流動性が高まっていくとともに企業の市場調査と広告にかける費用が爆発的に増加したのと同様に、投票者の流動性が高まっていくとともに政党の世論調査と広告にかける費用も増加した。しかし商品のイノヴェーションに相当するものは、政治的領域においてはほとんどみられない。さらに言えば、政治的領域においては商品を多様化することも困難である。しかし、ここで注意しておくべきことがある。それは、多くの国々で旧来の与党の力が衰え、「海賊」のようにミニ政党が増加している現象である。というのも、ひとつの与党が政治を牛耳っていたかつての状況からミニ政党が乱立する現在の状況への移行は、かつてのフォーディズム体制の消費市場から細分化が進む現在の消費市場への移行と、きわめて類似しているからである。

消費的習慣が公共領域へと浸透したことは、別の結果ももたらしている。それは、公共の政治をめぐる問題が、ますます自己中心的なパワーゲームへと矮小化され、政治家たちのスキャンダルや利己的振る舞いに左右されるようになってきたことである。もちろん、そうしたスキャンダルが国民の関心事になるといっても、それは商業市場の新商品にくらべると絶望的なほどタチの悪いものであり、市民の目からすると、政治がますます傍若無人になっているように映るだけである。こうして市民の関心はそこで起こっていることに釘付けになり、市場の力によって重要事項は関心を持たれなくなっていくという流れは、さらに強まっていく。つまり、政治家がますますタレント化し、その格好や見かけに市民たちの関心が集中するのである。そのような事態はすでにずいぶん以前から起こっており、今となってはその流れを押しとどめることは不可能であろう。というのも、すでに政治にたいする期待は甚だしく失われており、公共的な要求をまとめあげるために必要な市民のスキルも組織体制も、いまや取り返しがつかないほど退化してしまったからである。そしてタレント化した政治家たちは印象操作に特化しており、曲がりなりにも公共の利益を追求する代表としての役割を放棄しているからである。

中産階級とポストフォーディズム世代の若者たちは、公共領域よりも自分の消費生活を豊かにするほうを望むようになっているが、その彼らも購買力が不足しており、公的配分に依存する状況にある。公共領域の縮小は彼らにとって唯一の発言の場所を奪っており、本来は彼らのカネの不足を埋め合わせるはずの政治的関心を低下させる原因になっている。他方、商業市場から閉め出され、資源配分の対象とされなくなった社会の底辺にいる人々は、助けを求めるために、政治組織のうちに、自分たちよりも強力な味方を探さなければならない。さらに言えば、彼らのような貧困層の生活を改善することは、よき社会の集合的・政治的ビジョンにとって重要な事柄である。しかし市場は、彼らがいなくてもつねに成り立つものである。実際、高度消費社会における欲求の脱政治化の現象によって、貧困層はさまざまな点で苦難を強いられている。潜在的に改革指向の中産階級でさえも、集団的プロジェクトにたいしてあまり関心を抱かなくなっているか、あるいは真剣さを失っている。市場をつうじて自分たちに必要なものを個人的に手に入れることができるようになればなるほど、それらの中産階級の人々は税を支払うことに抵抗を感じるようになっている。実際、政治にたいする社会の敬意が失われるにつれて、あるいは政治と社会が関係を失っていくにつれて、税への抵抗はいたるところで——北欧諸国にさえも——噴出している。そして多くの裕福な国々で課税水準は下がっている。

そのような状況のなかで、貧困層の人々だけが取り残されている。彼らの目の前にある政治システムは、もはや権威を失っており、物質的資源を配分することもせず、いまやたんなる「政治演劇《ポリティテインメント》」と呼ばれるショーに堕してしまった。こうして下層階級は、若い世代に引きずられるかのように、ますます投票所に行かなくなり、彼らに「よりよい生活」をもたらす最後の頼みの綱であるはずのものから象徴的な意味においてさえ参加することを拒むようになった。このような西ヨーロッパの状況は、ますますアメリカ合衆国のそれに近づいている。その新自由主義による民主主義の変容は、アルバート・ハーシュマンがナイジェリア国有鉄道について報告した内容を思い起こさせる。すなわち、富裕層は集団全体の配分に関心を失っていくと、最終的には高くつくことになるにもかかわらず、手っ取り早い手段として民営化を進めることを選ぶのである。

こうして公共サービスを民間企業に有利な仕方で肩代わりさせると、それは公共サービスの質を一気に下げてしまう結果となり、民間企業のサービスを利用する経済的余裕がないために公共サービスに依存せざるをえない貧しい人々にとってさえ、公共サービスを使い物にならなくしてしまうのだ。[10]

10　Hirschman, *Exit, Voice and Loyalty*, pp. 44ff.

第四章　欧州「財政再建」国家の成立

財政再建国家は、古典的な租税国家が[1]、私のいう債務国家へと[2]移行した後に生まれたものである。このプロセスは一九八〇年代、あらゆる裕福な民主制資本主義国家で始まった。この財政再建国家は、「国家の財政危機」への現代的な対応策としてすでに一九六〇年代後半[3]、戦後の経済成長が終わりを迎えた時点に構想されていた。長期にわたる公的債務の増加と、そのコントロールを目指す現在のグローバルな試みは、いずれも先進資本主義の「金融化」とその複雑な機能および機能不全と関連している。[4]これから示すように、財政再建国家へ向かう現在のプロセスには、戦後の民主制資本主義の政治制度と国際秩序を、根底からつくりなおす意図が含まれている。このことは、とくにヨーロッパで顕著に現れている。というのも、ヨーロッパでは欧州通貨同盟（ＥＭＵ）の下で空前の規模の政治改革が進められたのだが、財政再建国家への移行はその政治改革とぴったり一致しており、また欧州通貨同盟が（訳注：南北の諸国のあいだで）非対称な財政安定

1　Joseph A. Schumpeter, 'The Crisis of the Tax State'. In: Richard Swedberg (ed.), *The Economics and Sociology of Capitalism*. Princeton: Princeton University Press, 1991［1918］, pp. 99-141.［シュムペーター『租税国家の危機』］

2　Wolfgang Streeck, *Buying Time: The Delayed Crisis of Democratic Capitalism*. London: Verso 2014.［シュトレーク『時間かせぎの資本主義』］

3　James O'Connor, 'The Fiscal Crisis of the State': Part I, *Socialist Revolution*, vol. 1, no. 1, 1970, pp. 13-54; James O'Connor, 'The Fiscal Crisis of the State: Part II', *Socialist Revolution*, vol. 1, no. 2, 1970, pp. 34-94; James O'Connor, *The Fiscal Crisis of the State*. New York: St. Martin's Press 1973.

4　Harry Magdo and Paul M. Swezzy, *Stagnation and the Financial Explosion*. New York: Monthly Review Press 1987; Susan Strange, *Mad Money: When Markets Outgrow Government*. Ann Arbor: The University of Michigan Press 1998; Greta R. Krippner, 'The Financialization of the American Economy', *Socio-Economic Review*, vol. 3, no. 2, 2005, pp. 173-208; Natascha van der Zwaan, 'Making Sense of Financialization', *Socio-Economic Review*, vol. 12, no. 1, 2014, pp. 99-129.

化装置へと変容していく過程とも一致しているからである。

本章で私は次の順序で話を進めたい。最初に、現在の財政健全化へ向けた努力が、二〇〇八年の金融危機を転機として進められたことを、手短にまとめる。次に、低成長（というより長期不況）時代の国内および国際的な財政健全化政策の概要と、そこで生じた経済格差の長期的拡大および際限なく膨らむ債務について概説する。それに続いて、ヨーロッパ特有の財政再建政策について論じる。すなわち、ヨーロッパの各国とその国際関係、および超国家機関のあいだの特殊な関係が統合されて「欧州財政再建国家」が出現し、それが欧州各国の国内政治および国際秩序の両方に根本的な影響を与えたことについて説明する。最後に、財政再建政策がもたらすいくつかの政治・経済的帰結を検討し、とくに国家・社会・市場のあいだの関係の変化について、および将来に予想される市民の民主的政府および民主的政治参加のあり方について考察する。

財政危機からグレート・リセッションへ

一九七〇年代半ばから、ＯＥＣＤ諸国の累積債務は急激かつ着実に増加していった（図1．4を参照）。その債務増加は、各国の経済力、政府の状況などと無関係に、同時期に諸国に広がっていった。北海油田はイギリスにとって、東西統一はドイツにとって、防衛費の増減はアメリカ合衆国にとって、それぞれ大きな変化をもたらしたが、それらの変化はつねに一時的であった。一九九〇年代半ばまでの二十年間、債務は増加の一途をたどる。一九九〇年代半ばになって、ようやく債務水準が安定したかに思われたが、しかし二〇〇八年以降は、ふたたび長期的な増加傾向を示すようになった。

公的債務が増加したのは、国家財政における非ケインズ的な累積赤字の蓄積の結果である。[5] つまり、政府収入に見合わない政府支出が続いたためである。これにたいする通俗的な説明は、制度経済学の「公共選択論」学派によって与えられた。この学派の説明によると、国家財政とは、民主的選挙で選ばれた与党と自分の議席を守ろうとする政治家たちにより、有権者たちの贅沢になる一方の要求を満たすために、責任意識を欠いたまま浪費される「共有資金《コモンプール》」である。[6] しかし、すでに示したように、[7] ＯＥＣＤ諸国における公的債務の長期的増加は、労働者組織や社会民主主義政策の長期的衰退と軌を一にしており、そのことは長期的な組合組織率の低下、国政選挙投票率の低下、ストライキのほぼ完全な消滅、高止まりした失業率、賃金停滞と経済的不平等の拡大に示されるとおりである。[8]

それでは債務増加の原因が、再分配を重視する民主政治ではないのだとしたら、いったい何が原因なのだろう？ すでに触れたように、マルクス主義理論家であるジェイムズ・オコンナーは、シュムペーターやゴルトシャイト[9]の流れを汲みつつ、すでに一九六〇年代後半の時点において、生産・所有の資本主義的関係の下で政府が動員できる財政手段と、先進的な資本主義経済を支えるための政府にたいする要求とのあいだに、もはや溝が開く一方であることを予想していた。オコンナーによれば、資本主義体制の国家は、資本蓄

5 非ケインズ的と述べたのは、ケインズ主義において債務返済は、経済が適切な成長レベルへ回復し、財政が黒字になったときに行われると想定されているからである。反ケインズ主義（とくにアメリカ合衆国）の経済学者たちのあいだには、早い時期からこの点を曖昧にしようとする試みがみられた。つまり彼らは、浪費家の政府にたいして公的会計から超過引出をおこなうための良い口実を与えたとして、ケインズを非難したのである。James M. Buchanan and Richard E. Wagner, *Democracy in Deficit: The Political Legacy of Lord Keynes*. New York: Academic Press 1977［J・M・ブキャナン、R・E・ワグナー『赤字の民主主義：ケインズが遺したもの』大野一訳、日経BP社、二〇一四］; James M. Buchanan and Richard E. Wagner, 'The Political Biases of Keynesian Economics'. In: James M. Buchanan/Richard E. Wagner (eds.), *Fiscal Responsibility in Constitutional Democracy*. Leiden: Martinus Nijho Social Sciences Division, 1978, pp. 79-100.

6 James M. Buchanan and Gordon Tullock, *The Calculus of Consent: Logical Foundations of Constitutional Democracy*. Ann Arbor: University of Michigan Press 1962.［J・M・ブキャナン、G・タロック『公共選択の理論』］

7 Wolfgang Streeck, 'The Politics of Public Debt: Neoliberalism, Capitalist Development, and the Restructuring of the State', *German Economic Review*, vol. 15, no. 1, 2014, pp. 143-165.

8 Schäfer and Streeck, 'Introduction'. *Politics in the Age of Austerity*, pp. 1-25.

9 Rudolf Goldscheid, 'Staat, öffentlicher Haushalt und Gesellschaft'. In: Wilhelm Gerlo /Fritz Neumark (eds.), *Handbuch der Finanzwissenschaft*. Tübingen: Mohr 1926; Rudolf Goldscheid, 'Finanzwissenschaft und Soziologie'. In: Rudolf Hickel (ed.), *Die Finanzkrise des Steuerstaats: Beiträge zur politischen Ökonomie der Staatsfinanzen*. Frankfurt a.M.: Campus, 1976［1917］, pp. 317-328.

積にたいして正当性と効率性の両方を与えなければならない。そのために国家は、ありとあらゆる社会的消費によって資本蓄積に正当性を与えると同時に、公共インフラへの投資によって資本蓄積の効率化を図った。さらにオコンナーは、公的部門の労働組合が民間部門の労働者と同じ水準の賃金と福利厚生を要求することにより、公共サービス部門のコストが増加の一途をたどり、その結果として国家財政が圧迫されることを予見していた。[10]彼とほぼ正反対の政治的立場にいたダニエル・ベルが、このオコンナーの分析を高く評価していたのは興味深い。ただしベルの場合、公共選択論学派と近い観点から、機能的必要性や構造的矛盾ではなく文化的変化を重視していた。すなわち彼にとっては、プロテスタント的価値観から物質的消費主義、つまり「ブルジョワ的快楽主義」への変化が重要だったのである。[11]

現在から振り返ってみると、租税国家から債務国家への道は、その当時に予想されていたほど直線的ではなかった。財政赤字が定着し、債務が増加していくのは、一九八〇年代初期のインフレ収束以降のことであった。それ以前は、経済成長が進まない代わりに高インフレ率によって公的債務の一部が帳消しにされ、債務の増加が抑えられていた。そして、そのあいだは雇用も維持されていた。[12]しかしインフレが収束すると、失業率は慢性的に高止まりするようになり、社会的支出が跳ね上がっていく。こうして十年ほど遅れたかたちで、国家財政は新自由主義的「改革」の管理下におかれることになった。この時点まで、公的債務は、「自動安定装置」としての社会保障制度が機能不全に陥ったこととの問題とみなされていた。[13]しかしつけくわえておくと、合衆国におけるインフレの終わりは、ブラケットクリープ（納税者が名目所得の上昇にともなって所得税の課税率の高い区分に移行する現象）の終わりでもあった。このブラケットクリープにより、とくに中産階級では課税率への不満が高まり、「税制改革」の主張に弾みがつくことになった。この税制改革が意味するのは減税であり、それも典型的には高額納税者にもっとも利するような減税であった。一九八〇年代初期のレーガン減税がその好例である。

一般的にみれば、「国家の財政危機」を引き起こした明らかな原因は、社会保障サービスの増加よりも、むしろ民主制資本主義諸国における課税率の引き下げにある（図1．5）。一九七〇年代半ばまで、税収はおおむね公的支出に見合っていたが、一九八〇年代半ばには停滞し、一時的に回復したものの、その後は二〇世紀末まで低下の一途をたどる。二〇〇七年には、税収は十二年前の水準まで回復するが、最終的には金融危機によってさらに低下していく。その原因は、資本主義経済の「グローバル化」にある。これによって、国家間の税率引き下げ競争が激しくなり、企業および富裕層向けの減税が進められていった。[14] その競争はまた、資本所有者にたいして、国家間ないし国際的なタックス・ヘイブンへの資産移転による課税逃れをする機会を増やすことにもつながった。[15] こうしてみると、一九七〇年代以降の裕福な民主制資本主義諸国の財政問題を悪化させた原因は、人々の高まる要求がもたらした革命にある、というのは事実である。しかし、それは（訳注：公共選択論者の言うような）一般市民の要求ではなく、資本家とその仲間たちの要求がもたらした革命だったのである。

もうひとつ、財政危機についての初期の理論が予想できなかったのは、資本主義国家がかなり長いあいだ

10 William J. Baumol, 'Macroeconomics of Unbalanced Growth: The Anatomy of Urban Crisis', *American Economic Review*, vol. 57, no. 3, 1967, pp. 415-426.

11 Daniel Bell, 'The Public Household: On "Fiscal Sociology" and the Liberal Society'. In: Daniel Bell, *The Cultural Contradictions of Capitalism*. New York: Basic Books, ch. 6, 1976, p. 250.［ベル『資本主義の文化的矛盾』］

12 インフレの政治的機能、そして一九八〇年代にそれを公的債務によって克服した手法については以下を参照。Streeck, *Buying Time*［シュトレーク『時間かせぎの資本主義』］; Wolfgang Streeck, 'The Crises of Democratic Capitalism', *New Left Review*, no. 71 (September-October 2011), pp. 5-29.

13 つまり、問題は甘やかされた市民がよりいっそうの公的な施しを要求しているという話ではない。しかし、失業保険は明らかに資本主義経済システムの正当性の鍵を握っており、経済的に困窮した市民が支援を受けるための権利を削減することは、すくなくともアメリカ合衆国以外ではかなりの政治的危機を引き起こす要因となる。

14 Philipp Genschel and Peter Schwarz, 'Tax Competition and Fiscal Democracy'. In: Armin Schäfer and Wolfgang Streeck (eds.), *Politics in the Age of Austerity*. Cambridge: Polity 2013.

15 OECD, *Addressing Base Erosion and Profit Shifting*. Paris: OECD 2013［経済協力開発機構租税政策・税務行政センター編『税源浸食と利益移転（BEPS）行動計画』日本租税研究協会、二〇一三］

支出超過分の資金を借金によって調達することができたという事実である。実際、二十世紀の後半三分の一の時期からそれ以降にかけて、公的債務は急増したが、それは資本主義経済の金融化と結びついている。その結びつきを可能にしたのは、金融部門の爆発的成長であり、また、金融部門がつくりだす信用貨幣《クレジットマネー》の急増であった。資本主義体制の諸国は、この信用貨幣により、次のような矛盾に折り合いをつけることができた。すなわち、一方では市民と資本家が公共インフラの充実をますます要求するようになり、他方では企業も個人も納税にたいする抵抗をますます強めており、この両者の矛盾はますます激しくなる一方だったのである。そして政府は、このような経済の金融化のおかげで、財政規模に見合わない支出増加に対処する時期を先延ばしにすることができたのである。またインフレ収束により名目金利が低下したおかげで、政府は債務増加をなんとかコントロールすることができるようになった。実際、当時のいくつかの政府は、ますます不安定になっていた税収の信用貨幣への置き換えを検討したほどである。さらに、国際状況も債務国家への変容を促した。とくに合衆国は公債を外国、とりわけ産油国の政府系投資家に売るようになった。というのも、産油国はアメリカの公債で利益を得る代わりに、その利益を「リサイクル」すること、つまり近隣諸国および自国民から政府を守るための軍事兵器を合衆国から購入することを狙っていたからである。

　こうして「金融サービス」は、合衆国でもイギリスでも、もっとも重要な成長産業になった。[16] ブレトン＝ウッズ体制が終わった後も、米ドルが国際的に主要な準備通貨でありつづけたおかげで、合衆国は「法外な特権」（ジスカール＝デスタン）を享受した。というのも合衆国は、外国から自国通貨（ドル）でカネを借り、そして必要に迫られれば無限にドル紙幣を印刷して借金を返すことができるからである。このような背景のもとでドルが潤沢に供給されたことにより、合衆国の金融産業は拡大し、とうとう世界全体の資本主義の金融部門へと変容していった。さらに、金融機関の劇的な規制緩和は、前代未聞の「金融改革」をもたらし、世界中の資本を吸い寄せることになった。それにより政府は、金融改革を新たな経済成長とみなすようになり、信用貨幣をやみくもに追い求めることになった。実際、信用供給の拡大により、国家だけでなく企業も、さらに後には家計までもが、急速に「借金による投資」に依存するようになったのである。こうして成立した債務国家は、先進資本主義のはてしなく債務を増やしていく運動のなかに組み込まれている。事実、その公的債務は全体の債務全体のごく一部にすぎないのである（図4．1に六カ国の事例を示す）[17]。

債務国家の運営は、資本主義の債務化の動きと密接に連動している。それがはっきりとしたのは、一九九〇年代に財政再建の最初の取り組みが開始されたときである。合衆国の一九九二年の大統領選挙では、財政赤字と貿易赤字という「双子の赤字」の解消を公約したクリントンが勝利を収めた。当時の人々は、一九八九年以降の「平和の配当（訳注：軍縮で浮いた費用を平和目的に割り当てること）」により財政支出を削減する可能性が開かれたと考えており、またスウェーデンが二度の財政危機（一九七七年と一九九一年）に直面したことを危険な徴候と感じていた。そのような状況を背景に、合衆国はＯＥＣＤやＩＭＦなどの国際機関をつうじて、債務増加を食い止めるために、支出削減と制度改革により均衡財政に回帰することを民主制資本主義諸国に呼びかけ、実行したのである[18]。そして一九九〇年代には、それらの諸国は公共支出の額を、伸び悩む歳入に見合った水準にまで引き下げることに成功した（図1．5）。

合衆国では、この路線が維持された結果、第二期クリントン政権の終わりには、とうとう財政が黒字に転じるにいたった。しかし、その黒字をもたらした大きな理由が、①通貨供給拡大にともなって金利が低下したこと、②一九八九年以降に防衛費が削減されたこと（この後すぐに上昇に転じる）、③（とくに金融部門の）経済成長により債務比率の分母が増加したこと、④（失業率低下と給付削減により）社会保障費が抑制

16 Greta R. Krippner, *Capitalizing on Crisis: The Political Origins of the Rise of Finance*. Cambridge, MA: Harvard University Press 2011.
17 金融部門の負債額がここに付加されれば、この図はよりいっそう明快になる。アメリカ合衆国では、その額は他の三部門の負債額を合わせた額に匹敵する。全部門の総負債額は一九七四年にはＧＤＰのおよそ四〇〇％だったのが、二〇一〇年には八〇〇％に上昇している。
18 James M. Poterba and Jürgen von Hagen (eds.), *Institutions, Politics and Fiscal Policy*. Chicago: University of Chicago Press 1999.

図 4.1　六カ国の部門別負債額の推移（対 GDP 比、金融業を除く 1995-2011）

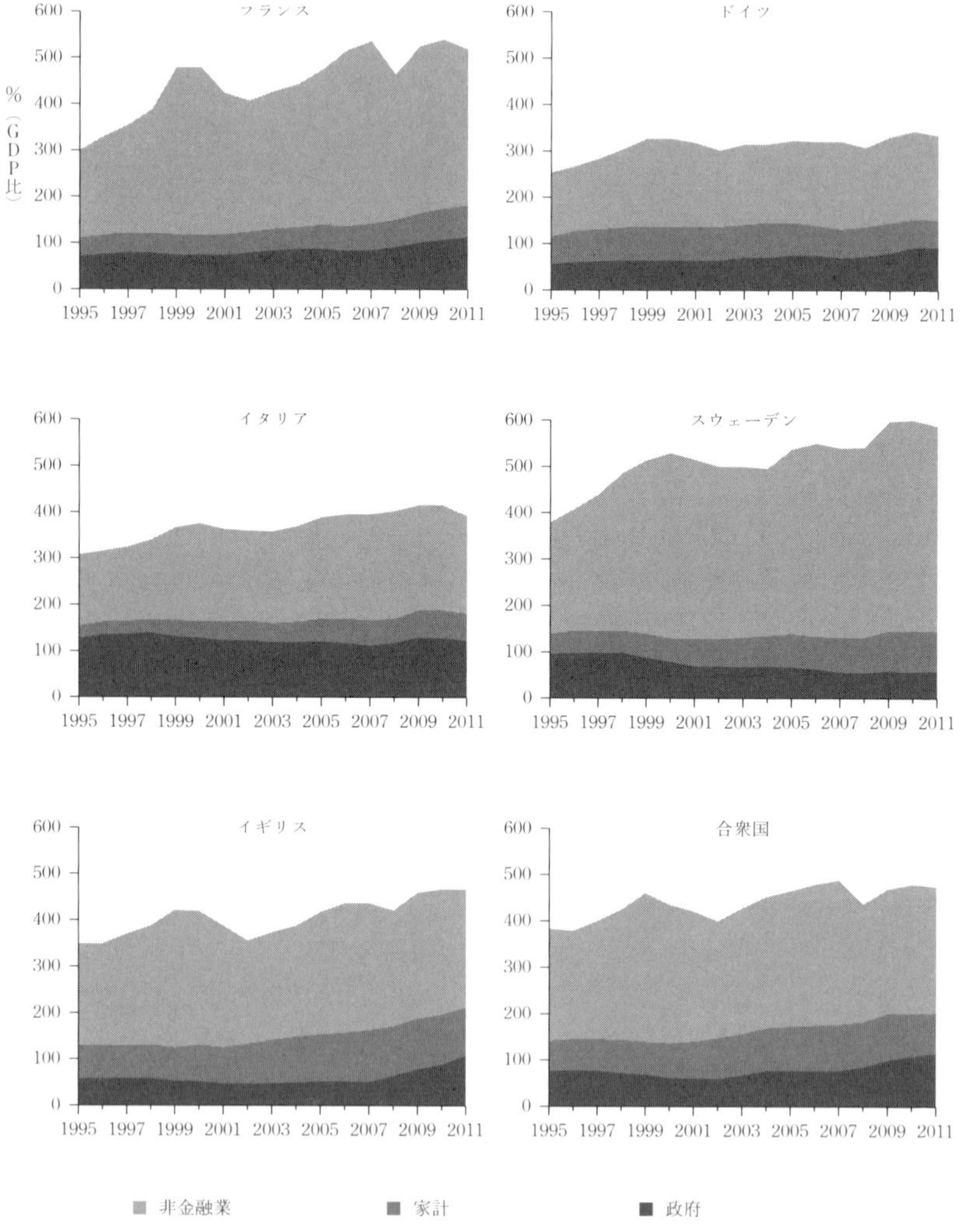

出典：OECD National Accounts.

されたことにあることは、ここで明記しておくべきだろう。[19]

一九九〇年代に財政再建の取り組みがおこなわれたのは、合衆国の有権者が（おそらく誤った情報にもとづいて）公的債務の増加を懸念したことを背景にしている。しかし同時に、債権者が国家の長期的な返済能力を懸念したことも、その背景にあったと考えてよいだろう。いずれにせよ、金融緩和と金融拡大が進行した当時、財政再建の圧力の高まりによって国家機能が縮小することは、民間部門に利益を与えるものであった。というのも、従来は無料で享受されていた公的サービスが廃止され、市民が民間のクレジットに頼らざるをえない状況がつくりだされたからである。したがって、金融化はたんに財政緊縮のために——つまり国家の債務返済能力にたいする信頼を維持するために——必要とされただけでなく、むしろ金融化こそが緊縮財政を可能にし、国家機能の縮小をもたらしたと言うことができる。家計は、公的サービスの削減を埋め合わせるために、中央銀行が定める低金利の誘惑に乗り、ますます借金を増やしていく。そのような状況は、従来は政府が管理していた領域に、民間部門が参入するドアを開くものであった。そのような民間部門による貸し付けは、公的支出の削減によって生じた需要を満たすことにもなった——これこそは「民営化されたケインズ主義」と呼ばれる効果である。[20]

この最初の財政再建ブームは、一九九〇年代後半からグレート・リセッション直前までの約十年間で、公的債務を低下させることに一定の成功を収めた（図1．4、七六頁）。ヨーロッパでは、欧州通貨同盟を規

19　一九九三年から二〇〇〇年にかけて、合衆国の公共支出はGDP比で四%減少し、他方で税収は二%上昇した。また財政赤字は一九九三年のGDP比で四%だったが、二〇〇〇年には二%の黒字に転じている。

20　Colin Crouch, 'Privatised Keynesianism: An Unacknowledged Policy Regime', *British Journal of Politics and International Relations*, vol. 11, no. 3, 2009, pp. 382-399; Colin Crouch, *The Strange Non-Death of Neoliberalism*. Cambridge: Polity Press 2011. あわせて以下も参照。Monica Prasad, *The Land of Too Much: American Abundance and the Paradox of Poverty*. Cambridge, MA: Harvard University Press 2012; Raghuram J. Rajan, *Fault Lines: How Hidden Fractures Still reaten the World Economy*. Princeton: Princeton University Press 2010; and Gunnar Trumbull, 'Credit Access and Social Welfare: The Rise of Consumer Lending in the United States and France', *Politics and Society*, vol. 40, no. 1, 2012, pp. 9-34.

定するマーストリヒト条約において債務制限額が定められたことが、公的債務の低下に寄与することになった。逆にアメリカでは、ブッシュ大統領時代の減税と軍事費の急増により、この流れは停滞することになった。しかし、このように公的債務の縮小が進んでも、それとは別に民間債務は拡大の一途をたどっていた。そして二〇〇八年の金融危機によって、それまでの努力のすべてが――それまで一時的にではあれ公的債務の増加が抑制されていただけに――まったく無駄になってしまった。ここにおいて、債務国家と現代資本主義の金融化の動きとのあいだの密接な関係が明らかになった。つまり、金融規制緩和のもとで民間セクターがつくった不良債券を、国家が吸収するよう強いられたのである。事実、国家は国民経済の全面的崩壊を防ぐために、景気刺激策をおこなう必要に迫られ、そのためにさらに債務を増やすことになった。このように、国家は投機的市場――政府が金融規制の緩和と低金利政策をつうじて拡大させた――の崩壊から自国社会を守るために債務を増やす羽目になったのだが、皮肉なことに、「金融市場」はその国家の債務返済の力を疑問視するようになったのである。債権者の国家にたいする信用低下は、国債のリスクプレミアム（訳注：証券の期待収益率と無リスク金利との差。リスクの高い国債ほど金利が高く設定される）の上昇として表れる（図4.2）。そうなったとき、従来の債務国家は財政再建国家としての道を歩むことが強いられるのである。[21]

困難な時代の財政再建

財政再建国家の政策を理解するには、それに先立つ債務国家の政治経済を概観する必要がある。債務国家は、経済格差の一般的な拡大と深いつながりがあり、それと同時期に出現した。「グローバル化」の進行とともに資本主義経済の課税能力が衰えたことにより、政府の側からの借入需要が急増し、他方では富裕層（彼らは貨幣供給の拡大にともなってますます増加した）にたいする減税がおこなわれる。その結果として、債務国家は税の徴収がますます困難になり、市民が国債を安全な投資先であると思っているかぎり、もはや

図 4.2　国債長期利率の推移（OECD 諸国から抜粋、1998-2014）

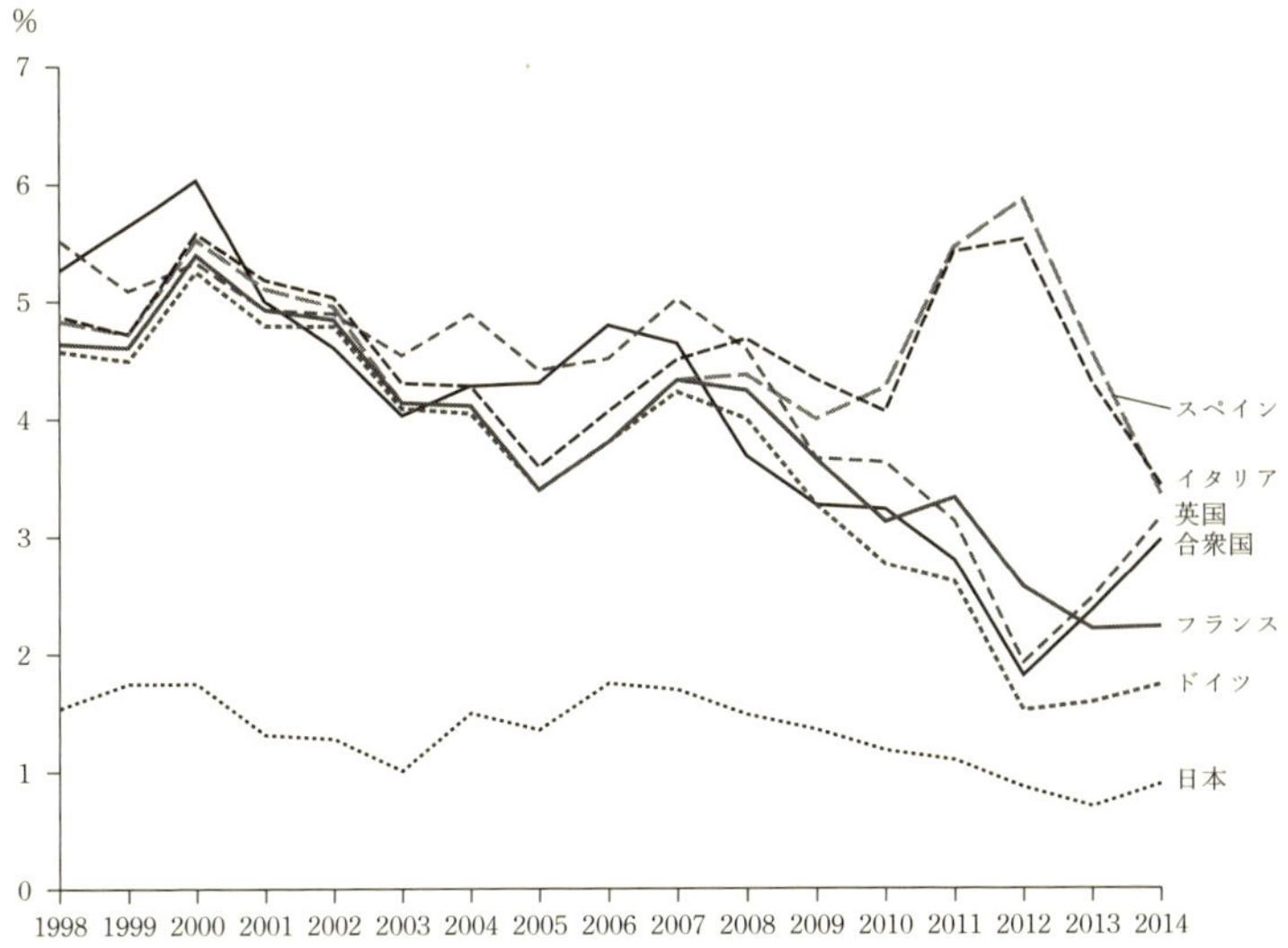

※ギリシャを入れるとグラフのスケールが大きく変わり、他の諸国のグラフが見えなくなるため除外した。
出典：OECD Economic Outlook No. 95.

税収を借入金で置き換えるほうが都合がよいと考えるようになる。こうして債務国家は、高収入の市民にたいする税率を下げる代わりに、彼らが手持ちの資金を安全な投資先に振り向け、そこで得られた利益を子どもたちに残すことができるようにしたのである。しばしば専門家が指摘することとは異なり[22]、裕福な民主主義国における富裕層は、かならずしも政府債務の増加に反対するわけではない。というのも、政府債務の増加に代わる手段が選ばれるとしたら、富裕層にたいする課税率が引き上げられる可能性が高いからである。それでも富裕層が確実に懸念しているのは、政府の利息支払い能力に疑念を生じさせるほど債務が増加してしまうことである。

どれほどの債務額であれば債務過多と言えるのかについては、一般的な回答はない。政府は古い借金を新たな借金によって支払うし、それができなくなると債務不履行となる。どれほど負債が増えれば金融市場が国家にたいして貸出を停止するのかは、事情によってさまざまである。なぜなら、貸出停止の判断は、国家債務の規模にもとづくのではなく、国家の支払い能力に対する市場の信用にもとづくからである。したがって債務が増加すると、債務国家は、支払い能力を超えてしまうほどリスクプレミアムが上昇してしまう状況を防ぎ、市場からの信用を維持するために最大限の努力をする必要に迫られる。通常、国家は債務不履行に陥ることを全力で避ける、と思われている。というのも、債務不履行に陥ると、その国家は長い期間にわたって借入をすることが不可能になるからである。この点にかんして、国家にはひとつの有利な点がある。つまり国家は、債権者への返済に必要な資金を手に入れるにあたり、自国民にたいして権力を行使することができる、という点である。[23] また政府はその配下たち、とりわけ政府によって経営の健全性が監督されている金融業者たちにたいして、手持ち資本の一部で国債を（特別に安全な投資であると約束して）強制的に購入させることもできる。他方で債権者のほうは、戦争を起こすのでないかぎり、主権国家に返済を強制し、その資産を差し押さえる手段をもっていない。国家の破綻を処理する国際的な体制をつくり、債権者と債務者の権利と義務を定め、なんらかの仕方で国際的な調停機関をつくろうとする試みは、これまでのところまったく成果を上げていないのだ。

したがって、財政健全化とは本質的には信用構築の手段である。その目的は、金融市場に債務返済が可能であることを示すことで、金融投資家を惹きつけることにある。借入をなくそうとする国家について、財政健全化が必要とされることはほとんどないのである。国家の累積債務に縮小傾向がみられたとしても、新たに借り換えをしなければならない古い債務が山のように残っており、自転車操業がつづく。そのようなわけで、国家にとっては債務が増えても減っても関係なく、国債のリスクプレミアムを下げることが死活問題であることに変わりはない。というのも、その利率がわずかに増えただけでも、財政に大混乱が引き起こされる可能性があるからだ。[24]

現在の財政再建国家が生まれたのは、債務比率の拡大傾向に歯止めをかけることを要求する金融市場にたいして、政治制度上の回答を示すためであった。しかもそれは、一九九〇年代に始まる財政再建の第一波で得られた成果がすべて吹っ飛び、債務が劇的に増加した時点でのことである。金融市場は貸出を継続するために、各国政府にたいして、公的債務の政治的制御、つまり債務の長期的増加傾向を止める（あるいは逆転させる）能力を保証させようとしたのである。財政再建を求める債権者の要求は、過去四十年の次のような経験を反映していた。まず、不況時に借入をすることができるように好況時に債務を返済する、という政府のケインズ主義的な約束が守られなかった経験である。次に、財政拡大がラチェット効果（訳注：収入が少なくなっても支出の減少傾向に歯止めがかかり、支出が減らないこと）をつうじて債務をさらに増加させた経験である。したがって財政再建は、政府が返済不能に向かって一直線にひた走る状況を逆転させ、ふたたび政府の財政を持続的に安定させるための方策であった。

債務の抑制・縮小は、おそらく債務の返済によっても、あるいは金融抑圧（訳注：中央銀行の大規模緩和などにより名目金利を低く抑え込み、実質金利をマイナスに維持すること）によっても達成される見込みはない。

21　図4．2は国家の債務レベルと資本市場へ支払うべきリスクプレミアムのあいだに一対一の対応関係はないことを示す。たとえば日本は記録的な低金利で巨額の国家債務を借り換えている。ほんのいくつかの国（二〇〇九年以降のギリシャ、アイルランド、ポルトガルその他を付け加えることもできるだろう）の金利の突然の高騰が、欧州連合でそうであったように「改革」によって市場の信頼を取り戻す全面的な努力を引き起こしたこともわかる。詳細は次節にて。

22　Uwe Wagschal, *Staatsverschuldung: Ursachen im internationalen Vergleich*. Opladen: Leske + Budrich 1996.

23　しばしば述べられるように、「民衆」を主権者にすることにより、民主立憲政体は、政府の債務を民衆の債務に転化させてきた。王とは異なり、民衆それ自体が死んで消えてしまうことはない。そして民主制においては、政府債務は民衆自身が背負った債務と解釈され、それゆえ民衆は道徳的に責任があると見なされることになる（Marion Fourcade, Philippe Steiner, Wolfgang Streeck and Cornelia Woll, 'Moral Categories in the Financial Crisis', *Socio-Economic Review*, vol. 11, no. 4, 2013, pp. 601-627）。政府債務が誠実に返済される可能性がもっとも高いのは、最初の民主化の波が起こった後であった。つまり、議会における王が個人としての王の位置を占め、議会が原則的に公文書を含む資産所有者から構成されていた時期のことである。しかし、民衆再分配的な民主主義では、潜在的には統治者の個人だけでなく、債権者たちが暴君になることもありえる。

24　国家の累積債務の平均金利が二％上昇すると、ＧＤＰ比で一〇〇％の債務総額を抱える国、あるいは政府歳出がＧＤＰ比で四〇％の国においては、公共支出は五％上昇する。ほとんどのＮＡＴＯ諸国の防衛費支出は二％をはるかに下回る。

むしろ長い時間をかけて低金利と高インフレを組み合わせる、あるいは名目成長によって債務価値を低減させるしか方法はないだろう。金融抑圧による公的債務の縮小（あるいは少なくとも現状維持）が金融市場の信頼回復につながるとしても、その場合には「ヘアカット（債務削減）[25]」が穏当な仕方でおこなわれ、しかも大口投資家が十分に早い段階でその警告を受けているという条件が必要となる。実際には、信用構築の手段としての財政再建は、ほぼ当然のように税収増加ではなく支出削減によって進められた。その例外は売上税、公共サービス料金、社会保障負担金の引き上げであり、これらは課税体制をいっそう逆進的な方向に進めることになった。税制の抜け穴つぶしや国際的な資本移転の禁止といった世論から望まれている方策は、最近になってG20で話題に出るようになったものの、まだ結果を出すにはいたっていない。いずれにせよそうした方策では、たとえ税収の低下傾向を多少なりとも抑えることができるとしても、それを終わらせたり逆転させたりすることができるとは思われない。また、たとえ財政が黒字（低金利や予期せぬ税収増加によるものも含む）になったとしても、その黒字分は債務返済や減税に回され、それによって支出が削減された分野にふたたび支出を増やそうとする政治的意見は抑えつけられるだろう。

安定した財政再建国家とは、債務不履行に絶対に陥らないことを政治的に約束し、そのための政治的能力をもつように努め、他のいかなる義務にもまして債権者にたいする義務を優先することを断固として守ろうとする国家である。そのような国家の特徴は、あらゆる公共支出の増加に抵抗し、あらゆる支出削減を容易にするように、政治的勢力の一般的構図がなりたっていることにある。日本や合衆国のように「小さな政府」を掲げる国は、財政再建国家と呼ばれるのにもっともふさわしい。というのも、経済全体に占める政府予算の割合が少なく、公共支出の増加を徹底的に嫌い、かつ金融危機のさいには極端なまでの増税が可能だからである[26]。

財政再建国家の理想にもっとも近いのは合衆国である。この国の課税強化にたいする強力な反対は、「十分な信頼と信用（訳注：ある州で認められた判決は他の州でも尊重されなければならないとする合衆国憲法第四章

第一条の言葉）」[27]をけっして損なわないことを定めた合衆国憲法と結びついている。

実際、合衆国では他のいかなる国にもまして、どの政治勢力も「公的債務をきちんと返済することは、年金をふくむあらゆることに優先されるべきだ」と考えている。「ティーパーティー運動（訳注：二〇〇九年に合衆国で始まった、福祉政策をはじめとする歳出拡大に反対する保守派のポピュリズム運動）」でさえ（おそらく彼ら自身は意図しなかっただろうが）合衆国が明らかに債務国であるというイメージを民衆に広めることになった。二〇一一年と二〇一三年の米国債上限問題をめぐる争いは、大統領と共和党指導部の連携により、ティーパーティー運動の敗北に終わった。当時、大統領と共和党はあらゆる問題について合意したことがなかった。しかしこのときばかりは、合衆国はいかなる状況でもその債務を、場合によっては新たな債務を負ってでも返済せねばならない、という点で両者は合意を見たのである。

私は以前に別稿[28]で、債務国家は市民と債権者という二種類の有権者、あるいは国家民族と市場民族という二種類の民族から成り立っていると主張した。債務国家はこの二種類の人々に忠実であることが要求される。そして、この二種類の人々は、どちらが国家にとって優先されるべきステークホルダーであるかをめぐって、また金融危機のさいにどちらがカネを出すべきかをめぐって、互いに争っている。財政再建国家は、そのような両者の争いの場を市場民族に都合のよいようにお膳立てし、市民にたいする公共的・政治的義務よりも貸し手にたいする商業的・契約的義務のほうをもっぱら優先する。つまり財政再建国家においては、市民は投資家に負け、市民権より商業契約の主張のほうが優先され、選挙の有権者より債務の有権者のほうが厚遇

25 財政危機下で債権者を犠牲にして融資条件を一方的に変更する際、政府債務者がもちいる日常的表現である。
26 巨額の公的債務問題を解決するために、日本は原則的には消費税増税をおこない、合衆国は連邦ガソリン税の増税をおこなった。もっとも、それでもヨーロッパの課税水準よりは明らかに低かった。
27 アメリカ合衆国憲法第四章第一条。これは米国債および証券の売買にも同様に適用されると解釈されている。
28 Streeck, *Buying Time.*［シュトレーク『時間かせぎの資本主義』］

表 4.1　民主的債務国家と 2 種の人民

国家民族	市場民族
国内的	国際的
市民	投資家
市民権	契約権
投票者	債権者
選挙（間欠的）	入札（連続的）
世論	金利
忠誠心	「信頼」
公共サービス	債務返済

され、選挙結果よりも国債入札結果のほうが重要視され、世論動向よりも金利動向のほうが影響力をもち、市民からの信頼よりも投資家たちからの信用のほうが大事にされ、公共サービスよりも債務返済《デット・サービス》のほうに予算が割り当てられる、というわけだ（債務国家における二つの民族の比較については表4・1を参照）。さらに言えば、公的債務についても二種類に分けられる。すなわち「市場」と明らかな関係をもつ公的債務と、市民と暗黙の関係をもつ公的債務である。後者のほうは前者よりも格下に扱われる。あるいは公的債務は二つの所有権（受給権）の階級、すなわち資本家のそれと市民のそれ（資本家のほうが市民よりも上位とされる）に分けられる、と言ってもよいだろう。ようするに財政再建国家とは、市場にたいする商業的義務が市民にたいする政治的義務に優先する国家を指すと考えてよい。そして、市民はそれに抗議するための政治的ないしイデオロギー的な手段をもちあわせていないのである。

　人民主体の民主主義を財政再建国家へと転換するには、長い時間がかかる。というのも、そのためには金融市場の得意先からの要求にもとづいて、民主的・平等主義的な政策を骨抜きにしなければならないからである。そこで目指されるのは、民主主義の両義性を根本的に解消することである。つまり国家は、一方ではより非個人的で、気まぐれでなく、長期的な返済能力をもち、信頼される債務者となり、他方では富とその再配分の主権を行使することが求められる。こうして国家は、債務支払い能力を保証する存在として再定義され（たとえば憲法で均衡予算の達成が強制力のある条項として書き加えられるなど）、両腕を縛り上げられることになる。政府は、均衡予算や財政黒字は金融投資家から政府が独立するための一時的手段にすぎないと市民に説明するだろう。[29] しかし実際には、均衡予算や財政黒字の直接的な目的は、国債への投資が安全で、いつでも好きな時点で返済されることを保証し、貸し手を安心させることである。国債のリスク低下も、他の制度改革によって達成されるかもしれない。しかし、そのために将来の政府は、公共支出などの資本家と市民の再配分をめぐる争いを調停することができなくなり、債務者としての信頼を失うことになるだろう。

債務国家が貸し手を食い物にしないようにするために、さまざまな国際的手段が設けられている。理不尽な政府がその主権を濫用して貸し手から財産を奪い、そのために他の債務国の政府までも評判が落ちてしまうことを防ぐことは、多くの国家にとって集団的利益をもたらす。ＩＭＦや世界銀行、ＥＵは、経済破綻の危険性のある国家を援助するために、貸し付けをおこなう。ただし、その貸し付けにあたっては条件がある。つまり、借り手の国家が二度と引出超過に陥らないことを確実に約束し、みずからを改革することである。債務国にたいする締め付けは、グローバル金融市場と手を組む合衆国のような覇権国家によっておこなわれることもある。アルゼンチンが直面した最近の事例を挙げよう。アルゼンチンは、ニューヨーク市場で資金調達をおこなっていたが、突如そのために合衆国の司法権の管轄下におかれてしまった。つまり合衆国の裁判所は、アルゼンチンが二〇〇二年におこなった債務再編の一部が違法であるという判決を下したのである。[30]

29　たとえば、以下で報告されている元スウェーデン首相、ヨーラン・ペーションのインタビューを参照。Philip Mehrtens, *Staatsentschuldung und Staatstätigkeit: Zur Transformation der schwedischen politischen Ökonomie*. Dissertation. Cologne: University of Cologne 2013.

30　その後の数年のあいだに、アメリカの「ハゲタカファンド」は、いくつかの国の民法を利用し、アルゼンチンが融資の当初の条件どおり履行するように強いる、独創的な試みをおこなった。そこで問題になったのは、国内の商法を、まだ存在していない国際的な国家破産法に置き換えることだった。以下を参照。See *The New York Times*, 'Vulture Fund News', http://topics.nytimes.com/top/reference/timestopics/subjects/v/vulture_funds/index.html, accessed 24 September 2014.

すべての国家の主要銀行が合衆国で支店をもつ必要性がある以上、この判決が有効とされるかぎり、金融取引のために銀行制度を利用する国家の政府はすべて、国債への投資家の権利を擁護する合衆国司法の動向に左右されることになる。

二十世紀後半の債務国家を新たな財政再建国家へと転換することは、とりわけ現在のような経済的に厳しい状況化においては、容易な作業ではない。かつては経済格差の拡大により、社会的支出を債務によって賄うことは、国家にとって平等主義的な装いを保つためのよい口実になった。しかし、均衡予算を実現するために社会福祉を削減するとしたら、その政策は民主主義的な反発を招く危険がある。その反発を防ぐためには、ハイエク流の仕方[31]で、つまりポスト民主主義的な仕方で[32]政治制度を再構築し、経済政策を選挙圧力から切り離さなければならない。さらに財政再建国家への移行を困難にしているのは、それが不況あるいは低成長の時代に求められていることである[33]。というのも、そのような時代の緊縮財政は、さらなる経済縮小を引き起こしかねないからである[34]（二〇〇八年の金融危機において債務がさらに増加したことは、さらに厳しい状況をつくりだした）。国債の安全性を高めることを要求する投資家たちにとって、均衡財政は経済成長と同じくらい重要である。しかし、この二つを同時に達成することは困難であり、ほとんど不可能に近い。政治的にみれば、現在も民主的選挙にもとづく社会では、低成長かつ格差拡大の時代において制度改革と緊縮財政を強引に進めることはきわめて困難である。経済的にも、そのような施策は総需要を低下させ、デフレ・スパイラルを招く危険性がある。たとえ支配的な新自由主義政策が現在の緊縮財政による将来の成功を約束しているにせよ、その約束は投資家たちにとってはあまりに疑わしく、またその成果を手にするには長すぎる時間がかかるため、それほど歓迎されているわけではない。

債務国家から財政再建国家への移行は現在進行中であるが、その移行はスムーズとはとても言えない。金融市場がグローバルにつながり、同じ論理で移行が進められるとしても、その移行の仕方は地域ごとにバラバラである。いくつかの制度改革を除けば、大部分の改革が現在も実現されていない。

ヨーロッパにおいては、とくにフランスやイタリアのような国々では、財政再建は政治的な異論にさらされている。債権者は財政再建政策が経済成長を停滞させることを不安視し、政府は緊縮政策が政治的安定を損なうことを懸念している。そして二〇一四年に入ってもほとんどの国で公的債務はさらに増加しており、誰もその増加が止まるとは信じていない。現在のところ、債務国への融資の多くは中央銀行をつうじておこなわれている。合衆国と日本では直接的融資であり、ヨーロッパでは間接的融資、すなわち欧州中央銀行から各国の銀行へ、そこから当該国への融資がおこなわれる形式になっている。[35] しかし、主要国の中央銀行のバランスシートの規模は、二〇〇八年以降も急拡大を続けているにもかかわらず（図4．3）、歴史的な低金利政策も空前の規模の金融緩和による経済刺激策も、これまで失敗を重ねてばかりである。このような状況は、国家に市場適合型の政治改革をさらに要求し、また国家が貸し手に返済することをさらに促している。経済界のエリートたちのあいだでは、公的債務も低金利政策も、いつまでも頼りつづけられる手段ではないという見解で一致している。現在の彼らが議論しているのは、いつまでそれらの政策に頼ることができ、どのようにすれば巨大な政治経済的破綻を招くことなくそれらの政策と縁を切ることができるのか、という問題である。

31　Streeck, *Buying Time.*［シュトレーク『時間かせぎの資本主義』］

32　Colin Crouch, *Post-Democracy.* Cambridge: Polity Press 2004.［コリン・クラウチ『ポスト・デモクラシー』］

33　現在では伝説となった二〇一三年一一月八日のＩＭＦ経済フォーラムでのプレゼンテーションで、そう述べたのは他ならぬローレンス・サマーズである。同年一二月一五日の『ファイナンシャル・タイムズ』紙のエッセイも参照。このエッセイで彼は、二〇〇八年の危機以前でさえ「バブルと信用緩和は成長をゆるやかに牽引する程度のものでしかなかった」と述べている。

34　Mark Blyth, *Austerity: The History of a Dangerous Idea.* Oxford: Oxford University Press, 2013.［マーク・ブライス『緊縮策という病：「危険な思想」の歴史』田村勝省訳、ＮＴＴ出版、二〇一五］

35　欧州中央銀行（ＥＣＢ）は、マーストリヒト条約により加盟国への貸付を禁じられている。そのために、条約を回避するさまざまな手段が採用されている。

図 4.3　銀行資産総額

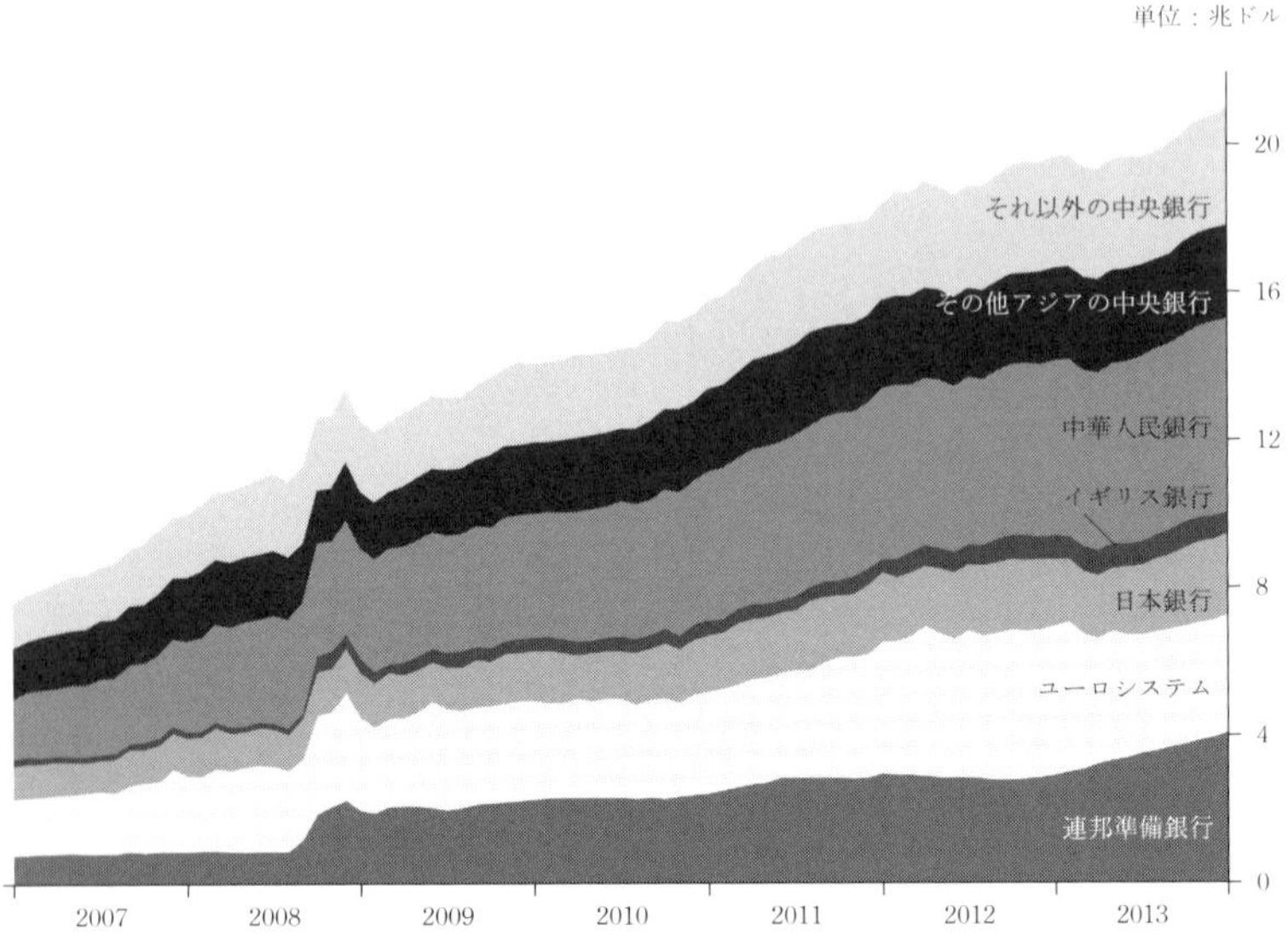

出典：Bank for International Settlements, *84th Annual Report*（2013/14）

ヨーロッパ型の財政再建国家

ヨーロッパに登場した財政再建国家は、いくつかの点で合衆国のモデルとは異なっている。西ヨーロッパ諸国は覇権通貨をもたず、再分配的民主主義があいかわらず民衆から支持されている。合衆国のように、資本市場にたいする明示的な債務返済が、市民にたいする暗黙の債務に優先するという原理が確立されているわけでもない。同じように、イギリスと冷戦後の東欧諸国を除けば（東欧諸国は公的債務を危機的な水準まで貯め込む十分な時間がなかった）、緊縮政策が国内政治の原則として確立されているわけではない。また、ヨーロッパ諸国は欧州通貨同盟（EMU）の支配下にあるため、その形式も必然的に特殊なものとなる。というのも欧州通貨同盟は、かつての主権国家の財政・金融政策を、超国家的な通貨政策と両立させることを目的として、集団的に統治する国際体制として構築されたからである。以下の議論では、とくに指示がないかぎり、ユーロ圏（あるいはユーロ通貨諸国）とその加盟諸国だけを扱うことにする。

ユーロ通貨体制の構築が、その当初の理念を裏切ることになったのは、一九九〇年代、つまり最初の財政再建のグローバルな波が訪れたときである。従来、加盟諸国はGDPの三％を超えた赤字を計上することは認められておらず、また累積債務はGDPの六〇％を超えてはならないと定められていた。欧州中央銀行（ECB）の唯一の使命は通貨の安定維持であり、加盟諸国にたいする信用貸付の拡大は明確に禁じられていた。ドイツ連邦銀行と同様、ECBも選挙投票で選ばれた政府とは独立しており、政治的圧力から守られている。たしかにECBは、統一的な超国家政府を相手としているわけではなく、ただ各国家の政府首脳からなる委員会だけを相手にしているという意味では、独立性が高いと言える。加盟国がユーロ圏の規則を遵守しているかどうかは、別の非政治的超国家機関、すなわち欧州委員会によって監督される。ドイツをモデルにしたこの体制は、しかしながら当のドイツにさえ財政規律の遵守を要求する力がないことを露呈しただけでなく、二〇〇八年以降のユーロ経済危機を防ぐことにも失敗した。つまりEMUのいくつかの加盟国が巨大な規模の公的債務および民間債務を抱えており、それら諸国の国内経済が不況に陥って、債務デフレの危険性が高まったことが明らかになったため、債権者からの信用を失ったのである。その結果、いくつかのEMU加盟国の国債リスクが上昇し、とくにイタリアやギリシャ、スペイン、そしてアイルランドのような国では制御不可能な水準に達した。

すでに述べたように、公的債務の額については一般的な経済的限界が存在しない。というのも債権者はその限界を定めるにあたり、国家ごとに厳密かつ個別的にリスク評価するからである。EMU体制のもとで、金融市場は経済小国にたいして空前無比の低金利で貸付をおこなった。それは明らかに金融市場が、それらの国家が債務返済不能に陥った場合、マーストリヒト条約を無視する仕方でEMUが肩代わりするだろうと期待していたからである。しかし二〇〇八年以降、その期待は幻想であり、たんに欧州委員会の統合論者たちが吹き込んだ噂にすぎないことが明らかになったばかりか、地中海諸国への貸付がアメリカの住宅市場のサブプライム貸付の国際的な相似現象であることも明らかになった。そして累積債務の返済はあいかわらず各国の自己責任とみなされたことにより、金融市場が要求したほどには国内の財政政策・金融政策と民主主義の分離が進んでいなかったことが明白になった。南側諸国での緊縮政策にたいする民主的抵抗と、北側諸国における南側諸国への「財政移転」にたいする民主的抵抗は、投資家たちの南側諸国にたいする信頼回復を妨げた。こうして財政政策や制度改革、また労働市場および社会保障制度の新自由主義的「改革」によってふたたび経済成長を迎えるだろうという投資家たちの期待——実際には、それらの諸国における改革は、国内政治に妨げられたため、試みられることさえなかった——は裏切られた。この状況を打破するにあたり、ECBはユーロのために時間を稼ぐことを選ぶ。つまり、債務を加盟諸国で相互化する代わりに、市場への大規模な貨幣供給によって低金利を維持し、それにより加盟諸国の債務返済を支えようとしたのである。同時にECBは、そのような政策は長く持続できるものではなく、EMU体制のヨーロッパ資本主義を発展させるために加盟国政府はいっそう「市場適合型」(アンゲラ・メルケル)の制度改革と経済改革を進めなければならないと主張した。

EMUの加盟諸国を欧州型の財政再建国家へと移行させる動きは、緩慢かつ断続的にしか進まなかった。それは国政選挙や欧州議会選挙が入るたびに中断した。というのも、そのとき政府は市民の関心を惹くために、通常なら「ポピュリズム」とみなして切り捨てるような政策を公約しなければならなかったからである。こうして登場した欧州型の財政再建国家は独自の政治経済体制をつくりあげた。その発展はその場しのぎの制度改革のプロセスをつうじて、EMUの枠外でゆっくりと達成された。このような欧州型の財政再建国家にみられる顕著な特徴は、国家・国際・超国家という異なる水準、つまり憲法・条約・国内政治・国際関係という異なる水準の規則・制度の混合物として形成されていることにある。その結果として登場したのは、諸国からなる国家である。すなわち、それはさまざまな加盟国の政策と加盟国間の国際関係を組み合わせて政策を練り、さまざまな官僚機構を束ねて権威を振りかざす超国家機関がその政策を押しつけるような、ある種の国家なのである。国際体制としてのＥＭＵをひとつの財政再建国家とみなした場合、それは次の特徴をそなえていることがわかる。

（一）ＥＭＵは、加盟国（形式的には現在も主権国家である）どうしの相互監視および相互管理のための協定である。それは金融市場における国家集団としての評価を高めるという加盟諸国間の共通利害にもとづいており、また、一国の債務不履行は他のすべての加盟諸国に悪影響をおよぼす（たとえば国債金利の上昇や国内銀行の破綻など）という認識にもとづいている。ＥＭＵがそれぞれ福祉国家である加盟諸国の上に君臨するひとつの財政再建国家へと変質したのは、経済活動のたえざる緊密化を相互監視・相互監督・規律によって安定させるためであった。そのような制度への移行は、一九九〇年代に設立されたＥＭＵの当初の仕組みから出発し、時代とともに、とりわけ二〇〇八年以後の経済危機をつうじて拡大し、強化された。たとえば二〇一一年末から二〇一二年初頭にかけて「シックス・パック」をはじめとする新たな規制が導入され、また「財政協定《フィスカル・コンパクト》」をはじめとする新たな条約が締結されたのは、その流れに沿ったものである。[36]

（二）ＥＭＵは、国際的な政治体制のひとつであるが、伝統的な階級政治や民主政治から直接の影響を受けることはない。この意味で欧州型財政再建国家としてのＥＭＵは、当てにならない有権者にたいして市場適応型の財政政策（具体的には緊縮政策であり、公共サービスより債務返済を優先させることである）を押しつけることにかんしては、国民国家より有利な立場にある。市場民族の都合に合わせて国家民族を無力化するために（表4．1）、民主政治と経済運営を制度的に分離するにあたっては、[37]国内政策を利用するよりも国際的手段を用いるほうがはるかに容易である。加盟諸国が国際協定によってヨコにつながり、超国家的な制度によってタテにつながることで、その共同体はそのメンバーである各加盟国よりも力をもつようになった。その結果として共同体は、加盟国の民主的選挙の手続きを経た政府の代表者を罷免し、国際金融業界の代表者を政府首脳として据えることさえできるようになった。実際、それこそは二〇一一年一一月にギリシャとイタリアにたいして欧州理事会がおこなったことだった[38]。彼らがそれら二カ国の代表者のクビをすげ替えた目的は、それらの国の経済政策の決定権を、国内外の徹底的な制度改革をつうじて、忌々しく厄介な有権者から奪い取ることにあった。

（三）EMUの中央銀行であるECBは、加盟諸国の民主政府にたいして、いかなる国家よりも強力な外圧を加えることができる力をもつ。十八カ国の通貨政策を管理するにあたり、ECBは各加盟国の国内政治から十分な距離を取りつつ、ECBの財政政策と制度改革への協力を条件としたうえで、各加盟国を支援する通貨政策を立案することになっている。しかし実際には、ECBは主に国際通貨基金（IMF）や欧州委員会のような国際機関と共同して、（形式的にはまだ主権国家である）各加盟国の国内政治に深く干渉してきた。たとえばECBは、ギリシャ政府にたいして公務員をリストラする時期とその人数まで指示している。ECBにとって最大の関心事は、通貨政策にたいする金融市場からの信頼である。したがってECBは加盟国にたいして、つねに市場適合型の改革を要求する。加盟国の政府が平等主義的な再配分政策を採ろうとしても、ECBがそれを支持するようなことはありえない。このようにECBが前例のないほどの政治的独立を手に入れたということは、ECBが金融市場の利益に資する前例のないほどの能力を手に入れたことを意味しており、またECBが金融市場に前例のないほど依存していることを意味している。

（四）EMUという財政再建国家の内部の国際関係は、きわめて非対称的である。少数の経済大国は、多数を占める経済小国にたいして「経済支援を打ち切る」と脅し、実質的に支配する立場にある。とくにドイツは、二〇〇八年以後に回復した経済力を背景に、その輸出力と現在のヨーロッパの低金利により、EMUからもっとも恩恵を受けてきた国であり、EMUを事実上「ドイツ経済帝国」として支配している。[39] 第二次大戦後に国際決済通貨《ハードカレンシー》を使いこなしてきたドイツは、ユーロ通貨に変わった後も、自国のやり方をヨーロッパの他の国々に押しつけている。ドイツのやり方を押しつけられている国々には、フランスやイタリアなど非国際決済通貨《ソフトカレンシー》に甘んじてきた国も含まれている。それらの国々は国際競争力の回復と国内の分配をめぐる対立に対処するための手段として、通貨価値の切り下げという手段を用いるために、非国際決済通貨に頼ってきたのである。[40] またEMUの条約には、国際的な再分配――いわゆる「財政移転」――にかんする協定は含まれていない。しかし、これはきわめて現実から遊離した内容である。というのも、経済大国であるドイツとフランスの二カ国は、他の経済規模の小さな国々にたいして、「名ばかりの経済

36　欧州連合ではルールと手続きがきわめて複雑で、かつ専門家にしか理解できない代物であるのが常である。それでも重要な点は、アップデートされたマクロ経済体制であるEMUにおいて、加盟国にたいして憲法をつうじて均衡財政を約束することが義務づけられていることである。また、欧州委員会による加盟国の財政政策にたいする包括的な流動性監視も制度化されている。過度な財政赤字を抱えた加盟国は、その赤字を一定限度内に収めることができなかった場合、自動的に重い罰金が科せられる。さらに、過剰不均衡是正手続では、加盟国は欧州委員会から名指しでそのマクロ経済政策の改正や関連制度の変更を命じられる。たとえば国内の労使交渉制度や社会政策を、超国家的なレベルで同等の内容のものと整合性がとれるよう変更することが命じられる。こうした政策指導は、欧州連合の管轄外の問題にまで拡大して適用されることもある。詳細については以下を参照。Martin Höpner and Florian Rödl, 'Illegitim und rechtswidrig: Das neue makroökonomische Regime im Euroraum', *Wirtschaftsdienst - Zeitschrift für Wirtschaftspolitik*, vol. 92, no. 4, 2012, pp. 219-222; Fritz W. Scharpf, 'Monetary Union, Fiscal Crisis, and the Disabling of Democratic Accountability', In: Armin Schäfer and Wolfgang Streeck (eds.), *Politics in the Age of Austerity*. Cambridge: Polity 2013, pp. 134-136; and Streeck, *Buying Time*, 107-9.［シュトレーク『時間かせぎの資本主義』］

37　かつて私は、この現象を欧州政治経済におけるハイエク体制の勝利として描いたことがある（Streeck, *Buying Time*）。

38　たとえば、ギリシャのアンドレアス・パパンドレウ首相が中央銀行出身のルーカス・パパデモスにすげ替えられ、イタリアのシルヴィオ・ベルルスコーニ首相が前欧州委員にしてゴールドマン・サックスの役員であったマリオ・モンティに道を譲るために辞職させられた。

39　南欧諸国のインフレとの戦いのために設定されていたユーロの金利が、低インフレのドイツにとってあまりに高すぎた二〇〇〇年代初期には、事情は異なっていた（Scharpf, 'Monetary Union'）。

支援」とはとうてい言えない程の額を支援しているからである。[41] 債務国に返済能力を維持させ、通貨同盟をまとめ上げるには、経済大国から経済小国への再分配が必要となる。ただし、それはヨーロッパ北部諸国の有権者の抵抗を避けるため、内密の仕方でおこなわれなければならない。現在のＥＣＢは、このような通貨移転の「見えない通路」としての役割も担っているのである。

（五）過剰債務に陥った加盟諸国がＥＭＵによって課された制度改革を実行するとしたら、主に地中海諸国における国民政治経済が徹底的な再構築を被ることになる。こうした改革は「ドイツモデル」と呼ばれる手法にもとづいており、[42] イタリアやフランスのような国で歴史的におこなわれてきた階級間の妥協の努力を台無しにすることになった。それまでイタリアやフランスでは、社会安定の代償として高額の公的支出を受け入れ、高いインフレ率と財政赤字も甘受してきた。[43] インフレ率が高ければ、債務評価額が実質的に目減りするため、国家は巨額の公的債務に耐えることができる。金利が低く、政府の補助金が多ければ、雇用は安定する。これらの組み合わせで生じる対外競争力の低下にたいしては、通貨価値の切り下げを随時おこなうことで対応する。このように完成したシステムが、労働市場を「堅固」に守り、労働時間の短縮を進め、公共サービスのコストを増加させ、年金の早期化・高額化を促し、名目賃金を定期的に上昇させることになった。しかし、それは増加しつつある中間階級にとっては将来の不安の種となり、国家主義者や官僚にとっては自国の「近代化」を妨げる原因と映った。そうした人々が、ＥＭＵの次のような約束におおいに期待したのである。すなわち、資本主義的近代化にたいする頑固な制度的抵抗を打破し、これまで階級間の妥協を支えてきた多くの経済的制限を撤廃する、という約束である。自国の外側から緊縮財政や規制緩和を課されることは、彼らにとっては苦い薬であった。それでも彼らは、それに耐えつづけていれば、最終的には「グローバル化」に備えて「自分の足で立つ」ことができるようになり、ドイツと十分に戦えるようになると期待したのである。

ＥＭＵという国際的財政再建国家は、資本主義の論理にもとづいて「時代遅れ」の経済・国家・社会を合理化するための、またとない機会を提供した。それでも民主的な抵抗が起こる懸念はぬぐいきれなかったため、市場適合型の民主主義への移行は緩慢にしか進んでいない。財政健全化をめぐる国内政治と国際政治の状況は、複雑かつ錯綜している。フランスにおけるオランド政権の苦境をみてみよう。この政権は、当初いわゆる「メルコジ政権（訳注：ドイツのメルケル首相に協調的であったサルコジ政権を指す）に代わる政権として選挙に勝利したが、いまや国際的財政再建国家（つまりドイツ中心のヨーロッパ）に従属することを迫るドイツの強い圧力を受けている。また、ドイツで反ＥＵを掲げる政党ＡｆＤ（「ドイツのための選択肢」）もその一例である。実際、ＡｆＤは「財政移転」にたいするドイツの抵抗勢力をまとめており、また、その台頭はフランス対イタリア、さらにフランス・イタリア対ドイツという国際的な緊張関係の高まりを背景としている。こうして二〇一四年の終わりには、ＥＭＵは以下の問題について議論するにいたった。第一に、か

40　異なった組織体制をもつ政治経済が共通の通貨体制へと入ることを強いられたために生じた亀裂にかんしては、多くの文献がある。たとえば以下を参照。Armingeon, Klaus and Lucio Baccaro, 'Political Economy of the Sovereign Debt Crisis: The Limits of Internal Devaluation,' *Industrial Law Journal*, vol. 41, no. 3, 2012, pp. 254-275; Charles B. Blankart, 'Oil and Vinegar: A Positive Fiscal Theory of the Euro Crisis,' *Kyklos*, vol. 66, no. 3, 2013, pp. 497-528; Peter Hall, 'The Economics and Politics of the Euro Crisis,' *German Politics*, vol. 21, no. 4, 2012, pp. 355-371; Johnston, Alison and Aidan Regan, *European Integration and the Incompatibility of Different Varieties of Capitalism: Problems with Institutional Divergence in a Monetary Union*. MPIfG Discussion Paper 14/15. Cologne: Max Planck Institute for the Study of Societies 2014; and Martin S. Feldstein, *The Euro and European Economic Conditions*. Working Paper 17617. Cambridge, MA: National Bureau of Economic Research 2011.

41　Wolfgang Streeck and Lea Elsässer, *Monetary Disunion: The Domestic Politics of Euroland*. MPIfG Discussion Paper 14/17. Cologne: Max Planck Institute for the Study of Societies 2014.

42　二〇年ほど前は「ドイツモデル」といえば、資本家と労働者の交渉による社会的協定にもとづく、比較的格差が小さな、社会保障の手厚い社会のあり方を指していた。しかし現在のドイツは、賃金抑制、ゼロインフレ、貿易黒字、財政均衡、そして「福祉改革」の国として知られている。

43　Hall, 'The Economics and Politics of the Euro Crisis'; Blankart, 'Oil and Vinegar'.

っての一国の通貨価値の切り下げに代わる手段として、人為的にユーロ共通通貨の価値切り下げをおこなう提案についてである。第二に、「財政協定」で定められた財政健全化の達成期日を前倒しする提案についてである。第三に、南側諸国とフランスに課された「経済成長プログラム」についてである。それらの諸国はすでに史上最大の債務を蓄積しており、しかも現在まで五年以上もまったく経済成長が起こっていないにもかかわらず、さらなる債務を背負わせて資金を提供しようというわけだ[44]。しかし、それらの国々がさらなる債務に耐えることができないことが明らかである以上、これまでの均衡予算に向かう集団的行軍――その指揮官のひとりは金融市場であり、もうひとりはドイツの覇権主義である――は退却戦に転じたと考えるべきであろう。

新たな体制

債務国家から財政再建国家への移行――ふたたび金融市場の信頼を、一時的ではなく永続的に獲得するために――は、長い時間を必要とするプロセスである。その最終目標に掲げられているのは緊縮財政をともなう新たな財政体制であり、それこそは国家と社会の関係を定める新たな原理とされる。この新たな財政体制は、従来の「政治的利害や諸制度のあり方」および「税収と支出のあいだの対立を構造的に固定化する政策編成、[……]特定の政治的文脈にもとづく諸制度、強固に存続する組織や公共政策、固定観念[45]」を刷新することを目指している。

公的債務の増加と縁を切り、金融市場からの信頼をふたたび取り戻すためには、政治組織と社会構造を根本から変えなければならない。すでに現在でも、新たな債務は段階的に減らされる傾向にあり、均衡予算に向かう歩みは始まっている。しかし、それには長い時間がかかり、その歩みも不安定である。均衡予算に安定してたどり着くには、政府の役割と社会政策の目的を再定義し、現在より「小さな国家」、「大きな市場」、

「小さな公共」、「大きな民間委託」が目指されなければならない。そのためには、さらなる国家活動の民営化と国家資産の民間委託が必要であり、集団的連帯を個人的努力へと置き換えることが必要である、というわけだ。このようなプロセスにおいて、国家は主権国家というより、ほとんど企業に近い存在になっていく。というのも、そのとき国家は市場を管理する役割を捨て、市場に迅速に反応することを強いられるからである。かつての民主制資本主義の政治は、社会を「市場の気まぐれ」（ポランニー）から防衛することを目的としていた。しかし現在の財政再建国家の政治は、金融市場を「民主政治の気まぐれ」から防衛することが目的とされているのだ。

財政再建が目指しているのは、戦後の民主制資本主義における能動的・干渉的な国家を、市場圧力に敏感に反応する「贅肉のない国家《リーン・ステイッ》」へ移行させることである。市場からの信頼と行政の効率を高めるためには、政治組織に財政規律が埋め込まれていなければならず、社会的需要はその規律にもとづいてコントロールされなければならない。債務国家から財政再建国家へのこのような移行は、「国家活動は拡大の一途をたどる」というワグナー法則とも、「生産の社会化は拡大の一途をたどる」というマルクス主義の仮説とも縁を切ることを意味している。ちなみにマルクス主義によれば、成熟した資本主義の産業社会においては、公的支援の必要性――インフラ投資や、あらゆる種類の公共施設の修復・補充作業――がたえず高まり、ついには生産手段の個人所有にもとづく資本主義の産業社会では対応できなくなると想定されていた。そのことを踏まえると、二〇世紀の終わりに債務諸国にたいして緊縮財政を課したことは、マルクス主義が想定した先の傾

44　事実、債務が高水準にある場合は、そうでなければ好印象となる条件が生じても、借り手は破産を怖れてわざわざ追加債務を背負おうとはしないものである。欧州の経済成長のレトリックは、投票者と社会民主政党そして南欧諸国を宥めるためのものである。それが機能するのは、健全化と成長を同時に求める債権者の二律背反のためでもある。しかし経験がかれらに告げるように、追加債務が許可されても、それはさらなる健全化に使われるのではなく、たんに既存の債務の山に積み重なるだけであろう。

45　Paul Pierson, 'From Expansion to Austerity: The New Politics of Taxing and Spending'. In: Martin A. Levin et al.（eds.）, *Seeking the Center: Politics and Policymaking at the New Century*. Washington, DC: Georgetown University Press 2001, pp. 56-57.

向を回避するための試みのひとつであったと解釈することができるかもしれない。その試みがもたらしたのは、壮大な政治的実験であった。つまり社会保障・福祉・教育・医療の分野だけでなく、（物質的インフラの）建設と、さらには政府機関の一部（たとえば戦争と諜報活動）さえも民間企業に委ねるという実験である。このような財政再建国家の成立は、「狂騒の七〇年代」[46]の末に端を発する（新）自由主義化のプロセスの最終局面を示すものである。

すでに述べたように財政再建国家のモデルになったのは、一九九〇年以降の緊縮財政下のアメリカ合衆国である。[47]その大きな一歩が踏み出されたのは、クリントン政権が「私たちがこれまで慣れ親しんでいた福祉国家の終わり」を告げたときである。[48]この改革が民主党の大統領によって推進されたという事実は、その改革にたいする世間の信頼を高めることにつながった。しかし、なによりも世間の信頼を高めたのは、この改革によってしだいに均衡予算に向かい、第二期クリントン政権末期にはとうとう財政黒字が達成され、しかもそれが税収増加ではなく支出削減によって達成されたという事実である。実際には、この改革における公共支出の削減は、大規模な減税とセットになっていた。したがって財政赤字を縮小させるにあたっては、財政が赤字になるたびに、それが公共支出のさらなる削減のための圧力として利用された。こうして「赤字との戦い」が新体制の最高原則として確立されたのである。[49]

ところがクリントンの後継者は、こうして蓄えられた黒字を、減税によりあっという間に吐き出した。これはジョージ・W・ブッシュが二〇〇〇年の選挙キャンペーンで「市民の正当な所有物を市民に返す」と公約した結果である。さらに、アフガニスタンやイラクでの戦争により、合衆国財政にたいする金融市場の信頼は低下していくばかりであった。それでも合衆国には、債権者たちの信頼を取り戻すための手段がいくつも残されていた。そこにはグローバル準備通貨としてのドル紙幣を無際限に増刷することも含まれる。一九九〇年代の合衆国は、すでに福祉国家としてはかなり貧弱になっていたが、それでも政府が緊縮財政という苦い薬を処方しつづけたことにより、金融市場から「完全な信用」を得るにいたった。そのことは、市民にたいする義務よりも金融市場にたいする義務を優先する文化がこの時期に確立されたことを示している。その後、軍事費や戦争費用の上昇により合衆国の財政が赤字に転落すると、富裕な同盟国にたいして、合衆国の軍隊が守ることで同盟国が自前で軍備を用意しなくて済むようにしてやる代わりに、合衆国の長期国債を購入するように迫った。また、戦争費用は一時的かつ政府の裁量支出であるため、減税や租税特別措置と同じく、それ以外の領域の支出削減を進めるための口実として利用された。さらに合衆国の財政赤字が大きく膨らんでも、それは他の諸国にとって肩代わりできる規模ではないため、合衆国の金融市場における立場を落とすことにはつながらなかった。

合衆国にくらべて恵まれない立場にあるヨーロッパ諸国も、十年ほど遅れて財政再建国家へと向かいはじめた。ヨーロッパ諸国が市場に適合し、市場からの信頼を得ることができるような緊縮体制を打ち立てるには、合衆国をはるかに上回る努力が必要となる。というのも、ヨーロッパ諸国はグローバル通貨をもたず、カネをかけるに値する軍事力もなく、一般に政府予算の経済規模に占める割合が大きく、社会権や受給権にこだわる市民が多いため、資本市場における競争力の点で合衆国に勝てないからである。そこでヨーロッパ諸国は、国内で公約した緊縮財政を国際法——たとえば「財政協定」など——で縛るという手段に頼ったのである。また、輸出主導型の経済成長を遂げ、国際決済通貨《ハードカレンシー》体制を築いた歴史をもつドイツが影響力を増していたことも追い風になった。[50] そして二〇〇八年以降の債務負担の増加が圧力となり、さらなる徹底的な財

46　Streeck, *Buying Time*.〔シュトレーク『時間かせぎの資本主義』〕
47　Paul Pierson, 'The Deficit and the Politics of Domestic Reform'. In: Margaret Weir (ed.), *The Social Divide: Political Parties and the Future of Activist Government*. Washington, DC: Brookings Institution Press and Russell Sage Foundation 1998, pp. 126-178.
48　これは一九九六年の「個人責任及び就労機会調整法」で触れられた一節である。
49　Pierson, 'From Expansion to Austerity'.
50　あるいはメルテンスの用語で言えば「輸出および貯蓄体制」(*Privatverschuldung in Deutschland: Institutionalistische und vergleichende Perspektiven auf die Finanzialisierung privater Haushalte*. Dissertation. Cologne: University of Cologne 2014).

政府再建に向けて、第二ラウンドが開始された。そこで目指されたのは、政府の財政規模のさらなる縮小であり、既存の公的債務の返済能力のさらなる向上である。ヨーロッパの諸国においても、他の諸国と同様、一夜にして財政再建が達成されなければならないというわけではない。むしろ時間をかけて、段階的に支出削減がおこなわれるほうが好ましいとみなされるようになった。そのほうが国内の政治経済に緊縮体制をすこしずつ根づかせ、永続化するためには都合がよいからである。

財政赤字から安定した財政黒字に移行した国では、緊縮政策はどのようにして定着していくのか。近年、ルーカス・ハフェルトはこの点を明らかにしている[51]。ハフェルトが論じるのは、彼のいうところの「対称仮説」である。その仮説においては、国家が慢性的赤字を克服することにより、取り戻した財政能力を用いて政治的な積極策に回帰し、かつて削減された政策を再開するかどうかが問題とされる。事実、これは社会民主主義政権が緊縮政策に乗り出すときに、しばしば公約に掲げる事柄である。しかし現実にはハフェルトが示すように、財政再建が達成された後も、支出パターンは緊縮政策の方針と変わらないままである。そして、その方針が美徳となることが、かつての債務国家と現在の新自由主義的な財政再建国家とのあいだの大きな違いである。ハフェルトの事実にもとづく説明によれば、債務の増加局面から減少局面への転換が起こるためには、政治的・制度的慣習や利権の構造、そして権力関係とイデオロギーにおける根本的な変化が必要かつ不可欠であるが、短期間でそのような変化が生じることは不可能である。

財政再建に身を捧げた国家——すなわち金融市場を安心させるために、債務返済を神聖な義務とみなし、ありとあらゆる手段を講じて債務返済が可能な状態を維持することに注力する国家——にもたらされる政治・経済的な帰結とは、はたしてどのようなものだろうか？　最近の研究では、以下の四つの帰結がもたらされ、定着することが明らかにされている。

（一）増税ではなく支出削減によって、さらに減税をともなって均衡予算を達成する場合には、義務的支出ではなく裁量的支出が増えることになる。[52] 財政予算が均衡へと向かうにつれて、法的に厳しく固定された支出（たとえば公務員給与や国民年金、そしてもちろん債務返済など）が政府支出の多くの割合を占めるようになっていく。債務返済は財政再建国家にとって神聖な義務であるため、これまで「ソフト」[53] あるいは「社会的」[54] 投資と呼ばれていた公的投資（物理的インフラ整備だけでなく教育拡充、家族支援、労働市場活性化策なども）は切り捨てられることになる。この方針がつづくと、社会保障をはじめとする市民の「受給権」は強い圧力を受け、政治的に弱体化され、その保護が政府の義務とはみなされなくなっていく。未来を担う若者に投資しない老人たちの政策、および政府の裁量を否定する「財政民主主義」は、後続世代に不満を抱かせ、また彼らにとってほとんど利益をもたらさない。[55] 他方で現行世代の利益は、いわゆる「既得権益《グランドファザー》者保護条項」によって保護される。この方向でいけば、社会政策が国家の法的義務でなくなる日も遠からず到来することだろう。

（二）予算均衡は、新たに債務を抱えることを認めない。これは財政黒字を債務削減にあてる場合にもっとも当てはまる。したがって政府は、縮小する歳入とは別の資金で公的投資の資金を賄わなければならなくなる。そして政府は、金融市場からの信頼を維持するために、国債の実質金利がかぎりなくゼロに近づ

51 Lukas Haffert, *Freiheit von Schulden - Freiheit zur Gestaltung? Die politische Ökonomie von Haushaltsüberschüssen.* Dissertation. Cologne: University of Cologne 2014.
52 Wolfgang Streeck and Daniel Mertens, 'Politik im Defizit: Austeriät als skalpolitisches Regime', *Der moderne Staat*, vol. 3, no. 1, 2010, pp. 7-29; Wolfgang Streeck and Daniel Mertens, *Fiscal Austerity and Public Investment: Is the Possible the Enemy of the Necessary?* MPIfG Discussion Paper 11/12. Cologne: Max Planck Institute for the Study of Societies, 2011.
53 Streeck and Mertens, *Fiscal Austerity and Public Investment.*
54 Nathalie Morel, Bruno Palier and Joakim Palme（eds.）, *Towards a Social Investment Welfare State?* Bristol: Policy 2012.
55 Richard Rose, 'Inheritance Before Choice in Public Policy', *Journal of Theoretical Politics*, vol. 2, no. 3, 1990, pp. 263-291.

いたときでさえ、公共投資の削減が求められる。その結果、物理的・社会的インフラが損なわれ、それを維持するために、かつての公的組織に代わり、民間投資家に頼らざるをえなくなる。たとえば、あらゆる分野に広がる官民連携（ＰＰＰｓ）はその一例である。これは公的領域が民間領域の投資を支援するもので、実際には政府や市民が民間企業に使用料を支払うという形をとる。この場合、国家や市民は、そのサービスが公的投資で支えられていた時代にくらべて、より多くの額の支出を強いられる傾向がある。その傾向が顕著にみられるのは地方公共団体である。というのも、地方公共団体には国債投資企業の法務部と対等に交渉する能力のある専門家がいないことが多いからである。

（三）政府の裁量支出の削減は、必然的に社会サービス（教育をはじめ、すべての市民を対象とした福利厚生サービス）の削減をもたらす。国家が提供するサービスの質が低下し、範囲が狭まると、中産階級はその代わりとなる民間サービスを求めるようになる。そして政府も民間企業から、公共機関との競合を認めるように迫られる。この流れのなかで、経済的に余裕のある中産階級は民間サービスのきめ細かな対応に慣れてしまい、その民間サービスに支払うためにさらなる減税を求めるようになる――そして減税により、さらなる支出削減がおこなわれる。こうして福祉国家が所得を増やしている中産階級からの支持を失うと、公共政策は貧困層向けの政策と変わっていく。ところでアメリカの格言が示すように、貧困層のための政策は、そもそも貧困な政策になるのが通例である。

（四）物理的・社会的インフラへの投資が民営化されることとは、かつて公共部門であった領域に、有力な民間企業が参入することを意味する。一般に民間企業は規制の対象となるが、すぐに政治領域における強力なプレイヤーとなり、上昇志向を強める中産階級とそれに支えられたリベラル保守政党と手を組むようになる。このような企業と政府の関係が、いわゆる「回転ドア」と呼ばれる交換人事や選挙キャンペーンの支援などをつうじて深まっていくと、再分配国家から新自由主義国家への移行はさらに確実なものとなり、社会の平等と団結を守る責任は、国家から市民社会と市場に放り投げられることになる。

緊縮体制が確立され、財政再建国家の最先端を走っているのは、意外なことに、かつての社会民主主義のモデル国家であったスウェーデンである。[56] 一九七〇年代以降のスウェーデンは、アメリカをはるかにしのぐ勢いで、債務国家からの脱却に向かって突き進んだ。実際、アメリカはグローバル資本市場で格別の競争力をもっており、その恩恵を受けているために、財政再建の圧力がスウェーデンほど激しくないのである。ここで指摘しておくと、スウェーデンはＥＭＵに加盟しないまま現在も自国通貨を使用しており、したがって国際協定によって財政再建を強いられることはなかった。しかしスウェーデンが経験した一九七七年と一九九一年の二度にわたる深刻な財政・金融危機は、二〇〇八年以後のヨーロッパ諸国が経験した危機よりはるかに深刻で、この国に深い傷を残すことになった。[57] その経験から、スウェーデンの政界は次のような教訓を学んだ。すなわち、ある国がひとたび金融市場からの信頼を失えば、金融市場は容赦なくその国にたいして罰を加えることは明らかであり、したがって金融市場の信頼を回復し、維持することは、経済政策にとって最重要課題である、という教訓である。

56 Haffert and Philip Mehrtens, *From Austerity to Expansion? Consolidation, Budget Surpluses, and the Decline of Fiscal Capacity*; MPIfG Discussion Paper 13/16. Cologne: Max Planck Institute for the Study of Societies 2013; Mertens, *Privatverschuldung in Deutschland*.

57 一九七七年から一九八三年にかけて、スウェーデンの公的債務の総額は二倍以上に増加し、ＧＤＰ比は三〇％から七〇％に上昇した。財政赤字は、一九八二年にＧＤＰ比で七％であった。四％前後の財政黒字が四年ほど続いたのち、公的債務はふたたび増加しはじめ、一九九〇年から一九九五年にかけて、それは四八％から八四％に達した。一九九三年の財政赤字は一一％に達した。しかし一九九八年初頭から減少しはじめ、グローバル金融危機の一年前、二〇〇七年には五〇％に回復している（Mehrtens, *Staatsentschuldung und Staatstätigkeit*, 70）。一九九八年から二〇〇八年にかけて、スウェーデンは黒字予算で運営されていた。景気調整により、現在も黒字は継続している（*Consolidation, Budget Surpluses, and the Decline of Fiscal Capacity*. Lukas Haffert and Philip Mehrtens, *From Austerity to Expansion?*, p. 24）。

財政再建国家としてスウェーデンは緊縮財政を進めるにあたり、二つの原則を定めた。ひとつめは、支出削減により財政黒字を達成し、黒字を重ねることで累積債務の削減をなんとしても実現することである。二つめは、定期的な減税をつうじて支出削減の圧力を維持し、中産階級の自由市場における自助努力を、公共福祉・サービスに置き換えることである。黒字政策と減税政策を組み合わせることにより、国民経済における政府割合を縮小させ、より「贅肉のない国家」に向かうことは、新自由主義の「非能動的公共政策」という処方箋に沿ったものである。このようなスウェーデンの新自由主義改革がうまく進んだ理由は明らかである。その理由は、そのような改革が政府活動の活発であった時期にはじまり、その時点で公的支出を必要とする多くの分野を抱えていたため、緊縮体制を確立するまでに、長い年月をかける必要があったことにある。こうしてスウェーデンはとくに長い道のりを歩むことになったが、それだけに財政再建体制は深く根付くことになり、将来に別の体制に置き換えられることが想像できないほどである。

ほぼ二十年をかけた新自由主義改革を経て、スウェーデンの政治経済はかつての面影がまったくみえないほどに変容した[58]。スウェーデンは、二回めの経済危機（一九九三年）から二〇一二年までのあいだに、政府総支出をGDP比で七〇%から五〇%に、総収入を六〇%から五〇%まで低下させた。この流れは今後も継続すると見込まれている。それを支えているのは、この国の政治経済体制の根本的な変化である（たとえばスウェーデン中央銀行は財政拡大政策に関与する動きをすることを禁じられている）。

スウェーデン政府による二〇一三年から二〇一五年にかけての中期展望では、GDP比で最大三%の黒字が見込まれていた。［……］毎年、GDP比で最大三%の黒字が予想されている。予算バランスの改善をもたらしたのは歳入増加ではなく、もっぱら支出削減であった[59]。

二〇一一年以降に景気が悪化しても、財政再建を優先する政策が見直されることはなかった。高税率・高支出から低税率・低支出への移行が達成されたのは、とくに年金改革（一九九四年／一九九八年）のおかげである。これによって年金制度は「財政的に国家予算から完全に独立し、もはや国庫と年金基金とのあいだの相互助成はなくなった」。財政黒字にもかかわらず、年金は二〇一〇年にも削減され、さらに将来も人口減少にともなう歳入不足が予想されるため、さらに削減されると見込まれている。さらに、一九九〇年から一九九一年にかけての「今世紀最大の税制改革」も挙げられる。これは一九九〇年代初頭の財政危機の時期におこなわれ、公的支出のさらなる削減につながった。二〇〇六年と二〇〇八年に大規模な減税がおこなわれ、その後も数年にわたって減税がつづけられた。これらの改革をつうじて、税制は逆進性をいっそう高めることになった。というのも、資本利得への課税率が労働所得への課税率にくらべて大幅に引き下げられ、相続税が廃止された代わりに、付加価値税は世界で最も高率のまま維持されたからである。

スウェーデンにおける財政再建は、他の国に例をみないほど「ソフト」と「ハード」双方の公共投資を劇的に削減することによって成し遂げられた。[60] とくに労働市場にたいする積極的な政策支出は、かつての半分以下に減額された。また、スウェーデンの失業率は八％程度で安定しているが、それが基準値になったのはスウェーデンの労働市場においてはつい最近のことであり、一度目の財政危機の時代、つまり社会民主党のカールソン政権がマネタリストに転向する以前であれば、想像することができないほど高い数値とみなされただろう。そして、スウェーデンの財政再建がもたらした収入格差の拡大は、他のほぼすべての先進資本主義諸国ではみられないほど激しいものであった。さらにいえば、大学入学以前の私立学校に通っていた生徒の割合は、一九九八年から二〇一〇年にかけて二％から一二％に上昇しており、これは合衆国における上昇

58 Haffert and Mehrtens, *From Austerity to Expansion?*; Philip Mehrtens, *Staatsschulden und Staatstätigkeit: Zur Transformation der politischen Ökonomie Schwedens*. Frankfurt a.M.: Campus 2014.
59 Haffert and Mehrtens, *From Austerity to Expansion?*, p. 21.
60 Streeck and Mertens, *Fiscal Austerity and Public Investment*.

率を上回っている。[61] スウェーデンにおける民営化の拡大は急速で、医療部門や育児部門にまで及んでいる。この国が二十年以上もかけて新たな財政再建体制を確立したことを考えると、スウェーデンがこれからも債務返済と減税を組み合わせる政策に固執し、国家を縮小させていくことは確実であるように思われる。

財政再建国家と民主主義

財政再建国家という体制は、私たちがなじんできた民主主義が根本的に姿を変えることを意味している。これまでのように、民衆の政治参加をつうじて市場原理に対抗し、社会的平等を守ることを目指す制度は、もはや過去のものとなるだろう。[62] 民営化により公共財が失われていくと、政治的に決定されるべき事柄も減っていく。そうなると政治的民主主義に代わって資本主義の経済的民主主義が――つまり票に代わってカネが――支配するようになる。市場が集団的意志決定の基本原理とみなされると、討議に代わって有力者グループが意志決定を司るようになる。そのような財政再建国家では、過去の硬直的な債務国家よりもさらに「財政民主主義」は力を失っていく。マクロレベルで国家財政に課される債務制限と財政均衡ルールが厳しくなる一方であることも、その方向に進む理由として挙げられる。さらにヨーロッパの場合、国際条約によって緊縮財政が定められており、その条約を破ると政治的・経済的に大きな犠牲を払わなければならないという状況がある。

また、財政再建国家に向かう制度改革をつうじて、民主主義のさまざまな原則が捨て去られていった。たとえば、官民連携事業の多くは複雑な商業契約にもとづいており、企業秘密の保護という観点から、その契約の大部分が機密扱いとなる。政府から独立した中央銀行が経済政策の主要エージェントになると、市民により投票で選ばれた議会と政府の手の届かないところで、広範な社会的影響を及ぼす政治決定が下されることになる。中央銀行は秘密裏に議論する小集団によって運営されているが、彼らの決定が経済界の合理的予想におよぼす影響を考えれば、他の運営の仕方も考えにくい。国家の経済政策が市場の要求に合致しているかどうかの判断は、政治論争ではなく市場に委ねられるしかない。そして経済政策が「正しい」かどうかという問題は、専門官僚にとっては、その政策を定めるルールの運用者を誰に決めればよいのかという問題となる。こうしたことすべてが経済運営と民主主義政治を切り離すことを求め、事態はその方向に進められていく。このようなイデオロギーを支えるのは、エリートたちのあいだに新たに流行している次のような考え方である。すなわち、民主主義は非合理的であり、複雑な問題を扱う能力に欠け、グローバル経済の激しい変化に対処するには反応が遅すぎ、民衆の圧力に弱いために自由市場にたいする無意味な経済的介入をおこなう体制である、という考え方である。[63]

自由市場と経済官僚によって経済政策が支配されたことにより、政治参加の力は失われてしまった。[64] 欧州通貨同盟（EMU）のような国際的「統治」により国内の民主制度が無力化されると、そこで脱政治化された空間は新たな内容で満たされることになるだろう。それは、たとえば「ポスト民主主義」的な大衆娯楽[65]かもしれないし、政治的に退行した国粋主義かもしれない。財政再建国家の成立が礼賛される現状では、政治的主導権はしだいに右派のほうに移りつつある。というのも、そこでは既成権力に反対を掲げる政党が、市民の不満――つまり公共サービスに依存し、国際市場から政治的に守ってもらいたいと思っている市民の不満――を巧妙に組織しつつあるからだ。

61 Mehrtens, *Staatsentschuldung und Staatstätigkeit*, 220. 中等教育のレベルでは、この割合は二〇一〇年には五〇%に達する。おおざっぱに言って私立学校の経営者の九〇%は営利企業であった（Mehrtens, *Staatsschulden und Staatstätigkeit*, 223）.

62 Streeck, *Buying Time*, p. 58.［シュトレーク『時間かせぎの資本主義』］

63 Daniel A. Bell, *Beyond Liberal Democracy: Political Thinking for an East Asian Context*. Princeton: Princeton University Press 2006.

64 Schäfer and Streeck, *Politics in the Age of Austerity*.

65 Crouch, *Post-Democracy*.

第五章　市場と人々——民主制資本主義と欧州統合

ヨーロッパ各国首脳たちの金融市場が安定化し、欧州債務危機を解決するだろうという希望は、過去二年のサミットで議論の詳細な結果が発表されるたびに、失望に転じただけであった。[1] そもそも投資家たちが「自発的な債務減額」に同意するようなことがあるだろうか？「バズーカ」と呼ばれるその提言は、けっきょくのところ「水鉄砲」にしかならないのではないか？　壊れたグローバル金融システムをどう修理すればよいのか、確信をもって答えられる者は誰もいない。ある者はいっそうの緊縮財政を求め、別の者は経済成長を求める。この二つが重要であることは誰もが知っているが、同時にこの二つを実行することはできない。専門家集団によるお決まりの救済策は、この二つの方針のあいだで揺れ動き、ジレンマに陥っている。彼らの専売特許である巧妙な処方箋は、その効果の持続期間が短くなる一方である。二〇一一年十二月のサミットでは、英国が拒否権を発動したにもかかわらず、二十六カ国のあいだに条約が締結され、それによってヨーロッパの各国首脳は枕を高くして眠ることができるようになり、五〇〇〇億ユーロに達する欧州中央銀行から各国銀行への利率一％の長期貸付はすぐに元の水準に回復した。確実に言えることがひとつある。それは、投資家連中が鎮まれば金融市場も鎮まるが、彼らが次にいつ凶暴になるのかについては沈黙したままだ、ということだ。彼らがフランスを襲うことはあるのだろうか？　もちろん、彼らがその気になればそうなるだろう。投資家連中が満足して鎮まるのは、緊縮政策が実行されたり、担保保全にかんする国際的同意が結ばれたりすることで（理想的にはこの二つが同時に実行されることで）、自分たちの金が戻ってくることを保証されたときだけである。

すでに論じたように、[2]第二次大戦後の「民主制資本主義」は根本的な矛盾を抱えている。すなわち、資本市場の利益と投票者（市民）の利益のあいだの矛盾である。「未来から借りる」という持続不可能なプロセスにより、両者のあいだの緊張は時代とともに高まる一方である。そのプロセスは、まず一九七〇年代のインフレ、続く八〇年代には国家負債の増加、九〇年代から二〇〇〇年代初頭には民間負債の増加へと移行し、最終的に二〇〇八年の金融危機において爆発した。それ以後、民主主義と資本主義の弁証法は、息もつかせぬスピードで展開してきた。ほんの数カ月前（二〇一一年秋）、EU本部のあるブリュッセルでは、次のような冗談が囁かれたという報告があった。それは、パパンドレウ（訳注：元ギリシャ首相　在任二〇〇九－二〇一一）が国民投票を提案したときに軍事反乱が起これればよかったのに、けっきょく最初にギリシャ政府、次いでイタリア政府が国民投票をおこなうことになった、という冗談である。いずれにせよ国民投票の結果、一息ついたところで、権力は（今度は皆から望まれながら）エコノミスト官僚に移り、彼らが強力な「市場」論理によって統治するというレールが敷かれているのである。このようにエコノミスト官僚に政策が委任されるのは、表向きは不当であるわけではない。イタリアのマリオ・モンティ新首相は、かつて欧州委員会の競争政策担当委員としてドイツの国家的な銀行システムを解体した人物である（その解体は、けっきょくのところアメリカのジャンク債を購入するなど、実りのない再編のまま終わってしまった）。欧州委員会の任期が終わると、モンティは企業の経営顧問として稼ぐようになり、とりわけ世界最大のジャンク債製造業者であるゴールドマン・サックスの顧問として活動した。ギリシャのルカス・パパデモス首相は、かつて粉飾財政や通貨同盟、さらにドイツ金利の暴騰により政治が安定していた時期に、ギリシャ中央銀行の総裁を務めていた人物である。その際、ギリシャ国家のバランスシートをでっち上げる手助けをしていたのは、

1　本章の初出は以下のとおり。*New Left Review*, vol. 73, January/ February 2012, pp. 63-71.
2　本書の第二章を参照。

ほかならぬゴールドマン・サックスの欧州部門であった。ちなみに、その部門を短期間であれ率いていたのは、現在は欧州中央銀行総裁であるマリオ・ドラギである。こうしてみると、モンティ、パパデモス、ドラギが仲良くいっしょにやっていけるのは当然なのである。

大陸の不均衡

さしあたり、資本主義世界の民主主義国家にはひとつの主権ではなく、ふたつの主権があることは明らかである。すなわち、一方の主権者は人民であり、もう一方の主権者はグローバル「市場」である。そして市場は人民の上に君臨し、人民は市場の下で押さえつけられている。グローバル化、金融化、欧州統合は、このうち一方の主権者である人民の立場を弱め、他方の主権者である市場の力を強める結果を引き起こした。そして現在、急速に市場のリーダーたちに力が集中することによって、両者の力関係は不均衡状態にある。かつてのリーダーたちには、人民の言葉を話し、理解する人物が求められた。しかし現在のリーダーたちに求められているのは、貨幣の言葉を話し、理解することであり、それこそが不可欠な能力とみなされる。「人民の代弁者」は、いまや「資本の代弁者」に取って代わられた。現在求められているのは、投資家が自分のカネをさまざまな副次的利益とともに確実に受け取れるような策略に通じた人物なのである。投資家からの信頼は、いまや有権者からの信頼よりも重要である。だからこそ、中道左派でも右派でも資本家の手先となる政治家たちが勢力を占めるようになったのであり、しかもその現象は問題になるどころか、解決策として歓迎されているのだ。北欧においても、ギリシャのエキゾチックで怪しげな財政やイタリアの風土病ともいえる親分・子分関係にもとづく政治システムは、すぐに話題に上らなくなった。つまり民主主義社会において、とくに「私たち」のカネが問題になるときには、他人にたいして収入を超えた生活をしたり借金を返さなかったりすることを認めるわけにはいかない、ということだろう。

しかし、事態はそれほど単純な話ではない。そこで問題とされるのは「私たち」のカネではなく銀行のカネであり、ギリシャ人民との連帯ではなく「市場」との連帯だからである。読者もご存じのように、銀行はギリシャに「仮想的《バーチャル》」な仕方でカネを投入する。というのも、銀行は最終的に自分たちが投資したカネが戻ってくることを期待しているからであり、もしギリシャから戻ってこないとしても欧州連合の別の国から戻ってくるだろうし、必要があれば二〇〇八年に用いた「返済不能になれば影響が大きすぎる」という脅し文句を使えばよいからである。各国政府は、大国や国際組織の監視機構をつうじて、ギリシャのような小国がEU加盟後の信用低下にどれほど苦しんでいるかを調べ上げていたにもかかわらず、そのような銀行の要求に逆らうようなことはしてこなかった。思い返してみれば、財政再建が世界の主流になっている時代に、EUは周辺国向けの助成金を縮小する代わりに民間金融会社の投資を増やすことによって南の国々（訳注：ギリシャ、スペイン、ポルトガル、イタリアなど）の貨幣供給を支えようとしたわけだが、それこそは地中海の民主制資本主義の後進国だった南の国々を欧州通貨同盟（ユーロ通貨体制）に引き入れた主要な理由のひとつだったのである。こうして、たんに各国の銀行が稼ぎやすくなっただけでなく、南の国々の消費者の購買力を着実に回復することによって、北の国々（訳注：主にドイツ、フランス）の輸出産業の利益を増やすことになったのである。しかもこの策略によって、ポルトガルやスペイン、イタリア、ギリシャのような南の国々が定期的な通貨切り下げをおこなって高い生産力を誇る北の国々から自国の産業を守る政策を取らないように、仕向けることができたのである。

地中海に面した隣国ギリシャの融資と助成金を利用した腐敗と財政偽装のひどさ――自称「正直」なアングロ・サクソン諸国と比較した場合の話である――をみて北の諸国の政治エリートたちがいかにもわざとらしく衝撃を受けた態度を示したことは、政治広報の歴史でもっとも恥ずべき出来事として記憶されるべきであろう。EUが二度にわたって補助金を与えることで、ギリシャという大きなオリーブの木に途方もない額の果実を実らせ、搾り取っていることは、誰もが薄々知っていることだ。つまりEUは、その果実を実らせるために支援し、次に果実をバーチャルな仕方で機械油へと加工したわけだ――こうしたことは、第二次大戦後のイタリアにおいてキリスト教民主党とマフィアのあいだに深い結びつきがあり、そこでジュリオ・アンドレオッティ（訳注：一九一九―二〇一三。イタリアの政治家。キリスト教民主党に属し、一九七二年から一九九二年にかけて三度にわたり首相を務め、マフィアと深い関係をもっていたことでも知られる）のような人物が行政機構と各政党、軍隊、犯罪組織、諜報機関を結ぶネットワークの中核として活動したことが国家秘密とされながらも誰もが知っていたのと同様に、公然の秘密なのである。ギリシャにかんして言えば、ヨーロッパの政治家たちは、軍事政権以後のギリシャが歴史的にみて驚異的なほど負債を増やしていたことをよく知っていた。その様子はかつてのラテンアメリカで起こったことを思い起こさせるほどである。つまり富裕層に対して実質的な免税特権を与え、その富裕層は財産を国外に隠してしまうために、民主主義国家であるギリシャは「市場」や他国から借金をせざるをえなくなり、旧貨幣はそのまま流通しつづけ、新貨幣は増加中の中産階級が北の国々の製品を消費するのに使う役割しか担わなかったのである。

その当時のギリシャで起こった事態を問題視する者がいなかったのは、おそらく次のような事情がある。つまり一九七四年に軍事独裁政権が倒れた後、当時の現状を認めないとしたら、ギリシャ社会の根本的な改革――そうすればイタリアのエミリア＝ロマーニャ州の運動と連帯してユーロコミュニスト体制に向かうことになっただろう――をするしか手立てがなかった、という事情である。しかし、ヨーロッパの北側諸国にもアメリカ合衆国にも、当時の状況を解決しようとする動きはなかった。それはカーネーション革命の後のポルトガル、フランコ政権打倒後のスペイン、とりわけ一九七〇年代以後のイタリアについても同様である。とくにイタリアでは、エンリコ・ベルリンゲル率いるイタリア共産党は、チリの軍事クーデターのような事態が起こることを怖れ、活動を抑制していた。こうしたことからEUは、ファシズム体制以後の民主主義をすべて受け入れ、軍事独裁政権と偽りの資本主義的近代化の原因となった古い社会組織と階級構造はいずれも経済成長によって消え去っていくだろうと期待したのである。

イタリア式の集中？

ひとつに統合されたはずのヨーロッパは、いまや北と南に引き裂かれている。そうであれば、私たちはこれまでとは別の仕方の統合について考えるべきであろう。このようなことを言うと、「ヨーロッパ人意識」の劣化という診断がいたるところで下されている現在、読者には驚かれるかもしれない。しかし、このような新たな運動は、すでに実証された新機能主義（訳注：一九五〇年代末にエルンスト・ハースたちが確立した国際関係論のひとつで、国際的な非政治的領域における協力活動が広まると、それは隣接領域に波及し〈スピルオーバー仮説〉、結果として政治的領域における国際的協力関係が強化される、という考え方）のモデルをつうじて、全ヨーロッパ人が参加しなくても——もしかすると全ヨーロッパ人の意思に反しても——ふたたび取り組まれるだろう。新機能主義的な統合が依拠するのは、スピルオーバー効果である。すなわち、ある領域ですでに統合がおこなわれれば、その領域と機能的に結びついた他の領域においても統合が進むことになり、その因果関係のネットワークは事実上の強制として、公的な承認をほとんど必要とすることなく、政治的領域においても統合を促すという効果である。ジャン・モネによるヨーロッパ統合プロセスの構想も、同時代の政治学者たちの議論も、そのような考え方にもとづいていた。しかし一九九〇年代になって、この考え方は通用しなくなった。国民国家と社会秩序の中心部分で統合が進んでいくにつれて、統合は政治的に利用されるようになり、暗礁に乗り上げた。統合に向けた新たな一歩を踏み出すことは以前にもまして困難になり、欧州司法裁判所をつうじて進めるしか手段がなくなった。その当時、ブリュッセルを中心とするヨーロッパは、幽霊のような次の観念に取り憑かれていた。すなわち、国民国家を弱体化させるために、これからは民衆にそなわる「ヨーロッパ人意識」——あるいは民衆のうちに「ヨーロッパ人意識」をつくりだすこと——に依拠すべきではないか？

危機に直面したヨーロッパは、この問題にたいして、またもや人民の意志とは切り離して統合を進めることで解決を図ろうとした。最初、通貨同盟はテクノクラート的な発想にもとづいていた。つまり、政治的統合を進めるために解決しなければならない国家主権と民主主義という根本的な問題を無視して計画されていたのである。しかし、実際に通貨統合がおこなわれると、それによってEUは急速に実体をそなえた連邦国家とみなされるようになり、国家の主権、すなわち国家の民主主義体制は、とりわけ地中海沿岸諸国のそれは、紙の上に書かれた文字にすぎなくなっていった。こうしてヨーロッパ統合は、通貨体制から課税政策への実質的移行を意味することになったのである。国際市場の「実質的支配」――実際、現在ほど金融資産所有者の利益を増やし、保証しようとする政策は過去に例がない――は、民主政治的にはけっして望まれたことのなかった（EU統合時にくらべると現在はさらに望まれていない）種類の統合を強引に推し進めることになった。この統合にあたり、行政組織は二次的役割しか果たしていない。欧州中央銀行は、いかなる事態になろうとも、民間投資家が買おうとも思わない債権を、果てしなく買いつづけるだろう。そしてフランクフルト、ブリュッセル、ベルリン、おそらくパリの銀行や政治家たちは、これから先に条約が改正されてもされなくても、債務国の財政を「取り締まり」（アンゲラ・メルケル独首相）つづけるだろう。この件については、茶番にすぎない二〇〇五年の欧州憲法とは異なり、国民投票はおこなわれないだろう。北側諸国は南側諸国に財政支援をしつづけるだろうが、それは南側諸国が北側諸国の銀行に支払う――それは北側諸国が「してはいけないこと」である――ことができるようにするためである。このようなことを進めるEU組織（とくに欧州中央銀行）は、想像を絶するほど民主的圧力を免れているが、それを支えているのはEUの覇権を握る二つの国民国家（ドイツとフランス）である。実際には、そのうち一カ国（ドイツ）が覇権を握るようになって久しい――かりに、新たに覇権的権力が生まれながら身を隠しているのでなければ。

事実、欧州共同体設立条約前文に書かれた「かぎりなく連合体に近い ever-closer union」という言葉は、たんなる牧歌的夢想でしかないだろう。欧州統合とはけっきょく「できちゃった結婚」、つまり意図せずして妊娠したカップルに親権を強制するようなもので、かならずしもつねに幸せな結果になるとはかぎらない。現在話題になっている「財政移転同盟」は、統一後のイタリアに起こった状況によく似ている。戦後のイタリアでは、豊かな北部地域が貧しい南部地域に助成金を回す仕組みがつくられたが、たいした成果を上げることはなかった。そして国家統合が完成したあかつきには、すぐに政治体制の腐敗が定着した。「南部のための基金（訳注：イタリアで貧しい南部の発展を促すために一九五〇年に設立され、一九八四年に解体された）」の助成金は、南部地域のやる気のある企業家――そうした人々はめったにいなかったし、いたとしてもきわめて過酷な状況にあった――に回されることはなく、その代わりにキリスト教民主党が掌握する南部の地方住民たちの票を買うために使われ、しかも政府はそれを黙認していたのである。こうして映画『山猫（訳注：シチリアのパルマ侯爵であるジュゼッペ・トマージ・ディ・ランペドゥーサによる自伝的作品で、一九六三年にヴィスコンティ監督により映画化された）』に描かれたのとそっくりそのままの状況は、何も変わらずにすんだのである。

国家主義――それに欧州地域開発基金も付け加わる――は、イタリア政府にとって都合のよい仕方でイタリア南部地域に重い負担を課し、その状況を維持しつづけることに荷担した。しかし一九九〇年代以後、イタリア南部地域で資本主義が発展し、ブリュッセル（訳注：欧州中央銀行）が東欧と並んでイタリア南部地域にもカネを回すようになると、イタリア北部地域の有権者たちのあいだに分離主義の動きが広まっていった。ユーロ通貨へ移行した後しばらくのあいだはギリシャのように低金利の融資をかんたんに利用することができたため、イタリア政府は北部地域への課税を強化しなくても南部地域をなだめることができた。しかし、そのようなやり方はもはやできなくなった。今ではいかにEUが魔術のような手段を使ったとしても、イタリア南部地域が経済的に発展を遂げるなどと信じる者はいないだろう。ベルルスコーニ体制でイタリアが行き詰まった理由は、たんにベルルスコーニがろくに仕事をしていなかったからだけではなく、次の問題の解決策を与える者がいなかったことにある。すなわち、豊かな北部地域と貧しい南部地域のあいだの格差が拡大するばかりの状況で、イタリアはどのように国家的統一性を保てばよいのか、という問題である。この問題は、イタリアに根本的な社会変革が起こらないかぎり解決されることはありえないように思われる。

この半世紀にわたって北のロンバルディア州（訳注：ミラノを中心とするイタリア北部の州）が南部地域の資本主義的近代化を牽引することができなかったことを振り返れば、ヨーロッパ北側諸国がどれほど地中海沿岸諸国に移転支払いをしたところで、それはたんに北側諸国の企業の生産性の向上を納税者たちに押しつけることにしかならないのではないか？ たとえば南のギリシャ人と北のフィンランド人は、国家革命の記憶をまったく共有していない。また第三者がギリシャにたいして地域発展支援金を融資する見込みもない。そうであれば、イタリア北部の人々が南部を支えることに嫌気がさしているのと同様に、ヨーロッパ北側諸国も南側諸国を支えることに耐えられなくなるのは必然ではないだろうか？ このようなEUとイタリアの不吉な類似は、ユーロ通貨を創設した後、ヨーロッパにおいてもイタリアにおいても、しばしば見落とされており、そのことが経済力に乏しい南側諸国の通貨価値引き下げの可能性を閉ざしつづけている。それでも、両者の行き着くところは同じである。すなわち融資は永続化し、移転支払いへ常軌を逸するほど依存するようになり、経済支援の送り手と受け手の両方のあいだに幻滅が広がることになる。

ヨーロッパ北側諸国がギリシャをユーロ圏に引きとどめる事態は、トロイの木馬の伝承を思い起こさせる――ただし今回のギリシャは木馬を送る側ではなく、受け取る側なのだが。ギリシャ政府およびギリシャの一部の富裕層は、「明日の百より今日の五十」ということわざどおりに、あいかわらず確実な利益――EUからの融資という形で――を貪っており、自国通貨に戻して社会・経済的決定を自分たちの手に取り戻す可能性を放棄しているように思われる。その現状がどのような利害の結びつきによって生じているのかについては、きわめて複雑であるため、ここでは詳細に立ち入らない。しかしドイツ金属電機労組IG Metall がギリシャとの「国際的連帯」を表明するにあたり、あからさまに「ドイツから地中海沿岸諸国への輸出を長期的に保証するため」という理由を挙げたことは注目に値する。[3] というのも「連帯」は一方通行のものではありえないからである。それでもギリシャの財政・社会政策が監視状態に置かれていることを考えれば、北側諸国は熾烈な緊縮財政に苦しんでいるギリシャの一般市民を支援し、先のドイツ労組との連帯を助ける必要があるだろう。いずれにせよ、通貨同盟は政治同盟の形態へと実質的に移行したわけだが、それは南側諸国の民主主義を崩壊させることになった――実際、ギリシャの予算編成権は、ギリシャ議会から監視機関であるEUとIMFへと移された。他方で北側諸国においては、市民と議会の政治家たちはほぼ毎日、ほんのわずかな期間のうちに救済基金がどこかに投資されたという話を新聞で読むことになる。

さしあたりヨーロッパ北側諸国の政府と世論は、債権国が身勝手な市場適合型生活のユートピアに向かうように喧伝しているが、その彼らのほうは自制心を失った金融市場の提供する低金利融資に頼りきっており、ラルフ・ダーレンドルフの言葉でいえば「信用資本主義」の中毒状態に陥っている。そうであれば、日増しに危機の度合いを深めるようになった対立＝和解の習慣から前金を払ってでも抜け出すために、民主制資本主義体制の社会契約の内容をどのように書き換えるかを問うてみるほうが建設的であろう。私たちは社会的団結を守るために、現在の飽和した信用システムに依拠した資本主義――この資本主義は無際限の消費が続くことを前提としているが、それがもはや持続できないことは誰もが知っている――とは異なる資本主義をどのように構想することができるだろうか？　現在の資本主義が依拠する信用システムはますます永続不

3　プレスリリース（IG Metall, '10 Gründe für den Euro und die Währungsunion' (10 Reasons for the Euro and the Currency Union), Press Release, 18 November 2011.）から引用する。「ドイツ経済は他の諸国の経済とは異なり、もっぱら輸出に依存している。私たちの外国顧客たちは、ドイツ国内に多くの仕事をつくりだす要因である。ドイツ製商品のもっとも重要な顧客はヨーロッパ人である［…］通貨統合のおかげでドイツ製品の国際競争力は飛躍的に高まった。もし債務国が共通通貨体制から脱退したら、その国は自国の国際競争力を高めるために、自国通貨価値の引き下げをおこなうだろう。EU内の経済大国だけがユーロ圏に残るようなことになれば、ユーロの通貨価値を引き上げさせようとする強い国際圧力を受けることになるだろう。かりにドイツ・マルク通貨に戻すとしたら、その通貨価値を四〇％以上は引き上げなければならなくなるだろう［…］ユーロ債や赤字諸国を救済するためのさまざまな基金と支援は、債務削減を条件とする強力なヒモを付けておくべきである［…］諸国の債務状況や黒字状況は欧州通貨基金によって監視されるべきである。過剰な債務や黒字は、不均衡を正すための訴訟を引き起こすことになる」。

可能になっているように思われ、また債権者の側もしだいに信頼しなくなってきている。この問題は、マインハルト・ミーゲル（訳注：ドイツの政治学者。一九三九〜）のような保守主義者だけでなく、アマルティア・センやジャン＝ポール・フィトゥーシ（訳注：フランスの経済学者。一九四二〜）のような進歩主義者をはじめ、さまざまな方面から提起されている。しかし、私たちが知っている（あるいは知るべき）ことがある。それは、世界を手中に収めている自己破壊的な大量消費社会と縁を切るためには、近年の新自由主義的グローバル化によって最大の利益を上げている人々――この変化によって過去数十年に生活水準を下げたほとんどの人々とは反対に――に大きな犠牲を払わせる必要があり、それなくして実現不可能であるということだ。

民主主義が、金満資本主義のもたらす生活破壊と偽りの鎮静剤と手を切って再出発するためには、一部の富裕層だけに富をもたらし、残りの大多数の市民の生活を悪化させてきた現状の体制にたいして、新たな解決策が必要となる。停滞する賃金と収入格差の拡大をごまかすための消費者クレジットは、かりにすべての労働者の賃金がまともな水準になれば、不要になっていくだろう。大多数の市民の生活環境と労働環境が改善されれば、競争の高まりと社会保障の削減に由来する心理的不安を慰めるための消費財も、必要性を失うだろう。そのような変化に向かうためには、労働組合運動が復活しなければならないし、その運動によって家族を養うことができなくなるほどの労働を強い、また破壊的なまでに人間の能力から搾取をおこなう現在の体制を終わらせなければならない。同時に、公的支出のあり方も、国債発行に頼った現在のやり方ではなく、新自由主義経済の勝ち組にたいする所得税を適正化する方向に変わらなければならない。もはや国家は、市民社会から与えられた責務を果たすにあたり、借金に頼るべきではない。そのような国家の借金は、たんに貸し手に利益をもたらすだけであり、その利益は彼らの子どもたちに遺贈されるだけなのだ。はてしなく社会を分断へと向かわせる現在の流れ――二十世紀後半から二十一世紀初頭の資本主義の特徴――が反対方向に向かうときが来るとしたら、そのとき私たちはようやく次のことを了解するだろう。すなわち近代社会は、無際限の生産という中毒的処方箋に頼らなければ平和な状態を保つことができないわけではなく、そうしたものに頼らなくても総合的な意味での成長に向かうことができるのだ、と。

この主題はけっして新しいものではない。私たちを悩ませるのは、そのような民主的な解決策が突然現れる――あるいはふたたび現れる――ということではない。そうではなく、現在の私たちを悩ませるのは、その解決策が不可能であるように映るということであり、それに名前を与えるのも恥ずかしく、私たちが過去の熱中を忘れ去りたいと思っていることである。「古代の人々が生活のために共通の信仰を必要としたように、現代の私たちも正義を必要としている」。これはエミール・デュルケームの有名な『社会分業論』の言葉である。[4] 第二次大戦後の世界は、アメリカのウォール街を中心とする支配が進められた世界である。労働組合は姿を消し、資本家は銀行のトップの言うことしか聞かず、政治家の言うことにはまったく聞く耳も持たない。富裕層のカネはどこにでも移動すると同時に、どこからも消え去る。つまり国家の税制に引っかかりそうになるやいなや、別の場所に移されるのである。「金融人」たちの独裁体制がほとんど確立されたかに思われる現在の後期資本主義体制で、いつの日かグローバル時代の信用ドーピングが通用しなくなったとき、暴利を貪る連中が鎮痛剤のような新たな策略を思いつく様子を、私たちは指をくわえて眺めるしかないのだろうか？　それとも私たちは、そのときに彼らが新しいアイデアを出せないことを期待するべきなのだろうか？

4　Emile Durkheim, *The Division of Labour in Society*, Basingstoke: Macmillan 1984 [1893], p. 322.

第六章　ヘラー、シュミット、そしてユーロ

カール・シュミットの「権威主義国家」[1]にかんするヘルマン・ヘラーの透徹した議論[2]は、リベラリズム（自由主義）と民主主義との本質的関係——というよりむしろ民主主義と資本主義の深刻な緊張関係の本質——について、私たちに多くのことを教えてくれる。[3]そこから私たちが学ぶことができるのは、世界恐慌やヴァイマール共和国末期のリベラリズムに限られているわけではない。ヘラーがシュミットに見出したリベラリズムは、国家や公権力と奇妙かつ逆説的な関係性をもっている。市場が国家の干渉から自由であることが自由《リベラル》（実際にはリベラル資本主義経済）と定義されるとしても、そのようなリベラル国家が自然な存在というわけではない。むしろ、それは政治的に構築され、公的に制度化され、そして国家権力によって強化されたものであり、またそうでしかありえないとヘラーは考えている。ようするに、リベラル経済の脱政治的な条件そのものが、政治の産物——特定の政治目的のために、特定の仕方で国家の権威が行使されるという意味で——なのである。リベラル国家とは一種の政治的構築物であり、それは次のような危険を避けるための政治的な防衛手段としてつくられたものである。その危険とは、すなわち市場を転覆させる目的をもつ非リベラル社会的勢力がその力を行使し、政府がその勢力によって支配される事態である。

国家とその諸機関が利用されるのは、そのときである。それはシュミットが「全体主義」国家と「権威主義」国家を区別した著作で示したことである。シュミットは、一九三二年にヒトラーが権力を掌握する直前、ライン地方の産業資本家たちの「長名連合」で自分の考えを明らかにした。ただし、その時点で彼の考えていた「全体主義国家」は、まだヴァイマール政権の「多元的民主主義」と同じような国家として扱われてい

た。つまり、それは組織化された労働者階級を含むさまざまな社会集団に影響され、どの集団も自分たちの特殊な利益のために国家を利用しようとするような国家である。そのような国家は、いたるところで人々に強い国家の姿を見せつけ、また、経済と社会に深い結びつきがあるかもしれないが、それでもシュミットの目からみれば、それは弱い国家であった。経済と社会が深く結びついていることは、たえず市場に「歪み」がもたらされる危険があることを意味する。市場に歪みをもたらすのは、民主主義的な人民——現在であればポピュリストと呼ばれるだろう——であり、「社会正義」の観念である。それらは経済の効率性を損ねるばかりでなく、基本的な所有権さえも縮小させてしまうだろう。「全体国家」（訳注：カール・シュミットが肯定的な観点から提唱した「全体国家」は、一般には否定的な観点から「全体主義国家」と呼ばれる体制を指しており、後者の訳語のほうが一般的であるが、ここでは原著にもとづいて「全体国家」と訳す）とは、一九三二年当時のシュミットにとって、たんに民主主義国家、より正確には介入主義的な社会民主的福祉国家を指す言葉でしかなかった。つまり、それはまだ「ビヒモス（訳注：ここではナチス一党支配のドイツを指す）[4]」ではなかった。それでも、すでに当時はファシストの全体国家、いいかえれば総統国家 *Führerstaat* とその経済新秩序 *Neuordnung der Wirtschaft*、五カ年計画、そして戦時経済が始まる直前であり、その全体国家は世界戦争を準備し、世界経済を手中に収めようと目論んでいた。

こうして本物の全体国家が登場したとき、一九三二年の時点でシュミットが抱いていた懸念は意味を失っ

1　Carl Schmitt, 'Gesunde Wirtschaft im starken Staat. Mitteilungen des Vereins zur Wahrung der gemeinsamen wirtschaftichen Interessen in Rheinland und Westfalen（Langnamverein）', *Neue Folge*, vol. 21, no. 1, 1932, pp. 13-32.

2　Hermann Heller, 'Autoritäer Liberalismus?', *Die Neue Runfschau*, vol. 44, 1933, pp. 289-298.

3　この章の内容は最初に以下の雑誌に掲載された。*European Law Journal* 21（3）, 2015, 361-370. マルティン・ヘプナーの建設的なアドバイスに感謝する。

4　Franz Neumann, *Behemoth. The Structure and Practice of National Socialism*. 2nd, revised edition. New York: Oxford University Press 1944.［フランツ・ノイマン『ビヒモス：ナチズムの構造と実際』岡本友孝・小野英祐・加藤栄一訳、みすず書房、一九六三］

てしまう。全体国家は経済と社会に深く根を張り、民主的な労働者階級の組織は資本主義市場がつくりだす富を正しく再分配するために、その国家を利用した。その全体国家はつねに民主化、すくなくとも民主主義的な目的のために利用されるリスクを抱えていた。しかし、そのリスクは、ヒトラーが左派の指導者たちを強制収容所に送り込んだ後に解消された。したがって、潜在的に影響力のある左派がいる場合には権威主義国家のほうが全体国家より好ましいと考えられたのは、このような事情による。当時のシュミットが権威主義国家と呼んだのは、明らかにリベラル国家のことである。しかし、それをリベラル国家と呼んだとしたら、読者はそれを民主主義国家であると誤解してしまうだろう。ただし、当時のドイツの産業資本家たちがそのような誤解をすることは絶対になかっただろう。ようするにシュミットの「権威主義国家」は、ヘラーが正しく指摘するように、リベラル権威主義国家なのである。その国家は、古典的なリベラル国家がそうであるように、強さと弱さを合わせもっている。その国家は、民主的な再分配への要求から「市場」と「経済」を守る——ときには民衆の勢力を利用して再分配の要求を抑えつけることもできる——役割を果たすことについては、きわめて強い力をもっている。しかし、市場——資本家が自分勝手に利益を追求する聖域——との関係はきわめて弱い。なぜならその国家の政府方針は、市場を保護し、必要であれば拡大するが、しかし口は出さない、というものだからである。

興味深いことに、このような強さと弱さを合わせもつリベラリズムの国家、つまり資本主義市場経済の保護者でありながら、その取引には関与しない国家のあり方は、ライプニッツの理神論が描く神の姿と似たところがある——全能の時計制作者でありながら、自身のつくった完璧な時計を眺めるだけで、それに手を触れることのない神。[5] というのもライプニッツにとって、もし神が時計に手を触れなければならないとしたら、その時計は完璧ではないことになるからである。近代国家の場合も同様で、経済学の法則にもとづいて自己調整する市場空間をつくった以上、あとはその成り行きに任せる以上のことはできない。国家の干渉が必要とされるのは、自由が守られた市場にたいして無知あるいは悪意ある第三者が外部から侵入し、市場の自由な作用が脅かされたときだけである。このような危機が到来したときこそ、権威主義国家はその名にふさわしい力をもつことを示し、リベラル経済のルールが紙の上だけの存在でないことを妨害者に思い知らせなければならないのだ。

ヘラーとシュミットの著作を読んで、もうひとつ思い浮かんだことがある。それはシュミットの「権威主義的リベラリズム」と第二次大戦後ドイツの「オルドリベラリズム」の近似性にかんするものである。政治的に対立する立場から、ヘラーとシュミットがそろって明らかにしていることがある。それは、国家社会主義のような「強い国家」とは正反対とみなされているリベラル国家のうちに、国家主義＝権威主義的な要素が潜んでいることである。[6] シュミットとオルドリベラリズム[7]（訳注：二十世紀ドイツの経済思想で、古典的自由主義〈自由放任主義〉も計画経済も経済破綻と全体主義につながると批判し、消費者主権と再分配を重視する）は、英米型のリベラリズムとは異なり、いずれも市場経済が国家の権威から独立しているとはまったく考えていない。[8] むしろ両者は「リヴァイアサン（国家）」のほうが市場に先立って生まれ、存在すると考える。さら

5　ドイツの「反リベラル的リベラリズム」というほぼ神学的ともいえる問題についての深い考察は以下を参照。Philip Manow, 'Ordoliberalismus als ökonomische Ordnungstheologie', *Leviathan*, vol. 29, 2001, pp. 179-198.

6　オルドリベラリズムと国家社会主義の複雑な関係が第三帝国にたいするドイツ・プロテスタント主義の両義的態度に由来することについては、フィリップ・マノウの見事な業績を参照（'Ordoliberalismus als ökonomische Ordnungstheologie'）。

7　両者は想像されていたよりもずっと歴史的に緊密な関係にあった。ヘラーが解説を加えている一九三二年一一月のシュミットの講演「*Starker Staat und gesunde Wirtschaft*（強力な国家と健全な社会）」の二カ月前の九月、経済学者であり社会学者でもあるアレクサンダー・リュストウが「*Freie Wirtschaft, starker Staat*（自由な社会と強力な国家）」と題する講演をおこなった。ここでリュストウは、かつてシュミットが「全体国家」と形容していたものを、弱い国家と述べている。「[…] 全面的な力ではなく、全面的な無力である［…］組織化された利害関係者（Interessentenhaufen）による統一のとれた攻撃から身を守ることができない弱さがある。国家は貪欲な利害関係者によって引き裂かれてしまう［…］」。リュストウは一九一八年に急進左翼として有名になったが、ヴァイマル共和国時代に保守的右翼に転向した。彼がシュミットと異なっていたのは、ナチスの迫害により一九三三年に移住を強いられたことである。彼は一九四五年以降、ドイツのオルドリベラリズムの代表者のひとりとなった。一九六三年に死去。リュストウおよびシュミットについてはウィキペディアも参照のこと。http://de.wikipedia.org/wiki/Carl_Schmitt; http://de.wikipedia.org/wiki/Alexander_R%C3%BCstow (both as read on 6 March 2015).

に両者の観点では、経済・市場・資本主義は国家・政治によって設置され、動きだした後は放置されるような自己駆動型・自己調整型の機構であり、国家はその機構を、愚かで腐敗した外部の干渉がある場合には保護し、故障した場合には修繕する必要がある、とみなされる。一九四五年以降のオルドリベラリズムが高い競争力をもっていたのは、次のような理由がある。つまりオルドリベラリズムの信奉者たちは、国家主義的＝独裁主義的なナチス体制およびその戦時経済から、いいかえればビヒモスの政治的・道徳的・経済的失敗から、自分たちが多くの教訓を学んだと売り込むことができたのである。権威主義的リベラリズムは、シュミットからみればその当時の「全体国家」がまだ多元的民主主義に近すぎたため、次善の策にすぎないものだったのかもしれない。しかしナチスという独裁主義的な全体主義国家が消え去った後、二十世紀前半の災厄によって名誉の傷ついた資本主義を回復させるという観点からみれば、権威主義的リベラリズム（すなわちオルドリベラリズム）こそが最善の策とみなされるようになったのである。

すでに述べたようにドイツのオルドリベラリズムは、資本主義経済を設計し保護するという国家の重要な役割と、民主主義の市場にたいする国家の干渉に潜む危険にかんする明確な問題意識をシュミットから受け継ぐことにより、思想的にも実践的にも、戦後のドイツ政治経済において重要な役割を演じることになった。戦後二十年間の「経済の奇跡」の時期に西ドイツ経済省を支配したオルドリベラリズムは、ケインズ主義のニュー・ディール政策や戦時経済をしばらく引きずっていた合衆国にくらべて、はるかに「自由市場」主義的であった。資本主義諸国が国内需要を管理し、増大させる計画を立てることに熱中していた当時、西ドイツ経済省だけは市場リベラリズムが政策のなかで忘れ去られずに生き残っていた貴重な場所であった。そのためにドイツは、当時は英米で異端視され活動場所のなかった「オーストリア学派」の経済学者たちの関心を集め、彼らの逃亡先になったのである。そのときオルドリベラリズムとオーストリア学派を結んだもっとも重要な人物は、もちろんフリードリヒ・フォン・ハイエクである。ハイエクはフライブルクに数年ほど在籍したが、そこはドイツのオルドリベラリズムの本拠地であった[9]。適切にもミシェル・フーコーは、新自由主義の成立を分析するにあたり、英米ではなくドイツに焦点を合わせている。[10] かりにフーコーがオルドリベラリズムについて、それをドイツの国家的伝統の歴史に、あるいはナチス以後のドイツ政治の歴史に位置づけようとしたのであれば、シュミットとヘラーに遡ってもよかった。そのとき彼は、資本主義の権威主義国家の経済的役割にたいしてリベラリズムのさまざまな観念が与えた影響をまとめるようなアイデアを得たかもしれない――かりに一九八〇年代のサッチャー論のタイトルを借りれば、そのアイデアは「強い国家」のための「自由経済」の必要性ということになるだろうか。[11]

オルドリベラリズムには、両大戦間のドイツの権威主義的リベラリズム（シュミットが思い描き、ヘラーが分析した）と、一九八〇年代に戦後政治経済体制を解体しはじめた新自由主義のあいだの橋渡しをするという、興味深い特徴がある。そのことを理解するには、一九五〇年代から一九六〇年代にかけての経済的常識とオルドリベラリズムを比較するのがよいだろう。たとえばフランクフルト学派の「批判理論」では、資本主義経済と国家は完全に融合し、現代社会を支配する制度的複合体になると確信されていた。[12] そして「自由放任の終わり」以降、かつてのリベラル資本主義に代わって、三つの競合する経済体制が台頭すると考え

8　オルドリベラリズムと新自由主義の関係についての有益な議論として、以下を参照。Mark Blyth, *Austerity: The History of a Dangerous Idea*. Oxford: Oxford University Press 2013.

9　Friedrich A. Hayek, 'The Economic Conditions of Interstate Federalism'. In: Hayek, Friedrich A., ed., *Individualism and Economic Order*. Chicago: Chicago University Press 1980 [1939], pp. 255-272.〔ハイエク「国家間連邦主義の経済的諸条件」『個人主義と経済秩序　ハイエク全集　第1期第3巻』嘉治元郎・嘉治佐代訳、春秋社、二〇〇八、三四三―三六四頁〕

10　Michel Foucault, *The Birth of Biopolitics: Lectures at the College de France, 1978-1979*. London: Palgrave Macmillan 2008.〔ミシェル・フーコー『生政治の誕生：コレージュ・ド・フランス講義 1978-1979年度』慎改康之訳、筑摩書房、二〇〇八〕

11　Andrew Gamble, *The Free Economy and the Strong State*. Houndmills, Basingstoke: Macmillan 1988.〔A・ギャンブル『自由経済と強い国家：サッチャリズムの政治学』小笠原欣幸訳、みすず書房、一九九〇〕

12　この点についてはたとえば以下を参照。Friedrich Pollock, *Stadien des Kapitalismus*. München: Beck 1975; Friedrich Pollock, 'Staatskapitalismus'. In: Dubiel, Helmut and Alfons Söllner, eds., *Wirtschaft, Recht und Staat im Nationalsozialismus*. Frankfurt am Main: Europäische Verlagsanstalt, 1981 [1941], pp. 81-109).

られていた。すなわち共産主義、ファシズム、そしてニュー・ディール型民主主義である。この三つの体制は、いずれも民主的であるかどうかはともかく、政治が市場を根底から支配する体制であり、そこでは官僚的に組織され、また国家の官僚機構と密接につながる巨大な独占企業が市場のかなりの部分を支配する体制であった。そして、この三つの体制はそれぞれあり方が異なるものの、いずれの体制もシュミットの全体国家と類似していた。とくにニュー・ディール型民主主義のさまざまなヴァリエーションは、民主政治によって市場の正義が脅かされる危険をともなっていた。これはシュミットとヘラーがそれぞれ反対の立場から認識していたことである。彼らがその状況をみれば、こう考えたにちがいない。すなわち、それは資本家が市場への復帰を求めて圧力をかける可能性がきわめて高い状況であり、新しい政治——国家の権威によって自由市場を平等主義的な民主主義による妨害から守るような政治——に向かう転回点になるだろう、と。すでに示したように[13]、ケインズ主義の社会福祉国家に代えてハイエク主義の国家への移行（つまり平等主義的な再配分政策による経済成長政策から勝者に優しく敗者に厳しい経済成長政策への移行）を概念化することは、オルドリベラリズムにとって容易であった。というのもオルドリベラリズムは、シュミットからハイエクにいたる道のりをつうじて、リベラリズムの秩序における国家の強さと弱さにかんする複雑な弁証法を知り尽くしていたからである。その結果、オルドリベラリズムにとって、国家の強さは、市場の歪みを正そうとする民主政治的主張を払いのける点にあり、国家の弱さは、経済運営を市場の自己調整メカニズムに委ねる点にある、とされることになる。

さて、一般的な議論もここまでにしておこう。現在はポスト民主主義の時代であり、よりましな言い方をすれば非民主主義の時代である。それは新自由主義が完全（あるいはほとんど完全）な勝利を収めることによって到来した。この新自由主義をハイエク型資本主義と言ってもよいし、歴史的に新型のオルドリベラリズムと言ってもよい。いずれにせよそれらに共通しているのは、市場経済の民主主義からの絶縁を政治的に制度化している点である。その絶縁によって、新自由主義国家と新自由主義経済体制はともに、シュミットとヘラーのいう意味での「権威主義」と呼ばれるにふさわしいものとなる。先ほど私が「歴史的に新型」と述べたのも、新自由主義体制は全体主義的ファシズムとそれが引き起こした悲惨な歴史の記憶を背景としなくても機能するからである。つまり新自由主義の背景になっているのは、資本主義的福祉国家の「栄光の三十年 *trente glorieuses*」なのである。さらに新自由主義は、一九三〇年代初期の国家計画のように、フォン・パーペン（訳注：フランツ・フォン・パーペン〈一八七九－一九六九〉はドイツの政治家で、ヒンデンブルク大統領の傀儡として一九三二年に首相となり、翌三三年にヒトラー内閣を成立させ、副首相を務めた）の資本主義的で独裁者きどりの非常事態国家の記憶とも無関係である。[14] 現在の市場経済は、政治的に構築された政治的自律を謳歌している。その市場経済に奉仕するために、民主主義の無力化と国家権力の再調整が企てられている。ただし、それらの企ては弾圧によって進められているわけではなく、政治経済の統治《ガバナンス》を民主主義の手が届かないところに移すことによって進められている。つまり政治経済の統治は、政治的な異議申し立てを免れることを憲法によって保証されたさまざまな機関の手に委ねられるようになった。それらの機関の使命は法律で明示され、その権威は兵器ではなく「科学的」な経済学理論に依拠している。民主政治はその政治経済的な実体を失いつつあり、そこで空いた公共空間は消費社会的な政治芸能《ポリティンメント》に占められつつある。

現代のヨーロッパ資本主義は、政治的な仕方で脱政治化が進められてきた。そのような資本主義がどのように機能しているかを理解するためには、その制度的枠組の詳細に立ち入って考える必要がある。まず注目しなければならないのは、政治経済的な意志決定がおこなわれる場所が国内レベルから国際レベルへ、つまり特定の目的のために設立された国際機関へと移行したことである。別の言い方をすると、国民国家とは異

13 Wolfgang Streeck, *Buying Time: The Delayed Crisis of Democratic Capitalism*. London and New York: Verso Books 2014.［シュトレーク『時間かせぎの資本主義』］

14 フォン・パーペンの追従者、ワルター・ショッテの主張である（Walther Schotte, *Der Neue Staat*. Berlin: Neufeld & Henius 1932）。ヘラーがこれについて言及している。

なり、民主化が起こらないように注意深く設計された制度的文脈へと意志決定の場が移ったのである。[15] 超国家的組織に奉仕するために国民国家（あるいは民主的国家制度）の力を制限するというやり方は、イデオロギー的に（とりわけ左派の）国際主義的な規範と重なる点がある。その規範を愛国主義的な訴えを交えて利用すれば、シュミットのいう権威主義国家の実現も容易になる。左派の国際主義によって左派が無力化され、資本主義政治経済が脱民主化される――しかもそれが当の左派によっておこなわれる――というのは、じつに皮肉な話である。そこでは国境や保護主義を非難し、「グローバル化」が資本だけでなく生活全般を解放するものと思い込む、程度の低いコスモポリタニズムが掲げられる。グローバル市場が民主政治を牛耳り、ひいては経済が社会を支配することが懸念されると、その懸念を追い払うために「それは将来のグローバル民主主義（あるいはすくなくともヨーロッパ大陸の民主主義）につながるのだ」というほら話が吹聴され、左派の理想家たちがそのエサにひっかかる。近い将来、あるいは遠くない将来に国際民主主義は国際資本をコントロールする力を手にしているだろう、したがってよりよい未来が私たちには約束されているのだ、というわけだ。

ふたたび言えば、現在のヨーロッパでは、権威主義的な言葉でそのような主張をするのは時代遅れである。その代わりに、「専門家の意見に従うべきだ」という官僚的な意見にくわえて、「諦めて〈グローバル化〉の〈現実〉を受け入れろ」という意見を混ぜ込んで主張する必要がある。しかし、それだけでは十分ではない。だからこそ、新たな権威主義の政治経済体制を設計する専門家たちは、大衆にたいして、いうなれば国際民主主義という映画の予告映像をみせてやらなければならないと判断した。それが「欧州議会」と「欧州選挙」である（訳注：一九五二年に欧州石炭鉄鋼共同体の共同総会として発足し、法案提出権をもたない。欧州連合の設立後、その役割と機能は大きく変わり、二〇〇四年に最大規模の選挙がおこなわれた後も、欧州理事会とは欧州委員会委員の指名をめぐって対立するなど、複雑な関係にある）。もちろん、この「議会」は名ばかりのもので、欧州運営権のある執行部もなければ、立法権ももたず、したがって「欧州憲法」を修正することもできない。ヨーロッパにそのような権限をもつ議会が存在しないのは、欧州連合というゲームのルールを決めたのが各国の行政府であり、しかもそのルールが専門家でさえ面食らうほど複雑かつ解読不可能な国際条約から成り立っているからである。[16] 欧州議会には政権与党がいないので、当然ながら野党もいない。「偉大なるヨーロッパ」の建設に懐疑的あるいは無関心な議員は投票で棄権するだけであり、また、そのような議員の割合は増える一方である。逆に議員たちが投票して、EUエリートが「反ヨーロッパ主義」とみなす人物を代表に選ぶと、エリートの仲間である議員たちは議会の日々の討議にまったく参加しなくなり、次の選挙までの五年の在任期間中に一言も声を発したことがないほど、傍観者として振る舞うようになった。発足から数十年にわたり、欧州議会は中道諸派の大連立によって担われており、意志決定権を国内民主政治から「欧州」へと移すことを求め、各国にたいして強力なロビー活動をおこなってきた。それは「欧州」が各国の民主政治による要求を無視し、シュミットのいう「民主的多元主義者」によって資本主義の自由市場メカニズムが妨げられないようにするためであった。

現在「ヨーロッパ化」という言葉は、各国の民主政治から政治経済的実体を制度的に奪い去ってしまうことと、ほとんど同義である。それは国境を越えて成長した経済がついに政治的に構築され国際条約によって承認された「単一市場」を完成させるにいたって、その市場から国民国家にかろうじて生き残っている再分配主義的な「社会」民主主義を一掃してしまうことである。[17] たしかにヨーロッパの諸国にはいまも民主的諸制度は残されているが、それらの制度による経済的ガバナンスをおこなうことは、もはやできない。という

15　Peter Mair, *Ruling the Void: The Hollowing of Western Democracy*. London and New York: Verso 2013.

16　欧州の「民主制の財政赤字」についての文献は無限に存在する。その著者たちの立場はふたつに割れる。一方は制度的な対策を提案せねばと感じており、他方がそう感じていないのは、「欧州」においては民主主義の不在こそ機能的に必要と考えるためである。欧州の統合を可能にするためか、あるいは新自由主義的資本主義を促進するためか、場合によっては一方の目的のために他方を追求するということもある。

のも、市場の歪みを正そうとする非資本主義的な要求により、経済運営が左右されることは認められないからである。そして、経済的ガバナンスが存在するところには、もはや民主主義は存在しない。しかし、それが誰の目にも明らかになると厄介なので、EUの首脳陣たちは昨年の欧州選挙――グローバル「金融危機」への対処を決める必要性が感じられていた時期――にさいしてさまざまな手段を講じた。それらの手段は、すでに国内の民主政治で、有権者たちに自分たちが選択肢をもっていると思わせるために、ずいぶん前から使われてきたものである[18]。中道左派と中道右派の二大派閥の首脳陣は、互いの政治的主張や政治的利害にいかなる違いも見出すことができなかったため、問題を理念から人物へとすり替えることにした。すなわち、選挙でEUやユーロ通貨への賛否を問うことは避け、自分たちが欧州委員会（もちろん、これは欧州議会ではなく加盟国政府が委員を任命する委員会である）の議長職を争う立場にあることを全面に訴え、候補者を立てたのである。それはまさに、ハーバーマスのいう「上っ面民主主義」そのままの振る舞いであった。この両派は、互いの相違点を説明することもなかったという点では、ドイツ国内の社会民主党やキリスト教民主同盟に相当する派閥よりもひどかった。したがって、当然ながらそれらの派閥と争うこともなく、またいくつかの国では選挙の争点が認識されることもなかった。そのため投票率は低下して四三％となり、あえて投票所に足を向けた人々の一五％が「反ヨーロッパ主義」と（「真のヨーロッパ派」によって）分類された政党に投票したのである。そのような状況であるにもかかわらず、議席の三〇％を獲得（これは投票者全体の一三％の得票にすぎない）した派閥の筆頭候補者は勝利宣言を出し、他方で二五％の議席を獲得した敵対勢力の派閥は、欧州委員会の副議長を自分の派閥から出すことを条件に、相手方の筆頭候補者にたいして彼の議長就任への支援を約束した。ただし、その後こうした約束が明るみになり、すべてご破算になった。

次に、欧州議会と連携して機能する、四つの政治組織について考察しよう。それらはいずれも、共通通貨であるユーロ導入により統合されたヨーロッパリベラル資本主義市場を政治的な手法で脱政治化するだけでなく、その市場を運営、維持し、保護する役割も果たしている。ここでは議論を短くするために、四つの政治組織がどのような点でシュミットの「権威主義国家」のモデルと合致しているか、どのようにして「民主的多元主義」の亡霊から資本主義経済を守っているのかという点に注意を向けて話を進めることにしたい。

（一）欧州理事会

欧州理事会は各国政府首脳で構成され、それをさまざまな閣僚級の理事、とくに財相と外相がサポートする仕組みになっている。とくに重要なのは、欧州通貨同盟（ＥＭＵ）加盟国の財相で構成される「ユーログループ」である。理事会は、多国籍で非国家的な立法機関であると同時に行政機関でもある。立法機関と行政機関がひとつになっていることは、それ自体が権威主義的体制の決定的な特徴を示している。また、理事会は各国の民主的制度、とくに各国の議会から影響を受けない仕組みになっており、各国政府間で秘密交渉をつうじて運営される。したがって理事会がひとたび決定を下せば、各国の民衆や政治家たちがその決定を覆すことは、ほぼ不可能である。この問題については、すでに多元外交という主題のもと、広い領域で多くの研究がおこなわれている[19]。その理事会を構成する諸国が、すべて平等に扱われているとは思われていないものの、しかし、その厄介な問題を議論しはじめると、そこから不確実かつ不平等な結果が引き起こされる危険がある。各国の政府は、理事会の提案が国内の議論で承認されるように力を尽くすのだが、その理由は政府がそれによってみずからの権力が増すかのように思い込むからであり、また逆に、それが国内で承認さ

17 この点、およびこれ以降の議論については、以下を参照。Fritz W. Scharpf, 'Monetary Union, Fiscal Crisis and the Pre-Emption of Democracy', *Zeitschrift für Staats- und Europawissenschaften*, vol. 9, no. 2, 2011, pp. 163-198; 'Monetary Union, Fiscal Crisis, and the Disabling of Democratic Accountability'. In: Schäfer, Armin and Wolfgang Streeck, eds., *Politics in the Age of Austerity*. Cambridge: Polity 2013, pp. 108-142).

18 二〇一四年の欧州選挙および以降の顛末については以下を参照。Susan Watkins, 'The Political State of the Union', *New Left Review*, no. 90, 2014, pp. 5-25.

19 Peter B. Evans, Harold K. Jacobson and Robert D. Putnam, eds., *Double-Edged Diplomacy: International Bargaining and Domestic Politcs*. Berkeley: University of California Press 1993.

れなければ、他国にくらべて立場が弱まり、将来の交渉が難しくなると考えるからである。

ヨーロッパの経済ガバナンスにおいて欧州理事会が特権的立場に置かれたことは、もうひとつの帰結をもたらした。それは階級闘争が国際対立として再定義され、それによって階級間の配分問題が国際問題へと転化されたことである。[20]それは国内の階級を超えた連携を促すための口実となったばかりでなく、経済的対立をごまかすための口実にもなった。というのも、経済的対立はさらに広い諸問題のパッケージを構成するひとつとみなされ、外交領域の問題として扱われるようになり、さらに国際平和の問題といっしょくたにされてしまったからである。こうして階級闘争の問題は外交問題にすりかえられ、国際協力が社会正義より優先されることになった。ただし、それは抑圧された階級闘争が敵対的な国際関係の姿をとって自国に舞い戻ってこないかぎりでの話である。しかし、たとえそうなったとしても、あいかわらず資本主義経済は平等主義の圧力から保護されるだろう。というのもその場合、経済大国は国家主権という手段に頼って自国の利益を守ろうとするからである。

さらに、各国の経済構造や経済的利益を縛る多国間制度が増えるにしたがって、その国の政府は市場の歪みを正すための裁量的手段を使うことができなくなっていく。諸国が連合を結んでも、せいぜい国家の介入から経済を解放することで合意することができる程度であろう。このような連合は現代政治学が「消極的統合」[21]と呼ぶものであり、すでに一九三九年の時点でフリードリヒ・ハイエクがその問題を指摘していた。[22]ハイエクはこう述べる――国際的連合は将来に国際平和を達成し、維持するために必要となる。しかし、経済的統合に失敗したら、その連合は崩壊するだろう。経済規模がさまざまに異なる諸国の経済を統合するためには、市場を統合するしかない。つまり、国家の介入を受けない単一の自由市場を制度化しなければならない。なぜなら加盟国は、おそらくそれ以外のいかなる合意も結ぶことができないからである、と。この一九三九年に書かれた論文によって、さまざまな流れがひとつに結ばれる。すなわち、オーストリア学派の経済学、両大戦間のシュミットの「権威主義的リベラリズム」、戦後ドイツのオルドリベラリズム、そして一九九〇年代以降の欧州通貨同盟の新自由主義が、ここでつながるのである。

（二）欧州委員会

欧州委員会はかなり早い段階から、国家の垣根を越えたヨーロッパという超大国の行政府になろうとする野心を抱いていた。これは「欧州議会」がヨーロッパ全体の立法府になろうとしたのと同様である。しかし二〇〇八年の経済危機後のさまざまな出来事をつうじて、欧州委員会は実質的に欧州理事会の管理下に置かれることになった。つまり欧州委員会の役割は、欧州理事会の決定事項を実施し、加盟諸国が条約を遵守しているかどうかを監視する仕事に限定されることになったのである。こうして欧州理事会に従属することになった欧州委員会[23]は、それでも加盟国の保護主義的政策や国内制度（たとえば労働者に集団的政治能力を与えるような労働法など）によって単一市場が脅かされた場合に、みずからの行政権力を行使することができるし、実際に行使してきた。欧州委員会が組織として関心をもっているのは、もっぱら加盟国の経済をその国内政策（たとえその政策が民主的に決定されたものであっても）から解放することによって、委員会の自己防衛と勢力拡大を図ることである。いいかえれば欧州委員会は、政治的に構築され保護された共通市場としてヨーロッパ経済の統合を進め、そのために加盟国の国内政策だけでなく、国家の壁を越えた多元的民主主義からの影響を排することを、その任務としている。

20 Streeck, *Buying Time*, 90ff.［シュトレーク『時間かせぎの資本主義』］
21 Fritz W. Scharpf, 'Negative and Positive Integration in the Political Economy of European Welfare States. In: Marks, Gary et al., eds., *Governance in the European Union*. London: Sage 1996, pp. 15-39.
22 Hayek, 'The Economic Conditions of Interstate Federalism'.
23 マルティン・ヘプナーは、とくに危機以前の時期は欧州委員会により独立した役割を認めていた。以下を参照。Martin Höpner, *Wie der Europäische Gerichtshof und die Kommission Liberalisierung durchsetzen: Befunde aus der MPIfG-Forschungsgruppe zur Politischen Ökonomie der europäischen Integration*. MPIfG Discussion Paper 14/8. Max Planck Institute for the Study of Societies, Cologne 2014.

(三)欧州司法裁判所(ECJ)

一般に裁判所とは権威ある機関であり、ECJのような事実上の憲法裁判所もまた、法解釈を最終的に決定する機関であり、したがって同様に権威ある機関とみなされる。さらに、この裁判所の決定を覆す権限のある真の議会が存在しない以上、なおさらECJは欧州で最高の権威をもつ機関とみなされるはずである。実際、司法機関としてのECJに対応する事実上の立法機関としての欧州理事会は、ECJの判決を覆すためには(ときには国際条約の修正する場合も)満場一致の決定を必要とする。よく知られていることだが、そもそもECJの規範原理は、ドイツのオルドリベラリズム学派で展開された競争法の議論に由来する。この裁判所は、みずからの権威を利用してこの原理をたえず拡張し、市場をより競争的なものにつくりかえてきた。そのために濫用されているのが、「四つの自由」という観念である。つまり欧州連合の内部における商品、サービス、資本、そして労働力の流通にかんする自由である。この点でECJもまた、理事会や委員会と同じ考え方に従っている。つまり自由市場を歪めるような国内・国際的な要因を排し、自由市場の制度的空間を拡大することが「ヨーロッパ」の使命である、という考え方である。ECJの新自由主義的な傾向と市場偏向的な偏り、またECJが議事を進めるにあたっての戦術的なずる賢さについては、ずいぶん前から指摘されていた[24]。ECJは、かなり早い段階から「優越性と直接の効力」というヨーロッパ法(EU法)の原則にもとづいて設立されており、もちろんECJの裁定それじたいもその原則にもとづいている。そのため、ECJは各国の政治経済に介入する強力な権限をもっており、(表面的にはリベラルだが)実質的に新自由主義的な経済体制を押しつけている。さらにECJは、制度的側面も実態的側面も、民主政治の影響を免れている。いずれにせよ、このようなECJの特徴は、まさにドイツのオルドリベラリズム思想において、またシュミットの「権威主義的リベラリズム」において構想されたものと合致している。

（四）欧州中央銀行（ＥＣＢ）

ＥＣＢは欧州通貨同盟（ＥＭＵ）の中枢組織であり、実質的にその支配者である。それぞれの加盟国の中央銀行は、国家とその国内法に縛られており、したがって同じ国土のなかで政府と国民と向かい合わなければならないが、そのような条件はＥＣＢには当てはまらない。というのも、ＥＣＢが扱うユーロ通貨およびヨーロッパ共同市場は、特定の国家に依拠しないからである（それはＥＣＪが管理する司法制度も同様である）。そのような条件により、ＥＣＢは世界でもっとも独立性の高い中央銀行となり、もっとも脱政治化された通貨体制を実現したのである。ケインズ主義が想定する通貨とは異なり、ユーロ通貨はたんなる交換手段、あるいは価値の保管装置とみなされる。したがって、たとえば完全雇用の達成など、民主政治による市場介入・矯正の手段として使われるのには向いていない。ユーロ通貨は、それを定めた条約をみればわかるように、最初からオーストリア学派・オルドリベラリズム・新自由主義の通貨なのである。

実際のところ、ＥＣＢほど権威主義的リベラリズムの理想に近づいた組織はどこにもない。ＥＭＵの「単一市場」とその組織の単純なあり方をみれば、シュミットの「権威主義国家」の着想から八十年以上を経て、ようやくそれが理想的なかたちで実現されたように思われる。そのＥＭＵの中核機関であるＥＣＢの正当性は、単一市場であるかぎりの自由市場経済を支える公共政策の専門家（とみなされた）人々によって支えられているにすぎない。しかしその政策は、たとえ理論的には正当性がほとんどなくても、実践に移されると大きな正当性をもつとみなされることになる。表面的には、ＥＣＢの仕事は、加盟諸国の経済状況にとって望ましいインフレ率を示すこと、および財政の健全性と債務編成の履行可能性を確保することである。ＥＭＵの加盟諸国の政治経済は、これまでにも複数の機関によって管理されてきたという歴史的経緯がある。し

24　Benjamin Werner, *Der Streit um das VW-Gesetz: Wie Europäische Kommission und Europäischer Gerichtshof die Unternehmenskontrolle liberalisieren.* Frankfurt am Main: Campus 2013.

かし、それらの国々は、ＥＣＢの通貨体制と通貨政策にたいして、異なる仕方で対応する傾向がある。そして、それらの国々の対応が、たとえば二〇〇八年の経済危機の後の状況にみられたように、共通通貨体制が崩壊する危機を生じさせることもある。そのような事態が起こったとき、ＥＣＢはＥＭＵ全体を統括する唯一の機関として、「いかなる犠牲をも払っても」共通通貨体制を維持しなければならないと考えている（あるいは、そうしてもかまわないと考えている）。[25]こうしてみると、ここでカール・シュミットの「例外状態 *Ausnahmezustand*」の定義を思い出さないわけにはいかないだろう。つまり、いまこそは「実行のとき *die Stunde der Exekutive*」であり、「必要の前に法なし *Not kennt kein Gebot*」、というわけだ。シュミットによれば、そのとき主権は、共同体が生き残るためであれば法を停止させ、合法であるか否かは関係なくあらゆる手段を行使することが許されるだけでなく、そうあらねばならないのだ。[26]

数年前から現在まで、ＥＣＢは、ＥＭＵ内につくられた政治的真空状態を埋めるために、あたかもそれが当然であるかのように法の外で活動するようになった。この真空状態をつくりだしたのはＥＭＵの創設者たちである。彼らの意図は、新自由主義的な理念にもとづいて、政治的影響から自由な資本主義市場経済の体制へと、ユーロ圏をつくりなおすことにあった。[27]ＥＣＢの市場への介入は、表向きには、予定したインフレ率を達成してユーロ経済を安定させることと、諸国の債務返済を維持することに目的が限定されており、その目的の範囲内でＥＣＢは正当性が認められているにすぎない。しかし実際には、ＥＣＢは加盟諸国を共通の新自由主義通貨体制へと適合させるために、各国の制度とその「改革」にかんする政治的決定に深く関与している。それは「通貨の健全性」を掲げることで、通貨体制を国内政治体制に適合させるという従来のやり方を廃棄させ、とりわけ政治的討議と国家制度をつうじて社会正義に照らして市場の誤りを正すという従来の考え方を忘れさせようとするのだ。

このように欧州中央銀行は、欧州理事会、欧州委員会、そして欧州司法裁判所と一体化して（もちろん必要であれば単独で）、実質的に世界最大の政府をつくりあげるにいたった。それは「多元的民主主義」から完全に守られた政府であり、リベラル市場経済の守護者であると同時に保証人として活動する（というより、その活動しかできない）。二〇〇八年にはじまった経済危機は、その後も終わる気配がない（かりに終わりがあるとしての話だが）。そのような状況のもとで、ＥＣＢは加盟国とその社会にたいして、新自由主義的な通貨＝市場体制のルールに従わせるために、広い範囲にわたって権力を行使するようになった。現在のＥＣＢは、加盟国にたいして財政改革の方針や公共部門の規模と編成、賃金制度にいたるまで細々と指示を出し、それに従うことを拒否する国があれば、その国の銀行システムから流動性を奪う決定を下すこともできる。資本家のいうことを素直に聞かず、「改革」を怠っている加盟国は、国際金融界から信頼を得ることができず、さまざまな仕方で罰を与えられることになる。他方、ＥＣＢの言いつけを守って制度改革を進める加盟国はご褒美が与えられ、ＥＭＵ規約に引っかからない仕方（あるいは違反する仕方）でＥＣＢから多額の現金を与えられることさえある[28]。ＥＣＢとＥＭＵは加盟諸国を管轄する権限が異なっており、また、ＥＭＵの内部ではＥＣＢに匹敵する政治的権力をもった組織がないため、ＥＣＢは完全な独裁者であると言えよう。たとえば、ある加盟国が債務不履行に陥ったとき、その危機管理の方針を決定することができるのは、ＥＣＢ以外に存在しないのである。それと同じことは、ＥＣＢがすべての加盟諸国にたいして新自由主義的

25　現在は広く知られるようになったが、二〇一二年七月二七日にロンドンでおこなわれた金融投資家との会合で、ＥＣＢがどのようにしてユーロ通貨を維持するつもりなのかを問われたとき、ＥＣＢ総裁は次のように述べた。「私を信じてください、それで十分でしょう」。

26　Carl Schmitt, *Politische Theologie. Vier Kapitel zur Lehre von der Souveränität*. Berlin: Duncker und Humblot 1922; Christian Joerges, *Europe's Economic Constitution in Crisis and the Emergence of a New Constitutional Constellation*. ZenTra Working Papers in Transnational Studies No. 06/2012; Revised Edition Sept. 2013. Bremen etc.: Center for Transnational Studies of the Universities of Bremen and Oldenburg 2013.

27　それが危機の以前に起こっていたことである。また同じように危機に先だって、ＥＣＢの存続は、その成立の経緯からしても、ヨーロッパの民主主義にとって麻薬を摂取しつづけることにしかならないと洞察していた数人の目の肥えた観察者もいた。たとえば以下を参照。
Sheri Berman and Kathleen R. McNamara, 'Bank on Democracy', *Foreign Affairs*, vol. 78, no. 2, 1999, 2-8.

28　たとえば、ＥＣＢが通貨政策と称して加盟国の銀行システムの支援や赤字に転落した政府への与信延長をおこなう場合である（その代わりに新自由主義的な「改革」の厳しい条件が付けられるのだが）。

な金融資本主義モデル――これは「金融市場」の要求に合わせるためであり、どの国も違いのない共通の通貨体制のほうが金融市場の側からすると都合がよいからである――を強制する点についても当てはまる。このようにして「権威主義的リベラリズム」市場を創造し、それを保護する「権威主義国家」が到来したのである。

第七章　ユーロが欧州を分断する理由

五年ほど前からユーロ圏のいたるところに噴出している対立を理解するには、貨幣概念の再検討から出発してみるのがよいだろう。[1] さまざまな貨幣概念のなかで代表的なものをひとつ挙げると、それは二章で触れたマックス・ウェーバーの記念碑的著作『経済と社会』における「経済行為の社会カテゴリー」が挙げられるだろう。ウェーバーによれば、貨幣が貨幣であるのは管理された機関と金融システムのおかげである。[2] また ゲオルグ・フリードリヒ・クナップ（訳注：一八四二─一九二六。ドイツの経済学者。貨幣は国家権力が強制通用力を付与することで価値をもつとする学説を展開）は『貨幣国定学説』（一九〇五）において、それらの機関とシステムは現代の状況においては必然的に国家に独占されると主張した。貨幣は政治・経済的制度であり、それは「規制機関」（これはウェーバーのもうひとつの重要概念である）へと効果的に組み入れられる。他のあらゆる機関と同じく、この規制機関もまた、他の機関を差し置いて特権的な利益を享受する。こうして規制機関は、貨幣を社会的な「対立」の対象へと変えることになる。あるいは別のましな言い方をすれば、貨幣はウェーバーが「市場闘争」として言及した事柄の原因となる。

貨幣は「たんなる不特定用途の引換券」にすぎないものではない。つまり貨幣は、価格システムという

1　本章は、二〇一五年四月二十一日にベルリン社会科学センターでの特別招待講演の内容にもとづいており、次の論文として公刊された。*New Left Review*, vol. 95, September/ October 2015, pp. 5-26.

2　Max Weber, Economy and Society, Guenther Roth and Claus Wittich, eds, Berkeley: University of California Press 1968, pp. 48, 166.

人間どうしの闘争に根本的な影響をまったく与えることのないものでもなければ、何らかのものと引き換えられて姿を自由に変えるようなものでもない。そうではなく貨幣は、第一義的に人間どうしの闘争における武器であり、価格はその闘争の表現なのである。貨幣が計算の手段であるのは、それが利益をめぐる闘争において、さまざまな機会を量的に評価する手段となるかぎりでのことである。[3]

このようなウェーバーによる貨幣の社会・政治的概念は、自由主義《リベラル》経済学の貨幣概念とは決定的に異なっている。[4] 自由主義《リベラリズム》の伝統に不可欠な著作であるアダム・スミス『国富論』の四章と五章では、貨幣はますます普遍的になりつつある交換媒体とみなされ、「先進社会」――すなわち労働分業にもとづく社会――の交易関係を（究極的には無際限に）拡大させるのに役立つと説かれている。貨幣は、その普遍的使用価値と運搬の容易さ、かぎりなく分割可能で耐久性のある交換財としての有用性により、直接交換（訳注：物々交換）を間接交換（訳注：貨幣交換）へと置き換えていく（これはマルクスが「単純な計算」として記述したプロセス、つまりC－M－Cの過程である）。スミスによれば、金融システムは下から、つまり市場に参加する者の欲望から発展し、交易関係を拡大するとともに単純化し、業務コストを減らすことによって有用性を増していく。スミスにとって、交換される財の価値にたいして貨幣は中立的で象徴的な役割しか果たさない。というのも貨幣は、たとえ貨幣そのものの客観的価値（理論的にはその生産コストに由来する）をそなえているとしても、あくまで目的を可能なかぎり果たすために作られたものだからである。国家の出番があるとしても、それは貨幣の効率を高めるため、つまり貨幣がより信頼できるものであるようにみせかけるために、「国璽を押すこと」を市場の参加者たちから頼まれたときだけである。ウェーバーは金融システムを、貨幣をつうじて特権的な利益を得るという点で他のシステムから区別した。しかしスミスは、貨幣がもたらす利益は市場経済の拡大をできるだけ確実に保証するという普遍的利益のみである、と考えたのである。

戦後の社会学の流れは、明らかにウェーバーではなくスミスの考え方に依拠していた。歴史学派経済学

（訳注：十九世紀初めのドイツの経済学に現れた学派で、抽象的理論よりも具体的な歴史的事象を重視する立場）の衰退により、また社会学の構造機能主義（ハーバード大学のタルコット・パーソンズに代表される）が経済的領域の研究を新古典派的傾向が強まっていた経済学に任せて放棄したことにより、一九四五年以後の数十年にわたる「戦後体制」の下で社会学が確立されていくにつれ、社会学の貨幣理論は誰からも相手にされなくなっていった。こうして社会学は、安定的発展を遂げた代わりに、権力に貫かれた社会制度として貨幣を考察する方向を選ばず、スミスのように価値中立的なコミュニケーションメディアとして考察する方向を選んだ。つまり社会学は貨幣を、数値的価値あるいは価値標準財とみなし、社会関係の観点から考察しなくなったのである。[5]

このような社会学における貨幣のパラダイム転換において、パーソンズとスメルサーによる「経済と社会――経済理論と社会理論の統合に関する研究」は重要である。パーソンズのシステム理論において、貨幣は購買力の表象として示され、財の交換を制御する能力をそなえるものとみなされた。また貨幣は、権威を与える特別な社会的機能をそなえており、したがって「具体的なシンボルと広い意味での象徴化」[6]のあいだの仲介者としての役割を果たすものとみなされた。歴史的にみれば、スミスが述べたように、貨幣は労働分業の発展とともに広がった。そこでは交換可能な財の範囲を拡大するために、経済的価値の抽象的表象が求められたのである。この過程において貨幣は「文化的対象」として出現する。というのも信用装置と負債証明とともに、貨幣は「経済的価値をそなえた事物への権利と主張を構成する」ものとなったからである――こ

3 Weber, Economy and Society, p. 108.
4 以下の内容は次の著作に多くを負っている。Geoffrey Ingham, *The Nature of Money*, Cambridge: Polity 2004.
5 Ingham, *The Nature of Money*.
6 Talcott Parsons and Neil Smelser, *Economy and Society: A Study in the Integration of Economic and Social Theory*, London: Routledge and Kegan Paul 1984 [1956], p. 71.

のような考え方は、ウェーバーに言わせると貨幣を「用途が不特定の引換券にすぎない」とみなすものである。[7]

貨幣という武器

いま述べたパーソンズをはじめとするアメリカ社会学の観点では、とうてい貨幣を理解することはできない。その証拠は、パーソンズの母国であるアメリカ——戦間期だけでなく、例外的状況と言われる一九四五年以後の時代にも、さらにはもっと昔の時代にも——に山ほど見つかっている。しかし、その証拠が発見されるには、一九九〇年の「新経済社会学」の登場を待たなければならなかった。というのも、この新たな学問こそは、貨幣を「市場闘争」の武器とみなすウェーバーの観点を復活させたからである。この新たな学問の発展に決定的な役割を果たしたのは、南北戦争後のアメリカに新しく登場した通貨制度をめぐって生じた国内の政治的対立を研究した、ブルース・カルーザースとサラ・バッブによる「貨幣の特徴と価値の性質」という論文である。[8] この論文で著者たちは、政治学者ジャック・ナイトが提案した分析的区別を採用している。通貨制度は、一般にあらゆる他の制度と同様、たんに「社会制度に集合的利益の概念を当てはめた」観点だけで評価できるわけではない。別の言い方をすれば、通貨制度を評価するにあたり、価値の象徴化あるいは価値の主張について間主観的に共有可能な形式を与えることができるかどうかは、それほど重要ではない。カルーザースとバッブによれば、合法性や必要性といった観点は、ジャック・ナイトが述べたように、すでに対立を孕んだ観点——政治的観点と言ってもよい——である。そのような観点に従えば、通貨制度は利害が対立する行為者たちのあいだの不一致の結果として生まれたことになる。[9] そうであれば、通貨制度は大なり小なり利害対立と非対称的配分を内包していることになる。そのような非対称的配分や利害対立は、社会的実在としては重要であるが、通貨制度の有効性とは無関係である。[10]

「貨幣の特徴と価値の性質」は、十九世紀後半のアメリカ合衆国における一般的な貨幣の特徴を検討しつつ、その後の通貨体制に横たわる政治的かつ経済的分断を描き出している。当時のアメリカにおける議論の核心にあったのは、貨幣にかんするアダム・スミス的概念とウェーバー的概念のあいだの対立である。スミス的概念にもとづく論者たちが強調したのは、象徴的コミュニケーションのメディアとしての貨幣の信頼性であり、経済的調和と社会統合に果たす貨幣の役割であった。この考え方は、現代の自然主義的価値理論や金本位制への復帰要求とつながっている。他方の論者たちの主張は、現代で言えば、よくできた社会構築主義的

7　Parsons and Smelser, *Economy and Society*, pp. 106, 140ff.［パーソンズ、スメルサー『経済と社会：経済学理論と社会学理論の統合についての研究』富永健一訳、岩波書店、一九五八］および以下の論文を参照。Parsons, 'Evolutionary Universals in Society', *American Sociological Review*, vol. 29, no. 3, June 1964, p. 350. この論文で著者たちは次のように述べている。すなわち、「貨幣と市場」は、官僚組織と普遍的法体系、民主社会と並ぶ近代社会の歴史的四大達成物のひとつとして姿をあらわした。その「進化する普遍性」を社会制度の構造的特徴とみなし、それがなければ重要な発展が阻害されると考えた。貨幣と市場は相互に結びついたシステムとして「さまざまな社会が適応能力をそなえるための基礎として寄与する」ものであり、また、そのような社会のなかで貨幣と市場は発展する。というのも、貨幣と市場は資源を各社会の固有性から解放し、各社会に新たな目的を与えることを可能にするからである。このプロセスにおいて貨幣は不可欠な「象徴的メディア」である。つまり貨幣は「抽象的で中立的な」形態の下、他の秩序に従っては真似のできない仕方で、交換可能な具体的財の経済的有用性を表現するからである。貨幣はさまざまな異なる社会で生まれて以来、異なる発展を遂げつつ、程度の差こそあれ、官僚機構によって管理されるものとなった。しかし、問題はつねに同じであった。すなわち、具体的な通貨システムの制度的要素がどれくらいの程度まで次の仕事を達成できるか、という問題である。その仕事とは、「政府を含む社会の有効単位にたいして、貨幣を適用されることが可能な資源の広い範囲とその適用の限界」を与えるということである。

8　Bruce Carruthers and Sarah Babb, 'The Color of Money and the Nature of Value: Greenbacks and Gold in Postbellum America', *American Journal of Sociology*, vol. 101, no. 6, 1996, pp. 1558ff.

9　Jack Knight, *Institutions and Social Conflict*, Cambridge: Cambridge University Press 1992.

10　この意味において、通貨システムは、特権的利害を求めて決定を歪める傾向を内在した政治システムと相似したものとみなされる。この特徴について、シャットシュナイダーは合衆国の多元的民主主義を参照しつつ、「歪みの動因」と形容した。「多元主義者の天国にある欠陥は、上流階級の強烈なアクセントをもってその天国の歌が歌われる点にある」（*The Semisovereign People*, New York: Holt, Rinehart and Winston 1960, p. 35.）。私の最近のエッセイは次の論文に影響を受けている。Jacob Hacker and Paul Pierson, 'After the "Master Theory": Downs, Schattschneider, and the Rebirth of Policy-Focused Analysis', *Perspectives on Politics*, vol. 12, no. 3, 2014. また『貨幣の性質 *The Naure of Money*』で著者のインガムは、貨幣を「社会関係」とみなし、その具体的形態はその背後にある特定の通貨システムによって決定されると考えている。

な貨幣価値の理論にもとづく、紙幣の自由な発行を支持する考え方とつながっている。金本位制の擁護者たちは、通貨による価値の象徴化が公共の利益に資する点を強調し、それは人々にたいして貨幣への信頼を与えるのだと主張する。他方、紙幣（印刷されたドル札）の自由な発行を支持する人々は、さまざまな物質的利害を示しつつ、貨幣にかんする二つの概念の配分効果が対立する点を強調する。これら二つのアプローチの対立は、両者のあいだの異なる習慣と生活様式に由来する。金本位制の擁護者たちは東海岸の「古い貨幣《オールド・マネー》」を代表していた。彼らがとりわけ重んじていたのは、安定である。紙幣の自由な発行を求める人々は、南部および西部に根を張っていた。そして彼らは、信用《クレジット》払いの自由な利用を求めた。それにより、彼らが抱えている負債を目減りさせる、あるいは経済を急拡大させることを期待したのである。つまり、アメリカ資本主義市場が急成長を遂げた歴史の背後に横たわっていた両者の利害の対立は、階級の力と特権をめぐる対立的構造に由来していたのである。一方にはニューヨークに代表される東部海岸地域の、貴族的な都市生活を営む人々がいた。他方には、東部以外のあらゆる地方の田舎に、借金漬けの農民と「粗野な商人《カウボーイ・オペレーター》」がいて、東部の都市民に対抗したのである。

　ところで、ドイツ社会学は一九八〇年代になって貨幣概念を取り上げるようになったのだが、それはウェーバーではなくパーソンズにもとづいて、あるいはパーソンズを経由して（つまり経済学の伝統をアダム・スミスにまでさかのぼって）であった。実際、ニクラス・ルーマンのシステム理論においても、あるいはユルゲン・ハーバーマスの理論においても——彼の『コミュニケーション的行為の理論』は、その大部分がルーマンの著作にたいする内在的批判をつうじて構想された——、そのことが確認される。問題は、私が理解するところ、ルーマンとパーソンズの「操舵メディア」概念にたいするハーバーマスの批判は、その概念がそなえる「物質的再生産のさまざまな機能領域への有効性」に触れられないまま放置されていることにある。というのも、それらの機能領域は「生活世界から区別される」独自の領域でありえるからである。[11] たとえハーバーマスの用語では近代経済のさまざまなサブシステム——生活世界に残された特権——について何も語られていないとしても、「貨幣という特殊な〈言語〉」がそれらのサブシステムが機能を果たすために十分な能力をそなえていることが前提とされている。[12]

このような前提は、もちろん次のようなことを意味している。すなわち、「経済」は近代社会の技術的サブシステムとして考察されることが「可能」な対象であり、生活世界のさまざまな結びつきから純化された領域であって、それは生活世界のさまざまな結びつきがなくても、道具的理性にもとづいて中立的な仕方で機能することができる、ということである。そうであれば、このように認識された経済が力を発揮する領域には、行為の原動力はどこにもみあたらない。その領域は、たんに舵取りをすること以外にできないのである。したがってハーバーマスにとって「経済」は、さまざまな手段からなる予測可能なメカニズムであり、その考え方は標準的な経済理論とまったく合致したものである。つまり経済は、コミュニケーションと行為のより包括的な文脈のうちに埋め込まれてはいるが、それでも民主的な基礎のうえに組織されることが可能である、というわけだ。したがって貨幣という「操舵メディア」はこの仕事にとって適切であるどころか理想的な手段であり、そのような貨幣のおかげで経済的メカニズムは閉鎖的領域として、コミュニケーションのミクロな水準において機能し、そのコミュニケーションに関わる行為者たちの関係を調整し、希少資源の配分を有効化するように働くものとみなされる。[13]

このような理論的帰結は現実離れしたものであるが、ハーバーマスのシステム理論——社会のいくつかの部門で専門家支配を認めることは、相対性理論が古典力学に限定的な有効性を認めることに比せられる——

11 Jürgen Habermas, *The Theory of Communicative Action, vol. 2: Lifeworld and System*, trans. Thomas McCarthy, Boston: Beacon Press 1985, p. 261.［ハーバーマス『コミュニケイション的行為の理論（下）』丸山高司他訳、未來社、一九八七］
12 Habermas, *Theory of Communicative Action*, p. 259.［ハーバーマス『コミュニケイション的行為の理論』］
13 ハーバーマスにおける通貨の意味については、以下を参照。Nigel Dodd, *The Sociology of Money: Economics, Reason and Contemporary Society*, New York: Continuum 1994.

はその帰結を部分的に含んでいる。つまり、ハーバーマスは経済を脱政治化し、その影響力を単純で狭い範囲に閉じ込める。そして経済を政治化する方向性を捨て、それをポスト唯物論的な「近代」理論へと放り投げてしまうのだ。そこでは政治経済学の根本的な洞察が忘れ去られている。すなわち、経済における自然法則は、経済それ自体の影響力をつうじて姿を現すとしても、それは実際には既存の社会的な力関係を反映したものにすぎず、技術的必要性にもとづいてイデオロギー的に描き出されたものにすぎない。それこそは、「経済」が資本主義経済として理解されることがなくなり、純然たる「経済」として理解されるようになったことの理由である。また、資本主義に対抗する社会闘争が民主主義的な政治・法的闘争に置き換えられてしまったのも、それが理由である。貨幣の機能を「コミュニケーション・システム」とみなす観点は、ウェーバー的な意味での通貨システムの観念を破棄するものである。というのも、それは貨幣のあらゆる政治的考察から意味を奪い去り、たんに技術的機能のみを考察するものだからである。同じことは通貨体制についても言える。というのも、通貨体制は政治的・経済的制度であり、それは第一に権力に従うものであって、市場には二次的にしか従わないからである。通貨体制が定める規制についても、規制には利害がつきものである以上、そのために規制が歪められることがあって当然である。私たちはシャットシュナイダーとともに、こう言うことができるだろう。すなわち、多元主義的な民主主義政治の「天国の歌声」と同じく、貨幣の言語はつねに特別なアクセントで発せられる――通常は上流階級のアクセントで。[14]

ユーロ圏の市場闘争

かりに貨幣がたんにコミュニケーションの中立的メディア――ある種の人間行為の生産的な調整を容易にするための象徴的言語――にすぎないとしたら、私たちはこう期待することができるだろう。十年以上も経てば、ユーロ通貨はその利用者たちに共通のアイデンティティをもたらすであろう、かつてドイツのマルク通貨が「ドイツ・マルク・ナショナリズムをつくりあげた」と言われたのと同様、ユーロ通貨も、その創設者たちが期待したように、ヨーロッパ愛国主義をつくりあげるだろう、と。[15] 一九九九年、ジャン＝クロード・ユンケル（訳注：一九五四年生。ルクセンブルクの政治家、現在の欧州委員会委員長）――ルクセンブルク首相で、多国籍企業の税制アドバイザー――は次のように宣言した。すなわち、二〇〇二年初頭にひとたび市民が新たな紙幣と硬貨を手にすれば、「私たちのあいだに新しい感覚が生まれるはずだ。私たちはヨーロッパ人であるという感覚が」。[16] 同年、すでにドイツ首相の座を退いていたヘルムート・コール（訳注：一九九八年まで首相在任）は、ユーロ通貨は「ヨーロッパ人のアイデンティティ」をつくりだすと述べ、こう予言した。「せいぜい五年も経たないうちに、イギリスもユーロ通貨同盟に参加し、スイスもそれに続くだろう」。[17] 大衆的な水準でも単一通貨を支持する動きがみられ、たとえば国家間の距離が近づくことをイメージさせるために、若い旅行者の男女が互いの目を見つめ合っている写真を使ったメディア広告が展開された。その広告で、笑顔をみせる男女の写真はまた同時に、自分たちが旅行中に両替手数料や為替差損がなくなったこと

14　グローバル通貨はアメリカ人のアクセントで語る、と付け加えてもよい。私たちはつねづねこう語り合っている。メートルやヤードと同じく「通貨には色がない」がドルは明らかに緑であって金ではなく、ユーロは黒、赤、黄色である、と。

15　Jürgen Habermas, 'Der DM Nationalismus', *Die Zeit*, 30 March 1990.

16　Dirk Koch, 'Die Brüsseler Republik', *Der Spiegel*, 27 December 1999, を参照。ユンケルのアイデンティティ理論は、認知理論にぴったり合致している。そして認知理論は、彼が求めている社会工学的な政策に影響を与えている。実際、「暗黙の合意」について彼が挙げる例は、見事なほど彼の実践に沿う結果としてまとめられる。「私たちは何らかのことを決定し、それを世間に投げかけ、何が起こるかを待つ。それで何も騒動や反対運動が起こらないとしたら、それは多くの人々が実際には私たちが決定したことを理解していないからである。そのとき私たちは次の段階に移り、次そして次へ、もはや戻り道がなくなるところまで進む」（強調は筆者）。このような実践倫理が土台にあると考えれば、ユーロ圏の銀行救済にかんする会議でユンケルが議長をしたときに述べた言葉を思い起こすと、その意味がよく理解できる。「事態が深刻になれば、私たちは嘘を言わなければならない」。二〇一四年、健全なヨーロッパ人の多くの喝采を浴びて、ユンケルは欧州議会の議長に選出された。ハーバーマスによれば「他のどのような決定もこれほどまでヨーロッパに根底から打撃を与えることはないだろう」（*Frankfurter Allgemeine Zeitung*, 29 May 2015.）。

17　Rainer Hank, 'Europa der Heuchler', *Frankfurter Allgemeine Zeitung*, 15 March 2015.

でどれだけ得したかを計算して喜んでいる様子を暗示していた。そこではアイデンティティ理論と効率理論が合体していたのである！

このような「ヨーロッパの理念」――理念というよりイデオロギーと呼ぶべきだろう――が掲げられていたにもかかわらず、ユーロ通貨はヨーロッパをひとつに統合するどころか、二つに分割してしまった。というのも「ますます緊密になる」はずのヨーロッパ統合により、通貨のバランスシートは破滅的なまでにひどい状態に陥ったからである。ノルウェーとスイスは、これまでEUに加盟しようとは考えてこなかったし、これからも考えないだろう。イギリスはまさにEUから離脱する道を選ぼうとしている（訳注：二〇一六年六月二十三日、イギリスの国民投票で、国民はEU離脱を選択した）。スウェーデンとデンマークは、以前はユーロ通貨を何らかの仕方で採用することになると見込まれていたが、現在その見込みはなくなっている。ユーロ圏そのものも、ドイツを含む北側の債権国と南側の債務国のあいだで引き裂かれている。第二次大戦終結以来、これほどまでに国民国家どうしが憎みあうようなことはなかった。欧州統合という歴史的な事業が現在ほど脅かされているような時代はなかった。現在、フランスでもオランダでもデンマークでも、さらなる統合に向けて国民投票を呼びかけようとする為政者は一人もいないだろう。単一通貨のおかげで、「ヨーロッパの（一員としての）ドイツ」という希望――欧州統合により旧東西ドイツのアイデンティティ問題を解決し、ヨーロッパで覇権を握るという希望――は、今やドイツ自身だけでなく他の国々においても「ドイツの（支配する）ヨーロッパ」という懸念に取って代わられた。結果として、南側ヨーロッパ諸国の選挙では、ドイツとドイツ首相に対抗する勢力が勝利を収めるようになった。ギリシャでもイタリアでも、さらにはフランスでも、ナチスの鉤十字マークを付けたメルケル首相とショイブレ財務相の風刺画が広まっている。ドイツは戦争賠償金の要求――ギリシャだけでなくイタリアからも――をますます突きつけられるようになったが、それは第二次大戦後に欧州を統合に向かわせようとする政策が単一通貨制度への移行後に徹底的に破綻したことを示している。[18]

どうして単一通貨制度がこれほどまでにひどい状況をつくりあげることになったのか、その理由を知りたいと思うなら、自由主義経済学の伝統とその影響下でつくりあげられた社会学理論の貨幣概念を克服する必要性に誰もが迫られる。ユーロ圏の争いを理解するには、貨幣をたんなる記号システム（さまざまな要求や契約的義務を象徴化する記号の体系）にすぎないとみなす経済理論ではなく、ウェーバーの観点に従い、貨幣を規制機関の産物として、つまりその配分が争いの種をまき散らす結果を引き起こすような不和と抗争からなる制度としてみなす経済理論がどうしても必要なのである。

地域の特殊性

「資本主義の多様性」について書かれた書物は、単一通貨制度がなぜヨーロッパを統合する代わりに分断したのかを理解するにあたり、その準備となる有益な示唆を与えてくれる――すくなくともその作業で求められるのが歴史・制度的な理解であって、たんなる効率理論による理解ではないかぎり。[19] ユーロ圏の各国は、それぞれの資本主義の発展経路において、それぞれの仕方で自国の社会と資本主義経済の境界面を設計して

18　これに類したいくつかの個人的な悲劇があった。ショイブレは長らくドイツとフランスのあいだを結ぶ「ヨーロッパ中軸」の重要人物であったが、二〇一五年四月に彼の「フランスへの容認しがたい敵意」が非難されることになった。その理由は彼がフランス経済を「監視下に置く」ことを主張したからである。ショイブレへの攻撃は、ワシントンで彼が発言したことが引き起こした。「フランスは改革を導入することを強制されるべきだ［…］しかし、それらすべてを実行するのは難しいだろう、それが民主主義の性質だろうから」。これはどの政党であれ、ドイツの財務大臣に共通する感覚を示している。彼の言葉がフランス社会党の議長から報告されると、すぐに「ヨーロッパ人の権利への侵害」という声が、とくに「CDU—CSUのあいだに」わき起こった。フランスの左派政党はショイブレにたいして「フランス国民に謝罪する」ことを求め、彼の言葉は「新たなドイツの傲慢」を象徴するものとみなされ、「ドイツはヨーロッパの支配を止めろ」という声が広がった。以上の内容は次の記事を参照。'Schäuble will Dividenden-Steverschlupfloch stopfen', *Frankfurter Allgemeine Zeitung*, 18 April 2015.

19　この区別については次の論文を参照。'E Pluribus Unum? Varieties and Commonalities of Capitalism'. In: Granovetter, Mark and Richard Swedberg, eds, *The Sociology of Economic Life*, Boulder, CO: Westview Press 2011.

きた。そこでは、それぞれの国の通貨制度が国民経済を成り立たせるにあたって決定的役割を果たしてきたのである。[20] したがって単一通貨制度は、それがいかなる動機にもとづくものであるにせよ、各国の制度的・政治的文脈にあわせてつくられた通貨制度を、あらゆる加盟国の社会において同じように効力をもつ超国家的通貨制度に置き換える試みとして理解される。つまりユーロという単一通貨制度は、各国独自の必要性にもとづく制度的文脈の発展を促してきた各国経済に、新たに新自由主義的形態の貨幣を注入するために設計されたのである。

近代の通貨制度とその役割は国民国家に埋め込まれており、それぞれの国によって違いがみられる。[21] 単一通貨の場合、南の地中海沿岸諸国の理念型とドイツに代表される北の諸国の理念型のあいだに区別を設けると、十分に理解することができる。[22] ヨーロッパの南側諸国は、なによりも国内需要に牽引されて成長する資本主義のタイプをつくりあげた。そこではインフレが必要とされ、需要は財政赤字によって、あるいは高度に安定した労働条件と高い割合の公共部門に支えられた労働組合によって牽引された。さらに言えば、インフレは政府にとって借金をするのに都合がよく、着実に債務を目減りさせるものであった。このシステムを支えていたのは強固な規制で守られた銀行部門であり、それら銀行の一部もしくはすべてが国有であった。こうしたことすべてが合わさって、労働者と雇用者――基本的には国内市場の担い手であり、多くは中小企業――の利害をある程度まで調和させることが可能になっていた。それらの国々の社会に安定をもたらしていた商品価格は、国際通貨《ハードカレンシー》（訳注：ドルや円、スイスフランなど国際為替市場で決済通貨として他国の通貨と自由に交換可能な通貨）を発行する北側諸国とは対照的に、国際競争力の低下をもたらすことになった。それでも自国通貨の定期的な通貨価値引き下げにより、外国からの輸入が難しくなるという犠牲はあったものの、それらの損失は埋め合わされていたのである。

北側諸国の経済は、それとは異なる仕組みで動いていた。北側諸国の経済成長は輸出によるもので、それらの諸国にとってインフレは避けられるべき事態であった。この論理は、ときおり政府がケインズ主義的な詭弁を弄するにもかかわらず、労働者と労働組合にたいしても適用された。そしてグローバル化にともなってこの論理はますます猛威を振るうようになり、生産コストが上昇するとすぐに賃金の安い諸国に生産拠点が移されるようになった。北側諸国にとっては、通貨価値引き下げはかならずしも必要ではなかった。たとえばドイツ経済は、製品輸出の拡大を背景として、たびかさなる通貨価値引き上げがおこなわれたにもかかわらず、一九七〇年代以後に繁栄期を迎えた。それはドイツ企業が価格競争から品質競争へと移行したことだけが原因ではなかった。地中海沿岸諸国とは異なり、国際通貨を発行する北側諸国は、たとえ自国金利が相対的に低い状態にあったとしても、つねにインフレと債務の両方を警戒していた。金融緩和政策を採らなくても北側諸国は生き残る能力を蓄えており、それは多くの貯蓄者——貯蓄に励む国民の投票行動は政治的に重要な役割を果たしていた——に利益をもたらすものであった。それはまた、貯蓄傾向の強い北側諸国の

20 フリッツ・シャルプがハーバーマスの統合理論にたいする批判的議論で強調するのは、政治経済領域の諸制度——自由と平等をリベラルに保証することだけでなく——は国民国家の形成をつうじて争われ実現した歴史的産物のひとつである、ということである。それは超国家的な水準で標準化されるものでもなければ、超国家的勢力の中に消し去られるものでもない。かつてヨーロッパの労働組合が大小の企業における労使共同決定のあり方をめぐって果てしなく続けた議論を思い出すことができる者は、このことをよく理解できるだろう。詳細は以下の論文を参照。

Scharpf, 'Das Dilemma der Supranationalen Demokratie in Europa', *Leviathan*, vol. 43, no. 1, 2015, および Habermas, 'Warum der Ausbau der Europäischen Union zu einer supranationalen Demokratie nötig und wie er möglich ist', *Leviathan*, vol. 42, no. 4, 2014.

21 Georg Friedrich Knapp, *Staatliche Theorie des Geldes*, Munich and Leipzig: Verlag von Dunder and Humblot 1905; 英訳は *The State Theory of Money*, trans. H. M. Lucas and J. Bonar, London: Macmillan 1924.

22 この点については以下の諸作を参照。Armingeon and Baccaro, 'Political Economy of the Sovereign Debt Crisis'; Lucio Baccaro and Chiara Benassi, 'Softening Industrial Relations Institutions, Hardening Growth Model: The Transformation of the German Political Economy', *Stato e mercato* 102, 2014; Blankart, 'Oil and Vinegar'; Hall, 'The Economics and Politics of the Euro Crisis'; Bob Hancke, *Unions, Central Banks, and EMU: Labour Market Institutions and Monetary Integration in Europe*, Oxford: Oxford University Press 2013; Martin Höpner and Mark Lutter, *One Currency and Many Modes of Wage Formation: Why the Eurozone is too Heterogeneous for the Euro*, MPIfG Discussion Paper 14/14, Cologne 2014; Johnston and Regan, *European Integration and the Incompatibility of Different Varieties of Capitalism*; Torben Iverson and David Soskice, 'A structural-institutional explanation of the Eurozone crisis', paper given at LSE, 3 June 2013

国民にとって、わざわざリスクを背負ってまでバブル市場に手を出す必要性がなかったことを意味している。[23]

多様化がつくりだす不平等

資本主義と社会のあいだを結ぶ思想について言えば、いかなる思想も、その本性からして他の思想とくらべて道徳的優越性をそなえることはない。このことは強調しておく必要があるだろう。社会に資本主義を埋め込む試み、あるいは社会秩序の論理に資本主義の論理を整合させる試みは、どのような試みであっても「荒々しく拙速」にならざるをえず、その場しのぎの妥協を迫られ、誰にとっても完全に満足できるものになることはない。それでも、人々は自分が信じる国家モデルをもっとも正しく合理的であると主張し、他の国家モデルを信じる人々にたいする糾弾を止めることはなかった。その理由は、さまざまな経済モデルのあいだの対立で争われる問題が、たんに市民の標準的な生活水準にとどまらず、それぞれの経済モデルが打ち立てようとする道徳経済（モラルエコノミー）にあったからである。

そのような対立は、ヨーロッパの北側諸国において文化愛国主義的なステレオタイプとして「なまけもののギリシャ人」のイメージをつくりだした。他方、南側諸国のほうには「（生きるために働くのではなく、働くために生きる）冷血なドイツ人」というイメージをつくりだした。そして両側とも、相手にたいして誤ったイメージを抱き、またそれぞれの仕方でそのイメージを修正している。こうした誤解のおかげなのだろうか、ドイツ人はギリシャにたいして「君たちは〈改革〉して経済と社会を立て直し、ぜいたくと腐敗とは縁を切るべきだ」とは言わず、「君たちの腐敗は時代遅れだ、田舎くさい腐敗はおしまいにして、それを近代的な腐敗、あるいはゴールドマン・サックス風のグローバル時代の腐敗に置き換えるべきだ」と言っているのだ。[24]

各国家のさまざまな社会体制に合わせてつくられた通貨制度は、国家が主権をもちつづけているかぎり共存可能であり、通貨価値の調整により競争力の変動を埋め合わせることも可能である。しかし、供給依存型経済の北側諸国と需要依存型経済の南側諸国をひとつに統合した現在の通貨体制は、双方のあいだで平等な仕方では機能させることはできない。その結果として生じたのが、水平的な質的多様性から垂直的な量的多様性への移行である。各国のあいだで政治的に異なる国民経済をひとつの通貨同盟に統合することが余儀なくされると、統合によって不利になる諸国は「改革」の圧力にさらされ、自国の生産体制や社会契約のあり方を、統合によって有利になる諸国のやり方に合わせなければならなくなる。通貨同盟がうまくいくとしたら、それは統合によって不利になる諸国がその〈改革〉を実行可能であり、またそれを望むときに限られる。いいかえれば、それは単一通貨体制が統合的な資本主義秩序をつくりだすことができるときに限られるのだ。

争いのはじまり

欧州通貨同盟の戦略的な（妥協に満ちた）ゴールは、その出発時から、こうした不平等な成り行きにあわせて定められた。そのため各国の経済は、選択的適応を迫られることになった。ユーロはつねに矛盾と紛争に満ちていた。一九八〇年代末、とくにフランスとイタリアは、ドイツ連邦銀行の国際通貨政策にうんざり

23 「まず貯蓄し、それから買え」という言葉は、伝統的ドイツ人の文化的・経済的習慣を示すもので、その背後には複雑な政治・経済制度の関係があった。Daniel Mertens, *Privatverschuldung in Deutschland*.

24 ギリシャやスペインのような社会にとって、「封建制の軛」を振り払うという意味での「近代化」がどれほど望ましいかという問題は、ここでは答えを出さないままにしておく（Hirschman, 'Rival Interpretations of Market Society' を参照）。ここで私が答えを出さないのは二つの理由がある。第一に、このような仕方で他の諸国の問題を考えたくない、という理由。第二に、それらの国で資本主義と社会を調和させるにはいくつもの方法がある、という理由である。アメリカの各州よりもヨーロッパ諸国のほうが、よりいっそう「民主主義の実験場」とみなされるべきである（Lewis Brandeis, *New State Ice Co. vs Liebman*, 1932）。この場合の「民主主義」は、集団的議論と政策発展のための制度形態ではなく、社会と資本主義経済のあいだの闘争の永続的な暫定形態を指している。

していた。当時のドイツ連邦銀行は、金融市場に資本の自由な動きを拡大させ、実質的にヨーロッパの中央銀行になっていた。なかでもフランスは、競争力を維持するために定期的にドイツ・マルクにたいしてフランス・フランを切り下げなければならないことに腹を立てていた。それはフランス人にとって国辱に等しいと感じられていたのである。しかしユーロ通貨体制に移行し、ドイツ連邦銀行に代わって欧州中央銀行が設立されることが決まると、フランスとイタリアはこれまでドイツに譲ってきた金融自主権をいくらかでも取り戻せると期待した。そうして策定されたヨーロッパの通貨政策が重点を置いたのは、経済の安定ではなく、むしろ完全雇用などの政治的目標のほうであった。ちなみに、当時フランスのミッテラン大統領（訳注：在任一九八一－一九九五。EU発足にあたりドイツのコール首相とともに主導した）とジャック・ドゥロール財務大臣は、ユーロ通貨を採用することで——もはやドイツにたいして自国通貨の価値を切り下げることも、ドイツの国際通貨政策に悩まされることもなくなる、というだけでなく——フランス共産党と労働組合にたいして彼らの政治的・経済的目標を断念させることができると期待していた。

当時のドイツ連邦銀行とドイツの圧倒的多数の経済学者たちは、表向きはオルドリベラリズムとマネタリズム（訳注：フリードマンに代表される経済変動における貨幣供給の役割を重視する経済思想）を支持し、単一通貨の導入にはドイツの「安定した文化」を脅かすという理由で反対していた。他方でコール首相は、政治統合に先だって通貨統合——もちろんドイツの経済政策にもとづく通貨統合——を進めるのが望ましいと考えていた。しかしコール首相以外のヨーロッパ各国の首脳たちは、自国の金融自主権を犠牲にしてまで統一通貨を採用することに難色を示していた。そしてコール首相は東西ドイツ再統一にたいする各国首脳たちの支持を失うことを怖れ、通貨統合を強く主張しなくなった。それでもコール首相は、おそらく東西ドイツの政治統合につづいて通貨統合の動きが進むことを期待していた——ちなみに、欧州政治統合への期待は、現在でもドイツにおけるヨーロッパ愛国主義の中道左派、および最近の新機能主義者たちの統合理論の支持者のあいだで抱かれている。その後、コール陣営への反乱が起こりそうになると、コール首相はその反乱を抑え込むために、ドイツをモデルにした共通の通貨体制をつくり、欧州中央銀行をドイツ連邦銀行のコピーにすることをはっきりと保証したのである。

こうしたことが、その後のさまざまな対立の幕を開いた。ユーロ通貨体制に懐疑的な有権者にたいしてドイツ政府は「ユーロはマルクのように安定する」というスローガンを掲げた。それでもこの時点では、マーストリヒト条約（欧州連合条約）を批准した他の諸国は、経済的「現実」の圧力によって条約の内容はいくらでも書き換えることができる――たとえ紙の上の文字を書き換えられなくても、事実上従わなければよいだけだ――と考えていたようである。

追い風になったのは、一九九〇年代の欧州経済が、合衆国の主導の下で新自由主義化と金融経済化を推し進めるために、どの国も財政再建政策に熱中したことである。[25] 諸国がこぞって債務割合をGDPの六〇％以下、財政赤字を三％以下に抑えようとしたのは、その時代の考え方に忠実に従ったからである。付言すると、そのルールに従わない国にたいしては「市場」がさまざまな手段で罰を与える、という考え方もそうである。

通貨統合が不平等な結果をもたらすことは、すぐに加盟国のあいだに感じられるようになった。今日、単一通貨の採用によって利益を得ているのはドイツ、オランダ、オーストリア、フィンランドである。ただし、それは二〇〇八年以後のことにすぎない。ユーロ導入の初期局面では、ドイツは単一通貨政策によって「ヨーロッパの病人」と呼ばれるほどであった。欧州中央銀行の金利はドイツのインフレ率より高く、地中海沿岸諸国のインフレ率よりも低かった。そのため地中海沿岸諸国は、低い実質金利の恩恵を受けたのである。[26] 南側諸国の政府の信用コストは劇的に低下したが、その大きな理由は資本市場の次のような想定――欧州委員会が吹き込んだ――にある。つまり、マーストリヒト条約などおかまいなしに、単一通貨によってドイツ

25 本書第四章を参照。
26 Fritz Scharpf, *Political Legitimacy in a Non-Optimal Currency Area*, MPIfG Discussion Paper 13/ 15, Cologne: Max Planck Institute for the Study of Societies 2013.

は加盟諸国の支払い能力を保証できなくなる、という想定である。その結果、南側諸国ではにわか景気が起こり、ドイツ経済は不況に陥り、高い失業率と政府負債の増加に直面することになったのである。

闘争は続く

二〇〇八年に信用危機が起こり、すべてが変わった。別の言い方をすると、それまでドイツをはじめとするヨーロッパ諸国は南側諸国の債務問題にたいして、かぎりなくゼロに近い低金利を利用し、貸し手として振る舞おうとする意欲をもっていたが、その意欲を支えていた金融市場に抱いていた幻想が崩れたのである。単一通貨制度がドイツにとって有利に働いた理由は、一九九〇年代以後のドイツがいわゆる経済の「高度産業化」に向かっていたからである。ドイツにとって、金融危機と信用崩壊は、国内市場に依拠していた諸国にくらべると、まだ影響は小さかったのである。そのような事情に助けられて、ドイツはグローバル市場に以前より高品質の工業製品を大量に供給することができるようになった。さらに別の要因としては、ユーロ圏の他の諸国とは異なり、ドイツにとってユーロ通貨が安かったことが挙げられる。[27] いずれにせよ、何ら意図することも計画することもなく、その後のドイツは物議を醸しつつも欧州の覇権を握ることになったのである。

それと同時に、加盟諸国の国内経済状況の違いにより、北側諸国と南側諸国のあいだの意地汚い勢力争いも止まらなくなった。それら加盟諸国のあいだの争いは、当時から今にいたるまで次の三つの問題に関わっている。第一に、マーストリヒト条約の解釈あるいは見直しにかんする問題。第二に、制度改革をおこなう加盟諸国の役割にかんする問題、つまり北側諸国の制度に南側諸国が合わせるのか、それとも反対に南側諸国の制度に北側諸国が合わせるのか、という問題である。第三に、加盟諸国のあいだの所得と生活水準の不均衡状態が続いていることにかんして、北側諸国から南側諸国への補償支払いをどうするかという問題である。

特筆すべきことは、これら三つの問題について、現在も取り組まれている解決策では、たとえ実りがあったと謳われているにせよ、何ら改善されていないということである。[28] これら三つの問題は、どれも単一通貨制度における深い分断を示すものであり、また政治システムの問題でもある。そして、この分断は、いかなる金融「支援」によっても消えることはないどころか、ますます深くなっていると感じられている。第一の問題――つまりマーストリヒト条約への実際の対応にかんする加盟諸国間の不一致――を取り上げてみるだけでも、南側諸国が欧州中央銀行の援助を受け、インフレとデット・ファイナンス（国債発行による資金調達）、通貨価値の引き下げを図ろうとしても、北側諸国は怒りを示し、反対することになる。というのも北側諸国は、基金の先行注入（これなしに南側諸国は立ちゆかないのだが）しか手立てがないにもかかわらず、そのために貸し手や保証人の役割を負うことをもはや望んでいないからである。単一通貨が加盟諸国の国内政治に重要な役割を占めていくにしたがい、この通貨体制は二つの対立する方向、つまり北側諸国のグループと南側諸国グループに引っ張られるようになった。政治的・経済的な実情をふまえれば、両グループともに、通貨体制をコントロールする力を握れる場合にしか動くことができない。しかし、いずれのグループも相手側グループをぬきにして動きたいと考えている。輸出産業に依存する北側グループは固定金利を望んでいるが、南側グループは低金利を望んでいる。そして南側グループは、国債発行や債務の上限規制を受け入れる準備はあるが、それは緊急事態が起これば仲間の諸国が金融市場よりも外交上のアメとムチに弱いこと

27 モルガン・スタンレーによれば、二〇一三年に一ドルは一・三六ユーロで、これはドイツにとっては一三％の通貨価値切り下げに、イタリアやギリシャにとっては一二～二四％の切り上げになると報告されている。
28 とくにドイツにおいて、現在の政治的議論には驚くべき欠陥がある。すなわち、ユーロ圏の問題がそれだけで単独の問題として論じられているのだ。危機は深刻だが、銀行救済か債務国支援のどちらか、あるいは両方をおこなうなどのコストのかかる手段をもちいれば危機は乗り越えられる、ただしそれは一度かぎりだ、と。

を見越してのことである。

単一通貨の「正しい」解釈にかんする議論では、現在のドイツ政府とその仲間たちは、南側諸国が数十億ユーロの緊急支援に頼っているかぎり、その議論の支配権を握りつづけるだろう。この状態が続くようであれば、南側諸国にとっては、北側諸国に命じられるがまま、新自由主義的な欧州通貨体制に自国の政治・経済体制を適合させるしか道がなくなるだろう。[29]その先にどのような事態が待ち受けているかは不明瞭である。たとえ事態がうまく進んだとしても、移行には長い時間がかかり、政治的にも経済的にも不安定で不透明な状況が続くだろう。たとえば南側諸国が、北側諸国と同じ仕方で労働市場の完全な「柔軟化」を受け入れると仮定しよう。そうするとドイツでは反対に、ドイツ人の「破壊的」と形容される貯蓄習慣を断念し、「自国中心」的な輸出依存型経済を捨てなければならない事態に直面することも考えられる。

こうして私たちは市場闘争をめぐる第二の問題に移ることになる。すなわち、加盟諸国に要求されている制度「改革」の問題である。北側諸国はその経済的優越性にくわえて、マーストリヒト条約の条文に訴えることも、欧州中央銀行が提唱する財政改革・強化の政策パッケージに訴えることもできる。他方で南側諸国は、通貨同盟と欧州中央銀行に自分たちが多数派であることを主張することも、またドイツ国内でヨーロッパの調和を求める政治的階級に訴えることもできる。確かなことは、南北いずれの諸国も敵意をもって臨んでおり、自国の政治・経済制度の中核を破壊するような改革への民主的かつ合法的な抵抗が起こる可能性があることである。そうなると単一通貨制度の裏側で、二つのかみ合わない制度がこれから先も並存することになるだろう。このシナリオに沿って考えると、南側諸国は公共部門の労働者を解雇から守り、保護する方向に向かうだろう。他方で北側諸国の輸出産業の雇用者たちは、嫌々ながらも労働者とのあいだで賃金を「現場で手打ち」するような従来のやり方を捨て、賃金引き上げに合意せざるをえなくなり、価格競争力の低下に脅えることになるだろう。南側諸国の生産性の向上は難しくなるが、北側諸国も労使双方が納得するところまで生産コストを引き上げることになるだろう。[30]両者の争いがつづくかぎり、北側諸国の輸出シェアと貿易黒字は増えつづけ、南側諸国のデフレと財政合理化の圧力は消え去らないだろう。

そうなると――こうして私たちは闘争の第三の段階に移るわけだが――ユーロ圏の金融制度をめぐる闘争が続くことになる。この闘争は、ドイツにおける金融制度をめぐって中央政府と諸州のあいだで絶えず繰り返される論争とよく似た構図で示される。両者の違いは、欧州通貨同盟における闘争は主権国家のあいだでおこなわれ、加盟諸国の全体に共通する民主制度の枠組みもなければ、国民国家におけるような共通の制度で結ばれた各機関のあいだの緊密なネットワークもない、という点である。また欧州通貨同盟における闘争は、経済的にある程度まで統合された一国の内部で起こっているのではなく、加盟国ごとに異なる構成をそなえた資本主義のあいだで、しかも国際関係をめぐり情緒的で激しやすいメディアをつうじて起こっている、という点も挙げられる。

こうした闘争が積み重なると、それから重大な事件が引き起こされ、頻発することになるだろう――たとえ南側諸国に課されている「構造改革」が実際にうまくいき、二〇～三〇％の物価下落の後に経済が回復に向かうとしても。そのようになれば、南側諸国は経済支援をしなくても北側諸国よりも速い速度で経済成長を遂げるだろうと考えるのは、エコノミストだけが抱いている夢想にすぎない。[31]

29　そのような事態において、現在の欧州中央銀行の量的緩和のプログラムは「南側諸国」の観点に立っておらず、たんに南側諸国の問題が北側諸国に「改革」を必然的なものとして課すことになる事態を狙っているにすぎない。ドラギ総裁のような連中の政治的信念はすぐに了解できる。彼らは南側諸国の状況を改善するような体制の変革に向かうことはけっしてないだろう。

30　すこし以前にこの点に気づいていたドイツ左派（ラフォンテーヌ、フラスベックなど）は、長期的な観点から次のように主張した。すなわち、ドイツの労働組合は、単一通貨体制におけるドイツの競争力の優越性を損なうために、過激な賃金引き上げの要求をおこなうべきであり、それによって南側諸国の経済状況は相対的に回復し、南北間の安定に向かうだろう、と。現在の彼らが現状の単一通貨体制の廃止を求めるのは、それが理由である。詳細は次の著作を参照。Heiner Flassbeck and Costas Lapavitsas, *Nur Deutschland kann den Euro retten: Der letzte Akt beginnt*, Frankfurt am Main: Westend Verlag 2015.

31　南側諸国が改革すれば安定に向かうという経済学者たちの思い込みは、中道左派のヨーロッパ愛国主義の人々が南側諸国の債務を救済すれば安定に向かうと思い込んでいるのと対照的である。両者とも非現実的であり、たんなるユートピア思想の詭弁としか思われず、経験に照らせば疑わしいものであることは明らかだ。

こうした問題を防ぐために、どれほど北側から南側への巨額の財政移転が必要であるかは正確に計算することはできない。それでも私たちにとって確かなことは、分断された北と南を結ぶ橋を架ける程度ではとうてい足りないということである。財政移転は、たんにギリシャだけでなくスペインやポルトガル、そしておそらくは地中海沿岸すべての諸国に必要である。そのために北側諸国が支払わなければならない額は、これまでの事例をみれば推測できる。たとえば、一九九〇年以後に旧西ドイツがおこなった新たな州への財政移転、あるいは第二次大戦後にイタリア政府がおこなった南イタリア地域への財政移転は、いずれもGDPの四%前後であった。これらの取り組みは、せいぜい裕福な地域と貧しい地域のあいだの収入格差の拡大を埋め合わせる程度のもので、しかもたいした結果を出すことはできなかった。[32] EU予算にかんして言えば、この二つの事例と同じ割合で財政移転をするとしたら、現在のGDPの一%の額から四%にまで、つまり三〇〇%の増加が必要となる。控えめに見積もっても、現在の加盟諸国は政府支出の七%に相当する額をブリュッセル(EU本部)へ財政移転しなければならない。ドイツでは、その額を一五%は増やさなければならないだろう――現在の低成長と緊縮財政の時代にもかかわらず。[33]

こうしたことは、ユーロ圏の将来のあらゆる政策に影響を与える根本的欠陥である。くわえて、人道的見地からは正当化されるその場しのぎの「救済支出」は、財政移転を政治的に実現するとしたら、長期的にEUの地域振興基金の限界を大きく超えることがなく、しかも救済される国みずからが努力することを支援するという条件が付けられる。現状の国際通貨体制において、定期的な資金投入を続け、諸国が連帯して経済の競争的色彩を弱める方向性を打ち出すとしても、能力主義を広め労働者に「もっと働け」とつねに言い続けている北側諸国はそれを維持することができず、長期的には接受諸国の自尊心を傷つけることになるだろう。不要であると思われる補助金――国家レベルの地域政策や国際レベルでの開発援助――の場合には、つねに返済期限が問題となり、また補助金が投資ではなく消費に使われることへの罰則が問題となる。突発的な緊急事態にたいする正当な財政移転も、事実上の長期債務へと変えられ、援助国は財政移転をきわめて厳しい条件を満たさなければ容認せず、支援金の使途を強引に監視しようとする。こうした現状の支援のあり方は、必然的に主権国家の関係に緊張をもたらす。つまり支援を受ける側は支援する側を、国内行政に口出しをして民主主義を崩壊させようとするのは帝国主義国の振る舞いだ、と非難する。あるいは支援を受ける側の諸国は、支援をする側の諸国から不適切な支払いと不当な主権侵害を課せられていると憤激する。他方で支援する側の諸国は、求められている支援額が多すぎるうえ、返済の付帯条件も不適切だ、とみなす。このままいくと将来には、ユーロ圏の政策は貨幣流通のコントロールという軸をぐるぐる回りつづける——それに付随して、いたるところで国粋主義者のデマゴーグたちに騒ぎを起こす機会が与えられることになる——だけで終わってしまうだろう。

新しいシステム?

経済的分野であれ政治的分野であれ、ずいぶん前から単一通貨にかんする積極的議論を耳にしなくなった。ポランニーがいみじくも「浅はかな実験」と呼んだ企てについて、単一通貨の擁護者たちが持ち出す唯一の論拠は、単一通貨制度が破綻すれば(それがいつ破綻するかは予見することができないとしても)、現状のまま制度的危機が永続するよりも状況はさらに悪くなる、というものである。このような単一通貨の擁護論

32 Wolfgang Streeck and Lea Elsasser, *Monetary Disunion*, p. 14. を参照。財政移転政策については、EUの地政学的戦略との関連から理解されるべきである。EUは合衆国に強い影響を受け、さらに東方に向かう戦略を立てている。したがって財政移転政策はセルビアからアルバニアにいたるバルカン半島全体を手中に収めるために必要なのである。バルカン半島のどの国も、すべて潜在的な債務受け入れ国だからである。地中海沿岸諸国の債務問題が解決されていないのに、このような南東方面への拡大のためにかかる費用についてほとんど議論がされていないのは注目すべきことである。このことを表現する適切なキーワードは「過剰拡大」であろう。

33 ドイツがヨーロッパ経済の不均衡状態を改善するという考え——それがヨーロッパへの愛から出たのか、それとも恐怖から出たのかは知らないが——は、まったく新たな次元の願望思考であると言えよう。

者の背景にあるのは、おそらくヨーロッパの政治家たちが抱いている恐怖の感情であろう。というのも有権者たちは、ヨーロッパの繁栄と平和的共存を気安く請け負った政治家たちがその約束を守れなかったことにたいして、最後の審判を下すかもしれないからだ。

それでも単一通貨制度を廃止するコストの問題は、制度を維持するために議論を続けるよりも、問題を早く解決することになる。北側諸国は、南側諸国の支援のため——あるいは南側諸国をデフレ状態に陥らせて構造改革を促すため——に行き当たりばったりの拠出を迫られることに苦悩しており、そのような状態とは縁を切りたいと望んでいるが、制度を廃止すればそうした悩みもなくなるだろう。また同様に、南側諸国は長期的な社会構造の支援を国際通貨体制に沿わない仕方でおこなわれることを望んでいるが、そうした問題も解決するだろう。さしあたり、欧州議会で救済の意味合いを帯びて登場した汎ヨーロッパ民主主義という観念は、たんなる幻想のまま終わるだろう——しかも、長く執着すればするほど、その幻滅は激しくなるだろう。[34]いまや、そのような幻想にすぎない汎ヨーロッパ民主主義の夢を実現するために、取り返しがつかないほど「苦痛」——南側諸国の経済的苦痛だけでなく、むしろドイツを筆頭とする北側諸国の道徳的・政治的苦痛のほうが問題だ——が激しくなるまでユーロ圏を危機に引きずり込むのは、あまりに無謀と言うしかない。

このままいくと、おそらく汎ヨーロッパ民主主義にまっしぐらに進んでいくよりも、攻撃的な国粋主義政党が国家政体を乗っ取ってしまう事態が進むように思われる。汎ヨーロッパ民主主義を唯一支持しつづけそうなのは、椅子を失うことを怖れる政治家たちを除けば、南側諸国の中産階級であろう。彼らはまさに自国の破綻を前にしつつ、それでも北側諸国の資本主義の腰巾着となって社会民主主義の消費者天国を実現したいと望んでいるのだから。また、北側諸国の輸出企業も支持するだろう。というのもそれらの企業は、できるだけ長いあいだ南側諸国の市民たちにクレジット払いで商品を買ってもらい、相対的に低いユーロの価値を利用して競争力を維持したいと思っているのだから。しかし、南北の加盟諸国がまったく一致協力することなく、また再配分的な資金投入の必要性が明らかになっている以上、ドイツでさえ有権者は現状を維持することに反対するだろう。

したがって、ポスト国民国家時代の救済とその分け前に与ることを期待して、単一通貨体制を神聖視して理想化する――これはドイツ独特の風習である――のは、もはや終わりにしなければならない。[35] よく流布している恐怖のシナリオ――とくにひどい例として、アンゲラ・メルケル独首相の「ユーロ通貨が失敗すればヨーロッパは失墜する」という言葉が挙げられる――を頭から取り去り、単一通貨をありのままに見つめてみよう。そうすれば、単一通貨が目的を果たせなかった以上、それは存在理由を失った一時的な経済的手段にすぎないことがわかる。[36] 私は前著『時間かせぎの資本主義』で、単一通貨について、ブレトン＝ウッズ体制のケインズ案に沿った仕方で考え直すことを提案した。つまり諸国の同意にもとづき交換レートのリセットも含めて経済格差を相殺するメカニズムを設けたうえで、ユーロ通貨を一国ないし多国籍の基軸通貨とする、という提案である。この提案は、実質的に単一通貨制度からその暗黙の想定である「金本位制」を取り除き、超国家的民主主義を実現しなくても民主主義を回復することを狙ったものである。より広い視野からこの提案を考えると、それはユーロ通貨と加盟諸国の各国通貨が、固定レートで対等の資格をもったまま、

34　本書第八章を参照。
35　たとえば、単一通貨は平和を保証するものであり不可欠だという主張がある。しかしヨーロッパは、単一通貨が一九九九年に登場しなくても、一九四五年以来ずっと長いあいだ平和であった。またヨーロッパ共通市場がなくても、NATOや冷戦によってヨーロッパ内では以前の内線期とくらべてまったく平和な状態が維持されていた。むしろ単一通貨はヨーロッパに平和をもたらすどころか、不協和を引き起こす原因になっている。EUが平和を維持する役割を果たしているという物語は、ウクライナの事例を考えればとうてい支持できるものではない。西側のEUが東欧に手をさらに伸ばそうとする企てによってウクライナ問題は引き起こされたのであり、それこそは現在もつづく戦争状態の原因になっているのだ。
36　メルケルの欺瞞に満ちた言葉（二〇一〇年五月十日）は広く受け入れられ、現在もなお中道左派にとっては教義に等しい言葉になっている。メルケルのようなヨーロッパ愛国主義の連中は、自分たちがおこなう悪しき政策決定がヨーロッパの文化的伝統だと勘違いしているのである。

並存していた一九九九〜二〇〇一年の状況に戻ることを意味している。当時の状況との違いは、現在であれば条約にもとづき、管理された手続きにしたがって——外国為替市場や政府による一方的介入ではなく——交換レートが見直される必要があるという点にある。たしかに前著を書いた時点での私は、現在ほど技術的な問題をよく知らず、またこの提案をあまり吟味しなかった。それでも当時の私は、ヨーロッパを支配するエリートたちは、彼らの統合プロジェクトに、それがどれほど多くの軋轢に満ちているかが示されたとしても、頑迷に固執しつづけると確信していた——そして、実際にそのとおりに事態が進んでいった。

しかし二〇一三年以後、柔軟な通貨体制を望む意見が驚くほど多く聞かれるようになった。それらの意見には、通貨体制の柔軟化により内的減価（訳注：労働コストの引き下げ）ほど破壊的な手段を執らなくても民主的な政策で経済不均衡を和らげることができる、と主張するものもあった。また、それらの意見で提案されていたのは、一国通貨制度に回帰する提案から、資本コントロールをともなう一時的あるいは永続的な並行通貨制度を導入する提案、さらにはケインズ的な二重通貨制度を即刻導入する提案まで、かなり幅の広い内容であった。[37] ヨーロッパの民主主義と社会に有益な仕方でユーロ単一通貨の再構築の可能性を考察するこうした集団的で切迫した取り組みには、もはや「ドイツ・マルク」へのノスタルジーは不要である。このような主題は、現在よりも優れたグローバル通貨体制を探求する悠長な研究者たちのあいだからも提起されている——そのようなグローバル通貨体制がろくに機能しないことは、一九七〇年代のブレトン＝ウッズ体制が決定的に崩壊した後、また二〇〇八年の世界経済危機を経験した現在では明らかなのだが。

ユーロの失敗は、さまざまな進歩のうちの一つであり、第二次大戦後の偶然の幸運に恵まれた平和的状況がつくりだした幻想を追い払うために必要な進歩である——貨幣とその望ましい管理方法への確信は、それ自体がいまや問い直されなければならない（これまでもずっと問いが提起されてきたのだが）。新しいグローバル通貨体制を求める議論は、現在ではすっかり賞味期限が切れてしまっている。それよりも必要な作業は、正義にかなうべく通貨体制を柔軟なものにして、世界経済に参加するあらゆる社会の発展を促し、通貨価値の切り下げ競争、貨幣や負債の生産競争、戦略地政学的な争いをけっして起こさないための条件と規則を検討することである。議論されるべき主題には、準備通貨としてドルの後継者となる通貨を定めることが含まれなければならない。そして、資本の自由な移動に制限を設けるための国家的制度および国際的制度、シャドーバンク（訳注：銀行以外の証券会社やヘッジファンドがおこなう金融取引）やグローバルな投資による混乱を防ぐための規制を強化すること、さらに可変的な固定レートを導入することが主題に含まれるべきである。こうした議論をするにあたり、両大戦のあいだの時期にフィッシャーやケインズらが構想した国家的あるいは超国家的な通貨システムについての議論は、きわめて有益である。彼らの議論はすくなくとも以下のことを私たちに教えてくれる。すなわち、貨幣はつねに歴史的制度として発展し、つねにその姿を変えつづけてきたものである以上、たんに理論だけでその機能を十分に理解することはできず、その政治的役割に着目することが必要である、ということである。このような議論を進めるなら、ヨーロッパの単一通貨の未来を考察することは、資本主義と通貨、およびその信用にかんする世界的な議論の主題となるだろう――おそらく、それは二十一世紀のポスト資本主義社会のモデルを構想することにほかならない。

しかし、そのようには進まない可能性もある。資本主義の巨大化した再生産が引き起こす問題とその問題を解決するために必要な集団的エネルギーとのあいだの溝は、過去に例をみないほど広がっている――実際、

37　これに関連する文献を参照するとあまりに長大になるので、差し控えることにしたい。ただし注記しておくと、南側諸国が通貨同盟から脱退するために必要なコストを北側諸国――南側の非国際通貨諸国を非現実的な約束をとりつけて通貨同盟に引きずり込んだ――に負わせることができれば、右派からも左派からも歓迎されるであろう。このような議論については以下の著作を参照。
Heiner Flassbeck and Costas Lapavitsas, *Against the Troika: Crisis and Austerity in the Eurozone*, New York: Verso Books 2015.［フラスベック、ラパヴィツァス『ギリシア　デフォルト宣言：ユーロの危機と緊縮財政』村澤真保呂・森元斎訳、河出書房新社、二〇一五］；他にも以下の論文を参照。Allan Meltzer, 'Die Südländer brauchen ihren eigenen Euro', *Frankfurter Allgemeine Sonntagszeitung*, 16 November 2014.; André ten Dam, 'The Matheo Solution'; Jacques Maizier and Pascal Petit 'In Search of Sustainable Paths for the Eurozone in the Troubled post-2008 World', *Cambridge Journal of Economics*, vol. 37, no. 3, 2013, pp. 513-532; Wolfgang Münchau 'Why Smoke and Mirrors are Safer than Cold Turkey', *Financial Times*, 16 March 2015.

通貨体制の機能を回復することは言うまでもなく、労働力と自然環境の搾取を規制することも喫緊の課題であるのに、その解決に使われる集団的エネルギーはまったく不足している。だからといって、ユーロ通貨を推進する優しい顔をした連中が、将来の悲惨な結末から私たちを守ることができるとは限らないし、そもそも彼らがそのために真剣に努力するとはとうてい思われない。魔法使いの見習いである彼らは、これまで前近代的社会や反資本主義の人々をヨーロッパから一掃し、資本主義を新自由主義的形態へと移行させるために使い方を学んできた魔法のほうきを、いまさら手放すことはできないだろう。これからのヨーロッパで近い将来（あるいは遠くない将来）に起こる事態のシナリオでもっとも考えられるのは、次のようなものであろう。すなわち、諸国のあいだで経済格差が広がり、市民のあいだに政治的・文化的な違いをめぐる憎悪が高まっていく。そして一方では専門家集団《テクノクラート》がさまざまな仕方で民主主義の基盤を掘り崩す法案を通過させ、他方では新たな国粋主義的な極右政党が次々と現れ、市民たちは両者のあいだに挟まれることになる。そして極右政党は、ますます増加する「近代化の負け犬」と呼ばれる人々の正当な代表者であると自称し、人気を得るだろう。というのも「負け犬」とされる人々は、グローバル化する市場の支配を喜んで受け入れる社会民主主義から自分が見捨てられていると感じているからである。さらに、二〇〇八年の世界経済危機のような事態が繰り返される危険性がつねに潜んでいる以上、そのような世界状況はとりわけドイツ人にとってはきわめて居心地の悪いものとなるだろう。というのもドイツ人は、それまでユーロ通貨をつうじて「ヨーロッパ」をよき隣人に囲まれた「安住の地」とみなそうとしてきたが、しかし自分たちがユーロ通貨に固執したせいで隣人たちは「よき隣人」ではなくなり、そうなると自分たちが「ヨーロッパ」ぬきに生き残る必要に迫られることを自覚しなければならなくなるからだ。

第八章　ヴォルフガング・メルケル『資本主義は民主主義と両立するか？』へのコメント

　読者の方々に、良いニュースと悪いニュースがある。そしてよくあることだが、悪いニュースに良いニュースが含まれる。[1]先に悪いニュースを伝えよう。それは、西側のリベラル民主主義の危機がいまや主流派の政治学者でさえ無視できなくなるほどに悪化してしまった、というニュースである。次に、良いニュースを伝えよう。それは、いま述べた危機のうちにある。つまり、その危機によって、これまで主導的な立場にあった政治家たちを制度から退場させ、ほんらいの民主主義的な政治経済へと前進する（実際には後戻りする？）べき時期が訪れたのである。好むと好まざるとにかかわらず、いまや民主主義と資本主義が主題になったのである。古きよき時代は過ぎ去った、あるいはそのように思われる。なぜか政治学の学術雑誌でさえ、単純小選挙区制と比例代表制の比較をはじめ、ウェストミンスター・モデルと拒否権行使、多極共存型民主主義と多数決型民主主義、議会主導型と大統領主導型、単一政府と連邦政府、一院制と二院制の比較といった色とりどりの、のんきで当たり障りのないテーマの論文が優先的に掲載されているというのだから。「基本に戻れ！」――メルケルのすばらしい論文[2]で私が読み取ったのは、そのようなメッセージである。この論文でなによりも熱心にメルケルが取り組んだのは、第二次大戦後の政治学にとっての基本的な前提、つまり資本主義と民主主義は同じ穴のムジナであるという観点を、正面から再検討することである。いいかえれば、

1　*Zeitschrift für Vergleichende Politikwissenschaft* vol. 9, 2015, pp. 49-60.
2　Wolfgang Merkel, 'Is Capitalism Compatible with Democracy?', *Zeitschrift für vergleichende Politikwissenschaft* , vol. 8, no. 2, 2014, pp. 109-128.

資本主義と民主主義は永遠の予定調和もとにあるカップルであり、それらは互いを必要としあい、また支えあっているという観点を、ここでメルケルは再検討しているのである。

資本主義と民主主義は両立するか？　論文のタイトルに掲げられたこの問題を考えるために、メルケルは過去三十～四十年の興味深い歴史を提示している。彼によれば、資本主義世界における民主主義の影響力はその歴史をつうじて大きく失われているという。したがって先の問いにたいする彼の回答は、当然ながら「民主主義と資本主義はしだいに両立しなくなっている」ということになる。メルケルが資本主義を次のように説明している箇所は、私にはまったく正しいと思われる。すなわち資本主義は「挑戦者であり、（彼のモデルにおける）独立変数として機能しており、他方で民主主義は従属変数として機能している」[3]。私がこれと同じことを述べるとしたら、もっと単純に「資本主義は究極原因であり、民主主義はその直接的結果である」と言うだろう。このような言い回しは社会関係にかんする唯物論的イメージを思い起こさせるかもしれないが、それがメルケルの考察の根底にあるのはまちがいなく、またその点でメルケルは正しいと私は考える。メルケルは、第二次大戦後の「社会的市場経済」――メルケルはそれを「埋め込まれた」資本主義と呼ぶ――に着目し、一九八〇年代にはじまり二〇〇八年の金融危機でピークを迎える金融経済化の過程で、それがどのように変化したのかを検証している。そこでメルケルが言及するのは、規制緩和と民営化、福祉国家の縮小、思考パターンの新自由主義化、グローバル金融部門の拡大、国際競争の激化にともなう国内規制の撤廃とグローバル規制創設の失敗、株主の労働者にたいする勝利、およびそれにともなう階級間の力関係の変化、といった問題である。そのうえでメルケルは、民主主義のさまざまな帰結のうち、以下の四つを強調する。すなわち①格差と貧困の拡大により、政治的手続きから下層階級が排除され、政治参加が非対称化したこと②民主政治的な政策により経済格差の拡大を防ぐことが不可能になったこと③国家経済の金融化により、政府にたいして「市場適合型の民主主義」（アンゲラ・メルケル独首相）への移行を求める圧力が高まったこと④グローバル化の流れのなかで、意志決定権が議会から行政府へと移行したこと、である。

このメルケルが作成したリストに欠けている要素はなにもない。それでも、メルケルは他にもいくつかの要素を付け加え、別の側面を強調してもよかったように思われる。たとえば、経済成長率の全体的な低下により、分配をめぐる対立が激化し、富裕層が貧困層に譲歩する意欲を急速に失っていることに触れてもよかっただろう。また私からするときわめて重要性が高く、したがってメルケルはこうした問題をもっと議論してもよかったと思われるのは、国家や政府が弱体化している問題、つまり富裕層と企業が税率の低い国で収入を計上したりタックス・ヘイブンに資産を移したりして好き放題に課税逃れをしている問題である。というのも、それは国家の下層階級に所得再配分をする能力が低下していることや、税制が逆累進化したこと、公的債務の増加とそれによる融資縮小、また不況と税収減により、国家がますます市民にたいする義務を遂行できなくなっていること……等々と関連しているからである。その結果として公共サービスの低下と公的支援の削減が引き起こされ、その代わりに市民はますます民間借入に頼らざるをえなくなった。また公的債務の増加は、国家支出に占める債権者にたいする利息支払いの割合が大きくなることを意味しており、したがって社会支出や公共投資をさらに圧迫することになる。こうして国家の新自由主義的な再構築が進むと、オリガーキー的（少数者独裁的）な再分配体制が確立されるが、この現象はとくに縮小する公共セクターにおいて顕著である。[4]

公共領域が貧しくなると、それはオリガーキー的な慈善事業の手に委ねられるようになり、こうして民間資本と公共組織はますます新封建主義的な関係を取り結ぶようになっていく。

政治権力について言えば、現在のヨーロッパは債務国家から財政再建国家への移行過程にある。その過程が示しているのは、私が第二の有権者と呼んだもの、つまり金融市場が、第一の有権者である市民にたいす

3　Merkel, 'Is Capitalism Compatible with Democracy?', 111.
4　Wolfgang Streeck, 'The Rise of the European Consolidation State'. In: King, Desmond and Patrick Le Galés, eds., *The Reconfiguration of the State in Europe*. Oxford: Oxford University Press 2015.

る明確な優先権を与えられたことである。この過程とメルケルが言及する「行政権の肥大」の過程について、とくに強調しておきたい事柄がある。それは、先進諸国の中央銀行が政府にたいする優越性を高め、いかなる民主的コントロールからも離れた結果、いまや主権経済政府と呼んでもよいほどの力を振るうようになった、ということである。さらにいえば、それらの中央銀行がインフレ復活に向けて絶望的な努力をつづけ、現在も失敗を繰り返しているのは、新自由主義革命が進むなかで労働組合――これは選挙とは別の政治参加のための手段であり、かつてはその活動によって資本主義政治経済の権力関係の非対称性が修正されることもあった――が実質的に壊滅したことを反映している。現在の私たちが目にしているのは、新たな政治地図である。つまり、公的な政治的意志決定から排除されたいわゆるポピュリスト政党と、それに対抗する中道左派と中道右派のさまざまなTINA政党――グローバル化時代の決まり文句「この道しかない *There Is No Alternative*」を掲げる政党――による大連立政権からなる政治地図が広がっているのだ。このような状況になるのは、既存の民主政党が、政権の座についたことのない反対派が登場すると、現状の変革に懐疑的な有権者にたいして、すぐに次のように言い立てるからである――彼らは非現実的で不適切な「反応」をしており、十分な「責任能力」もなく、したがってなにもできないのだ、と。[6]

いたるところに崩壊の徴候が現れているにもかかわらず、現代の民主主義の陥っている危機を真剣に検討することの必要性が、これほどまでに人々に理解されない理由は、いったいどこにあるのだろうか？　私見では、それはいまだに伝統にしがみつき、民主主義を暴動と結びつける古い観点にとらわれている人があまりに多いからである。そうした人々が抱いている民主主義のイメージは、たとえば選挙が無効とされる、あるいは政府への反対勢力や野党のリーダーが投獄されたり、亡命を余儀なくされたり、殺害されたりする、あるいはテレビ局が暴徒に占拠される――ようするに、かつてのアルゼンチンやチリのイメージである。それとは別に公民教育をつうじて、人々が民主制度にかんして主意主義的な幻想を強烈にすり込まれている側面もある――「われら人民」が共同体の状況に責任をもつためには、「われら」が声を上げ、ならず者を投票所からつまみ出せばよいのだ。状況を真に変えようと思うなら、われらは立ち上がって誤りを正さなければならない。そうすれば、われらの抗議の正当性は多くの同胞市民に納得されるだろう。したがって選挙制度があるかぎり、世界はわれら「人民」が望むとおりの姿になるはずだ、という幻想である。しかしヴォルフガング・メルケルは、こうした考え方とすっぱり縁を切る。彼によれば、問題の核心にあるのは民主主義と社会構造の関係であり、資本主義社会の構造にそなわる特殊な力学であり、また、その力学が国家および民主社会に与えた影響である。かつて私は、そのようなメルケルと同じ観点に立って、「ハイエク的な市場独裁」にいたる長い道のりについて論じたことがある。メルケルは私の議論を「黙示録的」と呼んでいるが、それでも彼は私の意見に渋々ながらも同意しているように思われる。現在の新自由主義的な政治経済体制を私が「ハイエク的」と呼んだのは、次の奇妙な条件を示すためであった。すなわち、民主主義が資本主義経済との関係で意味を失い、民主主義が資本主義から攻撃されるだけでなく民主主義それ自体によって損傷することになる条件である。いいかえれば、それは民主主義が平等主義的な再分配をおこなう能力を失い、(対立図式のあるなしにかかわらず)選挙で誰が選ばれても政策に違いがなくなってしまうことになる条件である。

ここでメルケルの問いをすこし修正して、民主主義を現在の資本主義と両立させることができるのかどうかを問うてみよう。私の回答はこうだ。それは両者のあいだに万里の長城を築くことによってのみ可能である。すなわち一方では民主政治の再配分能力を失わせつつ、自由市場を民主政治の平等主義的な影響から守

5 Wolfgang Streeck, *Buying Time:The Delayed Crisis of Democratic Capitalism.* London and New York: Verso Books 2014.［シュトレーク『時間かせぎの資本主義』］

6 「右派」であるか「左派」であるかを問わず、国際的金融投資家からの要求に抵抗すると投票者に公約する政治家や政治組織は、「この道しかない」を掲げる中道政党から「ポピュリスト」のレッテルを貼られる可能性がきわめて高い。この中道政党は、自分たちこそが市場のルールを誠実に守る「責任ある」政党だとみなしているのだ。

りながらも、他方でその結果として生じる市場の歪みは選挙によって正当化するという仕方で、それは可能になるのだ。ハイエク的民主主義が役に立つのはその点である。というのもその観点に立てば、たとえ現実の資本主義市場がずいぶん前から民主的コントロールの手を離れているとしても、あたかもそれが「人民の選択」に支えられているかのように見せかけることができるからである。私がこれまで専門技術的《テクノクラート》=権威主義的な市場独裁と呼んできたのは、人々の生活にかかわる再分配を、市場の力の「自由な働き」に委ねてしまうような政治経済体制のことであり、あるいは同じことだが、専門知識を駆使して市場活動を最大化することを謳う行政組織の手に、再分配政策の権限を集中させるような政治経済体制のことである。再分配政策を捨て去ってしまった以上、いまやハイエク的民主主義は、国益と国際紛争に関心を集中させることができるようになり、とりわけ資本主義世界の周辺諸国で紛争を好き放題に引き起こすことができるようになった。また政権に対立する党派のリーダーの私生活上のスキャンダルを暴き、大衆への見世物にすることにも熱心だ。文明の衝突、家族観、ライフスタイルの選択、「ポリティカル・コレクトネス」のほか、政治家の年齢・性別・ファッション・容貌・話し方などの話題が、人々を飽きさせないように次から次へとはてしなく、疑似討論への疑似参加の機会として提供される。外務大臣は、中東への公式訪問のさいに男性のパートナーを同伴させてよいのか？　内閣の女性閣僚の人数は十分だろうか、そこでは女性閣僚が有力なポストを占めているだろうか？　また女性閣僚は、どのように幼い子どもの面倒をみるのか？　子どもが幼すぎたり、子どもの数が多い場合はどうしているのか？　共和国大統領は愛人宅を訪問するのにスクーターを使ってもよいのか？　財務大臣は朝、毎週何回、娘を幼稚園に送っているのか？　……このような話題が公共空間を埋め尽くし、人々を興奮させている状況で、オフショア銀行やシャドー・バンキング・システムへの規制などという、最初から合意に失敗するのが目に見えている国際金融交渉の話を、いったい誰が聞きたがるというのだろう？

資本主義の歴史のなかで民主主義が消滅に向かっているというメルケルの診断にたいして、私は全面的に賛同する。しかし、その議論のためにメルケルがもちいる概念的手法、とりわけ「モデル」別に分類して説明する手法については、あまり感心しなかった。メルケルは民主主義と資本主義が両立するための仮説的条件を考えるにあたり、それぞれを三つのタイプに分類する。すなわち、資本主義は「市場―リベラル型」、「組織化・埋め込み型」、「新自由主義型」の三つに分けられ、民主主義は「最小型」、「埋め込み型（あるいは中間型）」、「最大型」の三つに分けられる。[7] メルケルはこのような分類の一覧を示したうえで、両者のそれぞれからひとつを選び、最善と思われる組み合わせを提示する。意外なことではないのだが、彼が選んだのは両方とも「組み込み型」である。しかし、この組み合わせは実効性がなく、すでに破綻したものであることは明らかである。というのも、すでに資本主義は、みずからを民主主義に埋め込んでいた拘束を外して、新自由主義（金融市場型、英米型）の資本主義へと移行したからである。メルケルがその組み合わせを選んだ理由は、おそらく最初からこう思い込んでいるからであろう。つまり現代の政治的問題は、新自由主義へと移行した資本主義をかつての「埋め込み型資本主義」へと戻し、「埋め込み型民主主義」へとふたたび繋ぎ止めることであり、それが実現すれば両者は「いつまでも幸せに暮らしましたとさ」という具合に万事解決するのだ、と。

このようなメルケルの概念的遊戯にかんして私が憂慮するのは、それが次のようなイメージをすぐに思い浮かばせるからである。つまり、ある知識人の設計者が、最初から用意された部品のコレクションのなかから、最善の結果をもたらす仕方で動くように部品を選んで組み合わせる、というイメージである。だからといって、そうしたテクノクラート的な政治のイメージに陥ることを避けながら読もうとすると、今度は主意主義的政治のイメージを思い浮かべざるをえない。つまり、全能の（カール・マルクスの言葉をもじった言い方をすれば）理想的な市民集団が、博学な政治学者の助力を得つつ最適の政治経済をつくるために熟慮し、

7　Merkel, 'Is Capitalism Compatible with Democracy?', 112, 113.

歴史的に構成された物質的制度とは関係なく彼らにとって最善と思われたことを実行し、これまで誰からも放置されて制御不可能になった事柄を修復する、というイメージである。ようするに、この論文で私がよく理解できない（より正確にいえば、私が怖れているのは、それがよく理解できないものであることを読者が認識せず、そのために読者がテクノクラート的あるいは主意主義的な政治的観点に導かれ、それを実現可能であると思い込んでしまうことである。そうなると、それは問題を解決するのではなく問題を増やすことにつながってしまう）のは、階級と権力という基本的な政治的カテゴリーをメルケルがどのように考えているのか、という点である。メルケルの論文において、資本主義と民主主義は、いずれも単純に要約された概念にとどまっている。しかし、この二つの概念に意味をもたせるには、それらの背景にある階級どうしの対立や差異、また社会全体に自分たちの利害を押しつける各階級の能力の歴史的変化を正しく認識しなければならず、そのうえで二つの概念を解体し、組み立て直す（あるいは脱構築し、再構築する）ことが必要であるはずなのだ。

ようするに資本主義と民主主義は、エンジンと制御《ステアリング》システムのような、互いに異質の技術からなる二つの独立したモジュールの組み合わせではない。そうではなく、資本主義と民主主義はともに（その組み合わせとしても、あるいは個別のものとしても）、特定の歴史的過程をつうじて展開した特殊な階級構成のあり方・階級的利益のあり方から生じたものである。そして、その歴史的過程を形成したのは知識人の計画ではなく、階級間の政治的能力の配分である。したがって、第二次大戦後の民主制資本主義は、有能な社会設計者や意欲ある市民がろくでもない多くの選択肢のなかから選択をおこなった結果として生まれた体制なのではない。それは当時、たまたま強い力をもっていた労働者階級と、たまたま力を失っていた資本家階級（それまで彼らは政治的にも経済的にも守勢に回ったことがなかった）とのあいだで、歴史的妥協がおこなわれた結果として生まれた体制なのである。このことは、戦勝国であるか敗戦国であるかを問わず、当時のすべての資本主義国にあてはまる。大恐慌とその後の世界経済の荒廃によって損害を受けた資本家階級は、資本市場の狩猟免許を再発行してもらうために高い代償を支払わなければならなかった。すなわち、完全雇用・正規雇用の政治的保証をはじめ、着実な賃金上昇、所得と資産の再分配、機会の均等、強力な労働組合とそれによる職場の社会的保護、団体交渉の自由、さらには職場を超えて社会全体を包括する福祉国家、といった事柄を約束しなければならなかったのである。それらの約束はすべて、言うなれば社会民主主義がリベラル資本主義の頭にピストルを突きつけて交渉した結果である。こうしてリベラル資本主義は、社会民主主義との「できちゃった結婚」を強いられたのである。この点については、「資本主義の多様性」を主張するときに引き合いに出される各国のあいだの微細な違いは、まったく問題にならない。第二次大戦後の日本では、労働組合の加入率は八十〜九十％に達し、アメリカ占領軍に追い出されるまでは社会主義者が政権を握っていた（訳注：この箇所は著者の誤解であると思われる。終戦後のＧＨＱの民主化政策で労働組合の育成が図られ、四六年から四七年にかけて労働組合が相次いで結成されたが、それでも組織率は四十％程度であった。またアメリカ占領前に社会主義者が政権を握った事実はない）。ドイツでは、戦前に指導的立場であった資本家たちは、朝鮮戦争がはじまってアメリカ人たちにより釈放されるまで、監獄に入れられていた。また一九四七年のキリスト教民主同盟（ＣＤＵ）の文書では、資本主義は「ドイツ国民の政治的・社会的に重要な利益」にとって脅威であると宣言された[8]。イギリスでは労働党が政権を握り、工業部門の四十％が国有化された。合衆国はあいかわらずニュー・ディール政策を継続しており、広い領域で資本規制がおこなわれ、また金融部門も厳しい規制が敷かれ、労働組合は強い勢力を誇り、世界大戦で犠牲となった兵士＝市民のために意欲的な社会保障制度が掲げられていた[9]。

8 「資本主義的経済制度は、ドイツ国家と国民の不可欠な利益にとって有用ではない。犯罪的な権力政治による政治・経済・社会の恐るべき崩壊を経験した私たちにとって、新たな秩序こそが必要であり、また樹立されなければならないのだ。その新たな社会経済秩序の目的と内容は、資本主義的な権力と利益の追求であってはならない。その目的と内容は、私たち人民の幸福にもとづいて定められなければならないのだ」

その当時に成立した体制――つまり、メルケルのいう「埋め込み型資本主義」と「埋め込み型民主主義」の結合――が約三十年を経て解体していった経緯について、ここでは詳細に立ち入って論じることはできない。メルケルは、ヨーロッパにおける埋め込み型資本主義が英米型の金融資本主義へと移行した――つまり新自由主義改革が段階的に進展した――と述べる。しかしその原因は、資本家と労働者のあいだの力関係の長期的な変化のうちに、あるいは、しだいに可動性を高めていく資本の所有者・管理者と一般市民のあいだの、長期的な力関係の変化のうちに求められるべきである。両者の力関係の変化こそが、戦後の社会民主主義と資本主義のあいだの妥協がいきなり打ち切られることになった原因である。つまり社会民主主義は、戦後に市場復興政策と私的所有権を受け入れる代わりに、資本家にたいして安定した経済成長と社会保障（すべての国民に繁栄を！）を約束させたが、両者の力関係が変化したことにより、その約束は破棄されたのである。新自由主義への転換が起こった背景には、長い年月にわたる階級構造と資本構造の変化があり、また生産様式や政治規制、政治参加の機会における変化がある。それらの変化においては、偶然に生じたさまざまな状況も、また階級とその政治組織にそなわる戦略的技能・能力の差も、大きな役割を演じている。[10] そこで重要なことは、資本主義の発展のほうが現在までの数十年間にわたって民主主義の発展を牽引してきたのであって、その逆ではないということである。資本主義はその歩みを進めるなかで、しだいに戦後の民主主義的制度の拘束を打ち破り、新しい政治経済体制、すなわちハイエク主義の体制を掲げるようになった。つまり下層から上層への再配分――勝者にはさらなるご褒美を、敗者にはさらなる罰を――による経済発展というハイエク主義の処方箋が、富裕層から貧困層への富の移転による総需要の拡大というケインズ主義の処方箋に、取って代わったのである。

第二次大戦後の民主制資本主義が一連の危機をつうじて解体の道を歩んできた歴史を眺めると、資本主義と民主主義の関係は、メルケルのモデル分類に示されるような機械的・付加的な関係ではなく、むしろ弁証法的関係であると同時にジレンマに満ちた関係であるという印象を抱かざるをえない。そして階級と権力という観点を考慮に入れると、民主制資本主義の国家・政府・政治は、根本的に矛盾する諸要求を調和させるべく、つねに圧力をかけられ、またその圧力によって、政治経済を管理する組織の見直しがつねに必要とされ、また強いられてきたことが明白になる。他方、民主主義社会が資本主義経済に期待する集団的利益を引き出すためには、市場の自由な活動にたいして政治的介入をおこなうことが必要不可欠となる。別の言い方をすれば、利潤の最大化（私的な悪徳）を社会進歩（公共の利益）へと転換させることができなければ、政権は政治的均衡を維持することができなくなり、ひいては政治的正当性を失うことになる。このように市場を社会的に是正することは、（高度経済成長という特殊な状況は別として）政治的均衡を維持するために必要ではあるが、しかし、そうすると資本所有者と投資家たちの政権にたいする信頼を失ってしまい、ひいては資本主義＝民主主義の安定のために不可欠な経済的均衡を失うことにつながる。こうしてみると資本主義と民主主義は、互いに支えあうと同時に互いの基盤を掘り崩しあう関係にある、と考えられる。つまり、一方で民主主義社会にとって経済的均衡は不可欠であり、それなしに私的な資本蓄積から集団的な利益を引き出すことはできない。しかし、私的な資本蓄積から集団的な利益を引き出すための政策を進めると、それは経済的均衡を危機に陥らせる可能性がある。他方で民主主義にとっては政治的均衡も不可欠であり、それなしに資本主義を受け入れてうまくやっていくことはできない。しかし経済的均衡を図るために必要な政策を進めると、それは政治的均衡を脅かすことになる。したがって資本主義経済の民主主義政府は、次の二つの危機のどちらを選ぶかというジレンマに悩まされる。すなわち、ひとつは政治的危機であり、もうひとつは経済的危機である。一方を救済しようとすると他方を危機にさらすことになり、したがって政策も両者のあ

9　皮肉なことに、二十世紀のふたつの世界大戦後、つまり一九一八年および一九四五年は、資本主義下の労働者たちが資本主義政治経済において相対的にもっとも躍進を遂げた時期であった。（Thomas Piketty, *Capital in the Twenty-First Century*. Cambridge, Mass.: Harvard University Press 2014）.［ピケティ『21世紀の資本』］

10　この力学は、拙著『時間かせぎの資本主義』で説明しておいた。

いだで右往左往することになり、次のような期待にすがることになる――危機にはサイクルがあり、したがって現在の政策が新たな問題を引き起こすのは確実だとしても、その問題への対処を検討するための時間は十分にあるはずだ、と。

ヴォルフガング・メルケルは、この論文を幾分かの希望を交えて、次のように締めくくっている。「民主主義と経済を改革すること」により、「現在の埋め込み型の金融資本主義」を終わらせなければならない。また現在の最小型民主主義から脱却してほんらいの民主主義の理念を取り戻し、「政治的平等の実現という命題を……真剣に追求」するとともに、公的権力 *pouvoir publique* による「自律的規範[11]」を可能にしなければならない。このような彼の主張に異議を唱える者はいないだろうが、それでも読者はこう問いただしたくなるだろう。そもそも、これまでの数十年にわたる経済政策と政治制度の流れはその反対に向かうものであったが、それをひっくり返すような改革がどこから生じるというのだろうか？　すでに資本主義は、新たな民主主義（メルケルの用語では「最小型民主主義」）を自力でつくりあげ、かつて「埋め込み型資本主義」を補完し安定させていた「埋め込み型民主主義」を捨て去ってしまったというのに？　はたして民主主義の刷新、すなわち資本主義の発展より民主政治が優先される体制を再構築することは、ほんとうに大衆から望まれているのだろうか？　実際、もはや大衆が政治に無関心になったのは、メルケル自身が「進歩的民主政治の文化的転換《カルチュラル・ターン》」と名付ける精神により、過去数十年にわたって大衆が再教育を受けた結果ではないのか？――信じがたいことではあるが、最近の社会民主主義政党および労働組合の政治目標として掲げられた主題は、たとえば同性婚をめぐる争い、あらゆる事象の「ジェンダー化」であり、さらには大企業で高学歴女性を取締役にすること（現在、シングルマザーが貧困にもっとも陥りやすいことが問題とされているにもかかわらず）なのである。「責任ある」政党によって民主政治から居場所を奪われた大衆にとって、彼らに関心を抱かせるほどの真面目な政策がどれほどあるというのだろうか[12]？　ポストフォーディズム的消費社会とポスト民主主義的政治娯楽が支配する時代に、闘争して守らなければならない集合財がまだ残っていると信じている人々は、はたしてどれほどいるだろうか？　現代は、かつてのように他者と協力して共同の利益を追求するような資質ではなく、ためらいなく敵と争うような資質が文化的にもっとも高く評価される世界であり、また民主主義の内実が空洞化し、政治が目もあてられないほど矮小化した世界である。そのような現代の状況においては、この論文でメルケルが提示する民主的参加はすぐに誤解されてしまい、個人の道徳的信条の公的表明（たとえば「鯨を救え」など、局所的なさまざまな改善要求）によって政治的対立を置き換えることとみなされてしまうだろう。そのような考え方は非政治化された多元的自由放任主義 *laissez-faire* にもとづくもので、そこで政治参加は、いわば道徳的に正しい高度消費社会を求める活動にすぎなくなってしまう。

さて、ヴォルフガング・メルケルが考察した歴史的転換点において原動力――古い言い方をすると「革命の主体」――となるべき主体は、いったい何なのだろうか？　そして、権威主義的な新自由主義テクノクラシー路線が定着して元に戻れなくなるまで、私たちにどれほどの時間が残されているのだろうか？　たとえば、不安定雇用の拡大に終止符を打ってその流れを逆転させる主体は何か？　民営化にストップをかけてバランスのとれた公共サービスを取り戻す主体は何か？　国家にたいしてグーグル社のような企業に課税させ、市場競争における出発点と機会が公平になるように公共・社会投資を増加させ、労働時間を管理させる主体は何か？　オリガーキーを廃し、安全かつ透明な金融政策と金融規制に変えさせる主体は何か？　ヨーロッパで私たちはこう聞かされている――そうしたことは超国家レベルでしか実行できず、したがって欧州連合（ＥＵ）、とりわけ通貨同盟（ＥＭＵ）を民主化することによってのみ可能なのだ、と。読者もご存じのように、現在のＥＵ組織は加盟政府の秘密集団によって支配されており、その集団はＥＵの看板の背後に隠れ、

11　Merkel, 'Is Capitalism Compatible with Democracy?', 126.
12　Peter Mair, Representative versus Responsible Government. MPIfG Working Paper 09/8. Max Planck Institute for the Study of Societies, Cologne 2009.

各国の国民の目から逃れながら、陰謀を巡らせている――国際金融企業から押しつけられた債務を、加盟諸国が適切に返済することを保証するために。こうしたことをすべて取り仕切っているのは、その権力の中央にある欧州中央銀行である。この銀行は、加盟諸国の民衆からも民主政治からも隔離されており、したがってグローバル金融業界の仲間たちといっしょに何事もやりたい放題なのである。その状況では当然ながら、ヨーロッパの有権者の過半数は、近年の経済的危機や政治的混乱にもかかわらず、二〇一四年の欧州議会選挙という茶番に参加することを拒否した。それでも、その茶番で「ヨーロッパ」の盟友同士であるユンケルとシュルツは、それぞれが自分を欧州委員会委員長の「筆頭候補」――両者の取り巻き連中は、各陣営とも「ヨーロッパの民主化に向けた画期的な第一歩」と賞賛するパフォーマンスを繰り広げた――として喧伝し、互いに競い合った。その選挙戦が行き着いたのは、グローバル企業にたいして「ヨーロッパ」をタックス・ヘイブンの管理者として売り込むことであり、二〇〇五年から二〇一三年までヨーロッパの銀行救済計画の責任者であった「ユーログループ」を「欧州プロジェクト」の主席管理者の地位に引き上げることであった（これはユルゲン・ハーバーマスが選挙の翌日に公開質問状をつうじて明らかにした事柄である）[13]。

ＥＵで最高位の役職に、銀行ロビイストでありグローバル企業の税務顧問として悪名高いユンケルが指名されたという事実は、現在のヨーロッパの民主的改革がどのようなものであるかを如実に示している（おそらくハーバーマスが公開質問状をつうじて私たちに知らせようとしたのは、そのことだろう）。そのことからも、ＥＵが金融資本主義を脱して平等主義＝民主主義的なコントロールを回復するというメルケルの提案にほとんど現実性がないことは明らかだろう。メルケルは、ＥＵを「一般選挙により形式的に合法化されたオリガーキー」に帰着させないために、「民主政治と経済の改革」[14]をしなければならないと述べてはいるが、そのために必要な事柄についてはなにも具体的に述べておらず、ＥＵにたいする立場も明確にしていない。それでも西ヨーロッパにおいて、ＥＵが民主的コントロールから隔離されることを意図して設計された、戦後初の政治構造であることは明白である。[15]だからこそＥＵは、戦後資本主義の新自由主義への移行をいち早く実現することができたのだ。実際、かつてヨーロッパ経済の数十年にわたる「拡大」と「深化」を経て、一九八〇年代から九〇年代に採用された「サプライサイド」経済政策がＥＭＵ設立において頂点に達した現在、メルケルが想定するような民主主義の復活が実現するようなことがあれば、それは欧州連合によって真っ先に「改革」の対象とみなされるだろう。事実、ヨーロッパの「民主主義の欠陥」を欧州連合に新しい憲法を与えることで解決するというアイデアは、そのような背景から登場したのである。このとき期待されていたのは、民主主義を資本主義と再結合することだった。ただし、それは資本主義に民主主義が合わせる仕方で、しかも国内レベルから超国家レベルへと向かう仕方でおこなわれるべきとみなされていた。そして、そのために利用されたのが、とくにドイツ社会の中道左派だったのである。

　問題をユンケルが解決しないとしたら、そもそも草案の時点で完全な失敗に終わった欧州憲法がどのように解決できるというのだろうか？[16] 私の考えでは、いまだに「ヨーロッパ」の民主化のために憲法が必要だと主張されている主な理由は、欧州憲法をめぐる近年の歴史がまったく忘れられていることにある。さらに言えば、欧州憲法の推進者たちは、信じがたいことにあらゆる質問に回答しないまま逃げ切ったのであり、

13　以下を参照。'Jürgen Habermas im Gespräch: Europa wird direkt ins Herz getroffen', *Frankfurter Allgemeine Zeitung*, 29 May 2014. 興味深くもあり皮肉でもあるのは、ユンケルが委員長に抜擢されたのが、ピケティが現在は有名になった書籍を出版した直後であったという事実である。この本でピケティは、資本主義体制では長期的に格差が増大するため、それを是正すべく一般財産税を課すことを要求していた。(Piketty, *Capital in the Twenty-First Century*)［ピケティ『21世紀の資本』］。先年の「欧州選挙」の茶番劇については以下を参照。Susan Watkins, 'The Political State of the Union', *New Left Review*, no. 90, pp. 5-25.

14　Merkel, 'Is Capitalism Compatible with Democracy?', 126.

15　Peter Mair, *Ruling the Void: The Hollowing of Western Democracy*. London and New York: Verso 2013.

16　欧州連合に憲法を、というプロジェクトは二〇〇一年にこの帰結を解消するために当時のＥＵ加盟国によって始められた。その二年後に、各国政府から指名された代表者会議が作業に入り、二〇〇四年には草案に加盟国が署名した。「欧州憲法」と銘打たれたものの、それはようするに既存の条約を再編集し、十六万語からなる一冊の書物に仕上げたものである。着手開始から五年後の二〇〇六年に発効する予定だったが、その予定が立てられたのは、まだ欧州統合の「ゆるやかな合意」が存在していた時点でのことである。けっきょくこの憲法案は二度にわたる国民投票で否決され、リスボン条約（二〇一〇年発効）に置き換えられた。

そこにはとくに重要な次の質問も含まれていた。すなわち、誰が新憲法の草案を作成し、議論し、批准するのか？　そこでは何が扱われ、何が扱われないのか？　新憲法が奇跡的な効力を発揮するのはいつか――この当時、ユンケルとEU加盟政府は、グローバル金融業界からヨーロッパ経済に押しつけられた債務の期限内の支払いを保証するのに奔走していたというのに？　また、憲法制定議会はどのように構成されるのか？　それは各国政府から構成されるのか？　それとも前回のように、ジスカール＝デスタンやローマン・ヘルツォークのようなヨーロッパの著名政治家から構成されるのか？　あるいは国民国家も「可能性の芸術家（訳注：非公式な仕方で政策決定に影響を及ぼす人的ネットワーク）」も無視して、かつての労農評議会のように選挙で選ばれた反抗的市民から構成されるべきなのか、あるいはその中間に位置する人々から構成されるべきなのか？　EMU加盟国だけなのか、あるいはEU加盟国すべてなのか？　セルビア、トルコ、ウクライナ、ジョージア（グルジア）を含む加盟希望国はどのように扱われるのか？　カタロニア、スコットランド、コルシカ、フランドル、パダーニャといった独立運動の盛んな地域はどうするのか、現時点で所属している国家の代表に委任するのか、それとも自前の代表団を用意するのか？　「ヨーロッパ」に反対して勢力を増しつつあるナショナリストはどう扱うのか、彼らも参加が認められるのか、排除されるのか、それとも「欧州議会」のように中道派によって蚊帳の外に置かれるのか？

こうしたことを決めるだけでも相当な時間がかかる。かりに革命的状況が起これば話は早く進むかもしれないが、しかし革命的状況が起こるにはもっと長い時間がかかりそうだ。さらに次の問題は、憲法で取り上げられるべき主題をどうするかである。移民と収容施設の問題は取り上げられるのか？　中絶の権利と「万人の婚姻権」はどうなのか？　教会と宗教の憲法上の位置づけは？　こうした問題について、文化闘争が起こる[17]可能性を無視すれば合意に達することは不可能ではないだろうが、それには次のような政治経済的な問題を第一の論点とする必要があるだろう。すなわち、私的所有権を保証するかどうか？　EUとその構成単位（国家、地域、地方）のあいだで課税および税収の配分はどうするのか？　金持ちの国から貧しい国・地域への財政支援の規模と限界をどう定めるのか？　ＥＵが加盟諸国の均衡予算、債務制限、財政活動に介入する権限はどうなるのか？　産業および地域政策の枠組をどうするのか？　金融市場および労働市場をどのように規制するのか？　ＥＵは加盟諸国全体の生活状況の平等化にどれほどの責任を負うのか？　社会保険制度は統合されるのか、あるいは統合されないのか？　年金受給年齢は統一されるのか？　加盟諸国のあいだで平等に徴税するにはどうすればよいのか？　さらに、なにより重要な問題がある。すなわち、ＥＵ執行部と各加盟国政府、「独立」した欧州中央銀行からなる三角関係のなかで通貨政策をどのように進めるべきなのか？

　民主主義《デモクラシー》は「民《デモス》 *demos*」を必要とするとも言えるし、必要としないとも言える――おそらくヨーロッパの民主主義にはさまざまな「民たち《デモイ》 *demoi*［*demos* の複数形］」が含まれており、その一部の「民たち」が「欧州民主主義」を超国家レベルへと移行させることを熱望している。しかし、それは「デモクラシー（民の体制）」ではなく、「多民‐主主義《デモイクラシー》（一部の『民たち』の体制）」と呼ばれるべきである。しかし、このように述べるからといって、共通の民主的憲法をつくるために、共通の経験や実践や観点の蓄積がなくても共通の民主憲法をつくることができると言いたいのではない。ひとつの権利と義務の体系をつくり、それが共有されるためには、行為とその理念にかんする共通理解の存在が前提となるからである。民主的憲法は何もないところから生まれることはない――一九四九年のドイツ連邦共和国基本法 *Grundgesetz* でさえ、またヴァイマール共和国のドイツ共和国憲法 *Reichsverfassung* でさえも、無から生まれたわけではない。さらにいえば、北米大陸のイギリス植民地の上流階級によって書かれた合衆国憲法も同様である。憲法とは、さまざまな問題と利害にかんして、ひとつの合意を示すものでなければならない。そのことによって憲法は市民にたいし

17　その場合に文化闘争が起こるのは確実である。というのも文化闘争は、政治経済から注意を逸らすために引き起こされるものだからである――現実の政治問題をよく理解していない民衆の多数派の情念を煽って、彼らの本来の利害関係を忘れさせるために。

て、自分たちの歴史と価値がいかなるものか、自分たちがなにを望み、どのようなことに妥協したか、自分たち自身と自分たちの世界について何を学んできたのか、その世界で人々と物事はどのように動いているのか、といったことを知らしめる。このような合意が形成されるには長い時間がかかる。そのためには、共同体の集合的記憶を構成する多様で複雑に結びついた素材を、皆でふるいにかけながら、時間をかけて検討していかなければならない。憲法がその「民《デモス》」あるいは一部の「民たち《デモイ》」に受け入れられるためには、人々の経験や期待や耐性の違いが問題となる一連の主題については、考慮から外さなければならない場合もある。あるいは、そうした主題を特別な枠組みに入れ、いかなる理由によっても政治共同体の全体に一般化されることがないように定め、集団の価値観や実践において衝突が起こることを防がなければならない場合もある。

私の知るかぎり、民主主義体制を構成する二つ以上の「民たち《デモイ》」が、複数の「民たち」からなるひとつの多民－主主義《デモイクラシー》体制 a multi-*demoi* democracy を自発的につくりあげて融合した、という事例はひとつもない。草創期の国家は別としても、現代のヨーロッパの諸国とその事例とするのは無理がある。むしろ、それに近い事例としては、一八世紀の北アメリカが当てはまるかもしれない。二十世紀の終わりごろ、バルト三国（リトアニア、ラトヴィア、エストニア）のような小国家群でさえ、しかもソヴィエト連邦（現ロシア）に支配された経験を共有しているにもかかわらず、ひとつの連邦制の多民－主主義《デモイクラシー》国家を形成するにはいたらなかった。[18] しかし、連邦制の「民たち」が分裂し、それぞれが独自の民主主義国家を設立した例ならいくらでもある。チェコとスロヴァキアがそうであり、共産主義後の旧ユーゴスラビアの「民たち」については周知のとおりである。ユーゴの場合、連邦の多民－主主義化《デモイクラシー》さえ構想されなかった。（ついでながら、アメリカ合衆国では、州を超えた共通性は連邦制が成立した後にすぐ失われてしまい、そのことが南北戦争を引き起こす原因となった。この戦争により、諸州のあいだで政治経済的に埋めがたい亀裂となっていた奴隷制が、形式的には廃止されることになった。実質的に憲法が共有され、真の連邦制が始まったのは、その百年後のことである。つまりアイゼンハワー、ケネディそしてジョンソン大統領時代に、州兵が派遣されるほどの事態が起こり、南部諸州の教育制度における公的な人種差別政策が廃止されてからのことである）。

欧州連合で憲法制定議会というアイディアが最終的に浮上したのは、「民主化」という名の「機械仕掛けの神《デウス・エクス・マキナ》（訳注：古代ギリシャ演劇で、最後に話のつじつまを合わせるために登場した神の人形）」に危機を解決してもらうためであった。しかし、それはたんなる妄想であると同時に、あまりに危険な代物であった。というのも、この妄想は人々の関心とエネルギーをもっと急いで対処しなければならない課題から逸らしてしまったからである。[19] 近代国家の建設から二百年を経た現在のヨーロッパは、実質的に機能する共通憲法をつくるには、諸国のあいだの同質性をあまりに欠いている。ひとつの共通の「民《デモス》」がいないというだけでなく、さまざまに異なる「民たち《デモイ》」がひとつの民主政治組織へと統合されるには、それらの「民たち」のあいだの違いが激しすぎたのである。南北戦争の直前にリンカーン大統領が述べた「分かれたる家は立つこと能わず」という有名な言葉は、ヨーロッパの多民‐主主義《デモイクラシー》にも当てはまる。それぞれの国ごとに、労働市場の慣行、企業統治のあり方、国家の伝統、なにより通貨政策や財政政策に大きな違いがあるからだ。その違いは、ヨーロッパ諸国の数世紀におよぶ階級闘争 *Klassenkämpfe* をつうじて拡大していった――その闘争のなかで多くの合意が勝ち取られていくうちに、近代資本主義と近代社会の結合の仕方は、各国のあいだで大きく異なっていったのである。[20]

18　だからこそ、これらの国々は欧州連合およびＮＡＴＯへの加盟を熱望したのである。その前提であり、実質的には条件となっていたのは、そのどちらも民主的な正当性および国家主権の主張に異議を差し挟まないことだった。とくに欧州連合については、マルタやルクセンブルクそしてアイルランドのような他の小国の加盟国同様、バルト三国もその前提こそは自国の主権独立を維持継続するもっとも有効な保証であるとみなしていたのである。バルト三国の欧州連合にたいする観点は、ドイツの欧州派の観点、すなわち国民のアイデンティティを「欧州」のそれに入れ替える乗り物とみなす観点とはまったく正反対である。経済面でいえば、とくに小国にとって、グローバル経済のニッチを開拓するために主権は必要不可欠である。あるいはＥＭＵにおいてそうだったように、大国に「連帯」を求めるさいの有力な武器となる。

19　ヨーロッパの「責任ある」知識人がこんにち抱えている仕事はOccupy! やＡＴＴＡＣあるいはＳＹＲＩＺＡのようなグループにアウトソーシングされた。

「欧州憲法」制定の最初の企てが大失敗に終わったのは、たんなる偶然ではまったくない。たとえ他のやり方が試みられていたとしても、けっきょくは膨大かつ複雑な官僚的文書が提出されるに終わっていただろう。そして、その文書は、解決されたものよりも棚上げにされたもので満たされ、例外事項と留保権にくわえ、将来の権力者（それが誰になるのかは皆が知っている）との交渉に任せられた検討事項で埋め尽くされていたに決まっているのだ。いいかえれば、その文書はマーストリヒト条約やリスボン条約と同様、国内民主主義の弱体化を促進する内容で満たされていただろう。このような文化闘争と政治経済的多様化を促進する政策によって、メルケルの主張する「埋め込み型民主主義」への移行は実質的に阻まれることになり、ヨーロッパ経済秩序はますますハイエク主義的な方向で強化されるだろう。それと反対に、国内民主主義の機能不全はますます深刻になり、その流れは止まらないだろう。国際資本主義の腰巾着として登場した、国家と地域を越えた憲法愛国主義的 *verfassungspatriotische* な民主主義は、危険な怪物《キメラ》である。ハーバーマスが主張する欧州民主主義プロジェクトは、ゴールドマン・サックスのグローバル金権体制によって促進されているとまでは言わないとしても、意図せずしてその金権体制に正当性を与えることになるだろうし、用済みになれば捨てられてしまうだろう。

民主主義が資本主義を矯正する力を回復するには、どうすればよいのだろうか？　その回復のために必要となるのは、ユンケルやドラギとその仲間である金融官僚ではなく、社会的な紐帯・連帯・統治能力である。それらは過去二世紀のあいだにヨーロッパの国民国家では大なり小なり確立されていたが、現在の超国家的ヨーロッパにはみあたらない。そのような現状においては、一般的な回答は次のようなものになるだろう。すなわち、拡大した資本主義市場に合わせて民主主義の規模を拡大させるというドン・キホーテ的な時代遅れのやり方を進めるではなく、むしろ反対に、民主政府の規模に合わせて資本主義市場の規模を縮小する方向で事態を進めていくことである。資本主義を民主政府の圏内に収め、民主政府を消滅の危機から救うことは、いいかえれば資本主義の脱グローバル化を進めることである。その解決策は単純であるが、困難でもある。それは途方もなく壮大な構想であり、成功する保証もなければ、実現のためにかなりの費用がかかることは否定できない。しかし、それが私たちにとって戦うに値する目標であることも確かである。ようするに、埋め込み型民主主義を回復することは、資本主義を民主主義にふたたび埋め込むことなのである。そのような意味で、民主主義にとって哀れむべき怪物であるＥＭＵよりも破壊的でない通貨体制を考察することは、最良の知性を誇る人々《ベスト・アンド・ブライテスト》にとっても労苦に値する仕事になるだろう。

20　フリッツ・シャルプが最近、ハーバーマスのソルボンヌ講義にたいして指摘しているように（Jürgen Habermas, 'Warum der Ausbau der Europäischen Union zu einer supranationalen Demokratie nötig und wie er möglich ist', *Leviathan*, vol. 42, no. 4, 2014, pp. 524-538; Fritz W. Scharpf, 'Das Dilemma der supranationalen Demokratie in Europa', *Leviathan*, vol. 43, 2015）、わたしがヨーロッパの各国の民 *demoi* の民主主義獲得 *acquises démocratiques* と呼びたいと考えているものには、自由そして法の前での平等というリベラルな保証（おおむねメルケルが民主主義の最小主義的バージョンと呼んでいるものにあたる）以上のものが含まれている。市場の出方を民主的に修正する広範な政治経済組織もまた大規模に含まれるからである――社会民主主義としての民主主義のために。一九八〇年の欧州統合の新自由主義的転向であらためて学んだように、これらは汎ヨーロッパ的な共同体獲得 *acquis communautaire* へとすぐに回収できるものではない。さらに言えば、そこに依存している者たちの利害と、あるいは少なくとも抵抗に逆らってなされたばあい、新自由主義的なフリーサイズの市場体制へと希釈される巨大なリスクに晒されていることも学んだはずである。

第九章　現代資本主義をどう学ぶか

ひと昔前の社会学者であれば、近代社会とは資本主義社会であることを了解していた。つまり一方に（経済体制の一種としての）資本主義があり、他方に近代社会があるというわけではないのだ[1]。二〇〇八年以降の現在もつづく経済危機を目の前にすれば、資本主義体制下で社会と経済がどれほど緊密に結びついているのかという問題に、あらためて注意が向けられてもよいだろう。ここで二つの点を指摘しておこう。ひとつは、資本主義経済の研究はきわめて重要であり、それを経済学者だけに任せておくことはできない、という点である。もうひとつは、資本主義経済をよく理解していない社会学では、真の意味で現代社会を理解することはできない、という点である。

私が主張したいのは、社会学者が現代資本主義を研究するためには、経済学と役割分業をする前の時代の社会学へと立ち戻らなければならない、ということである。社会学が経済的領域を扱わなくなったのは、二十世紀前半の社会学の大御所であったタルコット・パーソンズに由来する[2]。役割分業する以前の社会学に立ち戻るにあたっては、スミスにはじまりパレート、マーシャル、ケインズ、シュムペーターなどの古い経済学者の議論のなかに社会学を再発見し、逆にウェーバー、ゾンバルト、モースそしてウェブレンといった古い社会学者の議論のなかに経済学を再発見することが有益である。なかでも歴史学派の制度経済学と、（決定論的な経済学者としてではなく）社会理論家としてのマルクスを再読することはきわめて重要である。彼らの著作から得られる教訓は、資本主義は経済と社会の両方を意味するのであり、したがって資本主義を研究するためには両者を分離しない概念的な枠組が必要になる、というものである。

そうであれば、現代資本主義をどのように研究するのがよいのだろうか？　この問いにたいする私の第一の回答を述べよう。すなわち現代資本主義は、経済としてではなく社会として――つまり現在の標準的な経済学理論の領域ではなく社会学理論の領域である社会的行動システムおよび一連の社会的制度として――研究されるべきだ、というものである。[3] 実際、十九世紀の政治経済学の伝統はそのような研究の仕方であった。当時の政治経済学理論が目的としたのは、「経済」の「運動法則」を支える（あるいは、その背後に隠れている）行為者とその利害関係を特定することである。そして、そのために経済関係を社会関係に翻訳し、社会関係の特殊例として経済関係を提示することが必要とされたのである。このように経済領域を社会領域の一種とみなす観点、あるいは経済を社会的・政治的に構築（あるいは「構成」）されたものとみなす観点[4]は、社会領域を経済領域の一部とみなす経済学帝国主義、つまり「合理的選択理論」の観点とはまったく正反対である。実をいえば、私が主張する観点も最終的にはある種の帝国主義にたどりつくのではあるが、それは反対の方向、つまり経済学を社会学帝国主義のもとに組み込んでいく方向にある。

まず定義から出発しよう。資本主義社会とは、その経済的領域が資本主義的手法によって制度化された社会のことである。ここで資本主義的手法というのは、社会の物質的供給が（個人の功利計算を原動力とす

1　以下の全体会合での発表より。'Studying Contemporary Capitalism', 10th Conference of the European Sociological Association, 'Social Relations in Turbulent Times', Geneva, 7-10 September, 2011. Published in: *European Journal of Sociology* 53, 2012, no. 1, 1-28.

2　Charles Camic, ed. *Talcott Parsons: The Early Essays*. Chicago: University of Chicago Press 1991.

3　アルフレッド・マーシャルが『経済原則』で展開した経済理論とは混同しないよう留意されたい。「政治経済学ないし諸々の政治経済学は生活で一般的な仕事に携わる人間の研究である。検証の対象となるのは、さまざまな個人的・社会的行動のうち、幸福の達成あるいはそのために必要な物資の利用ともっとも密接に関係する領域である。したがって政治経済学は、一方では富にかんする研究であり、他方では人間にかんする研究である。そして後者のほうがより重要である。」(Alfred Marshall, *Principles of Economics*. Amherst, NY: Prometheus Books 1997 [1890], Book I, Ch. 1, Introduction). この文献については初期の草稿に目を通した親切な読者から指摘を頂いた。

4　Jens Beckert and Wolfgang Streeck, *Economic Sociology and Political Economy: A Programmatic Perspective*, MPIfG Working Paper 08/4. Max Planck Institute for the Study of Societies, Cologne 2008.

る）市場の契約的交換をつうじて、通貨単位で計量され、私的な資本蓄積と結びつけられる手法を指している。[5] このような社会は資本主義的である、あるいは資本主義体制にあると言えよう。なぜなら、その社会が維持されるためには、私的な資本蓄積の進展が不可欠だからである。それを資本主義社会という名で呼ぶことには、別の意味もある。すなわち、そのような社会は、経済を制御する社会関係がそれに先立つ非資本主義的な社会関係に浸透し、ついにはそれを支配してしまう危険性がつねに潜んでいる社会である。私の考えでは、マルクスの「史的唯物論」（あるいは単純化されたマルクス主義の政治経済学）の主張とは異なり、資本主義社会において資本主義経済が支配的になる傾向があるからといって、「経済」がつねに社会を支配する「サブシステム」であるとはかぎらない。いいかえれば、つねに社会が「上部構造」であり経済がそれを支配する「下部構造」であるとはかぎらない、ということだ。もちろん、たまたまそうなっている場合はあるだろう。しかしこれから見ていくように、資本主義体制下の生活に潜んでいる危険は、社会生活が資本主義経済の組織化の原理に包摂されることにあり、その危険にたいしては政治的な抵抗が必要なのである。

今日の政治経済学理論は、たいてい次の二種類のどちらかに分けられる。第一の理論においては、資本主義は富の製造マシンとしての「経済」に還元される。また、この機械は深遠な自然法則にもとづいて機能しており、その法則を理解するにはそれに特化した自然科学、すなわち経済学だけで十分だ、と考えられている。この理論によれば、政治は経済の外部にあり、政治が経済というブラックボックスに正しく入力すれば、望まれた結果が出力されるとみなされる。第二の理論においては、経済は熟練した技術によって操作される受動的対象ではなく、それとは反対に、政治にたいして入力をおこない、望まれた結果を出力させるものとみなされる。たとえば集団間の利害をめぐる競争（入力）は必然的に政治的裁定（出力）をもたらすことにより、効率的な経済運営のための望ましい機能的要件とみなされる。

上記のいずれの政治経済学の理論も、現代資本主義の性質を正しく理解していない。それは資本主義社会と資本主義経済のあいだには、両者の理論が想定する境界線が現実には存在しないからである。事実、どこに境界線を引くかについては、両者のあいだでつねに論争がある。しかし資本主義社会（あるいは資本主義経済を内在した社会）とは、その経済的社会関係（生産と交換にかんする特定の関係）と非経済的社会関係とのあいだの連結と相互作用がもたらす問題を、つねに解決していかなければならない社会である。それが資本主義社会の特徴であることの理由は、経済的社会関係が社会的文脈に浸透し、それを支配しようとする内在的傾向をもっていることにある。この理由だけをとってみても、資本主義を研究するにあたって、資本主義は時間を超越した不変の理念型として捉えられるべきではなく、社会と経済の関係からなる歴史的秩序として、つまり十九世紀初期に西ヨーロッパで誕生して以来ずっと成長しつづけてきた社会秩序として捉えられなければならないことがわかる。そう考えると、経済学理論においてはたんに経済利便性のための技術的配置にすぎないとされているものや、変化しやすい因果関係（これには専門家の管理が求められるとされる）とみなされているものも、社会的・歴史的に構築された動的な複合体として理解されることになる。この動的な複合体の構成要素には、制度がもたらす制約・機会・期待・権利・資源・権力だけでなく、それらが社会全体——権力・地位・機会の配分、行動傾向と行動能力、社会的アイデンティティや生活様式など——に与える大きな影響も含まれる。

さしあたり、私たちの目の前に近代資本主義にかんする一般理論というものはみあたらない。そこで私は、これから先の議論で主題を限定し、現代資本主義における経済的社会関係と非経済的社会関係のあいだの相互作用にかんして、四つの見取り図を示すことにしたい。その四つの見取り図は、いずれも資本主義の経済と社会の関係のさまざまな側面を扱うものである。それらの見取り図において、経済関係は社会関係の特殊例とみなされる。その特殊な社会関係は、さらに大きな社会関係のなかに埋め込まれるのだが、その埋め込

5　より広い観点に立てば、近代資本主義主義における近代文明化への傾向（生活手段の改善・個人の自由・自然の技術的支配など）と所有的個人主義にもとづく市場交換のあいだの歴史的関係に焦点を当てることが重要であろう。

まれ方は生産的な場合もあれば破壊的な場合もある。いずれの場合であれ、これから私が論証したいのは次の事柄である。まず、詳細にみれば経済的関係がきわめて社会的なものであることは明白である、ということ。次に、社会‐政治‐文化の関係を十分に理解するためには、その基盤である資本主義的経済秩序との相互作用を考察しなければならない、ということである。[6]

したがって以下の議論では第一に、資本主義を内在的に動的な、かつ動的に不安定な社会システムとして扱うことについて論じる。その社会システムはつねに拡大へと駆り立てられており、また拡大に依存しているシステムである。それはたいていの場合、とりわけ現在、危機的な状況にある（歴史としての資本主義）。第二に、資本主義経済を物質的欠乏に対処するための合理的行為の体制とみなす議論は、近代資本主義社会の形成過程で社会的に構築され維持されてきた想像力・期待・夢・約束の意味を過小評価している、ということを明らかにする。つまり資本主義はひとつの文化であるというだけでなく、資本主義の経済もひとつの文化なのである。第三に、資本主義が民主主義と組み合わされたときに引き起こされる対立を示すことにより、資本主義をひとつの政治体制あるいは政治体として論じるつもりである。その政治体は、資本主義社会に属している道徳経済 *moral economy* と、資本主義経済に属する経済的経済 *economic economy* のあいだの根本的な緊張関係によって動かされている――ちなみに究極的には経済的経済もまた、資本の所有者にとっての道徳経済である。戦後の成長期が終わったことで表面化したのは、政治的運営の失敗というより、むしろこの緊張関係であろう。第四の（すなわち最後の）議論では、資本主義を生活様式として理解することを提案したい。この生活様式は、以下のさまざまな要素の相互作用からつくりあげられたものである。その要素とは、すなわち市場の拡大であり、社会的生活世界の構成とその集団的価値観であり、政府の社会政策である。そのための具体例として、女性の労働参加、家庭生活、出生率の変化にくわえ、育児にたいする市場と国家の役割の変化を取り上げることにする。

歴史としての資本主義

最近の政治経済学における研究の多くが主題としているのは、資本主義とその「多様な形態」を自己均衡的システムとして説明することであり、そこでは諸制度が互いを安定させるために補完しあうことで経済効率が高められる（あるいはそれに類した目的に資する）とみなされている。その図式において、政治はそのシステムを支える諸制度を集団的に建設し、維持することにより、「市場経済」としての（各種の）資本主義の機能を最適化する役割を与えられている。[7] このような政治経済学の考え方は、スミスにはじまりマルクス、シュムペーター[8]そしてケインズへといたる資本主義および資本主義社会にかんする理論的伝統とは、明らかに正反対の考え方である。というのも後者の学問的伝統においては、資本主義に内在するダイナミズムとその激しい不安定性、たえざる変化が重要な問題とされてきたからである――そのような観点は、戦後のいかなる時期にもまして現代の状況にこそ、もっとも必要な考え方であると思われる。[9]

資本主義の問題はこれまで、また現代においても、資本蓄積をめぐる問題である。あるいは現代的な表現でいえば、それは経済成長の問題である。経済成長は市場拡大として姿を現し、その市場拡大は社会的交換

---

6 さらに多くの事例を付け加えることもできるだろう。また私が選んだものは順不同である。

7 Peter A. Hall and David Soskice, 'An Introduction to Varieties of Capitalism'. In: Hall, Peter A. and David Soskice, eds., *Varieties of Capitalism: The Institutional Foundations of Comparative Advantage*. Oxford: Oxford University Press 2001, pp. 1-68.

8 とくに以下を参照。Joseph A. Schumpeter, 'The Instability of Capitalism', *The Economic Journal*, vol. XXXVIII, no. 151, 1928, pp. 361-386.

9 Wolfgang Streeck, *Re-Forming Capitalism: Institutional Change in the German Political Economy*. Oxford: Oxford University Press 2009; Wolfgang Streeck, 'Institutions in History: Bringing Capitalism Back In'. In: Campbell, John et al., eds., *Handbook of Comparative Institutional Analysis*. Oxford: Oxford University Press 2010, pp. 659-686; Wolfgang Streeck, 'E Pluribus Unum? Varieties and Commonalities of Capitalism'. In: Granovetter, Mark and Richard Swedberg, eds., *The Sociology of Economic Life*, 3rd edition. Boulder, Co: Westview 2011, pp. 419-455.

の伝統的関係を貨幣経済のもとに包摂し、相互依存関係を交換関係に置き換えることにより達成される。[10] これはローザ・ルクセンブルクが帝国主義にかんする著作のなかで「土地収奪」と呼んだ過程である。この「土地収奪」の過程は、その言葉の字面を超えた意味を含んでいる。[11] すなわち、資本家は市場の拡大をつうじて土地を収奪するが、そこには社会構造および社会生活の根本的変化が付随する。マルクス主義を確立した著作『共産主義宣言』において、ブルジョワジーこそは人類史上もっとも革命的な階級であると述べられていたのも、それと同じことを意味している。[12] 重要なのは、資本主義経済がひとたび確立されてしまうと、資本主義が拡大するために外的要因が必要なくなることである。というのも、拡大傾向こそは資本主義にそなわる基本的な特質だからである。資本主義と呼ばれるに値する体制であれば、かならず変化をともなっており、しかもその変化はつねにその内部に由来しているはずである。[13]

資本主義は社会の内部に寄生することにより、その社会に恒常的な革命をもたらし、その社会の制度的構造のなかに根を張っていく。その過程では、とくに競争――つまり仲間を出し抜いてその生活手段を奪うこと――が正当化され、その結果として正当とみなされた経済的利益を際限なく貯め込むことが認められる。[14] 競争は恐怖をもたらし、無制限の利潤獲得は貪欲を煽り立てる。この二つの感情が結びつくことにより、資本主義の政治経済と社会の特徴である焦燥感が生みだされる。[15] 貪欲と恐怖はまた、資本主義経済にたいして高いイノベーション傾向を与えるものでもある。というのも、イノベーションは競争から身を守るための手段であると同時に、高い利潤をもたらすものでもあるからだ。[16] また、イノベーションは予見不可能であり、それがもたらす社会的・経済的帰結も同じく予見不可能である。したがって間断のないイノベーションにより、社会関係に恒常的な不確実性がもたらされる。その不確実性は、しかしながら資本主義経済の前提条件である。というのも、資本主義経済は市場の自己調整機能によって支配されており、その自己調整機能は、自由に変動する相対価格によってもたらされるからである。そして相対価格は、さまざまなタイプの経済資源の所有者にたいして、彼の社会的地位と生活上の機会を決定する。したがって、イノベーションとそれが引き起こす取引条件の変化は既存の生活様式をつねに脅かすものとなり、最終的には生活様式のほうが特定の生産様式と交換関係に合わせて変化することになる。

資本主義を拡大へと駆り立てるもうひとつの内的メカニズムは、信用である。資本主義経済は、現在の生産に使用される資源のための支払いを、将来に得られる生産物の権利へと置き換えることで成り立っている。たとえば資本主義経済における銀行制度は、将来の支払いの約束を現在の購買力へ転換させることで成り立っている。金融制度（これは銀行から裁判所まで幅広い）はその約束が遵守されることを保証し、そして未来から引き出されるべき、現時点では存在していない仮想的資源が実際に生産されること、そして支払いが実行されることを保証しなければならない。しかし、その支払いの約束が守られるためには、経済成長が起こらなければならない。というのも、信用とは、期待される経済成長を意味する言葉でしかありえないから

10　Karl Polanyi, 'The Economy as Instituted Process'. In: Granovetter, Mark and Richard Swedberg, eds., *The Sociology of Economic Life*. Boulder, Co: Westview Press 1992［1957］, pp. 29-51.

11　Rosa Luxemburg, *Die Akkumulation des Kapitals: Ein Beitrag zur ökonomischen Erklärung des Imperialismus*. Berlin: Buchhandlung Vorwärts Paul Singer GmbH 1913.［ローザ・ルクセンブルグ『資本蓄積論（上・下）』長谷部文雄訳、青木文庫、一九五五］

12　Karl Marx and Friedrich Engels, 'The Communist Manifesto'. In: McLellan, David, ed., *Karl Marx: Selected Writings*. Oxford: Oxford University Press 1977［1848］, pp. 221-247.［マルクス、エンゲルス『共産党宣言』大内兵衛・向坂逸郎訳、岩波文庫、一九七一］

13　これは「グローバリゼーション」が資本主義政治経済にとって外部から加わる力によって生じたのではないことの理由の一端である。その原動力は内側にあり、それが外へ飛び出そうとしているのであって、外から中に入ろうとしてるのではない。この点は以下を参照。Streeck, *Re-Forming Capitalism*.

14　Wolfgang Streeck, 'Taking Capitalism Seriously: Towards an Institutional Approach to Contemporary Political Economy', *Socio-Economic Review*, vol. 9, no. 1, 2011, pp. 137-167. 動的な社会秩序としての資本主義理論のミクロ的基礎については資本主義の４C、つまり信用、商品、競争、創造性について論じた以下の近著を参照。Jens Beckert, Capitalism as a System of Contingent Expectations: On the Microfoundations of Economic Dynamics. Köln, Max Planck Institute for the Study of Societies. Unpublished Manuscript 2012.

15　Dorothee Bohle and Bela Greskovits, 'Varieties of Capitalism and Capitalism "tout court"', *Archives Européennes de Sociologie*, vol. 50, no. 3, 2009, pp. 355-368.

16　Joseph A. Schumpeter, *Theorie der wirtschaftlichen Entwicklung*. Berlin: Duncker & Humblot 2006［1912］.［シュムペーター『経済発展の理論：企業者利潤・資本・信用・利子および景気の回転に関する一研究（上・下）』塩野谷祐一・中山伊知郎・東畑精一訳、岩波文庫、一九七七］

である。たとえば借り手による債務不履行が例外的に増加するなど、なんらかの理由で支払いの約束が広範囲で信用を失えば、銀行の貸付額は減少し、そして経済成長も滞ることになる。

「土地収奪」と関連して、資本主義的成長の動きを表現する比喩的用語が「ボーダーレス化」である。資本主義の拡大・発展は、市場関係がそれまで存在していなかった場所に確立されることで達成される。たとえば臓器売買・児童売春・コカイン売買の禁止を定める法律から国境の制定にいたるまで、商業領域と非商業領域を分けるためのさまざまな社会制度がある。このような社会制度は、その境界を越えて経済的交換を拡大することを望んでいる利潤追求者からの圧力にさらされる。その観点からすると、資本主義の拡大は、交換の私的・自発的・水平的・契約的な社会関係が拡大することであり、交換がすでに合法化されている領域から、まだ市場化されておらず互酬性や権威が支配している社会領域にまで拡大することである。[17] この意味においてボーダーレス化という現代的概念は、商業化・商品化・自由化《リベラル》を意味すると考えてよい。現代資本主義を研究するにあたっては、ボーダーレス化がけっして偶然的な過程ではなく基本的な過程であり、資本主義経済の制度変化と歴史的展開にとっての主要因であることを認識しなければならない。たとえ既存の資本主義政治経済においてその過程が自明でない、あるいはうまく進んでいないように見えたとしても、それは対抗要因によって一時的に機能が停止しているにすぎないのである。

　自由化を求める圧力は、経済的・社会的諸関係に革命を起こすことで際限なく利益を得ようとするイノベーターたちの努力とともに、たえず資本主義社会の秩序に緊張関係をもたらし、はてしなく対立を引き起こす。くりかえしになるが、現代資本主義を研究するにあたっては、緊張と対立が起こっている状態が正常であり、その緊張と対立は一時的でも周辺的でもなく、まして自己安定型の「市場経済」でかんたんにコントロールできるものではないことを、よく肝に銘じる必要がある。ここで二つの主題について考えてみたい。ひとつは「市場の力」と「市場の社会的規制」のあいだの不平等な闘争という主題である、もうひとつは社会的保護 *social protection* をめぐる闘争という主題である。ひとつめの主題を取り上げよう。生産と交換のネットワークが拡大すると、そのネットワークに入り込んだ連中が悪事を働く可能性があり、市場はそれを防ぐためにさまざまなルールを必要とする。資本主義の拡大とともに、規制する法律も肥大するのは、そのためである。簡略にいえば、市場資本主義の論理というのは、商人たちが自己利益を追求し、潜在的に無限の報酬を獲得することを公認し、彼らが互いに争って自分の優位性を求めることを期待するものである。[18] しかし、このシステムを規制する側は不安定である。というのも自由市場の基本的イデオロギーの前提は、競争者たちが正直であるためには契約の自由と買い手負担の原則さえ守られればよい、というものだからである。

さらに重要なのは、法と規制がなければ市場は機能しないということである。というのも、法と規制がなければ、市場の参加者を情報の非対称性から保護することができず、したがって市場への信頼が失われることになるからだ。しかし、利潤追求者が法と規制を回避したり違反したりすることは、資本主義的競争の本質をなす行為でもある。非合法的・脱法的な商売は、革新的な商売――しばしばそれらは同じである――と同様、通常の商売よりもリスクが高くなるが、それだけに通常より高い利潤が得られることが多い。だからこそ野心的な商人は、商取引の自由を制限するさまざまな規制を非難し、あらんかぎりの知性と創意をもって規制を無力化しようとするのである。自己利益を追求する企業家は、当然ながら自分の商売の内容を他の誰よりもよく理解しており、経済的手段と政治権力の扱い方を熟知しているため、おうおうにして公的な規制機関よりも動きが早く、とりわけ国家の司法権を越えた国際取引の分野でその傾向が顕著である。したがって現代資本主義における規制政策は、市場をリードする商人たちに大きく後れを取らざるをえない。その商人たちの動きは素早く、創意工夫にあふれ、予測しにくいだけでなく、彼らは特別な知識と手段を使って先行者としての利益をぞんぶんに享受し、規制機関の一歩も二歩も先を進んでいるのが通例である。[19]

17 Streeck, *Re-Forming Capitalism*; Streeck, *Taking Capitalism Seriously*.
18 Streeck, *Taking Capitalism Seriously*.

社会的保護の問題に移ろう。資本主義における相対価格の動きは素早く、たいていの場合、人々の生活はその変化に追いつけない。変動的な自由市場にくらべると、社会秩序（社会関係、社会的期待、社会的地位など）は固定的である。市場からの圧力にさらされ、つねに市場への適応を強いられるようになると、市民は社会を安定させるために、政治的介入を要求するようになる。資本主義発展の変動性と確立した生活様式の固定性のあいだの対立こそは、現代資本主義における政治の核心にある問題である。政治にはさまざまな側面があり、そのいくつかはきわめて複雑であり、また矛盾したものもある。それでも資本主義における政治を本質的に動かし、形づくっているのは、かつてカール・ポランニーが述べたマニ教的な闘争、すなわち市場の自由化をめざす「運動」と、社会安定をめざす「対抗運動」――つまり市場と社会変動を集団的に制御することを求める運動――とのあいだの闘争であることに変わりはない。[20]ここから導かれる結論はこうである。すなわち（ピーター・ホールとデヴィッド・ソスキス[21]が指摘するように）、資本主義における政治が経済効率性を追求するにあたり、合意にもとづくことはまったくない、という結論である。それは政治的対立を引き起こす核心的問題が、どの程度までなら社会生活を経済的効率性にもとづいて統治することが許されるか、社会的に保護されるべき領域の基準をどこに置くか、という問題であることを考えれば明らかだろう。そこで問題となるのは、たとえば、どこまでが義務の領域でどこから先が契約の領域なのか、どこまでが自己責任でどこから先が他者にたいする責任になるのか、どこまでを集団的義務と定めどこから先を個人の自発性に任せるのか、どこまでが神聖なものとして保護される領域でどこから先が個人の功利を最大化させる領域なのか、といった事柄である。

最後になるが、資本主義は、市場関係の恒常的拡大により成長しようとする動因を内在した経済＝社会結合体とみなされる。その観点に立てば、私たちはマクロ社会学の理論に、社会変動の方向性を理解するのに適切な観念を導入することができる。ここで私が「適切」と述べたのは、その観念が資本主義に特有の事態を意味するからというだけではない。その観念によって、ポランニーのいう資本主義的運動と保護的運動

（あるいは反資本主義的対抗運動）のあいだの闘争として社会変動の方向性を解釈することもできるからである。抽象的に言えば、私の提案する観点に立つことにより、一定不変の運動をする宇宙というニュートン的視点を離れて、歴史的周期性や不可逆性（つまり「歴史としての資本主義」）を考えることができるようになる。

さらにいえば、恒常的拡大という資本主義の論理を検討することは、現代社会のさまざまな危機的問題に注意を向け、それらの問題を互いに結びつけ、それらの社会構造との関連を考察することにつながる。資本主義市場経済をともなう社会制度は、みずからの存続のために、つねに商取引の規模と領域を拡大しなければならない。しかし、そのような社会制度は、とりわけ「土地収奪」を昔からおこなってきた社会制度は、どこかで壁にぶち当たるだろう。ここでもポランニーの基本的概念は有益である。現在、ポランニーのいう三つの「偽りの商品」——労働・土地・自然[22]——のすべては、商品化の急速な進行によって危機的な状況にあると考えられている。まず、「金融化」の進行によって貨幣そのものも商品化された結果、これまで貨幣が集団に与えられていた地位（信頼できる交換手段・価値基準）も危うくなっている。第二に、商業的な目的のために自然破壊が進行した結果、私たちの生活基盤も破壊されつつある。第三に、労働力の市場化が進行した結果、富裕先進諸国においては身体的再生産（出産）が公共の関心事になっている（この問題については後述）。この三つの問題のどれをみても、社会制度としての資本主義を支えてきた論理、すなわち「個

19　この代表的な例はもちろん、経済関係の「グローバリゼーション」である。この後には、しだいに有効性を失っていく国内規制に代えて、「グローバル・ガバナンス」に置き換えようとする絶望的な努力が続く。資本主義体制では、権威ある規制機関を構築しようとしても、ダイナミックに発展する自発的取引関係に後れをとる傾向にある。こうした事実は、現代資本主義とその規制策を学ぶ学生にとって意外であってはならず、むしろこの野獣の本性として受け入れられなければならない。

20　Karl Polanyi, *The Great Transformation: The Political and Economic Origins of Our Time*. Boston: Beacon Press 1957 [1944].〔ポランニー『大転換』〕

21　Hall and Soskice, 'An Introduction to Varieties of Capitalism.'

22　Polanyi, *The Great Transformation*, 68-77.〔ポランニー『大転換』一一七〜一三二頁〕

人の利益拡大による成長」という論理が、いまや人間社会および人類全体を脅かす原因になっていることを示唆している。

文化としての資本主義

現代の政治経済学における多くの議論は、あいかわらず欠乏を実体とみなす考え方にしがみついており、欠乏こそは生活必需物資が客観的に必要とされることの客観的な条件だ、と思い込んでいる。この考え方は、経済学理論の「需要」についての観念を反映したものである。つまり「欠乏」と「需要」はいずれも限界がなく、外的要因に由来するものとみなされており、したがって批判的に検討されることもない。それとは対照的に社会学においては以前から（とくに資本主義における）需要は流動的なものと考えられてきた。というのも、生活上の「必要性」は、その大部分が社会的に決定されるものであり、ときにその必要性は特定の社会における生活に限定されるからである。さらに、完全な剝奪がおこなわれた極端な状況を除けば、欠乏は絶対的なものでも限界がないものでもなく、社会的に条件付けされ、社会的に構築されたものと考えられるからである。しかしほとんどの社会学者は、経済的な需要や願望の社会的・歴史的性質を軽視している点を取り上げ、経済学者を批判することを避けている。[23]

かりに人間にとって需要が固定的ではなく流動的で、社会的・歴史的な偶然に由来するとしたら、それと同じように欠乏もまた、その大部分が集団的「想像力」の問題とみなされるべきであり、それは「客観的」に豊かな社会であればあるほど当てはまるはずである。経済的行為の大部分は想像力によって動かされている――そして物質的必需品とは異なり、想像力はもともと動的である――という洞察は、経済生活の文化的・象徴的次元を明らかにする。[24] もちろん、この次元は根本的に社会的なものである。このような観点に立てば、「ハード」な経済学と「ソフト」な社会学の境界はあいまいになり、ひいては経済学が「構築主義的」

観点から社会学的探究をおこなう可能性が開かれる。

広い範囲におよぶ文化的構築物が、客観的条件に代わって（あるいはそれを補完して）経済的行為を動機づけ、制御している。たとえば、債務者の義務を果たす意志と能力にたいする「信用」（既述）、経済成長のために不可欠とされる投資家からの「信頼」（後述）、一国の政治経済にとって戦略的に重要視された集団への政府による「確実な関与」なども文化的に構築されたものである。標準的な経済学理論も、そうした要因の重要性を認識している。ただし、それは嫌々ながらも認めざるをえないという意味においてである。というのも、標準的な経済学理論においては、先ほど挙げたような文化的構築物は「非合理」で付随的な影響をもたらすものにすぎず、たいていの場合、それは「合理的《ハード》」かつ確実な「真に経済学的」な動機付け《インセンティブ》の効果を歪めてしまうものとみなされているからである。さらに、そうしたものは社会的なものではなく「心理的」なものとみなされており、その例として「パニック」や「信用」という意味不明な言葉で「市場」の心理的状況を説明する場合が挙げられる。

現代資本主義を研究するために、これまで滅多に採用されたことがないとはいえ、きわめて有望なアプローチがある。すなわち、それは消費および消費者の「需要」（というより欲望）の進化に焦点を当てるアプローチである。この研究においては、夢や期待、想像上の満足といったものは、周辺的な問題ではなく、それどころか中心的な問題となる。標準的な経済学とその猿真似をしている政治経済学は、経済成長にとって

23　社会学と経済学が袂を分かつまではそうではなかった。たとえば以下およびその顕示的消費の理論を参照。Thorstein Veblen, *The Theory of the Leisure Class*. New York: Penguin 1994［1899］［ヴェブレン『有閑階級の理論』小原敬士訳、岩波文庫、一九六一］

24　本セクションはベッカートの最近の多くの論文にインスピレーションを得ている。以下を参照。Jens Beckert, Imagined Futures: Fictionality in Economic Action. MPIfG Discussion Paper 11/8. Max Planck Institute for the Study of Societies, Cologne 2011; Jens Beckert, 'The Transcending Power of Goods: Imaginative Value in the Economy'. In: Beckert, Jens and Patrick Aspers, eds., *The Worth of Goods: Valuation and Pricing in the Economy*. Oxford: Oxford University Press 2011, pp. 106-130.

信頼と消費支出が重要であることを認めているにもかかわらず、消費者を消費行動に駆り立てる欲望の本質が動的に進化するものであることは認めようとしない。先進資本主義社会をずっと悩ませている問題のひとつは、ある時点で市場が飽和し、消費支出の停滞・低下が起こることであり、ひいては賃金労働への意欲が消失してしまうことである。富裕な先進資本主義社会が経済成長をつづけるためには、最低水準をはるかに上回る水準の生活を送る大多数の消費者たちにたいして、自分たちが新たな需要を発見し、したがって自分たちが貧困であると「心理的」に思い込ませることが必要不可欠である。このように消費傾向は、いまや現代資本主義の運命を握るにいたった。しかし経済的行為をあくまで現実的・合理的・物質的に解釈しようとする標準的な経済学理論は、この事実を認めようとしない。したがって、消費という経済的行為がいかに歴史的・社会的規範や想像力にもとづくものであろうと、それは非歴史的・前社会的で外的要因によって固定された「需要」にもとづくものとみなされるのである。[25]

第二次大戦後の社会学は、消費および消費社会の重要性によく気付いていた。デイヴィッド・リースマンの『孤独な群衆』（一九五〇）[26]における見事な分析がその好例である。また一九六〇年代の合衆国では、広告技術の発展にかんする研究がよくおこなわれ、広い関心を呼んだ（たとえばヴァンス・パッカードの『かくれた説得者』[27]）。消費社会批判は、一九六〇年代後半から一九七〇年代の革命的時期にもっとも盛んになった。当時は大衆の「虚偽意識」を暴くことを目的とした「消費テロ」といった概念が、物質的消費を離れた慎ましいライフスタイルを呼びかけるために用いられるようになった。しかし、その後の数十年のうちに、そのような主題は姿を消していった。おそらくグローバル化と新たな情報テクノロジーの発展とともに、消費主導型経済が驚異的な成長を遂げたことにより、人々のあいだに諦めが広がったことによるのだろう。社会学のほうも「科学として認められたい」「専門分化を進めたい」「一九七〇年代の失敗に終わった反資本主義と縁を切りたい」という強い願望を抱いており、もはや人々にたいして「何をなすべきか」と説くような規範的な装いを脱ぎ捨て、「価値自由」の観点から「何をしているのか」を分析する方向に突き進んでいった。[28]文化社会学は依然として消費を分析しているものの、そこでは経済的需要を物質的実在とみなしている標準経済学を批判することもなければ、資本主義やその経済的拡大の必要性が主題として研究されることもない。

現在、（客観的であるか想像的であるかを問わず）経済的必要性とその限界にかんする議論がふたたび盛んになったが、その議論をしているのは社会学者ではなく環境学者であり、非主流派の経済学者である。そこで議論されているのは、消費に依存しない幸福にいたる可能性であり、満足の非物質的源泉とその本質であり、経済活動と経済成長にかんする新たな包括的かつ非市場依存的な測定方法であり、それらの文献は数を増す一方である。しかし私がみるところ、そのような議論の場に社会学者（経済社会学者さえも）が姿をみせることはない。また社会学者は、そうした現代資本主義をめぐる議論が爆発的に広がっていることを把握すらしていない。社会学分野の学会誌は、男女間の賃金格差、家事分担のあり方、労働時間の等々にかんする論文であふれかえっている。しかし、たとえば「三十年前にくらべて格段に豊かになったにもかかわらず、なぜ現在の人々は当時より長時間かつ過酷な労働を強いられるのか」といった問いは、あたかもタブーとされているかのように、まったく提起されることがない。同じく「どうして人々は、一九七〇年代以後の生活水準の上昇が、そのために必要とされた膨大な労力に見合っていると考えているのか」という問題が提起されることもない。もちろん「先進資本主義経済は、経済成長を維持するために必要な労働意欲が将来に

25　Adam Smith, *An Inquiry into the Nature and Causes of the Wealth of Nations*. Oxford and New York: Oxford University Press 1993［1776］, p. 22.［スミス『国富論』］

26　David Riesman with Nathan Glazer and Reuel Denney, *The Lonely Croud. A Study of the Changing American Character*. New Haven: Yale University Press 1950.［リースマン『孤独な群衆』加藤秀俊訳、みすず書房、一九六四］

27　Vance Packard, *The Hidden Persuaders*. New York: D. McKay Co 1957.［パッカード『かくれた説得者』林周二訳、ダイヤモンド社、一九五八］

28　このような社会学の振る舞いは、合理的選択という枠組を利用して規範的にも分析的にも振る舞う――あるいは規範を分析に仕立て上げる――経済学とは対照的である。

も生みだされつづけることを、どうすれば期待することができるのか」などと問う論文はひとつもみあたらない。

先に挙げた問いにたいして、おそらく「豊かな社会における消費はしだいに非物質的性質を強めていく」と回答することができるかもしれない[29]。物質的必要性がほぼ満たされると、しだいに商品には使用価値ではなく夢としての価値が求められるようになる。たとえばおしゃれな洋服、有名ブランドのアクセサリー、スポーツ用品、自動車、ワイン、宝くじ、海外旅行、アンティーク製品などである。こうした商品の多くは、富裕国の国内生産において高いシェアを獲得しているだけでなく、高いステイタスも獲得している（付言すれば、その支出を賄うために消費者（とくに女性）は自分の労働力を売らなければならなくなる）。さらに、象徴的財の消費と社会関係の商品化の流れに人々を組み入れることは、現在の社会統合にとっても重要な役割を果たすようになってきたと思われる。たとえば、コンピュータ技術に支えられた「ソーシャルネットワーク」が、現代人の生活においてどれほど大きな位置を占めるようになったかを考えてみたらよい。現在の企業は、かつては考えられなかったほど多額の資金を広告に費やしており、すでに飽和した市場に投入する新製品を成功させるために、血眼をあげてイメージ戦略に取り組んでいる。とくに、双方向的なインターネットがもたらした新たなコミュニケーション手段は、企業が顧客を囲い込むための道具として、ますます大きな比重を占めるようになっている。現代の資本主義経済で商品が売れてシェアを伸ばすためには、現在の夢とは異なる夢を人々にみせなければならないのだ。このように先進資本主義社会の政治経済にとっては、人々の夢を理解し、発展させ、コントロールすることが根本的な関心事になっているのだ。

社会学者たちは、消費資本主義[30]が成立した初期の時代に探求し、一度は断念した次の主題をふたたび取り上げることができずにいる。それは「物質的に飽和した資本主義経済が成長能力を維持するためには、どのような社会メカニズムが必要とされるか」という主題である。今日の私たちは、過去のどの時代にもましてエコロジー的問題を解決する必要に迫られており、また、信用システムの膨張がもたらした空前の規模のリスクに脅かされ、社会的緊張がかつてないほど高まった状況を目の前にしている。そのような状況を背景に、政治経済学において非物質的な経済的需要の政治学が最重要の課題として登場している。「資本主義が繁栄したのは、既存の需要を満たしたことによるのではなく、新たな需要を喚起したことによる」という主張は、ずいぶん以前から事実とみなされてきた。そしてこの主張は、資本主義が成長するためには量的かつ質的な観点から需要を管理する必要がある、ということを意味してきた。しかし、社会学者はこの主張がいまや通用しなくなっていることを認識しなければならない。そろそろ社会学者は、現代資本主義を研究するにあたり、自分の学問的観点が他のどの学問よりもよい立場にあることを認識し、再発見するべきであろう。

政治体制としての資本主義

資本主義とは、市場での交換をつうじて物質的な富を自己増殖させるための非暴力的かつ文明的な様式である。そのような資本主義が封建体制から脱出するためには、反権威主義的なリベラル主義者たちや民主主義を求める民衆の運動と手を結ばなければならなかった。しかし現在にいたるまで、資本主義と民主主義の歴史的同盟はつねに不安定で、とくに初期には互いに強い不信感を抱いて攻撃しあうことになった。[31] 資本家

29　この文脈で言えば、合衆国の政治家の演説で（「アメリカン・ドリーム」という言い方で）「夢」という語が過剰なまでに使われているという事実が注目される。アメリカは消費社会が世界でもっとも進んだ国であり、独特の「ヤンキー合理主義」や「ヤンキー功利主義」に染まっていると言われている。合衆国で政治家が当選するためには「自分には夢がある」「アメリカ人の仲間たちに夢をもっている」「世界に夢をもっている」と繰り返さなければならない。そこに宗教体験の類似性があるのは明らかである。現在では無際限の消費がアメリカ人の夢として、かつての移民時代の「約束の土地」という夢に取って代わったのであろう。

30　その社会形成のどこが当時は目新しかったのか、この問いは以下の著作で見事に描き出されている。Robert S. Lynd and Helen Merrell Lynd, *Middletown: A Study in Contemporary American Culture*. London: Constable 1929; Robert S. Lynd and Helen Merrell Lynd, *Middletown in Transition: A Study in Cultural Conflicts*. New York: Harcourt 1937.

階級は、民主主義が進みすぎて、大多数を占める貧困者たちが私有財産制を廃止してしまうことを怖れた。他方で労働者階級は、資本家たちが公的徴用を避けるために、自由選挙と結社の自由を廃止することを怖れた。民主制資本主義（あるいは資本制民主主義）が、産業化した西欧世界で不完全ながらも政治経済体制として安定したのは、一九四五年以降である。その時期にケインズ主義的な完全雇用政策、福祉国家の拡大、労働組合の独立が達成され、高度経済成長がつづいた戦後二十年から三十年のあいだは、この体制が維持された。

しかし、このように述べたからといって、その時期に民主制資本主義が緊張と無縁だったというわけではない。社会システムとしての民主制資本主義は、互いに異なる方向にある二つの規範原理の組み合わせによって統治される。すなわち、ひとつは社会的正義であり、もうひとつは市場的正義である。社会的正義はこの社会システムの道徳経済《モラルエコノミー》に属しており、他方の市場的正義は同じく経済的経済《エコノミック・エコノミー》と呼ぶべきものに属している。民主制資本主義において道徳経済は、人々に公平・正当と思われる事柄を反映し、他方の経済的経済（つまり市場経済）は、限界生産力（つまり効率の最大化）にもとづいて資源を配分する。そして民主主義は、民主制資本主義における道徳経済に対応する。しかし市場は、経済的経済の原則にしたがって機能しなければ均衡状態に達することができない。

一九六〇年代末になると、資本主義と民主主義はある程度まで互いに妨げ合うことなしには並存できないことが明らかになった。政府の継続的な努力にもかかわらず、社会正義と市場的正義の矛盾は解決できないことが明白になった。他方でメディアや標準的な経済学理論のほうも、市場の正義こそが社会正義の最高度の形態なのだと市民を説得することができなくなった。たしかに、もし限界生産性の違いにもとづいて共同体の生活を組織するように一般人を再教育することが可能であれば、資本主義はその内部に矛盾や不安定性を抱えることなく民主主義的であることが可能であろう。しかし、ほとんどの人間社会は現在にいたるまで伝統的な社会正義の原則を捨てることができず、すぐに市場的正義と対立する。その対立は、たとえば次のような考え方につながっていく――「休日労働」には「休日賃金」が与えられるべきだ、高齢になれば貧しくて当然という考え方はおかしい、誰もが飢えに苦しむことがあってはならない、病気になったときに医者に診てもらえないことがあってはならない、路上生活を強いられてはならない、雇用者の権限濫用にたいして被雇用者は法的手段に訴えるべきである、雇用者が被雇用者を解雇するときは事前協議が必要である、等々。[32]

　資本主義が人々の抱いている社会正義の観念を、市場的正義の効率的・合理的観念へと還元することができないあいだは、資本主義と民主主義（あるいは政治と市場）は互いに衝突しあうことになる。経済政策に道徳経済が入り込めば、市場経済から効率性が失われ、利潤が圧迫される。しかし「経済法則」と「健全な経済運営」は民主主義の道徳的主張と真っ向から対立する。こうして政府は、どちらも問題を抱える二つの選択肢のいずれかを選ぶことをつねに強いられることになる。すなわち、民主主義の正当性を守るために経済の安定と効率を犠牲にするか、それとも人々の社会正義への要求を無視して健全な経済政策を進めるか、という選択肢である。たいていの場合、政府はどちらかの選択肢を交互に選ぶことで、この悩みを解消しようとする。民主主義の正当性の危機に対応して経済が不安定になると、次は経済を安定させるために立派な対策を立て、社会的不満を引き起こす。こうして政府は右往左往しつづけるのである。

　民主制資本主義にはこのような緊張関係が内在しており、公共政策でそれをコントロールするには限界がある。このことは、一九七〇年代以降の民主制資本主義の富裕諸国の経済史を彩る一連の危機が示すとおりである。　戦後の経済成長が終わると、「自由主義世界」の諸政府は、まだ当時には強力であった労働組合と

---

31 このセクションでの議論は以下で詳細にフォローしている。Wolfgang Streeck, 'A Crisis of Democratic Capitalism', *New Left Review*, no. 71, 2011, pp. 1-25.

32 ひとつの社会の道徳経済を構成する正義の原則は、とくに経済状況および社会的言説の変化に影響を受け、そのつど変わりやすいものである。

の賃上げ・失業闘争を避けるために、高いインフレ率を許容するようになった。現時点ではまだ存在していないカネを前倒しで支払うために、「信用」と同じようにインフレが利用されたことにより、実際に分配可能な金額を大きく超える額を名目貨幣単位で分配することが可能になったのである。こうして労働者の側は、生活水準の持続的上昇と雇用維持という、彼らにとっての道徳経済的権利を勝ち取ったと信じ込むことができたのであり、他方で雇用者の側は、戦後の経済復興期に確立された「適切な報酬」の建前を守りながら利潤を刈り取ることができたのである。しかしインフレが続いたことにより、貯蓄の価値は目減りし、商品価格も混乱していった。一九八〇年代初頭にはボルカー・ショック（訳注：当時のFRB議長であるポール・ボルカーがおこなった激しい金融引き締め策）による克服が試みられたものの、安定を取り戻すにはいたらず、むしろ政府債務の拡大への道を開くことになった。というのも、当時は分配をめぐる対立を沈静化する手段となる政治経済的仕組みが、もはや労使の団体交渉に代わって、選挙政治へと移行していたからであり、政府は選挙対策のために債務を拡大する道を選んだのである。しかし一九九〇年代になるとこの方法も難しくなり、政府は財政再建を迫られるようになる。そこで新たに選ばれたのは、規制緩和により民間信用を拡大し、各家庭が自己責任で借金をすることにより、賃金の停滞と格差の拡大を埋め合わせるという方法であった。[33]

資本主義と民主主義の関係の歴史に新たな現象が姿を現したのは、二〇〇八年以降である。このとき、膨張した債務の山がついに崩壊し、価値を失った民間債務は、貨幣経済の流動性を保つために社会化されなければならなかった。その結果が、公的債務のさらなる劇的増加である。こうして現在も進行中の、財政再建の新しい時代が幕を開けた。それは、「金融市場」が国家にたいして債務支払い能力を確保するために、社会的保護・社会的投資への支出削減をかつてなく強力に求める時代である。現在の政治を安定させるために将来の資源を投入する先は、集団交渉から選挙対策へ、さらに消費者信用市場へ、最後には公的債務へと移動した。こうして道徳経済を守るために市場経済をかき乱してきた民主主義の能力は失われていった。今日の金融資本家たちは、国際機関および債務支払いに苦しむ国家と協働し、社会的義務と近代的市民権からなる道徳経済を、経済的経済から決定的に絶縁させようとしている――そして現在の彼らは、一九七〇年以降の四十年で最大の成功を手にしている。つまり、民主主義国家は新たなグローバル金融業界の代理店へと変身し、市場の正義が社会正義をほぼ永続的に凌駕するようになった。この過程で、資本制民主主義を信頼する市民は、資金を提供する投資家たちに優先権を譲らなくてはならなくなった。

現代資本主義を道徳経済と市場経済の衝突という観点から研究することで、限界生産力にもとづいた両者の分配要求の特徴がよく理解できるようになる。標準経済学によれば、分配要求は市民権とは区別され、分配は道徳的・主観的ではなく技術的・客観的に決定されなければならないものとされる。しかし社会学的観点に立てば、このような効率理論の建前の背後には、資本家や投資家や生産資源所有者たちにとっての道徳経済が存在していることをよく認識することができる。カレツキがビジネスサイクルの政治理論で示したように、ここでの中心概念は投資家の「信頼」である[34]。資本家は、国債の期待収益の固定利率に機械的に反応するのではなく、むしろ自己診断にもとづいて「心理的」状況（悲観、楽観、パニック、満足）を表明することにより、自分の投資にたいする見返りとして提示されている額が適切に思われるか否かを示す信号を発する。彼らは国家にたいして「投資家の信頼」が低いことを示す信号を戦略的に使いこなし、その時点での国家資産の不足状況と政治権力の状況を把握したうえで、残りの経済領域から自分がどれくらい奪えるかを相互作用的プロセスのなかで共同的に決定する。現在のところ、グローバル金融市場の投資家たちは国家にたいして、公的債務の借り換えをさせるために金利を操作しながら、さらなる緊縮財政を迫っている。政治経済学は、効率理論ではなく社会的行為理論にもとづくことにより、標準経済学によって物象化された市場

33 Colin Crouch, 'Privatised Keynesianism: An Unacknowledged Policy Regime', *British Journal of Politics and International Relations*, vol. 11, no. 3, 2009, pp. 382-399.
34 Michal Kalecki, 'Political Aspects of Full Employment', *Political Quarterly*, vol. 14, no. 4, 1943, pp. 322-331.

メカニズムを解体し、価格と利潤の構成過程を白日の下にさらさなければならない。そして、終わらせなければならないのは、競合する二つの正義の主張――「生きろ、生きさせろ」対「見返りをよこせ」――の争いであり、それはけっして「道徳的な正しさについての主観的観念」対「技術的に可能なこと（あるいは技術的に求められること）の客観的法則」の争いではないのだ。

生活様式としての資本主義

最後になるが、現代資本主義を研究することは、歴史的社会秩序、文化、政治体制とならんで生活様式を研究することでもある。市場の拡大（すなわち資本主義の発展の原動力）は、社会のあらゆる場所に浸透することにより、社会関係とそれを統治するさまざまな組織にたえず革命をもたらす。資本主義の発展は、人々のもっとも親密で個人的な社会生活のあり方に深く侵入し、文化的基盤（これも市場拡大に影響を受ける）を変化させ、ひいては何が「自然」で何が「正常」なのか、何が当然の事柄なのかを定める基準を変えていく。その変化は家族生活だけでなく、身体的再生産のために社会が提供する手段にも影響を与える。[35]

過去三十年のあいだ富裕な西側諸国では、市場（労働市場だけでなく消費市場も含む）の発展と密接に結びつく仕方で、家族および育児の根本的な再構築がおこなわれてきた。資本主義をたんなる経済現象としてではなく生活様式として分析するには、戦後期の「フォーディズム型」生産様式を支えた「フォーディズム型」家族（訳注：フォーディズムとは戦後の高度経済成長時に登場した少品種大量生産の製造業を中心とする生産体制を指し、その普及によって工場労働者の父と専業主婦、その子どもからなる核家族が定着した）を想起するところから出発するのがよいだろう。賃金労働から解放され、非賃金労働（家事・育児）に専念できる女性（専業主婦）は、当時の家族にとって憧れであり、また経済的成功の印でもあった。現在、このような専業主婦は見事に消え去ってしまった。しかし一九七〇年代初頭になると、賃金労働者になる女性が増えていく。

それは、女性にとって働くことが個人的独立のシンボルとなり、また社会的尊敬を受け、コミュニティで認められるための選択肢になったからである。それとともに婚姻率は低下し、離婚率が上昇した。また家族関係は弱まって形式的となり、出生率が低下し、他方で婚外子が増加した。そして労働市場に女性が参加することは、男性にくらべて圧倒的に難しかった。一九五〇年代と六〇年代の女性にとって結婚と子育てが義務とみなされたのと対照的に、七〇年代以後の女性にとって賃金労働は選択肢のひとつではなく自明の義務となった。こうして「労働」は賃金労働を意味するようになり、賃金労働に参加しないこと——つまり専業主婦になること——は仕事をしない怠け者を連想させ、恥ずかしいと思われるようになった。

女性が家族の生活経済から市場の貨幣経済へと大脱出した原因については、ある面では対立する二つの考え方がある。一方はプッシュ型、つまり経済的必要性を原因とみなす考え方であり、他方はプル型、つまり個人の解放を原因とみなす考え方である。戦後の成長期が終わり実質賃金の停滞が起こると、アメリカの家族は（当時ますます実現が厳しくなっていた）アメリカン・ドリームを追い求めて、ますます長時間労働に励むようになっていた。さらに、戦後の教育制度の拡充の恩恵を受けた新世代の女性は、急成長中の「サービス経済」の職業にうってつけであり、多くの女性がその職業に向かうことになった。それらの女性にとって「自分のカネ」を稼ぐことが成功した脱出劇とみなされるようになると、専業主婦を男性中心の伝統的家族の奴隷とみなす考え方が急速に広がっていった。消費社会の成立も、家庭から女性を外に押しだし（プッシュ）、また市場へ女性を引き込む（プル）という二つの働きを強化することにつながった。個人主義的ライフスタイルも同様である。これはある面では市場の拡大によって容易になり、別の面では市場の拡大を容易にした要因でもある。こうして独身生活をつづける人々の数は増えつづけ、独身者どうしで恋人関係にな

35　この先については以下を参照。'Flexible Employment, Flexible Families, and the Socialization of Reproduction'. In: Coulmas, Florian and Ralph Lützeler, eds., *Imploding Populations in Japan and Germany: A Comparison*. Leiden: Brill 2011c, pp. 63-95.

ることが珍しくなくなった代わりに、家族は崩壊していく。そして家族法が改正され、離婚した女性にたいして仕事を探し、自己責任で生活することが強く求められるようになった

このような女性の労働市場への参入は、資本主義経済に大量の労働者を供給することになった。当時、労働者たちは賃金上昇と雇用条件改善の要求を強めており、継続的な資本蓄積がそれによって妨げられていた。しかし労働市場に参加する女性が増えてきたことで、労働組合の組織率は低下し、失業率も上昇し、ストライキは「しだいに消え」ていくと、賃金上昇の圧力は弱まり、雇用者はようやく利潤率を上げることができるようになった。たいていの場合、雇用者たちは国家にたいして労働規制の緩和を求める自分たちの戦いに、女性たちを味方につけようと目論んでいた。雇用者とともに、女性の側にも労働市場の「柔軟化」を進める理由があった。というのも「部外者」である女性にとっては、それによって「部内者」である男性たちと互角に張り合えるようになると思われたからである[36]。市場と社会生活の自由化が進むなかで、家族はますます不安定化していき、それと同時期に家族手当が廃止されていった。それにより、女性（子どものいる独身女性も含む）は経済的に賃金労働に就かざるをえなくなり、どれほどひどい条件であっても堪え忍ばなければならなくなった。その結果、賃金条件および労働条件をさらに引き下げようとする圧力はさらに高まることになり、その状況は現在もつづいている。それでも、いまや賃金労働が自律と社会的尊厳を得るための必須条件となり、家族を離れ労働市場に参入する女性が後を絶たないことは、雇用者にとっては新たな福音であった。というのも、雇用されているだけで満足する従順な労働者が有り余るほど手に入るのだから。文化的観点からみると、この流れは、一九六〇年代とくらべて賃金労働の地位を驚くほど高める結果をもたらした。というのも、かつて賃金労働は産業界の奴隷（従属労働）として蔑まれていたのが、いまや誰もが望む社会的特権になったからである。そのような変化のなかで、社会統合の中心となる場所は、かつての家族やコミュニティから職場へと移行していく。いまや職場は、社会でもっとも重要な結婚市場なのである。

女性労働の商品化は、発達した資本主義に即した新しい子育てのあり方をもたらした。カップルが勤務先

にいる時間が長くなればなるほど、子どものために割く時間は短くなる。したがって、彼らは市場あるいは国家に子育てを外注しなければならない。もちろん、子どものいないカップルも多い。彼らは自分の時間のすべてを仕事と消費に費やし、忙しくも楽しい生活を送っている。多くの場合、子どもが多いのは低学歴の貧困家庭である。彼らは外の世界で成功する見込みがほとんどなく、家族にしか希望をもてないのである。中産階級は不安定雇用を懸念して出産を先延ばしにするが、下層階級はそのような懸念とはほぼ無縁である。それでも個人化と社会関係の柔軟化により、結婚した出産年齢にあるカップルの数そのものが減少しているため、不安定雇用の家族も、相対的にみれば多くの子どもをつくっていると言える。したがって、現代資本主義社会がもっと多くの子どもを求めるのであれば、未婚の母から生まれる子どもの割合が今後ますます増えていくことに対処しなければならない。未婚の母たちは、当然ながら貧困に陥るリスクにもっとも晒されている。とくにヨーロッパでは、母親が一日中育児に専念できるようにするための公的扶助は、事実上もっとも重要な家族政策になっている。しかし、このような状況を労働市場の政策立案者たちは苦々しく思っている。この立案者たちは、女性のフルタイム労働への従事率を男性並みの水準に引き上げようとしているからである。また「人的資本」の供給に関わる人々も、この状況を災いとみなしている。彼らは国家経済の生産性と競争力を引き上げるために、女性のフルタイム労働を増やすことが不可欠だと考えているからである。それにたいして政府の側は、経済的観点から望ましくない子どもの数を減らすために、出産支援の重点的対象を下層階級から中産階級へと移行させる政策を進めている（これは社会的優生政策と呼ばれてもおかしく

36　現在の富裕な資本主義国では、ほぼすべてのメディアや政府の宣伝において「性差間の闘争」が謳われており、そのために他の種類の分配をめぐる対立が覆い隠されている。この点で興味深い事例として、EUやその加盟国の多くが、大手公共団体の役員の女性比率を高める法律の導入を計画していることが挙げられる。左派を含むすべての政治勢力がこれに賛同し、メディアも熱狂的な賛辞を送っている。このような計画が、社会政策「改革」が労働市場を攪乱し、低賃金労働を急速に増加させている時代に提案されているのは、まことに奇妙なことである。というのも、低賃金労働に従事しているのは圧倒的に女性が多く、どの国でもシングルマザーが貧困の最大原因とみなされているからである。

ないものである）。しかし、共稼ぎの中産階級家庭が抱いている仕事と消費への執着を捨てさせ、彼らに子どもを産もうという気にさせるためには、強力な金銭的インセンティブが必要となる。だからといって彼らのために多額の支出をおこなうのは、緊縮財政の方針に反しているだけでなく、あからさまに逆累進的な政策になってしまうため、その政策を政治的に維持することは難しいだろう。

あらゆる先進資本主義国において、政府と雇用者は一致団結して、女性労働者の供給をさらに増やそうとしてきた。両者から見れば、現在もあまりに多くの女性がフルタイム労働に就くことを躊躇している。とくに問題とされるのは、子どものために過剰な時間を割いている（あるいは子どもを「働かない」ことの口実にしている）母親たちである。雇用者のほうは労働市場にたいして弱い立場にあり（売り手市場）、他方で政府のほうは非賃金労働を賃金労働に転換させ、そこに課税することで税収を増やし、社会福祉制度の財源を補うことを迫られる。また人々を福祉から「労働」へと移行させることで、政府は財政負担を大きく減らすことができる。こうした背景から、雇用者と政府はシングルマザーをふたたびターゲットにすることになる。しかしシングルマザーを（とくにフルタイムの）賃金労働に就かせるには、それなりの費用がかかる。というのも彼女たちの低い所得では、民間の育児支援施設を利用することはできず、公立の施設を用意しなければならないからである。

政府は女性の雇用拡大を図りつつも、他方で出生率低下にも配慮しなければならない（現役世代だけでは債務を返済しきれないため十分な数の次世代人口を用意しなければならないという理由にすぎないとしても）。女性への就労圧力を高めると、出生率が低下することが懸念される。それを避けるには高額の育児支援策が必要になるが、財政上の制約が厳しい状況では、その資金を出すのは困難である。そこで、増加する移民を雇用するという代替案が登場し、アメリカ型の解決策を利用することが検討される。つまり経済格差が途方もなく広がると、民間のベビーシッターが廉価になり、ついでに貧しい移民たちがたくさんの子どもを産んでくれる、というわけだ[37]。それとは別の対策――つまり雇用保障制度の改善と（さらに重要なことだが）労働時間短縮を図ることにより、両親が仕事と子育てを両立できるようにするという対策——が政府によって検討されることはまずない。それは（公共部門は除く）雇用者にとって歓迎すべき提案ではないからである。社会保守主義者が要求している「家庭に留まる母親に給付金を与える」という政策は、そのほうが公共育児施設よりも安あがりになるという点で節約につながるが、これにも雇用者たちは賛同しないだろう。また、それは社会保障制度の財源を増やすこともなく、家庭内の生活労働を市場化された賃金労働より価値のないものとみなす現在の支配的文化にもそぐわないだろう。現在、多くの国で安上がりだが効果を疑問視されている手法が広がっている。すなわち官製キャンペーンをつうじて、男性を女性と平等に家事や育児をおこなう「新しい父親」として再教育することにより、彼の「パートナー」の女性が長時間労働に従事する人的資本になることを促すという手法である。

単身であるかカップルであるかを問わず、現在では驚くほど多くの親たちが、育児と労働——労働条件はますます不安定に、要求はますます厳しく、労働時間はますます長くなっている——を両立させなければならないという強い圧力に、嬉々として適応している。[38] 多くの人々は、愚痴をこぼしたり反抗したりすることもなく、あたかもトップ・アスリートのように、そのストレスを自分が成長しつづけるための試練として受け入れている。このような現代資本主義の生活様式を生きることで、親たちは社会からの要請——過酷な規律訓練に喜んで服従せよ、厳しい時間的制約に自分を縛りつけろ、新たな「内面世界の禁欲主義[39]」の苦しみに耐え抜くことを誇りに思え、その果てにキャリアアップが、高い収入が、多額の消費が、そして人的資本として組み込まれる未来が待ち受けているのだ——に応えているのである。実際、今日の典型的な中産階級

37 しかし当然のことながら、彼らの子どもは人的資本の観点からはさほど望ましくはない。
38 最近これは「私たちはできる！型ファミリー Yes we can family」として言及されている。
39 Max Weber, *The Protestant Ethic and the Spirit of Capitalism*. Translated by Talcott Parsons. Introduction by Anthony Giddens. London: Unwin Paperbacks 1984［1904/1905］.［ウェーバー『プロテスタンティズムの倫理と資本主義の精神』大塚久雄訳、岩波文庫、一九八九］

の暮らしぶりをみれば、その日常生活がかぎりなく合理化された様子に、とうとう新たなプロテスタント倫理が登場したと言いたくなるほどだ。そのように彼らが日常生活の合理化が進める理由のひとつには、彼らの子どもの教育にたいする高い要求が挙げられる。つまり中産階級の親たちは、将来の労働市場における競争が現在よりもっと激しくなると予想し、そのため次世代の子どもたちには人的資本としての高い資質を早期から獲得することが求められていると感じているのである。こうして「上質《クオリティ》」な子どもたちは三歳から幼稚園で中国語を勉強し、他方で「上質」な親たちは、自分たちでは与えることのできない「上質」な育児サービスの費用を賄うために、あるいは子どもたちと過ごす（めったにない）暇な週末に「上質」な時間を得るのに必要と思われる高級車を買うために、長時間働くのである。このような強い圧力を受けている現在の家族生活は、けっして不安と無縁ではない。そのことは、しばしば報告される中産階級の女性の悩みを聞けばよく理解される。つまり「働いている」女性は自分が育児放棄《ネグレクト》しているのではないかと思い、また「働いていない」女性は、市場で金を稼いでいない自分には価値がないかもしれないと思う。もちろん政府も雇用者も、公的言説を文化的に支配している現代資本主義社会もあらゆる手を尽くして、前者の女性には仕事を辞めるように勧め、後者には必要があるなら働くべきだと言いくるめることになる。

安定した多様性から不安定な共通性へ

私が提案する現代資本主義研究のアプローチの特徴はどこにあるのだろうか？　私が資本主義の歴史、文化、政治体制、生活様式について述べた四つの素描のすべては、さまざまな資本主義の空間的な差異ではなく、資本主義の時間的な差異を強調している。[40]この特徴は、国内の「さまざまな資本主義」の領域横断的な多様性をもっとも重視する現在の比較政治経済学とは対極的である。比較政治経済学は、資本主義を本質的に不動の「多様な形態」[41]をもつものと捉えているが、私の観点が強調しているのは資本主義のさまざまな形態の制度的形態の共通性である。より正確にいえば、各国の資本主義が同じような軌跡をたどった歴史の背後に潜んでいる、それらの資本主義に共通の力学である。[42]

当然のことながら、差異と共通性は互いに切り離すことができない関係にある。しかし、どちらか一方を優先させることは、はたして個人的な好みの問題にすぎないのだろうか？　あるいは、それはコップの水が「まだ半分ある」と見るか「もう半分しかない」と見るかという問題にすぎないのだろうか？　私はそうではなく、もっと重要な問題だと考えている。そして現代社会を研究するにあたって、さまざまな資本主義政治経済のすべてに内在する動因を考えることは、それらのあいだの差異を考えることよりも有益だと考えている。私自身は、それらの差異に注目することはせずに、資本主義体制の社会構造の発展を導いている独自の緊張関係と対立関係を解明してきたと自認している。また、そのようにして消費社会の文化、民主制資本主義につきまとっている政治経済的な対立と不均衡、現代の豊かな社会生活にたいする資本主義市場の深刻な影響、といった問題も明らかにしてきたと自認している。たしかに、止むことなく活動する市場とその内在的な拡大傾向がもたらす問題にたいして、政治の側の対応は国によって異なるだろう。しかし、その政治的選択を命じるのは資本主義発展の力学であって、それ以外のものではないのだ。比較政治経済学は集団的決定の自律性という前提にあまりに固執している。しかし集団的決定が自律的であるのは、その社会的・経済的条件が民主制資本主義のもとで制度化された政治体制でない場合に限定されるという事実を、比較政治経済学は見落としているのである。

付言すれば、「資本主義の多様性」研究で比較の単位とされる各国の資本主義は、資本主義の世界市場でかつてないほど緊密な相互作用をおこなわれるようになった結果、比較政治経済学の理論が想定しているよ

40　Streeck, 'E Pluribus Unum?'.
41　Hall and Soskice, 'Varieties of Capitalism'.
42　Streeck, *Re-Forming Capitalism*.

りもずっと相互依存的になっている。[43] 重要なのは、そこで生じている相互作用には、制度の変化や模倣によって収束する傾向と特殊化によって発散する傾向という、相反する二つの傾向を同時に示していることである。そこでの特殊化は、共通性を失わせるものであるどころか、むしろ共通性を前提としたものである。特殊化は、資本主義が発展する論理にもとづいてニッチ市場が開拓された結果であり、その論理の定める可能性の枠内に収まるものである。さらに言えば、各国のさまざまな資本主義とそれらに支えられた各国家とのあいだの相互作用は、それらの資本主義に差異化と特殊化の可能性を与えるものである。そして、その相互作用を支配しているのは、経済的・政治的・観念的な力の差異である。たとえば、合衆国は富を創造するための戦略として金融化という手段を好んで使っている。それは合衆国以外の諸国にたいして状況と機会を再検討する必要性を迫り、ひいてはどの国も金融化という手段に頼らざるをえなくなるような事態を引き起こすことになる。

　私のいう資本主義の政治経済学が定義する通時的共通性が、比較政治経済学の「資本主義の多様性」で強調される領域横断的な差異よりも重要であるのは、さらに別の理由がある。その理由とは、前者においては内的な矛盾と対立という概念が中心的役割を果たしているのにたいして、後者においては「補完的」「競争的」といった機能主義的概念が重視されていることにある。機能主義的観点を採用することにより、比較政治経済学は標準的な経済理論、とりわけ「新制度派経済学」に近づいていく。[44] 両者が共有しているのは、「制度の長期的安定性こそが重要である」という基本理念であり、それは均衡が経済活動に資するという観点から説明される。それと対照的に私のほうは、資本主義を次のように理解することを提言する。すなわち、「リベラル型」であるか「協調型」であるかにかかわらず、資本主義とは恒常的な不均衡状態にある政治経済であり、その不均衡状態は持続的イノヴェーションと、社会的正義と経済的正義のあいだの政治的対立によって引き起こされる、と理解するのである。この政治的対立は、個人を「創造的破壊」による被害から守るという集団的義務と、経済的変動に適応するという個人的義務との対立でもあり、あるいは個人が経済的利益を追求することに道徳的制限を設けるか否かをめぐる対立でもある。昨今の危機をつうじて、私たちは次のように考えざるをえなくなっている。すなわち、現代資本主義を研究するにあたり、理論的かつ経験的にもっとも有益なことは、安定性に着目するのではなく、リスクや不安定性などの不確実性に着目することである。というのも、そもそも資本主義社会の社会的・政治的秩序の特質は変化することにあり、けっして静止しないことにあるからだ。

人々は効率性理論の視点を捨てなければ、資本主義が先のみえない社会であり、また資本主義が歴史的かつ政治的社会であることに気付かないだろう。

資本主義の企業家による「土地収奪」や、いたるところに広がっている制度の自己破壊現象を考えれば、「いつでもすぐに安定して効率的な均衡状態に戻る」という前提が、きわめて非現実的であり、たんなる希望的観測にすぎないことがわかるだろう。現在の私たちは、破局的な結末を迎える可能性がけっしてゼロではないことを知っている。計算ミスによって悲惨な結果が長くつづくかもしれない。資本主義全体に広がる病理によって、そのような計算ミスが起こる可能性は高い。現代資本主義の理論は、どれほど深く検討された理論であっても、危機的混乱などというものは長期的な正常状態からみれば一時的かつ例外的なものであり、政治的な計画や市場の自己組織化によって確実に回復されるものだという前提は、完全に取り除かれなければならない。また近代資本主義の構造・文化・政治・生活世界はつねに並んで発展し、それらは互いに支えあいながら、さらに高度な商品化へと向かっていく、という保証もどこにもない。たしかに、私たちがこれまで描き出してきたように、資本主義のさまざまな層が互いに絡み合っているのは明らかであろう。し

43 Streeck, 'E Pluribus Unum?'.
44 Streeck, 'E Pluribus Unum?'.

かし、それらのあいだには、資本主義の発展を妨げる軋轢や緊張、阻害、方向転換、そしてすくなくとも潜在的には効果的な抵抗を生じさせるような「働き」も十分に存在しているのだ。

私の経済社会学は、そのような見通しに沿ったものだろうか？　ここで経済社会学者たちは覚悟を決めるべきだと思う。彼らが志しているのは、教育社会学、スポーツ社会学、家族社会学――いわゆる連字府社会学（訳注：一般社会学ではなく特殊社会学を指すカール・マンハイムの造語）なのだろうか？　その場合、経済社会学は標準経済学にたいして、相手の縄張りで、しかも相手の用語を用いて争うことになるだろう。それは、一方では経済的問題についての経済学者の説明に「社会的要因」を付け加えるよう提案し、他方では「経済的」という言葉の意味にかんしては経済学者の定義を受け入れる、ということになるだろう。そしてけっきょくのところ、強力な規範的意味を与えることによって、効率性理論を拡張することに行き着くだろう。そして経済社会学者は、こう言い出すことだろう。たとえば、市場を真に機能させるにはネットワークや信頼、そして嗜好を、取引コスト削減のための不可欠の手段として考慮に入れなければならない。また非個人的で「合理的」な市場や組織においても、普遍的な社会関係ではなく特殊な社会関係に効率性のカギが隠されていることを認識すべきだ、と。他方、民族誌的な方法を使う経済社会学者は、大ざっぱな経験則にもとづき、直観や暗黙知に頼り「現場」の経済についての厚い記述を残そうとするだろう。もちろん、そこで描かれる人間たちは、標準的経済理論の合理主義的な「ホモ・エコノミクス」のモデルから大きく逸脱している。この理論がもたらす皮肉な点は次のようなところにある。すなわち経済学者の想定するところでは人々が合理的個人主義の経験モデルではなく、経済学者の理念型にしたがって行動した場合にのみ「経済」は機能する。ところが、それが経済学者の想定どおり効率的に機能するのは、人々の行動が経済学者の理念型から逸脱した場合だけなのだ。このように経済社会学を勝手に描き出してみると（それでも私はかなり控えめに書いたつもりだ）、二十世紀の社会学者の巨頭カール・ポランニーの著作、とくに社会的行為への経済の「埋め込み」について議論している箇所を読む必要性がわかる。ポランニーの議論によれば、もっとも資本主義的な経済でさえ、つねに反資本主義的な社会関係を基盤として成立しており、この基盤のうえに資本主義経済は社会的に維持されている。[45] 新自由主義のドグマで描かれるような、完全にリベラルな政治経済は妄想上のユートピアにすぎない。それは社会学を知らない者の希望的観測が生みだした虚構である。資本主義が「つねに埋め込まれ」ているのは、事実であるだけでなく、政治的理由のためでもある。それが事実であるというのは、社会的行為と切り離された経済的行為は不可能だからである。他方でそれが政治的理由によるのは、利潤を追求する資本家たちは新自由主義の理論家たちとは異なり、利潤はそれを支える社会関係に左右されることをよく知っているからである。だからこそ資本家たちは、あくまで私欲のためであるとしても、社会関係を喜んで尊重するのである。

　しかし、このようなポランニーの主張には、疑わしいところもあり、また疑うのに十分な根拠もある。[46] 多少なりとも公平な観点から資本主義の政治経済をみれば、利潤追求型の資本主義的活動にはそれを支える非経済的な社会基盤が必要であることを、否定する必要はない。ただし、ポランニーと私の違いは次の点にある。すなわちポランニーは、資本主義市場の拡大において、市場が社会的制約から解放されようとして強い圧力を周囲に及ぼすことにより、資本主義そのものを支えている非資本主義的な基盤を掘り崩してしまう可能性を認める、あるいはそのような内在的傾向を条件として認めている。それは正しいのではあるが、しかしこのポランニーの主張では、資本主義は非資本主義が「埋め込まれ」なければ存在できないし、また資本主義は非資本主義を自分で生みだすこともできず、実際にはそれを破壊し、消費する傾向に

45　Fred Block, 'Rethinking Capitalism'. In: Biggart, Nicole Woolsey, ed., *Readings in Economic Sociology*. Oxford: Blackwell 2002, pp. 219-230; Fred Block, 'Understanding the Diverging Trajectories of the United States and Western Europe: A Neo-Polanyian Analysis', *Politics and Society*, vol. 35, no. 3, 2007, pp. 3-33; Fred Block, 'Varieties of What? Should We Still Be Using the Concept of Capitalism?', *Political Power and Social Theory*. vol. 23, no. 23, 2012, pp. 269-291.

46　Jens Beckert, 'The Great Transformation of Embeddedness: Karl Polanyi and the New Economic Sociology'. In: Hann, Chris and Keith Hart, eds., *Market and Society: The Great Transformation*. New York: Cambridge University Press 2009, pp. 38-55.

ある――そうであれば、資本主義はなんらかの仕方で抑止されないかぎり、かならず自己破壊的な社会編成になる。すくなくとも一部の資本家たちはそのことをよく知っている。彼らは、資本家として自分たちが思いのままに行動することを、とりわけ自分たちが長期的な見通しにもとづいて行動することを妨げるような集団的行為の根本的な問題に直面することをよく知っている。それこそは資本主義において政治と政治権力が必要であることの理由である。そして実際に政治が資本主義市場を維持することができるのは、市場を応援することによってではなく、市場と拮抗する力をもつか市場に規制を加えることによってである。そうすることで政治は資本主義市場が自己破壊することを防ぐことができるのである。[47]

　私が提案したいのは、資本主義は「つねに埋め込まれ」ているというポランニーの解釈とは異なり、資本主義は「つねに不安定」である、あるいは「つねに挑まれ」ていると解釈することである。そのほうが新自由主義を真剣に考察することができると思われる。つまりこの解釈にもとづけば、新自由主義をたんなるイデオロギー的夢想としてではなく、近代社会にとっての切迫した危機であり、そして究極的には資本主義そのものに迫る危険として考えることができるのだ。私が提案するアプローチは、「新経済社会学」の安易な機能主義ではなく、弁証法的なものである。この考え方にしたがえば、資本主義の機能はその実質的に対抗する存在――その対抗は不可欠ではあるが効果は保証されない――に大きく依存している。他方、この対抗的存在が登場し、現実に機能するかどうかは、その存在に対抗勢力を動員することを可能にさせる政治的資源が存在するかどうかにかかっている。そうした条件を、利潤最大化を求める資本家の私欲に任せることは根本的に不可能である。資本主義はさまざまな事態を引き起こすが、そこには資本主義それ自体に課せられた社会的拘束を破壊して自己破壊に向かう可能性がつねにある。その自己破壊は、集団的責任を負わない個人の利益が最終的に勝利することを目指し、あらゆる境界を取り去ろうとする自由化政策が進められる先に訪れるだろう。このような破局を防ぐために必要なのは、人間社会の持続可能性にかかわる一般的利益を守り、拡大することができる非資本主義的政治である。そして、このような政治により、資本主義の行為者たちの目を覚まさせ、自身の優れた洞察力――実際にそのような洞察力をそなえているかどうかはわからないが――にしたがって行動させるよう促すことである。近代社会と資本主義経済の境界線をどこに引くか、それとも境界線はつねに引き直されなければならないのか、という現在も片の付いていない問題こそ、まさに経済社会学と政治経済学が互いに交流して検討しなければならない問題である。そして私が本章で示そうとしたのは、そのような問題をつうじて現代資本主義の研究はもっとも前進するということである。

47 思考の弁証法的形態の最初の探究については『資本論』第一巻の「労働日」の章を参照のこと。(Karl Marx, *Capital. A Critique of Political Economy.* Volume I. New York: International Publishers 1967 [1867, 1887]).

第十章　フレッド・ブロック『いかなる多様性？　私たちはまだ資本主義という概念を使い続けるべきか？』について

第二次世界大戦後、資本主義――それは事実であってたんなる名称ではない――はアメリカ合衆国も含め、工業化世界のどこでも、およそ人気があるとは言えない代物だった。共産圏以外の世界では、政治的に力をもつようになった労働者階級の口に合うよう、自由市場と私的所有権をつくりなおさねばならず、そのために一九三〇年代の大恐慌の再来から社会を守る抑制的・制約的な政策と制度がそのオブラートとして利用された。[1]しかし誰もが知るように、資本主義をそれとは別のものに変えるための政治的な備え――古いものとはっきり違った新しい装いに見せるため「混合経済」ないし「社会市場経済」などと呼ばれていた[2]――は、わずか四半世紀しか維持されなかった。一九六〇年代に戦後の再構築が終わるとともに、これまで段階的に進められた組織改編を解消するプロセスが作動する。かつては社会保障、安定性、機会均等、富の分配等々を求める集団的要求が強力であり、したがってそれらと資本主義とを両立させるための安全装置が考案された。しかしいまやそのほとんどが機能を低下させ、場合によっては完全に除去されることになった。

四十年経った現在、私たちは他に類を見ない歴史的な展開の帰結を目にしている。つまり、ふたたび自由の身になった資本主義のことだ。ある時期資本主義は、社会がおのれに課した足かせとも喜んで共存する、あるいは共存可能であると装わざるを得ない立場に置かれていた。しかしいまや、そこから大奇術師フーディーニの脱出マジックよろしく抜け出したというわけである。この資本主義の華麗なる脱出劇の犠牲になった安全対策のなかには、完全雇用の約束、経済界全体に認められた自由な集団交渉、職場の産業民主主義、安定した良質の雇用を保証する広範な公共セクター、充実した公共サービス、景気循環と恐慌の再来を防ぐための経済計画、全市民にたいする社会権を保証し、市場競争の商品化圧力から人びとの生活を守る社会福祉国家、などが挙げられる。しかしこのような要求も、競争力・柔軟性・利潤率を求める市場の圧力にあわせて生活と社会を根底から再編しろという圧力も、どちらもアメリカ合衆国に限った話ではない。この点は特記すべきであろう。国ごとにかたちはさまざまだが、それは産業化したすべての国々で見られたことだ。戦後期の公約を破るのが遅いか早いかの差はあるとしても、本質的にはどの国も同じ方向に向かっているのである。[3]

　私たちが過去四十年ほどにわたって目にしてきたものは、どう解釈されるべきなのだろうか。これをフレッド・ブロックの観点から見ればどうなるだろう？　他のどれにも同じように可能性のあった「市場社会」

1　Julian Go (ed.), *Political Power and Social Theory*, Bingley: Emerald Group Publishing Limited, Vol. 23, 2012, 311-321.

2　戦後のドイツでは、資本主義は端的に使用禁止語だった。私が一九六〇年代に社会学を学んだフランクフルトでは、アドルノは *Tauschgesellschaft*（交換社会）という言葉のほうが好ましいと考えていたが、おそらくそれは当時、資本主義の概念があまりにも共産党の教義と結びつけられていたためだろう。他方で、私もその一翼を担ったことを誇りに思っている新左翼の若い世代は、皮肉ぬきには「社会市場経済」を口にしなかった。私たちにとってそれは、資本主義のプロパガンダであることがあまりに明白だったからである。ブロックが主張するように、最近のアメリカ合衆国では資本主義がポジティブな概念になったのだとしても、ヨーロッパでは事態が異なる。ヨーロッパでは、資本主義という言葉は共産主義の終焉ののちにふたたび使われるようになった。このころ、『資本主義対資本主義』と題されたミシェル・アルベールの著作がベストセラーになっている（Michel Albert, *Capitalism Against Capitalism: How America's Obsession With Individual Achievement and Short-term Profit Has Led It to the Brink of Collapse*. New York: Four Walls Eight Windows 1993 [1991]. [ミシェル・アルベール『資本主義対資本主義』小池はるひ訳、竹内書店新社、二〇一一]）。同書では、善悪ふたつの資本主義が区別され、前者は広義のラインラント、後者は英米圏と関連づけられている。この二分法は、現在の「協調型」資本主義と「リベラル」あるいは「市場経済」資本主義の二分法を予示している。危機以降、善の資本主義は悪の資本主義より実のところどれほど優れているのか、という疑念が高まりつつある。

3　おそらく「協調型」つまり社会的に飼い慣らされた「市場経済」（Peter A. Hall and David Soskice, 'An Introduction to Varieties of Capitalism'. In: Hall, Peter A. and David Soskice, eds., *Varieties of Capitalism: The Institutional Foundations of Comparative Advantage*. Oxford: Oxford University Press 2001, pp. 1-68）のお手本とされてきたドイツについては以下も参照。Wolfgang Streeck, *Re-Forming Capitalism: Institutional Change in the German Political Economy*, Oxford: Oxford University Press 2009.

のさまざまなヴァリエーションのうち、ひとつが急成長している。しかしそれは、筋の悪い理論とまずい政治的決断によって、不思議なことに国境やセクターを超えて同時多発的に同じ方向へ導かれただけだ。原理的には将来のよりよい理論と決断によって逆転する可能性も開かれている、と、そういうことになろうか？　いやそうではなく、政治によっては統治困難な、伝統的な資本主義理論の用語でいえば自己駆動的な社会プロセスに固有の力学を目撃しているのだろうか？　経済活動のアナーキーな制度が機能しているのだとすると、政府や政治にとってはそのことのほうが、そこから生じた産物よりもなお問題である。ブロックは一番目の答えを選んでいるが、資本主義が戦後の鎖から「解き放たれた」[4]歴史的な経緯を確認してみれば、二番目を選びたい気にもなる。この印象を出発点にしよう。ブロックの示唆するように、資本主義の概念やそれにともなういくつかの理論的な教義を捨て、黙示録の獣に「市場社会」という名前をつけておしまいにするのではなく、むしろそれらの教義に固執しつづけてみよう。

　なぜ資本主義か？　ゲーテの言うように「名前とは音や煙に過ぎぬ *Name ist Schall und Rauch*」[5]。とはいえ、私たちが現代の政治経済について触れるとき念頭に置いているのは労働主義ではないことを思い出しておくべきであろう。なぜなら、通貨という単位によって計られ、そのなかに蓄積されるのは、人間の能力ではなく資本だからだ。人間の能力もそうだと言えるかもしれないが、それは資本蓄積の助けとなる能力に限られる。経済学の初歩で習うように、市場とは「需要と供給の出会うところ」である。しかし資本主義においては、需要と供給は商品として出会う。それは貨幣をより多くの貨幣に変えるためである。そこに違いがある。マルクスの偉大な公式によればM→C→Mである。[6] ここに、資本主義の社会経済的形成に特有のダイナミズムの根源がある。[7] 資本主義について述べるとき私たちが念頭に置いていること、いや少なくともそうすべきだったのは、ある経済体制に特有の不休性[8]である。[9] そこでは経済だけではなく、その経済を含む社会もまた、恒常的に革命状態に向かわされ、それが好況の条件、もっといえば生存の条件にさえなっているのだ。資本主義経済とは、専門的に言えば貨幣化を通じてつねにより多くの社会関係を休むことなく商業化することで成り立っている経済である。その結果生まれたのが、最大限に効率的な資本蓄積に奉仕するかたちで社会を再編成しつづけるよう、経済によってたえず圧力をかけられ、不均衡が一般状態となる社会であった。資本主義の概念は、成員の所有的個人主義を進歩の牽引力とする社会に依拠している、とも言えるだろう。ここでも、進歩の基準は貨幣という意味での富の増大である。したがってこの社会では、集団的な生活条件を向上させ、個人の自由という中心的価値を実現させることができるかどうかは、利潤動機を活性化させ、資本の増加率を最大化できるかにかかっていることになる。同時に、前者の向上・実現が後者の活性化・最大化の役に立つことも必要だ。これらを念頭に置けば、ブロックには恐縮だが、システムとしての資本主義は「根本的統一性」をもっており、[10]それは社会に幅広く行き渡り、社会生活を土台から条件づけるその「経済」のおかげである、[11]と私は考える。

別にフレッド・ブロックの影響されたわけでもないが、[12]すでにポランニー主義者となった私としては、その教えを実践しつつもなお、彼のようにいともあっさりとマルクス主義の伝統を捨ててしまうのはためらわ

---

4 Andrew Glyn, *Capitalism Unleashed: Finance Globalization and Welfare*. Oxford: Oxford University Press 2006.［アンドルー・グリン『狂奔する資本主義：格差社会から新たな福祉社会へ』横川信治・伊藤誠訳、ダイヤモンド社、二〇〇七］

5 英語ではだいたいのところ「Names are smoke and mirrors［名前とは煙や幻影に過ぎぬ］」となろうか。『ファウスト』第一幕、「マルテの庭」より。

6 金融化とは当然ながら、この経緯を短絡化してM→M'にするものである（John McMurtry, *The Cancer Stage of Capitalism*. London: Pluto 1999）［J・マクマートリー『病める資本主義』吉田成行訳、シュプリンガー・フェアラーク東京、二〇〇一］.

7 Geoffrey Ingham, *The Nature of Money*. Cambridge: Polity 2004; Geoffrey Ingham, *Capitalism*. Oxford: Polity 2008.

8 William H., Jr. Sewell, 'The Temporalities of Capitalism', *Socio-Economic Review*, vol. 6, 2008, pp. xxx-yyy.

9 Joseph A. Schumpeter, *Theorie der wirtschaftlichen Entwicklung*. Berlin: Duncker & Humblot 2006［1912］.［シュムペーター『経済発展の理論』］

10 ブロックはどうやらそう示唆しているように見えるが、この言い方が一貫性を意味しているとは限らない。実際のところは、私たちがマルクスから学んだ重要な教訓は、統一性とは内的、ないし弁証法的な矛盾であり得る、ということだ。この点については次の注も参照。

11 社会行動システムとしての資本主義理論の洗練された「ミクロ的基礎」については、資本主義の「四つのC」つまり信用、商品、競争、創造性についてのイェンス・ベッカートの最近の論文を参照。

12 論拠としては以下の拙論を参照。*Re-Forming Capitalism*, in particular Ch. 17, pp. 230.

れる。もちろんマルクスの側も弁護してもらう必要はさらさらないだろう。彼は社会学が姿を現した十九世紀において、もっとも洗練された人物であったことは誰の目にも明らかである。したがって彼としてはとくに私たちに賛辞を捧げてもらう必要はないにちがいない。しかし、彼がもう生きてはいないからといって、たとえ相手がカール・ポランニーであろうと、だれかとマルクスをそっくり交換してしまうことは、私たちをインスピレーションの重要な源から切り離しかねない。私たちが日々用いている政治経済学や経済社会学の中心概念のルーツや、その深い意味が見えなくなってしまうことは言うまでもない。マルクスのおかげで、私たちが自前で一から作りなおさないでも済むようになった例としては、次のような弁証法的思考が挙げられよう。制度の自己侵食[13]、量から質へ転化する歴史の転換点、近代資本主義もふくめた近代社会のルーツにある暴力性の記憶（本源的蓄積[14]）、そして見た目には自発的な交換関係の基礎にある強制の記憶[15]、自由だが非対称的な契約にもとづいた支配のひとつとしての雇用関係の分析、労働供給曲線の後方屈曲、等々。もちろん、マルクス主義ないしマルクス主義者の「決定論」や、さらには「史的唯物論」と距離を取るのは、ごく当たり前のことになっている。しかし、前者にかんして言えば、十九世紀の科学の特徴が「決定論」であったことを思い出すくらいのことは許されてしかるべきであろう。スペンサーや若き日のデュルケムのほうがさらに多く決定論を語っている。というのも、彼らは弁証法を知らず、マルクスが資本の「有機的構成」が高度化するにつれてその影響で利潤率が低減する傾向にあることを論じた際に提示した「相殺効果」の観念をもちあわせていないからである[16]。史的唯物論にかんしては、マックス・ウェーバーのような人物が、資本主義の起源についてのマルクスの説明に直接に反論することを避けつつ発した警告は、いまだに鮮やかな印象を与える[17]。しかし、マルクス本人は革命的な政治運動の組織化に多くの時間を割いていた。つまり人類を社会主義へと導く鉄のような歴史法則なるものを座して待っていたわけではなかった。このことも忘れるべきではなかろう[18]。

しかしどういったものであれ、マルクスの「決定論」を政治的主意主義と取り替えるのはよいアイデアとは思えない。[19] かりにそれが、ポランニー流の「常時埋め込み型」の「市場社会」へと概念を移動させる、というものであっても同じである。資本主義のもとでは「政治の優先性」は存在しないし、またありえない。ブロックが自説の補強のために援用する「資本主義の多様性」の文献の場合ほど、それがはっきり出ているものはない。そこでは「リベラル」と「協調型」の政治経済の明確な差異は、民主的に組織された市民の意思からではなく、競争的市場における企業のさまざま戦略（「企業中心のアプローチ」）から生じるものだとされている。[20] 不幸にもブロックは明確に、この文献で主張されている経済機能主義を支持している。彼はウ

13 Avner Greif, *Institutions and the Path to the Modern Economy*. Cambridge: Cambridge University Press 2006［アブナー・グライフ『比較歴史制度分析』有本寛ほか訳、ＮＴＴ出版、二〇〇九］; Avner Greif and David A. Laitin, 'A Theory of Endogenous Institutional Change', *American Political Science Review*, vol. 98, no. 4, 2004, pp. 633-652.

14 Karl Marx, *Capital. A Critique of Political Economy*. Volume I. New York: International Publishers 1967［1867, 1887］, 873ff.［マルクス『経済学批判』武田隆夫ほか訳、岩波書店、一九五六］

15 David Graeber, *Debt: The First 5,000 Years*. Brooklyn, New York: Melville House 2011.［デヴィッド・グレーバー『負債論：貨幣と暴力の５０００年』高祖岩三郎・佐々木夏子訳、以文社、二〇一六］

16 Karl Marx, *Capital. A Critique of Political Economy*. Volume III. London: Penguin 1981［1894］, Chs. 2 and 13.［カール・マルクス『資本論』向坂逸郎訳、岩波文庫、一九六七、第三巻二章および一三章］

17 たとえば以下である。「私たちはここで［…］経済システムとしての資本主義は宗教改革の産物である、などといったばかげた教条的テーゼを主張する意図は毛頭ない」それは「物質的基礎、社会的・政治的組織形態と当時の観念の相互依存的な影響関係を混同する」見方によるものである。(Max Weber, *The Protestant Ethic and the Spirit of Capitalism*. Translated by Talcott Parsons. Introduction by Anthony Giddens. London: Unwin Paperbacks 1984［1904/1905］, p. 91).［マックス・ウェーバー『プロテスタンティズムの倫理と資本主義の精神』］。あるいは以下も参照。「もちろん、文化や歴史についての一方的な唯物論的な因果論的解釈を、同程度に一方的な精神論的なそれに置き換えることは私の意図するところではない。どちらも同程度に可能だが、しかしそれが準備として用いられるのではなく考察結果として用いられるのであれば、歴史的真実という関心にとってはどちらも同程度にわずかな寄与しかなしえないだろう」(ibid., 183)［前掲書、三六九頁］

18 ごく自然な好意をもって読めば、マルクスの決定論的なことば使いを本質的にレトリックと受け取ることもできるだろう。つまり、読者を鼓舞して資本主義にたいする政治的な対抗運動に参加させ、理論的な予言を実践において自己成就させるために用いられる、戦略的な楽観主義の表明として読むのである。

19 たとえば他ならぬオバマ政権で想定される「新たな蓄積体制の構築」について論じた以下を参照。Fred Block, 'Crisis and Renewal: The Outlines of a Twentieth-Century New Deal', *Socio-Economic Review*, vol. 9, no. 1, 2011, pp. 31-57.

ォーラーステインを引用しつつ、グローバル経済では国家は国家と競争し、政府は自国経済の「競争力」を向上させるために存在する、これは「議論の余地なき」事実だ、と表明している。[21]「資本主義の多様性」論という看板のもと、ウォーラーステインの経験的分析において経済主義と機能主義をごちゃ混ぜにした立場から語られているのは、興味深いことにブロックと同様、資本主義ではなく「市場経済」である。[22]どちらのケースでも、資本主義のコンセプトを廃棄することは、その共通点を隠すだけに留まらない。政治的にデザインされコントロールされる、合意による富の創造の技術的調整という意味での機能主義的な経済観に陥ることにもなるのだ。

資本主義には政治が存在する。それも、ただのテクノクラートの政策ではなく、ほんとうに民主的なものである。しかし、資本主義の行動システムに独自の生 *Eigenleben* もある。[23]資本主義は高いレベルの政治から生じたものであり、その意味でたしかに基本的に政治的なものであるとはいえ、政治的コントロールから自衛し、そこから逃れる高い能力をも有している。ポランニーの用語で言えば、政治は資本主義市場に対抗する運動として作用するかもしれず、ときにはそれに成功するかもしれないが、市場もまた独自に運動し、また政治のほうが対応を強いられる運動を生み出す。資本主義という概念は時代遅れだと考える者もいるかもしれない。しかしそれには、現代社会の経済生活にたいする政治的規制はだいたいにおいて商業化された市場関係のダイナミックな拡大のあとを遅れてついてくる定めにある以上、つねに不安定なのだ、ということを思い出させてくれるという点で重要なメリットがある。つまり資本主義について語ることで、資本主義による領土略奪が、「経済的」と確定された行動のみならず社会構造や制度のレベルにまで、たえずシュムペーター的な創造的破壊をもたらしている、という事実を忘れないでいられるのだ。それはとくに、社会的義務という保守主義を、集団的帰結を度外視した自由契約による交換という主意主義に置き換えることでもたらされているのである。[24]

戦後の穏健な資本主義が終わりを迎えたのは、新自由主義経済学者そして道を誤った政治家のくだらない夢想のせいだとブロックは示唆するが、ドイツの事例から経験的に証明されたように[25]それは事実と異なる。それは主として、資本蓄積にとって最善とはいえなくなった制度枠組が内部から転覆され、侵食されたせいである。戦後の民主制資本主義は初めから脆弱だった。それが安定しているように見えたのは、戦後という異例の政治状況と、熟考のうえで楽観主義に辿り着いた政治家たちのおかげである。歴史的に見れば、ごく短期間しかつづく見込みはなかったのだ。一九七〇年代にそれが衰え始めたのは、新たに国際的なレベルで社会的制約を免れる機会を得た資本主義にたいし、国民国家のレベルで組織され、またそのレベルに制限された民主政治が絶望的な状況に陥ったためであった。この制約のために、一九七〇年代まで資本主義は悪化する一方の利潤圧縮に悩まされていたのである。当面、民主制資本主義における政策および政治的成功は、資本蓄積の順調な継続に依存することになった。標準経済学の専門用語で言えば、経済成長である。そしてこのことは必然的に、楽観的な政治家たちが危険を承知で勝ち馬に飛び乗るよう仕向けることになった。その勝ち馬の名が自由化と規制緩和であり、これは改革＝再－形成された資本主義経済が、束縛を離れて進展した結果、ほとんど崩壊寸前に陥るまで続くこととなった。

ブロックがポランニーの概念枠組を再構築して使った用語にならって、現今の危機は資本主義の「経済」が誤埋め込みされた *misembedded* 結果なのか、脱埋め込みされた *disembedded* 結果なのか、と問うたとしよ

---

20 Hall and Soskice, 'An Introduction to Varieties of Capitalism'; cf. Wolfgang Streeck, 'Taking Capitalism Seriously: Towards an Institutional Approach to Contemporary Political Economy', *Socio- Economic Review*, vol. 9, no. 1, 2011, pp. 137-167.

21 概念レベルは言うまでもなく、経験レベルでさえこれが誤解である理由については以下を参照。Streeck (*Re-Forming Capitalism*, Ch. 13).

22 Hall and Soskice, 'An Introduction to Varieties of Capitalism'.

23 制度枠組としての資本主義に固有の力学については以下の拙論を参照。'Taking Capitalism Seriously'. いかに現代資本主義を学ぶかについては以下を参照。本書第九章および Jens Beckert, *Capitalism as a System of Contingent Expectations: On the Microfoundations of Economic Dynamics*. Köln, Max Planck Institute for the Study of Societies. Unpublished Manuscript 2012.

24 Streeck, 'Taking Capitalism Seriously'.

25 Streeck, 'Re-Forming Capitalism'.

う。それは実に自明な問いだと思われるかもしれない。ブロックによれば後者は不可能である。経済行動はつねに、そして不可避的に社会行動でもあるからである。私は心からそれに同意するが[26]、しかしだからといって、資本主義的政治経済は政治優先で統治される、という結論に達する論理的必然性はどこにもない。思うに政治経済の現実的理論は、「市場の気紛れ」が社会と人間を駆逐することのないよう守るために作られた社会制度自体がそれらによって駆逐されかねない、という可能性を提示するものでなくてはならない。社会的制約をつねに強化し慎重に更新しておかない限り、資本主義的行動はその社会的制約を打ち破ってしまうだろう。

資本主義は、つねにひとつの社会の中に位置し、それが課す制約そしてそれが与える機会に服するという意味では、言うなれば「常時埋め込み型」[27]なのだ。また、資本主義は深い意味で、埋め込み型でありつづけることに依存している。埋め込み型であるからこそ、資本主義は法の支配、相互信用、規範的協力や制度的協調、創造的知性等々の上で繁栄するのだ。しかし同時に、資本主義の活動因子はつねに社会的制約から脱出し、義務と管理から逃れようと戦っている。[28]したがって、連帯や社会的規制、宿主である社会にガンのように拡がる資本主義的行動パターン[29]によってたえず浸食される危険にさらされている。資本主義それ自体は社会的制約から解放されれば存在できないにもかかわらず。この意味では、資本主義はみずからが宿る、ないしはみずからを生じさせる社会によって寄生者として養われている。そして資本主義の拡大は、社会的・政治的対立勢力によって抑えられない限り、究極的には自己破壊で終わる。新自由主義の時代に見られるように、みずからの利益のためには資本主義を抑制すべきだった政治が、ときとして資本主義の進展に捕捉され、政治が資本主義の自己破壊的進行のための乗り物に変えられてしまうこともある。思うに、ポランニーが「市場経済」の拡大を国家と政府による「くだらない実験」と描写したときに意図していたのはこのことであろう。[30]

そうであれば国家とは資本家階級の経営委員会なのだろうか？　社会の形成物としての資本主義の弁証法

的な、つまり内在的に矛盾した性格を公平に評価するなら、答えはこうなる。まさしく経営委員会である、しかしそれは、経営委員会ではないからこそ経営委員会たりうる、という意味においてだ。政府が完全に資本家の利益にとらわれてしまえば、それを自己破壊から守ってやることはできないだろう。これこそ、他でもないマルクスが『資本論』第一巻（340ff.）で労働日を論じた有名な章で示していたことなのである。たしかに資本主義が成り立っているのは、少なくとも部分的には社会的な対抗運動に呼応した政治によって、みずからが救われているからである。それでも、そうした依存状態のまま活動することはできない。資本主義はカジノが破産するまでギャンブルで儲けたいという逆らえない誘惑にさらされているからである。社会的な抵抗運動の成功に資本主義の存続――その「埋め込み」の維持――がかかっているのだが、しかしその運動は、受益者兼敵対者からの強力な抵抗に対抗してみずからを主張しなければならない。その抵抗はいいかげんなものでも失敗を予定したものでもなく、きわめて深刻なものだ。ここには機能主義の欠片もない。また資本主義の行動システムの安定化は、きわめて不確定な任務であり、それを守るために働いている人びとのためになることとはいえ、その成功が保証されているわけではない。資本家たちにその利益を教えることはできるだろうが、しかし彼らがその教訓を学ぶかどうかは彼らしだいである。[31]権力とはようするに、学ぶ

26　その理由と経緯については以下を参照。Jens Beckert and Wolfgang Streeck, *Economic Sociology and Political Economy: A Programmatic Perspective*. MPIfG Working Paper 08/4. Max Planck Institute for the Study of Societies, Cologne 2008.

27　Fred Block, 'Understanding the Diverging Trajectories of the United States and Western Europe: A Neo-Polanyian Analysis', *Politics and Society*, vol. 35, no. 3, 2007, pp. 3-33.

28　Streeck, 'Taking Capitalism Seriously'.

29　McMurtry, *The Cancer Stage of Capitalism*［マクマートリー『病める資本主義』］

30　「常時埋め込み型」資本主義の概念にたいする最終的な批判については以下を参照。Jens Beckert, 'The Great Transformation of Embeddedness: Karl Polanyi and the New Economic Sociology'. In: Hann, Chris and Keith Hart, eds., *Market and Society: The Great Transformation*. New York: Cambridge University Press 2009, pp. 38-55.

31　Wolfgang Streeck, 'Educating Capitalists: A Rejoinder to Wright and Tsakalotos', *Socio-Economic Review*, vol. 2, no. 3, 2004, pp. 425-438.

ことを拒否する能力のことである。昨今の危機で見てきたように、この能力を得るには、共同体全体にとってその消滅が脅威となるに十分なほど巨大でありさえすればよいのだろう。

この書評を終えるにあたって、私は社会主義や共産主義のような、まだ全面的に廃棄されてはいない概念についていくつか述べたいと思う。[33] 後者について言えば、デヴィッド・グレーバーが負債の人類学を論じた著作（『負債論：貨幣と暴力の５０００年』）で、先進資本主義国も含む、一般的な共産主義的団体の経済生活について簡潔に指摘している。社会主義について言えば、私にとってそれは、個人主義――所有的・消費主義的な――への対抗手段を含んでいるという理由で必須の概念である。ふたたびマルクスを引用して言えば、社会主義という概念は人間は社会の中でのみ個人になれる動物であるということを、[34] 今日の「個人崇拝」の風潮に抗して思い出させてくれるのだ。より共同的で他者への配慮があり、集団で責任を持つライフスタイルを、私たちは喫緊に必要としているように思われる。そのために必要な概念として、他に何があるのか？　あるいは個人の快楽追求のコストを自分以外の世界にアウトソーシングする権利を抑制した生活と言ってもいい。集団の運命のコントロールをより共有化し、自由に拡大していく市場関係から生じる予期せぬ帰結を避けるための強力な集団的能力を備えた社会組織、それを「社会主義」以外どう名付けるというのだろう？　おそらく集団としても個人としても求めることのできない効果を、個人としての私たちが引き起こそうとすれば、私たちはいつまでたってもこの予期せぬ帰結とやらに騙されつづけることになろう。

フレッド・ブロックの「政治の優先性」に従属する「常時埋め込み型」資本主義という概念は、あきらかに欧州社会民主主義が長年信じ込もうとしてきたものによく似た楽観主義の色合いが濃い。彼の信念によれば、ここで定義した意味での社会主義は集団的ガバナンスという機能要件を満たしており、だからこそ社会というおまけがついた資本主義経済の頂点においても、それを手に入れること、保持することが可能で、いつの間にか拡大されるかもしれない、とされている。しかし、過去四十年を振り返って見出されるのは次の事実である。すなわち、制度変化のプロセスが一貫して維持されているという事実である。それは緩やかだが抗いがたく、民主政治によってではなく資本の発展のダイナミックな論理によって動かされていること。そのせいで二十世紀の前半の災厄の後に資本主義を再登場させる条件として設置が求められた政治的防波堤が、すべてとは言わずともそのほとんどが鮮やかに破壊されてしまった。さて、資本主義の支配する社会生活の論理とその再組織化――ないし脱組織化――は、グローバル金融と国内の民主国家システムの双方にまたがる危機というかたちで頂点に達している。数十年にわたる「改革」は、苛烈になる一方の資本主義市場からの要求を満たそうとするものだった。それは資本主義によって社会という織物をますます損耗させただけだったが、社会民主主義的な国家や政府も含め、国家や政府はその脅迫にしばしば泣き寝入りしてきた。この経験と、政治の意のままになる「市場社会」を考察する理論とは、ほんとうに両立するものだろうか？ あるいは、社会行動システムとしての資本主義は独自の生命、論理、権力そしてダイナミズムをもっており、戦後の社会民主的な政治は、それをコントロールする力を失う一方である、と考えるべきなのだろうか？ 私のように後者こそが現実的な見方であると結論を下す人間にとって、どのようにすれば責任ある政府が「システム」を修復することができるのか、あるいはどのようにすれば「多様な資本主義」の一種から別の種類の資本主義へ移行させることができるのか、ということを考えるために自分の時間と労力を費やすことは、はたして責任ある行動なのだろうか？ あるいは次の場合には、建設的でないことのほうが、より建設

32 Karl W. Deutsch, *The Nerves of Government: Models of Political Communication and Control*. New York: The Free Press 1963.

33 言うまでもないが、ここでは政治的営業のための専門用語には関わらない。私が言いたいのは、政治的に無害な存在であるために術語を捨ててしまえば、その術語が示してくれる視点さえ失ってしまう、ということである。

34 「しかし、ばらばらの個人たちという視点が示された時代は、まさにもっとも発達した社会的紐帯（おおむねこうした視点から生じたものである）の時代なのである。人間は文字通りの意味で社会的動物であり、たんなる人付き合いのいい動物ではなく、社会の中でのみ孤立していられる一匹の動物なのである」（Karl Marx, *Grundrisse der Kritik der Politischen Ökonomie (Rohentwurf) 1857-1858*. Berlin: Dietz Verlag 1953 [1857-1858], p. 6）.［カール・マルクス『経済学批判要綱（草案）：1857-1858年』高木幸二郎監訳、大月書店、一九五八―一九六五、六頁］

的なのではないだろうか？——多様な資本主義からよりよい資本主義の種類を探すことを止め、資本主義以外の多様なあり方を探す場合には。

第十一章　社会学の公共的使命

かつて、ある社会科学の国際学会で、私は衝撃を受けたことがある。それはマイケル・ブラウォイが「公共社会学」を提唱する論文を発表した時期に開かれた国際学会であった。私が衝撃を受けたのは、これほど多くの人々が社会生活を分析・説明するための訓練を受けている時代は、人類史上かつてなかったことに気づいたからである。[1] 社会学がもっとも洗練された時代に育った世代（つまり私の世代）から登場した、もっとも強力な政治的リーダーはジョージ・W・ブッシュ大統領とディック・チェイニー副大統領であろう。彼らは、もっとも民主的な政治体制をつくろうとした世代の人々の意志によって、その国際学会が開催された時期に再選され、信任されたのである。その後の数年にわたり、私はアメリカ合衆国の政治・経済的腐敗が進行した過程とハーバード大学やスタンフォード大学の社会科学系の学部から続々とスター研究者たちが登場している現状との対比に心を奪われた。この明らかな対比は何を意味するのだろう？　そのような疑問を抱いた私は、同僚のアメリカ人の学者たちと仕事が終わった後にプライベートな夕食をとりながら、ときどき彼らにこういう質問を投げかけた。「どうやってイラクとアフガニスタンの復興プロジェクトに君たちの意見を反映させたんだい？　それとも、社会科学が必要とされる事柄なんて何もなかったのかね？」。この問いにたいするアメリカ人の同僚学者たちは、いつもうんざりした様子で沈黙するか、あるいはせいぜいこ

1　この章は、ＳＳＲＣおよびベルリン社会科学研究センター主催の会議「社会科学と人文学の公共的使命：その変容と刷新」（二〇一一年九月十六、十七日）の発表原稿にもとづく。

う答える程度だった——「なぜ君はそんなイヤなことを聞くのかね？　社会科学者の話なんて誰も聞く耳をもたないんだよ」。

社会学とその公衆——需要の問題？

それではヨーロッパで、社会学のそれほど派手なわけではない主題について、はたして関心をもって話を聞く公衆はいるのだろうか？　実証調査で明らかにしたわけではないが、私はこの点に関心をもって何年も観察してきた経験から、そのような公衆はほとんどいないと思っている。私はこの問題とは別の関心からインテリ向けの新聞《クオリティペーパー》の科学欄を調べているのだが、そこでは心理学や脳科学、進化生物学の主題はよく取り上げられるのに、社会学の主題はまったく取り上げられない。経済学の主題もよく紙面に取り上げられており、とりわけ最新の行動経済学と神経経済学は紙面を賑わせている。しかも、経済学の主題がもっとも取り上げられるのは科学欄ではなく政治経済欄である。その政治経済欄でさえ、ごく一部の例外を除いて社会学が取り上げられることは皆無である。

なぜ、このような状況になってしまったのだろうか？　その理由は多くあるとしても、とくに思い当たるのは、社会学が他の学問分野とくらべて、人々が科学とみなして関心をもつ学問ではなくなってしまった、という理由である。素人の読者を喜ばせるのは、心理学や行動経済学、進化生物学といった、行為の「隠された原因」を明らかにしてくれていると思われる学問である。というのも、私たちは通常、行為が「明らかな理由」によって支配されていると思い込んでいるが、それらの学問はその思い込みを正し、私たちの知らない隠れた原因を明らかにしてくれる、と読者は考えるからである。こうした研究のうち、ドイツの科学ジャーナリズムで最近とくに話題になったものに、Ｔシャツの臭いをかぐ実験がある。その実験が示したのは、女性は自分の遺伝子組成ともっとも適合的で健康的な結果をもたらす遺伝子組成をそなえた男性のＴシャツの臭いを好む、ということであった。また、一夫一婦制の鳥類の一種にみられる不倫行動にかんする研究も話題になった。その鳥類の不倫行動の割合は予想された以上に多く、メス鳥はパートナーのオス鳥と交尾する回数よりも、他のオス鳥と交尾する回数のほうが多かったのである。しかも不倫回数の割合は、そのメス鳥の父が妻を裏切って不倫をした回数が多ければ多いほど、高まるというのである。こうした事情がどれほど複雑であるにせよ、その鳥類にとって不倫行動は生物学的に「正しい」行動と考えられている。

とはいえ、科学ジャーナリズムも社会学研究にまったく関心がないわけではない。私がみるかぎり、新聞で性交にかんする調査はきわめてよく取り上げられているが、社会学者はもはや性交の研究をしなくなったように思われる。その代わり、社会学者はジェンダー（性差）を研究し、両性の争いと関連のある主題——男女間の賃金不平等、家事分業、未婚の母の生活——について、新たなトピックを提供している。そうしたトピックはすぐに紙面に掲載され、広く大衆の関心を惹きつけていると思われる。他にも、たとえば学校の調査研究や成功した教育にかんする研究、社会変動やエリート形成の研究、移民研究や反移民感情の研究も紙面に取り上げられる。しかし、それらの社会学研究が掲載されたとしても、明らかにされた事実だけが報告され、その事実を説明する理論には触れられないのが通例である。

とはいえ、つねに理論が拒絶されるわけではない。この十年のあいだにドイツでベストセラーになったノンフィクションに、ティロ・ザラツィンによる『ドイツは自滅した』（二〇一〇）という著作がある。この著者について、ここで多少の説明をしておくのは読者にとって有益であろう。ザラツィンは元SPD（ドイツ社会民主党）の政治家で、二〇〇二年から二〇〇九年にかけてベルリン州の金融担当議員を務め、その後ドイツ連邦銀行の理事に任命され、旧西ドイツの負債が国際問題になったときに責任を問われて解雇された人物である。ザラツィンを有名にしたのは、本書の「イスラム批判」の内容である。本書の主張は、手短にまとめると、イスラム諸国からの移民流入と中流階級の高学歴ドイツ女性の出産率低下はドイツ国家の遺伝子的基盤を弱体化させ、ドイツ人の平均知能指数を低下させることにつながり、長い目でみればドイツ経済の競争力を失わせる原因になる、というものである。学術的訓練を受けたエコノミストであるザラッィンは、本書で心理学や地政学の研究結果をふんだんに利用し、しばしば社会学の領域にも足を踏み入れる。たとえば、一方では知性と宗教の関係を議論するかと思えば、他方では経済的能力主義と社会的能力主義について議論する、といった具合である。このような主張をしている本書は「新しい優生学のマニフェスト」とみなされても間違いではないだろう。それは生物学的世界観と強烈な人種差別意識（彼によれば、アラブ人家族には近親相姦が広がっており、そのためにアラブ人の子どもは知能が低いとされる）を、グローバル経済時代の政治・社会理論に仕立て上げたものである。本書が出版された当時、ドイツ社会民主党がザラッィンを除名したのは事実である。しかしその後、本書が爆発的な反響を呼んだため、ドイツ社会民主党は彼をふたたび社会民主主義者とみなすようになったのである。

このエピソードは、いくつかの重要な事柄を物語っている。第一に、ザラッィンの著作は、ドイツでほんの一部どころか、幅広い層の多数の読者を得たことである。しかも本書は、統計データと学術誌の長々しく退屈な議論で味付けしただけの書物であるにもかかわらず、社会問題にかんする学術研究書として受け入れられた。しかし、社会学者たちはその状況に異論を唱えなかった。それはおそらく、社会学者たちが自分たちの資料とそこから引き出された自分たちの結論が人々を興奮させるようなものではない、と考えたからであろう。それでも、社会学者がザラッィンの読者――明らかにドイツ中流階級の少なからぬ割合を占めているにもかかわらず――に向かって発言する意欲がなかったことも、反論をしなかった理由として考えられる。ザラッィンの著作にかんして真剣な議論をおこなう場所をつくったのは、もっぱらフランクフルト総合新聞や南ドイツ新聞など、インテリ向け新聞のジャーナリストたちであった。一部の学者たち、たとえば発達心理学者たちは知能は遺伝だけで決まるわけではないと反論し、イスラム教の研究者はイスラム教の内部にも大きな違いがあることを指摘したが、そのような学者はほんのわずかであった。こうした状況で社会学者はほとんど貢献することはできなかったし、経済学者が本書の粗雑な経済思想のもつ意味を批判することもなかった。

なぜ社会学はこのような公共的議論に加われないのだろう？　さらに疑問が浮かぶ。なぜ社会学者たちは、自分たちの研究について仲間内で語るだけで、広く世界全体に向かって発言するだけの自信をもてないのだろう？　これらの問いにたいするひとつの答えはこうである。すなわち、社会学者は自分たちに勝ち目がないことを知っているからだ、と。現代社会の水先案内人となった経済学者たちは、経済と社会にかんする彼らのお得意の機械論モデルを使いつつ、大胆にも小数点以下の桁の数値まで緻密な予測を提出し、自分たちが富を生みだすテクノロジーの独占者であるかのような態度で、どのレバーを引けば皆が幸福になれるかを教えてくれる。このような状況で、経済学者の主張に関心をもたない者がいるだろうか？　さらに言えば、経済学の手法は、現在の支配的な科学の理解の仕方（もちろん、そうした科学に固有の誤解の仕方とも）ときわめて親和性が高い。ほとんどの人々にとって、科学は一般法則を発見するものとみなされている。そして科学が発見した一般法則は、すぐにさまざまな因果関係を明らかにし、それらを技術的ノウハウや道徳的正当化に転用可能にすると考えられている。たとえば経済学のホモエコノミクス・モデルや（鳥類の一見したところ不適切にみえる振る舞いにも適切な理由が潜んでいるとみなす）進化生物学、さらに「自由意志」の脳神経学理論も、一般法則として応用可能な理論とみなされている。そうした学問とくらべて、社会学はどうだろう。社会学が対象としているのは、歴史的に一般化されない、複数の要因がからみあった固有の状況である。そのような研究から社会学者が予想を立てようとしても、そこには高い障壁がそびえたっている。心理学や自然科学と異なり、眼に見える世界の動きを背後から支配する物質的動因を暴き出せと言われても、社会学がそれを約束することは難しい。社会学が典型的におこなってきたのは、その発見を一般化することではなく、その発見の社会・経済・文化的な条件（それらの条件は因果関係に干渉することで、因果関係そのものを変容させる）を特定し、社会に強く警告を発することであった。社会学がそうなるのは、社会学が社会若い学問で、十分に「科学」的になっていないからだ、と考える者もいる。あるいは、それは社会学が社会にかんする風変わりな存在論に依拠しているからだ、と考える者もいる。いずれにせよ問題は、社会学が社会の「科学的標準モデル」をつくりあげることができなかったということである。そのために社会学はそのような科学的モデルを信じる読者を失望させることになる。しかも、社会学者自身もそのようなモデルをもたない理由を読者に説明できないのである。

さらに社会学は、(すくなくともドイツでは)別の問題に直面している。それは、市民が社会学に抱いているイメージが一九七〇年代のまま止まっている、という問題である。ようするに、社会学は科学的にも政治的にも「ソフト」で厳密性を欠く学問であり、現代のような厳密性が求められる時代に取り残されている、と市民たちに思われている。社会学では、長期失業者や犯罪者、移民社会、さらには能力主義社会からはじき飛ばされた人々(いわゆる「余剰人口」)といったマージナルな集団がしばしば研究対象とされるが、そのために社会学者は対象に過剰な共感を抱いて客観性を見失っているのではないかと疑われている。そのような研究対象の人々の生活について、しばしば社会学は彼らの意味世界、つまり彼らが自分をどのような仕方で世界の中に位置づけているかを明らかにすることをつうじて「説明」する。ドイツでは、私のような社会学者はしばしばウェーバーの理解社会学について語る。しかし、その「理解」は、「すべてを理解することはすべてを忘れてしまうことだ」ということわざが広く行きわたっているこの国では、かならずしもつねに評価されるわけではない。なかんずく「共感」はまったく評価されない。社会学者が、ある人々の行為について、その人々の行為がどのような意味世界の構成にもとづいているかを明らかにして説明しようとしても、現在の市民社会においてはすぐに「科学的なふりを装って、その人々を擁護しようとしている」と思われてしまうか、あるいは「大げさな言い方をして同情を引こうとしている」と思われてしまうだろう。そしてザラツィンの陣営は、こうした学者をナンバーワンの敵とみなしているのである。

こうした公衆の問題を考えているうちに、私は新たな公衆＝公共《パブリック》の社会学を構想できるのではないかと思うようになった。社会学者であれば、公衆がたんなる群衆ではなく、ある種の社会的かつ制度的な構築物であることを知っている。はたして現在の状況で、啓蒙的市民層のほかに、社会全体の「世論」形成を望み、またその形成が可能であるような文化的ブルジョワ層がまだ残っているのだろうか？　あるいは、世界の現状を真剣に理解したいと望んでいる政党や、自分たちの存在意義について議論したり洞察を得たいと思っている労働組合が残っているだろうか？　こうした問題についてはそれほど研究が多くあるわけでないが、それでもそのような人々や組織が現在は数十年前にくらべて激減していることは、誰もが合理的に確信していることである。それでは、かつて社会学を公衆に広めたメディアについてはどうだろうか？　これもテレビとインターネットの拡大を前に、（アメリカほどではないにせよ、ドイツでも）印刷媒体は衰退する一方である。学術界でも「映像への転換」はあいかわらず進行しているが、新聞社やテレビ放送局にカラフルな画像を配っている神経学や天文学とくらべると、現実的に写真撮影ができない対象を扱う社会学にとって、それはきわめて都合の悪い状況としか言えない。しかも現在のメディアは、以前には考えられなかったほど「公衆」を狭く分割し、特定の人々を相手にするようになっている。この三十〜四十年のあいだに「公衆の構造的変化」が起こったとしたら、その原因のひとつには公衆が「すき間市場《ニッチ・マーケット》」に向かって変化したことが挙げられる。商品情報を十分すぎるほど与えられている現代の消費者は、その選択肢が実際にはどうであるかを調べないまま、自分にとってよいと期待されるものを選び、自分にとって退屈と思われるものを避けることができる。もちろん最近のインターネットユーザは、インターネットメディアから得られるニュースの内容を自分が好きなように構成することもできる。そのようなインターネットユーザは、いかなる権威がニュースの善し悪しを判断し、そのニュースを送りつけたところで――こうしたことは、かつての公共放送であれば実行可能であったが、それも数年前までのことである――無縁でいられるのだ。現代の情報消費者たちは、自分たちが知りたいことだけを知り、知りたくないことは知らずにすませるための方法を熟知し、使いこなしている。公衆と共同体がますます断片化していく現在の世界では、公共社会学がどれほど人々に強く訴えかけたところで、ごく一部の奇特な人々にしか関心をもたれないのではないだろうか？

資本主義ぬきの社会学——供給の問題？

さらに厄介な問題がある。それは、公共社会学の構想にはすでに述べたように需要側に問題があるとしても、だからといって供給側に何の問題もないというわけではないということだ。いいかえれば、社会科学としての社会学が、市民や政治家にとって必要な知見を実際に与えられるわけではない、ということだ。あらかじめ述べておくと、私は社会学領域の全体を見通して新たな方向を間違いなく示すような長老ではないし、そのような長老になるつもりもない。私の学術的関心はあまりに限定されているし、私の学術的アイデンティティはきわめて脆いものである——おそらく、このような私の言い訳それ自体が、おそらく社会学がひとつの学問アイデンティティをもつにはあまりに多様化していることを示している。また、他の人々と同様に私自身も、自分が現在取り組んでいる仕事にしか集中できず、そのために自分が扱っている問題を過大評価する傾向がある。それでも、客観的にみて私は次のような着想を示すことができると思っている——そして実際に示すつもりだ。つまり、この数年間に起こった政治・経済的危機は世界が歴史的転換点にあることを示しており、そのことはふたたび社会学を真に公共的で適切な社会科学として成り立たせる唯一のチャンスになるのではないか、また、そのことによって社会学は現代の危機的問題、つまり経済と社会の関係の急速な変化に関連するあらゆる事柄を明らかにする学問として生まれ変わることができるのではないか、という着想である。

経済危機のショックに見舞われた時期、経済学者たちはその危機を予想できなかったことで、（社会学者だけでなく）各方面から非難された。その三年後、主流派経済学の経済現象を説明・コントロールする能力にたいする市民の信頼は、低下するばかりである。ドイツの産業家でリベラルな政治家であったヴァルター・ラーテナウ（訳注：一八六七－一九二二。経済主導のリベラルな政治を提唱したが、極右勢力に暗殺された）

の「私たちの運命は経済にかかっている」という言葉が今ほど理解される時代はこれまでなかったというのに。しかし、そのような主流経済学者だけでなく、社会学者もまた世界経済危機にたいする準備がまったくなかったことが明らかになった。というのも、主流派経済学者たちが自己安定化する自由市場というトートロジー的モデルにしがみつくしかできないのは明白だとしても、社会学者たちはすでに数十年にわたって(一九五〇年代にタルコット・パーソンズが経済学者たちとのあいだに相互不可侵条約を結んで以来)経済領域を研究対象から切り捨てていた。したがって、二〇〇八年の危機が近代社会の中心的経済領域における新たな出来事として受け止められたにもかかわらず、社会学はその事態に対応することができなかった。というのも、長いあいだ社会学は、その学問的対象を「経済のない社会」に限定していたからである。社会学のそのような歴史のなかで、重要な学問的伝統は周辺に追いやられ、あるいは他の学問領域へと追い払われてしまった。たとえば、かつての政治経済学が、その効率性にかんする領域は理論経済学に、その統治にかんする領域は政治学に委ねられてしまったように。それでも最近になって経済領域を社会学の研究対象にふたたび戻そうとする試みがあり、「経済社会学」という新たな下位分野が生まれた。しかし、この学問分野は経済的交換をより効率的にするための主流派経済学とは異なる提言、たとえば「ネットワーク」により市場を補完するといった提言ばかりで、研究領域をあまりに狭く限定しすぎているのが現状である。

私見では、現在の危機は社会学者にとって強烈な警告を発していると思われる。二〇〇八年の危機のさなか、さらにその危機の後も、社会学者はそのような同時代の重要な社会問題について発言できなかった。そのような状況に社会学者が満足するのなら別だが、そうでないなら、経済を取り払った社会を理論的に研究する現在の社会学には、もはや未来がないと言えよう。現在の金融危機や財政危機はたんに経済的問題にとどまらず、近代社会を根底から見直し、その新たな解釈を迫る社会的問題である、と多くの人々が感じている。市場の拡大はたえず近代社会の基盤を掘り崩し、そのために社会構造と政治組織は脆弱化している。社会によるコントロールがもはや不可能になった市場は各国の政府と市民をますます不安に陥れている。社会統合と社会秩序の基盤となっていたはずの市場の内的限界は、すでに失われてしまった。多くの人々がこうした事柄を体系的に理解しなければならないと感じているのだ。ほんらい社会学は、近代批判の理論的伝統にのっとり、そのような要求に十分に応え、たとえ危険にさらされようとも「公衆」に知見を訴えなければならないのだ。だからこそ社会学は、かりにその「社会」理論がそう呼ばれるに値するものにしたいのであれば、「経済」領域をその中心的主題として復活させなければならない――その「経済」は、主流派経済学がそうみなすような、怪しげな自然法に支配され、科学技術者によって制御され、カネを生みだす中立的メカニズムではありえない。そのような企てを実現するためには、社会学がかつて経済学とのあいだに取り結んだ学問領域間の不可侵条約を撤廃し、政治経済学――これも社会学が若かりし頃に取り組み、その後に「社会」概念を矮小化するために捨て去った領域である――をふたたび見出さなければならない。社会学がこのような方向に転換するにあたり、公衆の主流派経済学への評価が長期的に低下傾向に向かうことが明白になった現在は、まさしく絶好の機会なのである。

　そもそも、なぜ社会学は、研究対象としての経済領域を、経済学に譲ってしまったのだろうか？　なぜ社会学者たちは、経済領域を除外した社会を研究対象として価値があると思い込み、また、マクロ経済学を除外したマクロ社会学を近代社会を理解するための有効なアプローチだと思い込むようになったのだろうか？　社会的領域から経済的領域が取り除かれる――くわえて、しばしば政治的領域も取り除かれる――とき、そこには社会学の対象がどれほど残っているというのだろうか？　興味深いことに、ドイツで社会学の研究領域から経済的領域が取り除かれたのは、アメリカよりも早い時期だった。私の理解が正しければ、それは学術的理由によるというより、明らかにほとんど政治的理由によるものであった。その歴史はきわめて錯綜したものである。思い返してみれば、そもそもマックス・ウェーバーは経済学の重要人物であり、経済学会の一員でもあった。そしてウェーバーがその組合を去り、ドイツ社会学会を創設したのは、修正主義的な社会政策を支持した当時の経済学会に強く反対した彼の政治的行動であった。つまりドイツ社会学会を創設したことで、ウェーバーは彼の毛嫌いしていた学術的社会主義 *Kathedersozialisten* に関与せずに済んだのである。それこそはウェーバーが研究における「価値自由」の厳守を主張した理由である。[2] しかし、この「価値自由」の規律は守られない運命にあった。ドイツ社会学会の会合でも「社会問題」はあいかわらず議論の主題になり、ウェーバーはそれを抑え込むことに失敗し、またもや組織から脱会した。その彼が没したのはその数年後である。

ウェーバーの死後、ドイツ社会学が「経済と社会」を大きな主題として取り上げてこなかったのは、きわめて興味深い事実である。というのも、現在の私たちにとって、「経済と社会」という主題はウェーバーを連想させるものだからである。この主題は歴史学派の制度経済学者たち（ウェルナー・ゾンバルトに代表される）に委ねられたが、ヴァイマール時代の社会学にこの学派の占める場所はなかった。一九三三年にナチスが政権を奪い取ると、この学派はドイツのナショナリズムに迎合していたにもかかわらず、消滅してしまった。こうして第二次大戦後に、歴史経済学に代わって「理論的」な経済学が台頭するための素地がつくられたのである。他方で社会学のほうは、一九二〇年代にはドイツの大学で地位を確立し、社会主義者とみなされないように注意を払うとともに、マルクス主義者と思われないようにするために最大の努力を払ったのである（この点については今でも事情はあまり変わらない）。実際、ホルクハイマーをはじめとするフランクフルト社会学研究所の研究者たちは、自分たちを社会学者とみなそうとせず、ドイツ社会学会にはけっして加入しなかった。ヴァイマール時代の理論社会学は、社会関係にかんする形式的理論を主に探求していた

2　ウェーバー自身の社会科学は価値自由の立場を貫いていた。当時のウェーバーが経済学者たちの社会政策迎合に強い嫌悪感を抱いたのは、リベラル国家主義者たち（と彼が思っていた人々）が国家の生き残りと国際的覇権をめぐる（とくにイギリスとの）争いに加わり、政治的に重要な役割を帯びていったからである。ウェーバーにとって、民主主義における社会政策はたんに人民を幸福にするだけでなく、新たに形成されたドイツ帝国を無法状態から守り、国際世界における紛争を取り除くものであるべきものであった。ウェーバーが価値自由的な立場で思考をおこなうことができたのは、現実の政治は客観的事実であって自由選択が可能なものではないと確信していたからである。

らしいのだが（たとえばレオポルド・フォン・ウィーゼの「関係学説」など）、現在にはその痕跡も残っていない。経験社会学はもっぱら人口統計に取り組み、「集落研究」の名を掲げ、とりわけドイツや中央・東ヨーロッパの集落形態を調べていた。第二次大戦後の社会学の印象からは想像もできないが、ナチス政権下で経験社会学はおおいにもてはやされ、国家とナチス政党から重宝される学問になった。とりわけ、都市部と農村部の計画的連結にかんする研究は、ナチス政権が東ヨーロッパを併合するにあたり、重要な役割を与えられたのである。もちろん、このような社会学（これを有機体論にもとづく特殊な形態の公共社会学と呼ぶ人がいるかもしれない）において資本主義が扱われることはなかった。[3]

第二次大戦後のドイツの社会学は、あいかわらず経済領域から距離をとりつづけ、他方で経済学は歴史学派の伝統ときっぱりと縁を切り、ますます新古典派の方向に進んでいった。かつて消滅した制度経済学がふたたび息を吹き返すのは、だいぶ後になって「近代」の効率理論的な経済学がそれを保護しようとするようになってからである。かつての歴史経済学は、戦後に歴史計量経済学あるいは経済計量史へと姿を変えたが、それでもマージナルな学問にとどまった。アメリカ合衆国で社会学の研究領域がしだいに限定されていくと、ドイツ社会学でもそれまでヴァイマール期およびナチス時代の方法論が再導入される動きがあったが、その動きも衰退していった。一九六〇年代、高度経済成長が最盛期を迎えると、経済学は社会学的側面をまったく失い、その代わりに政治的な関心を集めるようになった。多くの人々が、ケインズがもっとも楽観的な時期に確信していたように、経済学者は歯科医のような存在だと信じるようになった。すなわち、貿易に問題が起こると、経済学者は歯科医のように専門のツールキットを手にしながら、できるだけ苦痛を与えないような仕方で問題を解決してくれる、と。当時、つまり一九六〇年代に私が学生だったとき、フランクフルト学派ではアドルノが資本主義を「交換《キヤタラクティク》社会」と呼んでおり、学生の誰もが（一部のソ連共産党のシンパを除けば）もはや「システム」は経済危機をふたたび引き起こすほど脆くないはずだと思い込んでいた（もちろん、その当時、経済危機は市場「適正化」現象のひとつと思われていた）。このような、経済領域の問題は本質的に技術的問題であり、したがって最終的に技術的な方法で解決されるという考え方は、フランクフルト学派だけでなく世界的に、また経済学者だけでなく社会学者にも共有されていた。たとえば、一九六八年に発表されたアメリカの社会学者アミタイ・エッツィオーニの著作『活動的社会』は、そのことを証言する多くの事例のひとつである。現代の民主主義社会がその発展の方向を決め、その成り行きをコントロールするための条件を描き出した、当時としてはきわめて野心的な著作である。[4]しかし、この六六六頁に及ぶ大著で、経済については一カ所しか言及されていない。それは「欧米諸国は、社会の発展を制御する十分な能力——暴力的インフレや深刻な不況に陥ることなく経済成長を達成するために、ケインズ主義政策をはじめとするさまざまな制御手段を広く活用するなど——を獲得したことを、いまや確信するにいたった」(P. 10)という一文だけである。

すでに述べたように、私が主張したいのは、社会学が経済領域から孤高の独立を守る方針は、社会学の方法論が同時代の重要問題に対応できないまま放置しておく道を選ばないのであれば、いまや受け入れられないということである。現代の世界を襲うさまざまな危機をみれば、これまでのように非経済学的な社会領域の側に賭けつづけても勝ち目がないことを、社会学は認めなければならない時期にあると思われる。そこで社会学者によい報せを伝えよう。社会学は向きを変えて、これまでと反対側の方向に進むこともできるのだ。

3　少々不運なことに、ヴァイマール共和国が終わるころには、ドイツ社会学は体制を支える重要な学問とみなされるようになっていた。一九三四年にナチスが政権を奪った後にドイツ社会学会が開いた最初の会合では次のことが問題になった。新たにナチス寄りの指導者の下で学会を継続するべきか、それとも反対して解散するべきか、という問題である。その出席者たちには、フェルディナンド・テンニースの後の会長にラインハルト・ホーンを選出しようともくろんでいた。ホーンはイエナでフランツ・ヴィルヘルム・イェルサレムという社会学者の助手として働いていた法律家であり、後に公法教授、そしてナチス突撃隊の中心として国家保安本部の部局長を務めるようになった人物である。ホーンは十分な票を獲得できなかったが、ナチス政府と対立することを怖れた会員たちは、学会を解散するよりも休止することを決めた。学会がふたたび活動を開始したのは一九四五年になってからのことであった。一九五〇年代にホーンは研究活動を再開し、一九七〇年代になるまで西ドイツの有名な経営学校で活動を続けていた。

4　Amitai Etzioni, *The Active Society*, New York: The Free Press, 1968.

というのも、社会学は（まだ今のところ）主流派経済学のような合理的選択理論に魂を完全に売り渡してはおらず、したがって個人的利益の合理的追求が安定的秩序をもたらすという主流派経済学の世界観から縁を切ることも可能だからである。また社会学は、今のところ機能主義の均衡理論と永遠の結婚を果たしたわけでもない。逆にいえば、機能主義の均衡理論と縁を切れば、社会学は、近代の社会＝経済（つまり現代資本主義）に不均衡と危機にたえず陥る傾向が内在的にそなわっていることを理解することができるのだ。さらに、もっと重要なことがある。経済学（および「資本主義の多様性」を謳うその分派）で使用されている資本主義概念は、経済の理念型であり市場経済の同義語である。しかし社会学は、かつて社会学がつくりだした古い資本主義の概念――歴史的な社会形成物であり実在する対象としての資本主義の概念――を使うことができるのだ。かつて一九七〇年代末、社会学者ダニエル・ベルが資本主義の社会学理論の伝統に気づき、それを明らかにしたことを思い起こそう。その伝統はマルクスやウェーバー、ゾンバルトにさかのぼり、シュムペーターやケインズ、ひいてはネオマルクス主義のイデオロギー的分派であるジェームズ・オコンナーまでもが含まれるのである。

政治経済学へ回帰する公共社会学

社会学は、かつての政治経済学の伝統に立ち戻ることで、資本主義の将来について当時よりさらに大きな不安を抱いている現代の人々に、いったい何を言うことができるのだろうか？　この問いにたいして、私は少なくとも次のようなことを社会学は公衆に向けて言うことができると思う。つまり、現在の経済危機は偶発的なものではなく――つまりアメリカ不動産市場の突発的な混乱がもたらした不幸な結果ではなく――それは第二次大戦後の西欧世界にみられるような民主主義国の資本主義体制の内部に、最初からずっと潜んでいた緊張と矛盾がもたらした必然的な結果なのだ、と。一九七〇年代のインフレ、一九八〇年代の債務増加、一九九〇年代の民間信用の規制緩和（と財政引き締めの第一波）、そして現在進行中の世界規模の新たな「グローバル金融業界」の圧力とその下での「通貨健全化」政策といった事柄は、どれも市民の社会権を支える「道徳経済《モラルエコノミー》」と市場原理主義および（カレツキが言うような）「企業心理」の要求に沿った「経済的経済《エコノミック・エコノミー》」のあいだの衝突を示すものである。これらの数十年間のあいだに、両者が争う舞台は労働組合による雇用者との団体交渉から選挙政治、消費者向け金融市場へ、そして現在は公債の融資・再融資をめぐる国際金融市場へと移り変わっていった。しかし、その争いの根底にあるのはつねに同じ問題である――それはデヴィッド・ロックウッドの言葉を借りれば、資本主義社会におけるシステム統合と社会統合のあいだの対立である。その歴史を振り返ると、民主主義とその組織（たとえば労働組合や政党）によって資本主義を修正する人民の能力が、危機の移り変わりとともに、たえず減少する方向にあることは明らかである。民主国家の資本主義の矛盾がもっとも激しく現れているのは、投資銀行と国家が駆け引きをおこなう金融外交の分野である。この舞台は人民からもっとも遠く離れ、その圧力からほぼ完全に守られており、その舞台で話し合われている内容は経済界と政界に雇われた一握りのエリート専門家だけが知っており、人民にはまったく知らされることがない。

そのエリートたちは、社会学者にたいして、通貨の健全性を回復し、ふたたび経済成長を遂げるためのアドバイスをまったく期待していないし、現にアドバイスを求めることもない。それでも社会学者は、次のようなことを公衆が理解するための手助けをすることができる。すなわち、通貨の健全性と経済成長の回復だけが重要な問題ではない、ということである。また、民主制国家の資本主義社会における社会契約――これこそは私たちの社会秩序を正しく支えるための基盤である――を回復することはさらに重要な問題であり、どれほど優秀な経済のエキスパートであってもその問題を解決することはできない、ということを社会学者は伝えることができる。ほとんどの経済学者たちとは異なり、社会学者たちは、政治家の仕事が社会にたいして生産性の低さを口実に市場原理を押しつけるだけで済むわけでなく、もっと複雑であることを知っている。人民の要求と資本の要求のあいだには、ある種のバランスが見出されなければならない領域がある。企業意欲を高めることが市民社会の意欲を低下させることにつながるような場合、それは結果として社会の安定を失わせることになるだろう。これまで政財界のエリートたちは、危機が起こるたびに、その危機を民主主義から資本主義を守るために利用してきた。それにたいして社会学者たちは、そのような政財界エリートたちの戦略が内包するリスクについて、市民社会の関心をよく惹きつけ、意見を述べてきた。

経済だけでなく、民主主義そのものが深刻な危機に直面していることは、いまや明らかである。ヨーロッパでは金融市場の圧力により、各国家の指導者たちは、制度的な仕方で国際機関に意志決定権を奪われており、そのことは結果として、国内議会と有権者から権威を奪っている。債務国は債権国の命令に逆らえず、そのために数十年にわたって国政選挙の意味が失われている状況にある。他方で債権国のほうは、つねに変わりやすく気まぐれな市場の要求に迅速かつ柔軟に対応することを迫られ、議会がその対応策を議論しても間に合わない。どの国も緊縮政策で身動きがとれなくなっているため、それと異なる政策の選択肢はきわめて狭まっており、そのため市民の政治参加がもつ意義はますます失われつつある。さらに、ヨーロッパ全体から地方自治体にいたるまでのあらゆる水準で、一九八〇年代から投票率は下がる一方である。投票率がとりわけ急速に下がっているのは、貧困率や移民率、家庭崩壊率の高い、もっとも政治的対応が必要とされる地域である。そのような現象が示しているのは、人々の政治的要求を吸い上げるための合法的手段が閉ざされ、代わって非合法的手段が広がっていることであり、その状況を回復するためには社会的にも経済的にもきわめて高いコストが必要になる。そのようなことを社会学者は、人々に報せることができるのだ。

もうひとつ付け加えよう。現在の危機の大部分が信用危機であることは、ほぼ常識になっている――貨幣価値への信用、債務者が借金を返済する意欲と能力への信用、市場からの圧力に抵抗する政治的指導者への信用、効率的でもちろん公正な配分をおこなう市場の能力にたいする信用が危機に瀕しているのである。国際機関や政府は、危機を避ける能力があるとは信用されていない。それだけでなく、市場の担い手、とりわけ同業者どうしの貸し借りに頼っている銀行への信頼も急速に失われつつある。こうなると国家と中央銀行も、最終的には信用を失い、債務の増大と返済期間の延長を前に膝を屈することになるだろう。取引コストを研究する経済学者たちが次のように主張したのは、それほど昔のことではない。彼らによれば、効率性の高い貿易関係で「下から」利益を追い求める市場のアクターこそが最高の組織をつくる、という話であった。また、政治学と社会学で広まっている合理的選択制度論（訳注：新制度論のひとつの流れで、各アクターは自己の目標達成のために合理的に行動し、そのために周囲の制度を利用して意志決定をおこなう、という前提に立つ理論）は、国家が管理する人民の政府に代えて、市場参加者がつくりだす私的統治に置き換えるという現代の流れに喜んで追従してきた。しかし、これまでの危機が示しているのは、私的秩序はある程度まで機能するとしても、社会秩序を支える役割を与えられると、それはすぐに機能不全を起こしてしまう、ということである。それがひとたび機能不全に陥ると、公的組織が修復の役割を担わなければならなくなる。社会学者が公衆にたいして、自由主義の理論と制度がどのような点で破綻しているのかを示すことは是非とも必要であり、それはまた、社会学者にとってデュルケム社会学の遺産を確認することでもある。

社会学の伝統を振り返ることで、私たちは現在の苦境の根底にある原因を理解することができる。それは資本主義社会に内在する傾向性、つまり市場がさまざまな社会生活の領域にまで精力的に拡大し、社会生活を最悪の場合には崩壊させ、多くの場合に混乱させる傾向性である。現在、このような傾向性は、市場化に抵抗する社会運動の弱体化、保護貿易の立場を唱える保守主義の弱体化、また進歩的再建主義の弱体化にもみられる。いまやグローバル資本は、地方の田舎から国家全体にいたるまで、あらゆるレベルで人々の社会構造と生活様式に襲いかかっている。現代の経済学者とは異なり、社会学者は、ゾンバルトやシュムペーターなど過去の偉大な経済学者たちの仕事を忘れていない。そのような社会学者は、資本主義システムが内部から拡大する仕組み、つまり社会生活を転覆させていく仕組みを理解するための、さまざまな概念装置を手にしている。資本主義の発展は、他の社会領域とのあいだに調和的関係を維持しようとする代わりに、たえずそれらの領域とのあいだに摩擦と緊張を引き起こす。その状況で社会を安定化させるために——経済と社会のあいだに永続的な均衡を打ち立てることを目指して——つねに新たな集団的努力が必要とされてきた。

　カール・ポランニーの著作に刺激を受ける社会学者は増える一方であるが、ポランニーが活躍した一九五〇年代から六〇年代に、彼自身は社会学者の仲間になろうとは思っていなかった。ポランニーは経済学者、経済史学者、社会人類学者であることに満足していたのである。社会学者の方法論に重要な関係があると思われるのは、一九九〇年代、つまり新自由主義が凶暴化し、金融市場が資本主義経済を根本的に変容させようとしていた時期になってようやく、ポランニーの著作が社会学の領域で再評価されたことである。私が思うに、ポランニーが述べた「三つの偽りの商品」（つまり労働・土地・貨幣）とそれら商品の内的限界にかんする議論ほど、現代の危機を適切に要約する説明はない。多くの人々が、現在はポランニーのいう内的限界にほとんど到達した時代であり、かりに資本主義が限界まで成長するとしたら、その成長はすくなくとも実在する人間の必要性に見合う程度に抑えなければならない、と考えている。金融業の規制緩和に支えられた民間投資企業による投機は、あらゆる国の社会をかつてないほど不安定化させ、それら社会の内外で分配をめぐる対立を悪化させ、グローバルな「再規制」への要求と現時点で解決策のない問題を引き起こしている。「自然」あるいは「土地」について、私たちはゆっくりとではあるが、その「偽りの商品」としての基本的な特徴——それにたいする需要はその供給を支配しないし、支配できない——を自然にあてはめ、理解しようとしている。実際、かりに私たちが地球上の共有財産《グローバル・コモンズ》をさらなる商品化から守る方法を見つけることができなければ、私たちが地球上に生存するための基盤は、凶暴な資本蓄積の力によって、またたくまに消費されてしまうだろう。最後に、たえず進行している労働市場と職場環境の柔軟化により、個人と家族は、激しい市場競争の気まぐれな要求にあわせて生活様式を改変させようとする容赦ない圧力にさらされている。そのような状況は、人々のあいだにすさまじい格差を生みだしている。すなわち、一方には「負け犬」となって貧困状態に陥った人々がいる。他方には、多額の給与と引き替えに、中産階級の人々がこれまでみられなかったほど長時間の労働を課され、気が狂いそうなほど忙しい生活を送っている。さらに他方には、「勝者独り占め」で巨額の富を手に入れたほんの一握りの、果てしなく貪欲なエリートがいる。しかも彼らの受け取るボーナスや配当金は、社会全体の役に立つような使われ方がされていないのである。

新たな公共社会学——現代資本主義の政治経済学、あるいはせめて商品化の危機的限界にかんするポランニーの概念は取り入れなければならない——の取り組むべき課題は何だろうか？　もちろん、この学問には研究されるべき多くの課題が待ち受けている。社会学者は、ゲオルグ・ジンメルの仕事や、ウォール街の株仲介人にかんする面白くもなければ政治的に無意味な調査報告の仕事は例外として、これまで貨幣と金融の問題にほとんど取り組んでこなかった。また環境社会学者たちは山ほどの論文を書き散らしているが、その主題は、いつ・どのようにすればゴミの分別回収を受け入れ、そのコストを下げることができるか、といったものばかりである。そのような環境社会学者たちは、私たちの経済的・自然的・人間的基盤が崩壊の危機にさらされているにもかかわらず、それでも私たちの社会が資本主義的成長に依存するようになった理由を明らかにするという仕事を、まったく奇妙なことに、非主流派の経済学者たちに任せてきたのである。それと同じことは、どのように成長すれば自然と調和した社会になるかという主題の研究についても言える。この主題について、経済学者は人間の幸福における非経済的な源泉を探り、その源泉に反する経済学は成り立たないと考え、心理学者にアドバイスを求めるようになったが、これも社会学者がこれまで慎重に避けてきた主題である——それは心理学の主題ではなく社会・政治的主題であると主張してもおかしくないはずなのだが。最後に、これまでの社会学が比較的まともな取り組みをしてきたのは、労働市場と家族構造にかんする研究である。たとえばアーリー・ホックシールド（訳注：一九四〇年生。アメリカの社会学者。感情労働論で知られる）やリチャード・セネットのような公共社会学者たちは、長時間労働や消費支出増加が引き起こす子育てを含む社会生活との葛藤について、よく明らかにしている。

ふたたび供給サイドについて

こうして私たちは、ふたたび先ほどの問いに戻ることになる――誰が社会学者の話を聞くのか? もちろん、昨今の状況では楽観視することはできない。しかし現在は平常時ではないか、あるいは平常時が終わりを迎えた時期であるように思われる。明らかに、危機の感覚は学術界だけでなく、市民たちにもエリートたちにも生まれている。これは過去数十年にはみられなかった事態である。おそらく現在の私たちがいるのは、ラインハルト・コゼレック(訳注:一九二三~二〇〇六。ドイツの歴史家)の言う「谷間期」なのだろう。つまり、現時点では不明瞭であるが、将来にはっきりと姿をとるであろう重要な出来事によって、変化が加速している時期である。ひとつの興味深い徴候がある。それは二〇〇八年以後の経済危機に対処する必要に迫られた主流派経済学が、救いがたいほどの無能力をさらけだしていることである。何をなすべきかという問題をめぐって、今日のように一流経済学者たちの意見がバラバラで一致しない状況は、これまでになかった。『エコノミスト』や『ファイナンシャル・タイムズ』のような経済誌でさえ、そのことに触れざるをえないほどである。その理由はおそらく単純である。つまり資本主義体制の民主政治を技術的に修復する手段は尽きており、そのために既存の経済理論は公共的議論をコントロールする力を失ったのである。ヨーロッパとアメリカ合衆国の両方で、政治的指導者たちも主流派経済学への信頼を失ったように思われる。興味深いことに、経済学会の内部でも主流派経済学への疑念が高まっている。たとえば、経済成長や経済的発展にかんする従来の尺度や、物質的繁栄の持続的拡大にかんする従来の見解について、疑問視する経済学者たちが増えているのだ。

経済学を社会へ引き戻すこと、そして社会学の内部に取り入れることは、現在の私たちにとって可能な取り組みである。そのような取り組みが必要なのは、現在の世界が次のような状況に陥っているからである。

すなわち、国家は資本家たちに忠誠を尽くす人民組織のような存在へと成り下がりつつあり、国際機関は民間投資家のための保証機構あるいは借金取り立て機関として働くようになり、行政機関は資本市場に調教された労働力に還元された市民から「信用価値」を搾り取る企業へと姿を変えてしまった――そのような状況に私たちはいるのだ。さらに、政党にも労働組合にも加入せず、選挙投票にも行かなくなった若い世代には、新たな批判理論や政治経済学が求められているだろう。誰がいつ・どのように使うのかもわからない「基礎調査」など、もはや止めてしまったほうがよい。

社会学が真に公共的な社会学になるためには、私見では、ニュー・ディール政策の時期や第二次大戦後におこなわれたような、現代社会の基盤の研究をあらためておこなう必要がある。その作業をおこなうべき時期は近づいており、その作業をつうじて社会学者は、社会にとって何が問題であるかを理解するためのさまざまな知的道具を手にするはずである。たとえ最初のうちは私たちの話を聞いてくれる人々が学術界にしかいなかったとしても、その取り組みは無駄にならないだろう。ケインズは『雇用、利子及び貨幣の一般理論』の最後の章で、「正しいときであれ誤っているときであれ、経済学者と政治哲学者の思想」にそなわる力について詳述している。ケインズによれば、たとえ新しい思想がすぐに定まらないとしても、世界を「支配するものはそれ以外にない」のである。

> というのも、経済学と政治哲学の領域では、二十五歳から三十歳を過ぎてから新たな理論に影響を受ける研究者はそれほど多くはいないからである。したがって公務員や政治家、さらには扇動家といった人々が現在の出来事を理解するために用いる思想は、最新の思想でないのが通例である。しかし、遅かれ早かれ、そして良くも悪くも危険なものになるのは、既得権ではなく、思想である。[5]

5 John Maynard Keynes, *The General Theory of Employment, Interest and Money*, New York: Harcourt, Brace and Company 1967 [1936], chapter 24.

私たちが苦難から脱するにあたり、観念的な変化のトリクルダウン——この現象をケインズは「思想の斬新的な浸透」と呼び、すくなくとも当時の彼自身にとっては都合よく実現した——のために十分な時間が残されているのかどうかはわからないし、おそらく残されていないように思われる。私たちは今すぐにでも、現在の政治経済が破滅的な方向に進んでいく事態を止めなければならないからだ。ただし、ここで時間が残されていないといっても、それは経済学の知的領域におけるヘゲモニーを打破し、経済と社会にかんする現在の人々の理解を修正するには、それなりの手順を踏む必要があるということでしかない。私が思うに、最初に公共社会学が訴えるべき公衆は学術界であり、また学術界に関わる多くの経済学の学生たちと経済界であろう。これらの人々が教わってきた社会観は、もっとも合理的な選択をおこなう人々による効用最大化のための巨大なチャンスでしかないのだから。もし社会学者が、彼らにそのような社会観への疑問を抱かせることができなかったとしたら、誰を相手にしたらよいのだろう？　社会学と経済学のあいだのパーソンズ的な相互不可侵条約は、カントのいう「諸学問の争い」を廃止させるものである。しかし、現在の私たちに必要なのは、まさしくこの争いである。すでに社会学者は政治学者と、さらには異端派の経済学者とともに、新たな政治経済学や社会経済学をつくるために、協力体制を築きつつある。その協力は、現在のような社会が経済に資する世界ではなく、それとは反対に、経済が社会に資する世界の実現を目指しており、その取り組みはまず理論研究から始まり、うまくいけば政治的主題として扱われるようになっていくだろう。たとえ周知のとおり、現在の大学を襲う資本主義的改革が、まさに批判的考察を消し去る方向で進められているとしても、やはり今日の世界状況では、学術界の主流派に属する学者たちが自分たちの学問のルーツを思い起こし、この争いに加わってもおかしくないのだ。そして公共社会学がそれらの公衆に訴えることができないとしたら、YouTube や Facebook、フォックスTV、ビルト新聞（訳注：ドイツのゴシップ紙）が席巻する世界で、いったい誰に訴えることができるというのだろうか？

訳者あとがき

新たな予言の書？

資本主義はいつまでも続く体制ではなく、近い将来に破綻するという予言は、マルクスを例に挙げるまでもなく、これまでにも多くの思想家たちが提起してきた。それらの思想家たちは資本主義の持続性を疑問視し、それがもたらす深刻な社会的破壊を憂慮しただけでなく、それに代わる新たな社会体制を提言した。しかし、そうした懸念と予言にもかかわらず、資本主義はずっと生き残ってきた。それどころか現在、従来の抵抗勢力であった社会主義体制や共産主義体制は力を失い、グローバル化した資本主義市場が地球上の人類すべてを呑み込みつつある。つまり、現在の資本主義は過去のいかなる時代にもまして我が世の春を謳歌しており、その覇権は未来永劫にわたって続くと思われている。

第二次大戦後の先進諸国におけるリベラル資本主義は、福祉国家の破綻、ソ連崩壊、ＷＴＯ体制などを経て、それまでのケインズ主義的な上着を脱ぎ捨て、新自由主義あるいは金融資本主義と呼ばれるむきだしの資本主義体制の姿を現し、世界中の国家、社会、経済を再編しつつある。その過程は戦後の世界体制をリードしてきたアメリカをはじめとする先進諸国だけでなく、途上国や第三世界と呼ばれる国々を巻き込んで進行しており、その流れはますます加速している。つまり、現在は社会主義や共産主義が終わり、新自由主義的な資本主義による世界支配がはじまった時代であるという考えが、多くの人々にとって共通理解となっている。

しかし本書の著者であるシュトレークは、それとはまったく反対の見解を提起し、そうした歴史こそまさしく資本主義の近い将来の終焉を確証させるものだと主張する。つまり、資本主義がその敵対勢力を駆逐し、それ自体のみによって駆動していくプロセスこそが、資本主義の内部崩壊を引き起こす要因であり、現在の資本主義世界の全体を襲っているさまざまな症候の根本的な原因なのだと言い切る。しかし、そのような主張は正しいのか。それともシュトレークは「オオカミがきた」と言って村人たちを恐れさせるオオカミ少年のひとりなのか。で、それでもこう述べる。シュトレークは将来に自分がそのように扱われることになる可能性も十分に承知したうえで、それでもこう述べる。今度ばかりは事情が異なり、これまでの思想家たちが予言した資本主義の終焉が現実に引き起こされる可能性がきわめて高いのだ、と。新自由主義という名の暴力的な資本主義が栄華を誇っている現在、「社会主義の終わり」ではなく、それどころか反対に「資本主義の終わり」を主張するシュトレークの意図はどこにあるのだろうか。そして、彼がそのように主張する根拠はいかなるものだろうか。

本書の概要

本書は、Wolfgang Streeck, *How Will Capitalism End ?: Essays on a Falling System*, Verso, 2016. の全訳である。著者のシュトレークの経歴ならびに思想家としての活躍については、昨年に翻訳が刊行された『時間かせぎの資本主義――いつまで危機を先送りできるか』（鈴木直訳、みすず書房、二〇一六年）に詳しいので割愛する。本書は前著『時間かせぎの資本主義』で主張された内容をさらに大きく展開した内容になっているが、資本主義を分析する基本的な視座および理論は前著からほとんど変わっていない。むしろ本書は、前著の現代資本主義にかんする議論をベースに、戦後の民主主義政治体制の歴史とその背後にある思想や社会状況を検討することにより、戦後先進諸国における民主制資本主義の崩壊過程と、その将来を考察することに特徴がある。その意味で本書は、前書の資本主義の経済的領域にかんする議論から大きく踏み込んで、現在の資本主義社会の全体、つまり社会・政治的・心理的な領域にかんする議論へと拡張したものであり、フランクフルト学派に属する著者の「社会学者」としての力量がぞんぶんに発揮された内容になっている。

本書の構成について述べよう。序文にもあるように、本書は二〇〇八年以後の経済危機（グレート・リセッション）が資本主義社会にもつ意味を考察するという目的に沿って書かれたいくつかの論文を集めたものである。したがって、各章に内容に重なりがみられ、かならずしも体系的に一貫した著作ではない。それでも全体としては、前著で展開された資本主義の歴史的変遷とその民主主義政治との関係についての考察から始まり、そこから社会・政治・文化にわたる広い領域へと議論が進められていく流れになっており、まさに本書のタイトルである「資本主義はどう終わるのか」という主題を読者にさまざまな側面から理解させてくれる内容になっている。

本書の導入にあたる序文および第一章は、かなり多くの紙数を割いて、本書全体の主題を提示する役割を果たしている。序文でシュトレークは、二〇〇八年の経済危機の後に出版されたウォーラーステインらによる『資本主義に未来はあるか』という著作を現代の思想家たちの資本主義分析の代表的事例として紹介し、その著者たちへの批判をつうじて、自説を展開する。その資本主義分析の多くは前著『時間かせぎの資本主義』の内容と重なっており、前著を読んでいない読者にとっては、この序文と続く第一章をつうじてシュトレークの現代資本主義への視点が明確に理解できるものとなっている（ただし序文は、時間的順序としては最後に書かれており、後述される内容を多く含んでいるため、訳者としては第一章から第三章あたりまで読んだ後に序文を読むほうがわかりやすいと考える）。

第二章と第三章では、第二次大戦後の「民主制資本主義」、すなわち先進諸国における資本主義経済体制のもとでの民主政治の危機が到来した理由が、さまざまな観点から検討されている。とくに第三章では、いわゆるポストフォーディズムとそれにともなう消費社会の発展により、市民意識が変わり、それによって市民社会および民主主義の土台が掘り崩されていく過程が検証される。

第四章から第八章は、ＥＵ発足後のヨーロッパ諸国を襲っている政治・経済・社会的な危機を扱いつつ、その危機を歴史的かつ地政学的観点から分析することで、資本主義と民主政治のあいだの関係の変容を、第

二、第三章よりさらに具体的に掘り下げて論じる内容になっている。

第九章から最終章では、これまでに論じられた民主制資本主義の解体過程と社会科学のあいだの関係がさらに掘り下げられ、資本主義にたいする理論的な議論が展開される。そして、二十世紀末以後の社会主義の哀退と新自由主義の拡大により現在の社会学（社会科学）が直面している機能不全現象とその御用学問化（新自由主義化）が厳しく批判されるとともに、それらの状況を克服するために新たな社会学（社会科学）にとって必要な条件が述べられる。

本書の特徴

このような本書の内容は、前著にもまして、現代の新自由主義的な資本主義社会の抱える問題を説得力をもって読者に訴える内容になっている。第二次大戦後の資本主義（あるいは資本家）は、さまざまな点で労働者および市民社会と妥協せざるをえなかった。しかし国内経済が再興し、国際経済が発展していくにつれて、資本主義は国内の労働者や市民社会に依存する必要性を失っていき、グローバル化した現在においては国内の市民社会から遊離するばかりか、逆に国内の市民社会を牛耳るようになっている。それとともに資本主義と市民社会のあいだの闘争・調整の場も、労働争議から市民運動、さらに議会、そしてWTOをはじめとするグローバルな政治・経済機関の密室でおこなわれる会議へと移行していく。こうして資本主義は市民社会（国家）によるコントロールを失っていっただけでなく、逆に資本主義が市民社会（国家）をコントロールするようになった。

このプロセスが社会的・政治的領域にもたらした問題は多岐にわたる。国家は、もはや資本主義から市民生活を守るための機関であることを止め、逆に市民社会から資本主義を守るための機関へと変貌してしまった。福祉、医療、教育など市民生活を守るための予算は削減される一方、法人税をはじめとする企業や富裕層の負担は減り、国家はつねに緊縮財政を唱えるようになった。新自由主義のエートスにどっぷり浸った市民たちは、個人的な消費と労働のサイクルに閉じ込もり、もはや労働組合にも入らず、デモにも参加せず、自治会にも入らず、投票にも行かなくなってしまった。このような市民社会の崩壊にともなう市民たちの不安と不満を吸い上げて、カルト的で排外主義的な政党が力をもつようになった。他方で富裕層は、みずからの市民社会にたいする責任を顧みなくなっていくにつれて、民主政治の手続きを無視するようになり、その経済力を政治的権力と曖昧な仕方で合体させ、一種の寡頭政治（オリガーキー）をおこなうようになり、市民社会と政治をみずからに奉仕させるために操るようになった――シュトレークが描き出すこれらの過程は、多くの先進諸国に共通の現象であり、また現在の日本の政治・社会状況にもそのまま当てはまるものである。

このような議論を展開する本書の特徴は、現在の社会・政治・経済の広範な領域にわたる現象を、資本主義の変容過程およびその民主主義との関係の変容過程として描き出すことにより、一貫した論理にもとづいて説明している点にある。このような仕事は、たんに経済学や政治学、社会学などの各専門分野の蛸壺に閉じこもった研究者によっては不可能であり、人文社会科学の全般にわたる幅広い知識と深い洞察力をそなえたシュトレークのような人物であればこそ可能であったのだろう。

しかし、このことは逆に、専門分化した社会科学が現在の状況ではほとんど機能しなくなっていることを意味している。そして、まさにそうした状況を乗り越えるために、本書の最後でシュトレークは新たな社会学（社会科学）の構築を提言する。社会学（社会科学）そのものが経済・社会・政治・心理といった広い視野から問題を扱うことができるように、現在の細分化された学問のあり方をみずから解体し、とりわけ経済学に任せてしまった経済的領域を取り戻すことにより生まれ変わる必要があるというのだ。実際、これまで社会学は、自然科学のような「科学」としての座を得たいがために脱人文学化・脱政治学化・脱経済学化を進め、統計調査や聞き取り調査の技術を高めてきた。しかし、それは社会学がグローバル化や新自由主義がもたらす広範な社会病理を扱う視座を失っていった過程でもあり、現代の政治・経済・社会状況への批判的視野をもたない「政策科学」つまり御用学問へと変わっていった過程でもある。シュトレークが批判する社会学（社会科学）の状況もまた、日本の学問状況に大きく当てはまるように思われる。

シュトレークのこのような将来の悲観的な展望は、一方ではハーバーマスのような民主主義理論とも、他方で現在の政策科学の主流である公共選択理論や新公共経営理論とも異なる観点から近代社会を捉えていることに由来する。シュトレークが強調するのは、経済と社会は別々に切り離されるものではなく、両者はひとつの「社会」の異なる側面であるということである。それを経済と社会に切り離して、それぞれが独立した領域あるいは実体だと思い込むと（たとえば社会を「上部構造」、経済を「下部構造」とみなすなど）、実情を見誤ることになる。したがって近代社会はつねに「資本主義社会」であると同時に「資本主義経済」なのである。その近代社会の二つの側面は、それぞれ異なる経済を内包している。つまり資本主義「社会」は道徳経済を、資本主義「経済」は経済的経済（市場経済）を内包している。そして理念的に道徳経済に依拠する民主主義は、経済的経済に依拠する市場と対抗関係にあり、この両者のあいだの緊張関係が国家を揺さぶり、また資本主義を発展させる動因となってきた（ついでながら自由主義経済学思想も、道徳経済を市場経済によって実現することを夢見てきた）。つまり資本主義体制は、最初から市場経済とその敵対者である民主政治から成り立っており、それはいつも喧嘩するほど仲の良い、やかましく落ち着きのない夫婦のようなものである。しかし市場経済が拡大し、また民主政治が道徳経済から切り離されて市場経済に奉仕するようになると、それは「新自由主義」と呼ばれる新たな体制として一気に広まっていく。これまでの資本主義体制の成立基盤である市場と民主主義の対立関係が失われ、資本主義体制は自壊の道をたどり、したがって資本主義「社会」も崩壊の一途をたどる。したがってシュトレークの観点に立つと、「新自由主義」とは資本主義や自由主義に代わる新たな体制ではなく、資本主義の失調状態あるいは病理状態である。ほんらいであれば民主主義との不和によって互いに調整しあっていたはずの市場が、「自己調整」という幻に頼って民主主義を捨て去った結果、その「自己」に振り回されて止まらなくなっているのだ。

そうであれば、破局を避ける道はないのだろうか。カップルをふたたび和解させることはできないのか。

シュトレークは、グローバル民主主義によってグローバル市場を管理するというハーバーマスの考え方を否定する。というのも民主主義が依拠するのは道徳経済であり、それは人々の具体的で密接な社会関係に根を張っている以上、手も届かず目にも見えない巨大政府のてっぺんまでその根から栄養が行きわたるはずがないのは、欧州連合をみるまでもなく明らかだからである。逆にシュトレークが主張するのは、市場経済を道徳経済の手が届くようになるまで資本主義の規模を縮小することであり、あるいは非資本主義の社会主義を目指すことである。しかしそれが時代に逆行していること、したがって非常に困難であることは明らかである。だからこそシュトレークは陰鬱な未来像を示しつつも、そのわずかな可能性を模索する。そのひとつが、いまや忘れられた古い社会学あるいは政治経済学の再建である。

「社会」を経済や政治と完全な別の独立した領域と考えるのに慣れている現代の人々、さらにはそれらを独立した領域とみなすことによって専門性を確立している学者たちにとって、これまで述べたシュトレークの議論はきわめて奇異に思われるかもしれない。しかし、経済と社会をひとつの実体とみなす観点は、マルセル・モースの「全体的社会事実」を例に挙げるまでもなく、古くはアダム・スミスからウェーバーやタルド、ジンメル、そして二十世紀前半までの社会学や経済学、とくに政治経済学の基調をなすものである。逆にいえば、現在の新自由主義（あるいはかつてのファシズムや共産主義、あるいは戦前のむきだしの自由主義も）は、経済と社会を対立する二つの実体とみなす論理にもとづく思考から生まれたものであり、そのような思考にもとづいて現在の社会科学も編成され、新自由主義を支えている。そうであれば、かつての社会学や政治経済学を参考にしつつ、ふたたび経済と社会を一つの実体とみなす論理（あたかもスピノザの心身並行論で精神と身体が一つの実体の二側面と考えられたように）にもとづく思考を復活させ、既存の学問（とくに社会学）を新たな学問として再構築することができるなら、それは現在の経済学帝国主義に対抗し、新自由主義体制を脱却するための装置になるのではないか。本書の終わりのほうで展開されるシュトレークの主張を訳者なりにパラフレーズすればこのような説明になると思われるが、もちろん訳者の解釈が正しいかどうか、また本書のシュトレークの主張が正しいかどうかは読者の判断に委ねたい。

翻訳について

本書の翻訳は、二〇一六年冬に河出書房新社の編集者である阿部晴政氏より、翻訳を打診されたことに始まる。本書でも言及されている『ギリシア デフォルト宣言』(H・フラスベック、C・ラパヴィツァス著、村澤真保呂・森元斎訳、河出書房新社、二〇一五年)の翻訳を刊行した直後でもあり、その著作が本書のEUをめぐる章との関係がきわめて密接でもあることから、訳者としても深く関心をもった。しかし諸般の事情で翻訳を進めるのがきわめて難しい状況にあったので、引き受けるのを躊躇していたのだが、幸いにして以前に河出書房新社より翻訳した『社会法則/モナド論と社会学』(G・タルド著、村澤真保呂・信友建志訳、二〇〇八年)の共訳者である信友氏が手伝ってくれることになり、引き受けることにした。分担としては、序文と二章、四章、六章、八章、九章、十章を信友が、一章、三章、五章、七章、一一章を村澤が担当し、最後に村澤が全体の文章をチェックし、まとめる作業に当たった。そのさい十章だけは信友が最後まで仕上げた。また、立命館大学の院生である下村晃平氏には訳文を読んでもらい、校正作業を手伝ってもらった。

実際に翻訳作業を進めてみると、ドイツ人であるシュトレークによる独特の英語の文体にかなり苦しめられることになった。文章それ自体がわかりにくいわけではないのだが、きわめて冗長な文体で、しかも随所にユーモアと皮肉がちりばめられた彼の文章を、そのまま日本語に移し替えても、日本語として読みにくいものになるのは明らかだった。そのためオリジナルの文章を大胆に削ったり補ったりして、日本語として文意を通すことにかなり時間をとられることになった。また、二人の訳者は社会思想史が専門であり、経済学用語や経済理論を熟知していないため、翻訳に苦労する箇所がいくつもあった。さらに、先に翻訳出版された『時間かせぎの資本主義』の鈴木直氏による翻訳がすばらしいことも、訳者たちにとっては大きなプレッシャーになった。その結果、編集者である阿部氏に締め切りを何度も伸ばしてもらうことになり、多大な心配をおかけすることになった。こうして完成した翻訳が、読者の方々に満足いただけるものになったかどうかは自信がないのだが、それでも訳者としては、本書が読者にとって現在の世界状況および国内状況について考察を深めるきっかけとなり、本書についての議論が広がることを強く望む次第である。

最後に、今回の翻訳作業にあたって多大な迷惑と心配をおかけしたにもかかわらず、つねに優しく見守っていただいた編集者の阿部晴政氏と校正者の皆様に、心からの感謝を捧げる。

二〇一七年秋　訳者を代表して

村澤真保呂

75, 107, 113, 176, 214, 216, 222, 261, 262, 266, 276
ハーシュマン　Hirschmann, Albert　151, 157
パーソンズ　Parsons, Talcott　231, 232, 234, 278, 335, 348
パッカード　Packard, Vance　292
バッブ　Babb, Sarah　232
バーナンキ　Bernanke, Ben　73
パパデモス　Papademos, Lukas　199, 200
ハーバーマス　Habermas, Jürgen　220, 234-236, 270, 276
パパンドレウ　Papandreou, George　199
ハフェルト　Haffert, Lukas　190
パレート　Pareto, Vilfredo　278
ピケティ　Piketty, Thomas　46
ヒルファーディング　Hilferding, Rudolf　8, 10
フィトゥーシ Fitoussi, Jean-Paul　208
フォード　Ford, Henry　135
フーコー　Foucault, Michel　214, 215
ブッシュ　Bush, George W.　48, 168, 188, 327
ブラウォイ　Burawoy, Michael　327
ブレヒト　Brecht, Bertolt　145
ブロック　Block, Fred　315-317, 319-322, 324
ヘラー　Heller, Hermann　210, 213, 215-217
ベル　Bell, Daniel　65, 162, 340
ベルリンゲル　Berlinguer, Enrico　202
ベルルスコーニ　Berlusconi, Silvio　145, 205
ホジソン　Hodgson, Geoffrey　86
ホックシールド　Hochschild, Arlie Russel　345
ポランニー　Polanyi, Karl　8, 10, 38, 81, 86-88, 107, 109, 187, 251, 288, 289, 310-312, 317-319, 321, 322, 344, 345
ホール　Hall, Peter Andrew　288
ボルカー　Volcker, Paul　114, 298
ポールソン　Paulsen, Henry　48
ホルダー　Holder, Eric　48
マクファーソン　MacPherson, Crawford Brough　89
マーシャル　Marshall, Alfred　278
マードック　Murdoch, Rupert　145
マルクス　Marx, Karl　8, 10, 17-19, 39, 80, 81, 87, 94, 99, 108, 142, 161, 187, 230, 263, 278, 280, 283, 284, 316-318, 323, 324, 337, 340
マルサス　Malthus, Thomas Robert　89
マン　Mann, Michael　12, 15-18, 23
ミーゲル　Miegel, Meinhard　208
ミッテラン Mitterrand, François　244
ミルズ　Mills, Charles Wright　56, 131
メルケル　Merkel, Angela　129, 144, 180, 185, 204, 238, 253, 258
メルケル　Merkel, Wolfgang　257-266, 268-271, 276
モース　Mauss, Marcel　278
モネ　Monnet, Jean　203
モンセン　Monsen, Joseph　132, 133, 137, 138, 148, 149
モンティ　Monti, Mario　199, 200
ユンケル　Juncker, Jean-Claude　237, 270-272, 276
ラーテナウ　Rathenau, Walther　334
リカード　Ricardo, David　8
リースマン　Riesman, David　292
ルクセンブルク　Luxemburg, Rosa　10, 139, 284
ルービン　Rubin, Robert　48
ルーマン　Luhmann, Niklas　234
レーガン　Reagan, Ronald　114, 118, 162
ロックウッド　Lockwood, David　24, 341

人名索引

アドルノ　Adorno, Thêodor　338
アンドレオッティ　Andreotti, Giulio　202
イエレン　Yellen, Janet Louise　73
ヴィンターコルン　Winterkorn, Martin　50
ウィンターズ　Winters, Jeffrey　44
ウェーバー　Weber, Max　5, 10, 18, 81, 100, 102, 229, 230, 233, 234, 236, 239, 278, 318, 332, 336, 337, 340
ウェブレン　Veblen, Thorstein　132, 278
ウォーラーステイン　Wallerstein, Immanuel　12-14, 16, 18, 22, 24, 54, 319, 320
エツィオーニ　Etzioni, Amitai　339
エンゲルス　Engels, Friedrich　8, 17, 19, 39, 142
オコンナー　O'Connor, James　161, 162, 340
オバマ　Obama, Barack　48, 94, 124
ガース　Gerth, Hans　56
カーター　Carter, Jimmy　114
カルーザース　Carruthers, Bruce　232
カールソン　195
ガルブレイス　Galbraith, John Kenneth　132, 138
カレツキ　Kalecki, Michal　107, 110, 113, 299, 341
カント　Kant, Immanuel　348
キャルホーン　Calhoun, Craig　12, 14, 18, 23
クナップ　Knapp, Georg Friedrich　229
グラムシ　Gramsci, Antonio　54
グリーンスパン　Greenspan, Alan　120
クリントン　Clinton, Bill　48, 94, 118, 119, 165, 188
クルーグマン　Krugman, Paul　94
グレーバー　Graeber, David Rolfe　324
ケインズ　Keynes, John Maynard　8, 10, 20, 29, 34, 35, 75, 81, 86, 94, 97, 107, 112, 119-121, 160, 167, 171, 214, 216, 225, 240, 253-255, 266, 278, 283, 296, 338-340, 347, 348
ゲーテ　Goethe, Johann Wolfgang von　145, 316
コゼレック　Koselleck, Reinhart　346
ゴードン　Gordon, Robert James　93, 94
コリンズ　Collins, Randall　12, 17-20, 23, 66
コール　Kohl, Helmut　237, 244
ゴルトシャイト　Goldscheid, Rudolf　161
ゴールドソープ　Goldthorpe, John　113
コンドラチェフ　Kondratieff, Nikolai　10, 13, 16
サッチャー　Thatcher, Margaret　114, 215
サマーズ　Summers, Lawrence　48, 94, 96
ザラツィン　Sarrazin, Thilo　329, 330, 332
シェイクスピア　Shakespeare, William　145
シュミット　Schmitt, Carl　210-216, 218, 221, 222, 224-226
シュムペーター　Schumpeter, Joseph A.　8, 10, 81, 161, 278, 283, 320, 340, 343
ジンメル　Simmel, Georg　142, 345
スミス　Smith, Adam　7, 230, 231, 233, 234, 283
セネット　Sennett, Richard　41, 345
セン　Sen, Amartya　208
ソスキス　Soskice, David　288
ゾンバルト　Sombart, Werner　8, 12, 36, 81, 278, 337, 340, 343
ダウンズ　Downs, Anthony　132, 133, 137, 138, 148, 149
ダーレンドルフ　Dahrendorf, Ralph　207
チェイニー　Cheney, Dick　327
デュルケーム　Durkheim, Emile　209
デルルギアン　Derluguian, Georgi　12, 20, 22
ドゥロール　Delors, Jacques　244
ドラギ　Draghi, Mario　71, 200, 276
ナイト　Knight, Jack　232
ニュートン　Newton, Isaac　289
ハイエク　Hayek, Friedrich von　10, 33, 35, 38,

How Will Capitalism End?: Essays on a Falling System by Wolfgang Streeck

Japanese translation published by arrangement with
Verso Books through The English Agency (Japan) Ltd.

〔訳者〕

村澤真保呂（むらさわ・まほろ）　1968年生まれ。龍谷大学教授。著書、『ポストモラトリアム時代の若者たち　社会的排除を超えて』『里山学講義』（ともに共著）。訳書、H・フラスベック、C・ラパヴィツァス『ギリシア　デフォルト宣言　ユーロ圏の危機と緊縮財政』、タルド『模倣の法則』（ともに共訳）など。

信友建志（のぶとも・たけし）　1973年生まれ。鹿児島大学准教授。著書、『主体の論理・概念の倫理　二〇世紀フランスのエピステモロジーとスピノザ主義』（共著）。訳書、A・ネグリ『スピノザとわたしたち』、S・ナドー『アンチ・オイディプスの使用マニュアル』など。

資本主義はどう終わるのか

2017年11月20日　初版印刷
2017年11月30日　初版発行

著　者　ヴォルフガング・シュトレーク
訳　者　村澤真保呂・信友建志
発行者　小野寺優
発行所　株式会社河出書房新社

〒151-0051　東京都渋谷区千駄ヶ谷2-32-2
電話　(03)3404-1201（営業）　(03)3404-8611（編集）
http://www.kawade.co.jp/

装　幀　中島浩

組版　株式会社キャップス
印刷　モリモト印刷株式会社
製本　小髙製本工業株式会社

Printed in Japan
ISBN978-4-309-24831-8